NATURZEIT *erleben*

Eva Wieners

Niederlande

Mit 40 Wander- und Erlebnistouren
die *Highlights* im
Norden der Niederlande entdecken

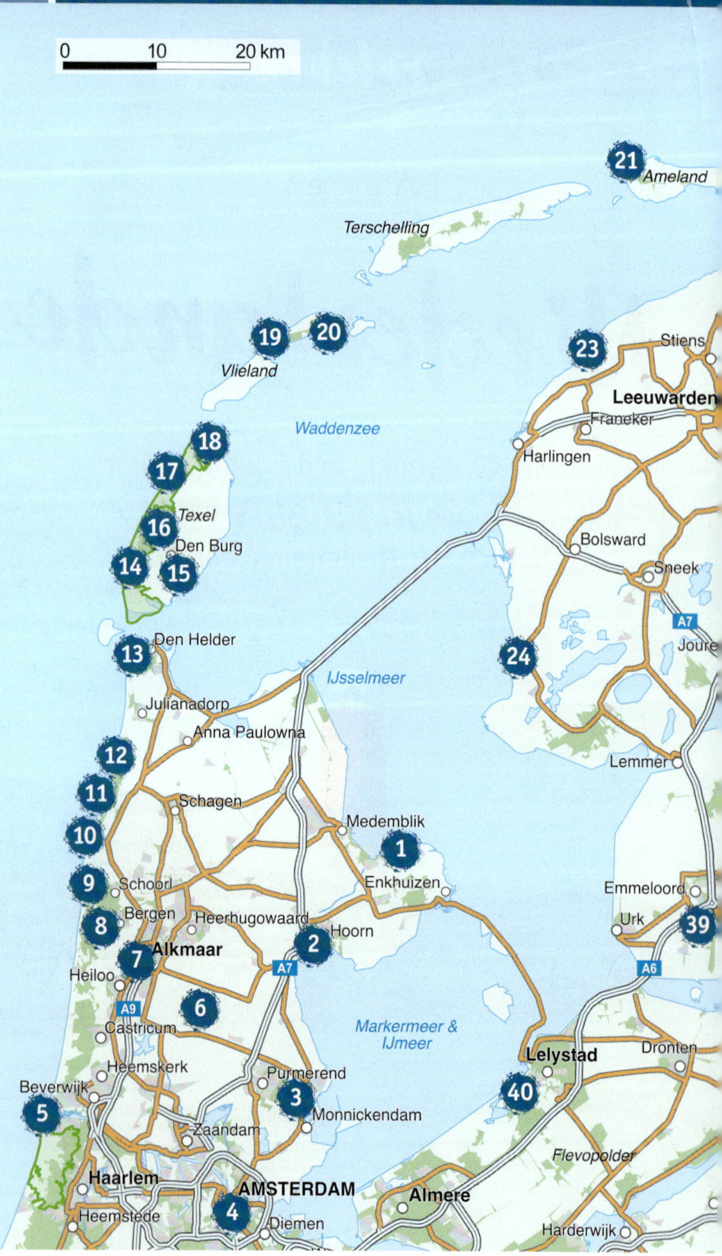

Unterwegs in den Niederlanden

Wander- und Erlebnistouren

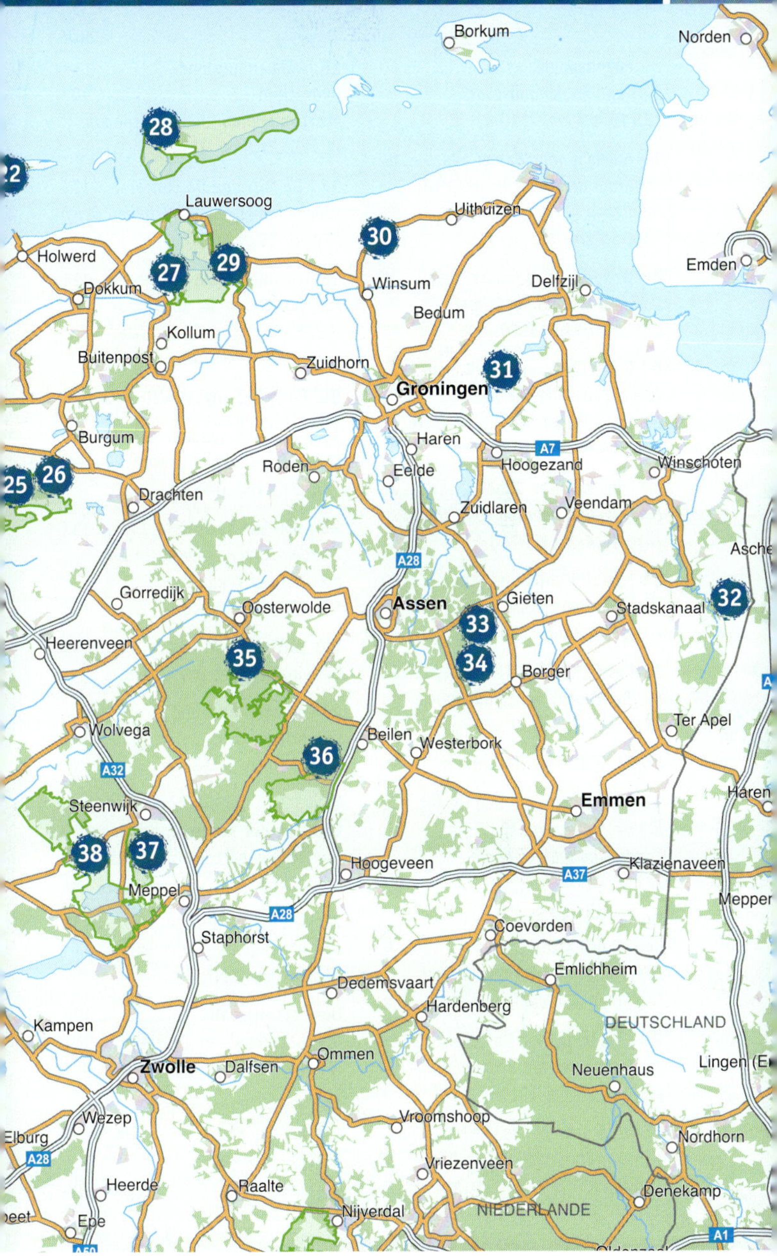
Borkum
Norden
28
Lauwersoog
Uithuizen
30
Holwerd
27
29
Emden
Dokkum
Winsum
Delfzijl
Bedum
Kollum
Buitenpost
Zuidhorn
31
Groningen
Haren
A7
Burgum
Hoogezand
Winschoten
Roden
Eelde
25
26
Drachten
Zuidlaren
Veendam
A28
Gorredijk
Assen
Gieten
Stadskanaal
32
Oosterwolde
33
Heerenveen
35
34
Borger
Wolvega
Beilen
Westerbork
Ter Apel
36
A32
Steenwijk
Emmen
Haren
38
37
Hoogeveen
A37
Klazienaveen
Meppel
A28
Staphorst
Coevorden
Emlichheim
Dedemsvaart
Hardenberg
DEUTSCHLAND
Kampen
Zwolle
Dalfsen
Ommen
Neuenhaus
Wezep
Vroomshoop
Nordhorn
A28
Vriezenveen
Heerde
Raalte
Denekamp
Epe
Nijverdal
NIEDERLANDE
A1

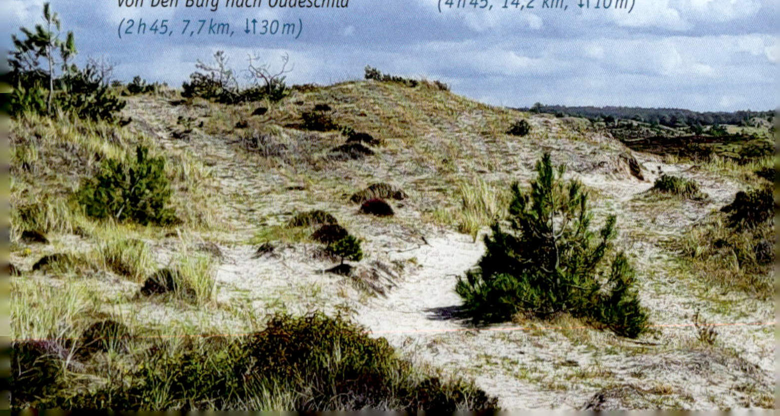

Reiseinfos

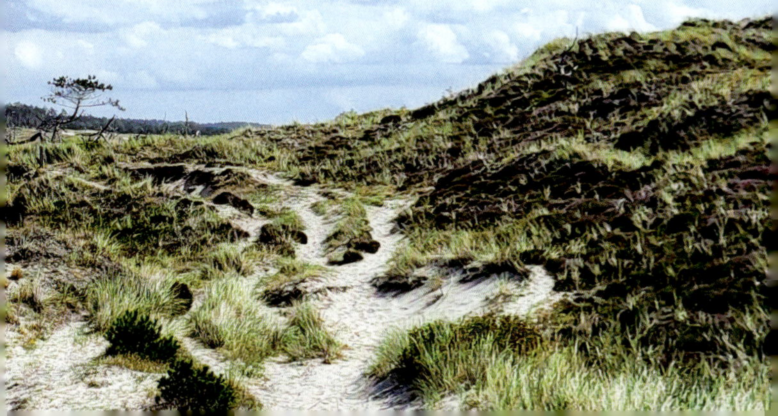

Eine Reise durch den Norden der Niederlande

Der Norden der Niederlande ist im wahrsten Sinne des Wortes eine Kulturlandschaft – eine Landschaft, die vom Menschen erschaffen wurde. Seit dem Mittelalter legten Menschen hier Polder an, entwässerten Flächen, bauten Torf ab und errichteten Deiche. Das Grundthema war immer Mensch gegen Wasser – Wasser ist hier allgegenwärtig und war in der Vergangenheit auch oft eine Bedrohung. Heute ist es an vielen Stellen gezähmt – statt der wilden Zuiderzee gibt es jetzt das sanfte IJsselmeer, und Sturmfluten sind keine akute Bedrohung mehr. Geblieben ist ein Land mit wunderbaren Landschaftsformen, das zwar sehr flach, aber doch abwechslungsreich ist. Von den breiten Sandstränden und Dünen an der Nordsee bis zur schlammigen Wattenmeerküste, von den grünen Feuchtgebieten mit Kanälen und Grachten zu den trockenen Heidelandschaften, die im Spätsommer in vielen Lilatönen leuchten, ist alles dabei.

Noord-Holland

Noord-Holland ist eine Halbinsel zwischen der Nordsee und dem IJsselmeer. Im Süden liegt die niederländische Hauptstadt Amsterdam, im Norden die westfriesische Insel Texel. Entlang der Westküste zur Nordsee ziehen sich breite Sandstrände, die vor allem im Sommer bei Feriengästen beliebt sind. Am IJsselmeer gibt es viele historische Handelsstädte, die im sogenannten goldenen Zeitalter der Niederlande eine wichtige Rolle als Hafenstädte spielten. Heute haben sie keinen direkten Zugang zur Nordsee mehr – dafür gibt es jetzt liebliche Strände am Binnensee IJsselmeer.

Die Insel Texel hat ihren ganz eigenen Charme. Die größte westfriesische Insel hat eine spannende Geschichte und wunderschöne Strände. Wir kommen besonders gerne im Frühjahr und Herbst hierher, im Sommer kann es auf der Insel recht voll werden.

Friesland

Friesland ist die Provinz auf der anderen Seite des IJsselmeers – im Norden grenzt sie an das Wattenmeer. Außerdem gehören die weiteren westfriesischen Inseln Vlieland, Terschelling, Ameland und Schiermonnikoog dazu. Friesland ist die einzige Provinz der Niederlande, in der es eine eigene Sprache gibt, die sogar Amtssprache ist. Die Friesen sind sehr stolz auf ihre Region und dies ist auch spürbar.

Am IJsselmeer findet man auch in Friesland eine Vielzahl von schönen, kleinen Städten mit historischen Stadtkernen. Es gibt elf friesische Städte, die besondere historische Bedeutung haben und die alle einen Besuch wert sind. Im Inland können wir den Nationalpark De Alde Feanen erkunden, ein ehemaliges Torfabbaugebiet, das heute ein von Kanälen durchzogenes, üppig grün leuchtendes Feuchtgebiet ist.

Im Norden der Provinz liegt das Wattenmeer, das zum UNESCO-Weltnaturerbe gehört. Das Wattenmeer ist das Zuhause vieler Vogelarten und eine Wattwanderung ist ein einmaliges Erlebnis. Weiter vor der Küste liegen die Inseln, die alle einzigartig sind und einen ganz eigenen Charakter haben.

Groningen und Drenthe

Groningen und Drenthe sind die beiden Provinzen in unserem Buch, die an Deutschland grenzen. Groningen im Norden ist geprägt durch die Nähe zum Meer – auch hier liegt das Wattenmeer vor der Tür. Die Dörfer wurden hier früher auf Warften gebaut, aufgeschüttete Hügel, um vor dem Wasser sicher zu sein. Es gibt außerdem im Süden der Provinz ausgedehnte Waldgebiete mit hohen, uralten Buchen und riesigen Douglasien.

Drenthe hat ebenfalls viele Waldgebiete, aber auch viele Heideflächen. Hier werden bis heute Schafe gehalten, um zu verhindern, dass die Heideflächen verbuschen. Es finden sich auch Spuren der ältesten Besiedlungen – Hünengräber aus der Trichterbecherkultur.

Overijssel und Flevoland

Flevoland ist eine ganz neue Provinz – sie entstand erst durch den Bau des Abschluss-

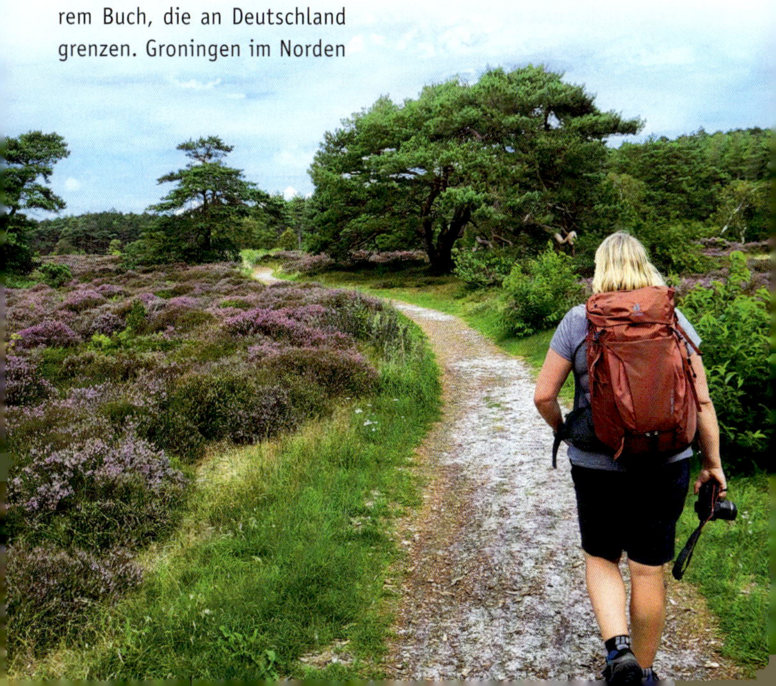

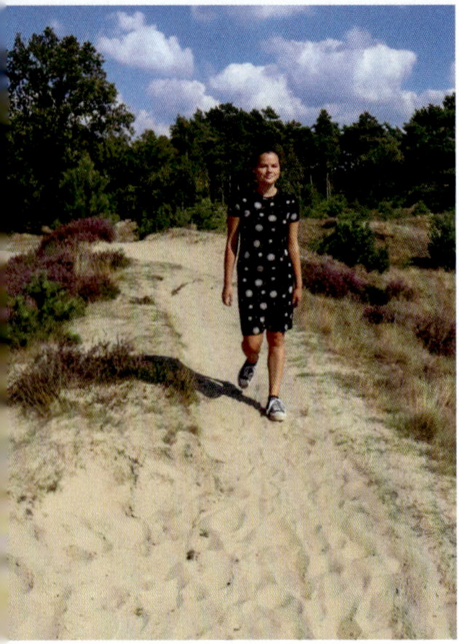

deiches und die anschließende Eindeichung auf mehreren großen Poldern. Zwei Inseln, die vorher in der Zuiderzee lagen, sind jetzt am Festland verortet – Schokland und Urk. Die weiteren Städte in Flevoland sind daher alle »neu« – sie wurden erst nach den 1930er Jahren erbaut.

Overijssel zieht sich weit in den Süden des Landes – mit unseren Touren haben wir nur den nördlichen Teil der Provinz abgedeckt. Hier befinden sich einige spannende historische Städte, die früher direkt an der Zuiderzee lagen und wichtige Hafenstandorte waren, wie zum Beispiel Elburg, Harderwijk und Kampen. Außerdem wurde in der Region Torf abgebaut. In den Wasserdörfern rund um Giethorn hat der Torfabbau besonders viele Kanäle hinterlassen, über die viele kleine Brücken führen.

Klima und beste Reisezeit

Durch die direkte Lage an der Nordsee herrscht in den Niederlanden ein gemäßigt-maritimes Klima. Dies bedeutet, dass es im Sommer nicht allzu heiß wird, im Winter auch nicht allzu kalt. In den Sommermonaten Juni bis August liegen die durchschnittlichen Maximaltemperaturen bei 20 Grad Celsius. Die Niederschläge sind mengenmäßig im Jahr relativ gleichmäßig verteilt, allerdings gibt es im Dezember durchschnittlich 24 Regentage pro Monat, im Juni nur sechs.

Durch die Lage an der Nordsee kann es in den Niederlanden sehr windig sein. In den Wintermonaten sind Stürme häufig und auch im Sommer kann es passieren, dass Orkanböen mit bis über 140 Kilometern pro Stunde über das Land jagen.

Die Nordsee ist im Winter sehr kalt mit Temperaturen unter vier Grad Celsius. Möchte man schwimmen, muss man also bis Juli oder August warten. Dann steigt die Temperatur auf bis zu 20 Grad – vorher ist es noch sehr kühl. Das IJsselmeer wärmt sich schneller auf und ist schon im Juni bis zu 19 Grad warm.

Die beste Reisezeit für einen Strandurlaub sind daher die Sommermonate Juli und August. Zu diesen Zeiten ist es aber vor allem an den Stränden oft sehr voll, denn auch in den Niederlanden sind dann Ferien. Ist man nicht auf die Schulferien angewiesen, so kann auch ein Urlaub im September durchaus noch schöne Stunden am Strand bescheren. Im Frühjahr und Herbst hat man ein höheres Risiko für Regen und Wind, aber irgendwie passt die Landschaft auch zu diesem Wetter. Wenn sich wilde Wolken über der Polderlandschaft oder dem weiten Wattenmeer auftürmen, sieht die Landschaft erst richtig beeindruckend aus.

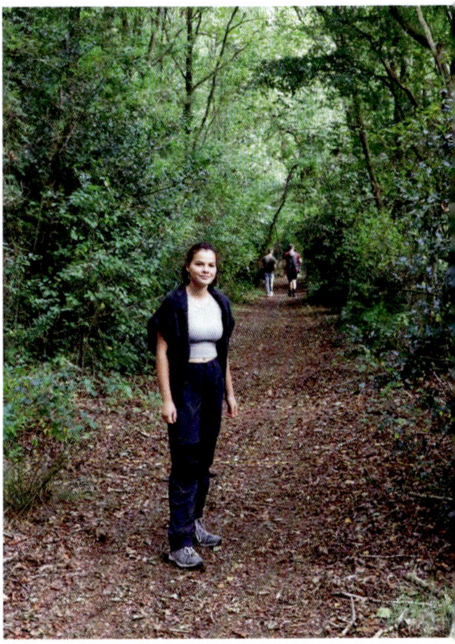

Ein besonderes Highlight ist im Frühjahr die Tulpenblüte. Sie findet zwischen Ende März und Mitte Mai statt. Die Tulpenfelder leuchten dann in vielen intensiven Farben. Es gibt geführte Touren von Amsterdam aus, aber auch in Noord-Holland und in Flevoland bieten sich viele Gelegenheiten, die Tulpenfelder zu erleben. Bei Emmeloord wird jedes Jahr eine Tulpenroute eingerichtet, die an den schönsten Feldern vorbeiführt. Diese kann man entweder mit dem Auto oder dem Rad befahren.

Im Herbst blüht dann die Heide, was ebenso ein einzigartiges Erlebnis ist. Sowohl an der Küste hinter den Dünen, zum Beispiel bei Schoorl und Bergen, als auch in Drenthe finden sich weite Heidelandschaften, die von Mitte August bis Mitte September in strahlendem Lila erblühen.

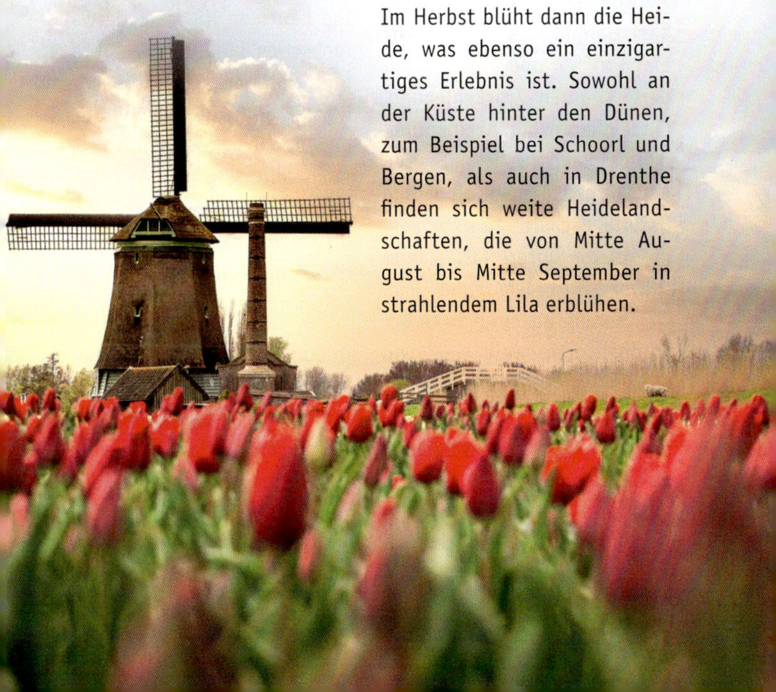

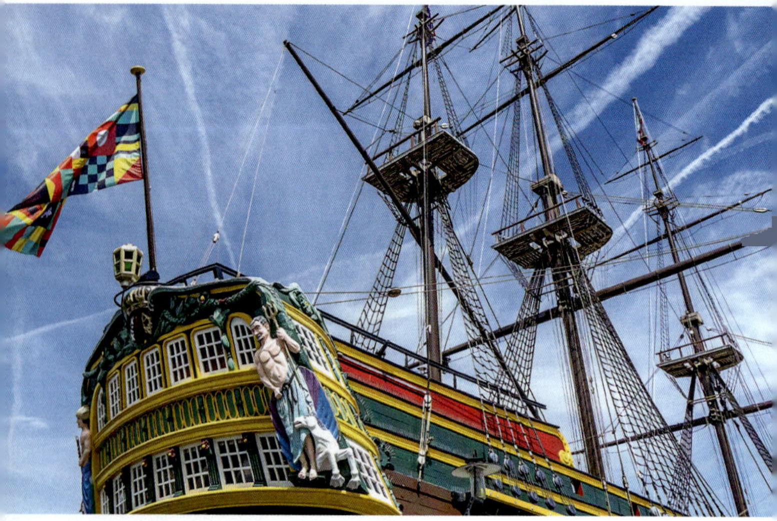

Charakteristik

Die Niederlande sind in großen Teilen eine Kulturlandschaft. Sie gehören zu den am dichtesten besiedelten Flächenländern der Welt und haben auch eine hohe Industriedichte. Seit dem Mittelalter hat der Mensch an vielen Stellen in das Gefüge der Landschaft eingegriffen und diese verändert – durch Trockenlegung, Eindeichung und Abtrennung. Dadurch sind an vielen Stellen neue, einzigartige Biotope und Naturlandschaften entstanden, die heute unter Naturschutz stehen. Trotzdem fühlt man sich selten, als sei man in der Wildnis oder weit weg von allem – meistens gibt es auf unseren Routen auch Berührungspunkte mit menschlichen Strukturen.

Die Niederlande sind sehr flach – es gibt kaum nennenswerte Steigungen. Großteile des Landes liegen sogar unterhalb des Meeresspiegels. So eignen sich die viele Wege gut zum Radfahren, auch wenn man dabei meist nur wenig Schutz vor dem Wind hat.

Geschichte im Schnelldurchgang

Die heutigen Niederlande waren schon lange Siedlungsgebiet von Menschen. Zeugnis hierfür sind die Hünengräber aus der Trichterbecherkultur. Auch die Römer versuchten sich hier niederzulassen, doch für sie war das Land zu feucht und von zu vielen Sturmfluten bedroht.

In den nachfolgenden Jahrhunderten entwickelten sich verschiedene Fürstentümer in den heutigen Niederlanden, die alle zum Heiligen Römischen Reich zählten. Es bildeten sich früh Städte, die auch eigene Macht für sich beanspruchten. Im 16. Jahrhundert kam es zu einem

Bruch zwischen den nördlichen und den südlichen Staaten – die nördlichen wurden protestantisch, die südlichen blieben katholisch und standen unter dem Einfluss Spaniens. Dieser Bruch mündete in den Achtzigjährigen Krieg, der 1648 mit dem Westfälischen Frieden beendet wurde. Die aufständischen Gebiete im Norden machten sich damals als Republik der Sieben Vereinigten Provinzen unabhängig.

Im 17. Jahrhundert erlebten die Niederlande eine Blütezeit – im sogenannten Goldenen Zeitalter stiegen sie und die Stadt Amsterdam zum wichtigsten Handelszentrum auf. Die Ostindien-Kompanie wurde gegründet und Kolonien erobert. Der Fernost-Handel machte die niederländischen Kaufleute reich und das Land blühte auf.

Im 18. Jahrhundert, durch den Aufstieg Englands, verloren die Niederlande ihre Vormachtstellung. Sie wurden unter Napoleon ein Teil Frankreichs und erlangten erst nach seiner Niederlage wieder die Unabhängigkeit. Jetzt wurden der südliche und der nördliche Teil vereinigt, die Hauptstadt blieb Amsterdam. 1830 kam es im Süden zu einem Aufstand – als Resultat spaltete sich Belgien von den Niederlanden ab.

Im Ersten Weltkrieg waren die Niederlande größtenteils neutral und unbeteiligt, im Zwei-

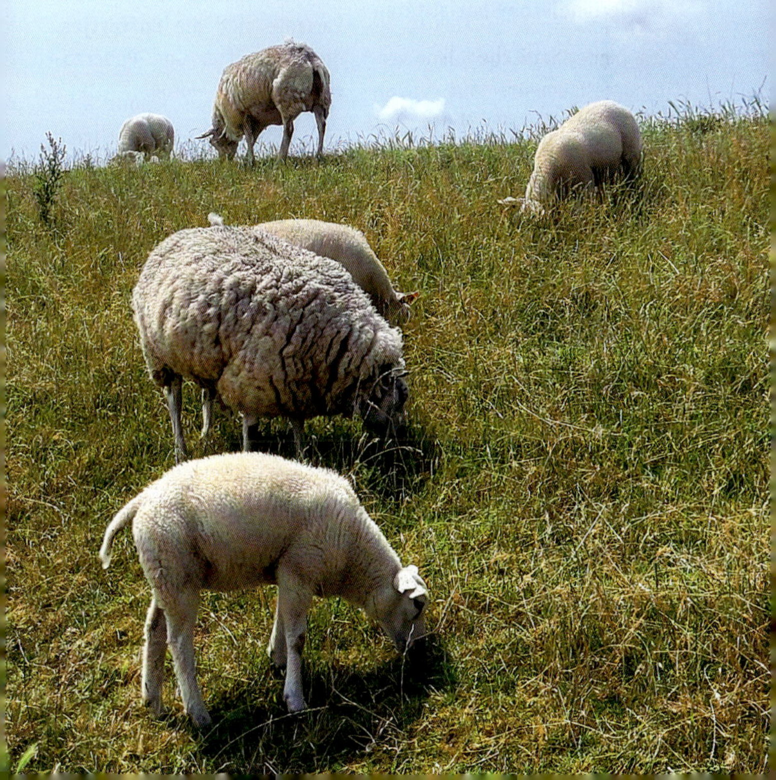

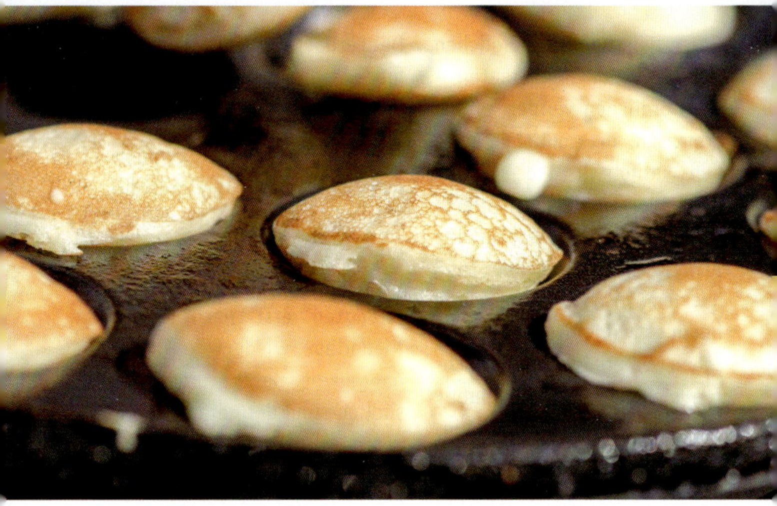

ten Weltkrieg wurden sie von den deutschen Truppen überfallen und besetzt. Heute gehören die Niederlande zu den wohlhabendsten Staaten in Europa.

Niederländische Spezialitäten

Die niederländische Küche verbindet Elemente aus vielen Regionen – an der Küste gibt es natürlich viel Fisch und Meeresfrüchte, im Inland eher Gemüse und Fleisch.

Ist man an der Küste unterwegs, so sollte man sich den **Kibbeling** nicht entgehen lassen. Das ist frittierter Kabeljau, in Stücke geschnitten. Meist wird dieser mit Remoulade serviert. Besonders gut als Snack sind auch Pommes und Frikandel (eine frittierte Wurst) – als Frikandel Spezial mit Zwiebeln und Soßen.

Eine Besonderheit sind die Kuchen und süßen Pfannkuchen, die in jeder Region serviert werden. Dazu geht ihr am besten in eines der beliebten Pfannkuchenhäuser. Hier bekommt ihr Pfannkuchen in allen Varianten – nicht nur süß, sondern auch herzhaft belegt. Eine kleine, süße Pfannkuchen-Variante sind die **Poffertjes**, die mit Butter und Puderzucker gegessen werden.

Ein besonderes Highlight nach einer langen Wanderung ist auch ein Apfelkuchen, der erst mit Sahne so richtig vollständig ist.

Eine überregionale Berühmtheit hat der **holländische Käse** erreicht – vom Gouda über den Edamer Käse bis zu weiteren regionalen Sorten. Je nach Reifedauer ist holländischer Käse mild bis herzhaft.

Solltet ihr auf der Speisekarte »Bitterballen« entdecken, geht es um Fleischbällchen aus Rindfleisch, die in den Niederlanden als Fingerfood beliebt sind.

Die Niederlande aktiv erleben

Vom Segeln auf dem IJsselmeer übers Surfen in der wilden Nordsee bis zu Badespaß in den vielen Seen – in den Niederlanden gibt es in Sachen Wassersport wirklich viel Auswahl. Ihr könnt zu Fuß das Wattenmeer erkunden und in einem Hochseilgarten von Baum zu Baum klettern. Da die Niederlande sehr flach sind, eignen sie sich auch ideal zum Fahrradfahren – nur auf die Windrichtung müsst ihr dabei aufpassen.

Baden

In den Niederlanden gibt es viele Möglichkeiten zum Baden: in der Nordsee, im IJsselmeer, in den vielen Flüssen oder in einem der unzähligen Seen im Inland. Im Frühjahr sind die Temperaturen in der Nordsee noch ziemlich frisch, aber ab Juli erreicht die Wassertemperatur bis zu 20 Grad. Es gibt bewachte Strände, an denen Fahnen anzeigen, ob das Baden sicher möglich ist. Vor allem in der Nähe von Buhnen können sich Strömungen bilden, hier muss man Abstand halten. Das IJsselmeer wird schneller warm und bietet viele schöne Strandbäder und Bademöglichkeiten. Oftmals ist das Wasser in Ufernähe lange flach.

Surfen

Die Niederlande sind ein echtes Surfparadies. Egal ob zum Windsurfen, Wellenreiten oder Kitesurfen – durch den stetig blasenden Wind und die vielen

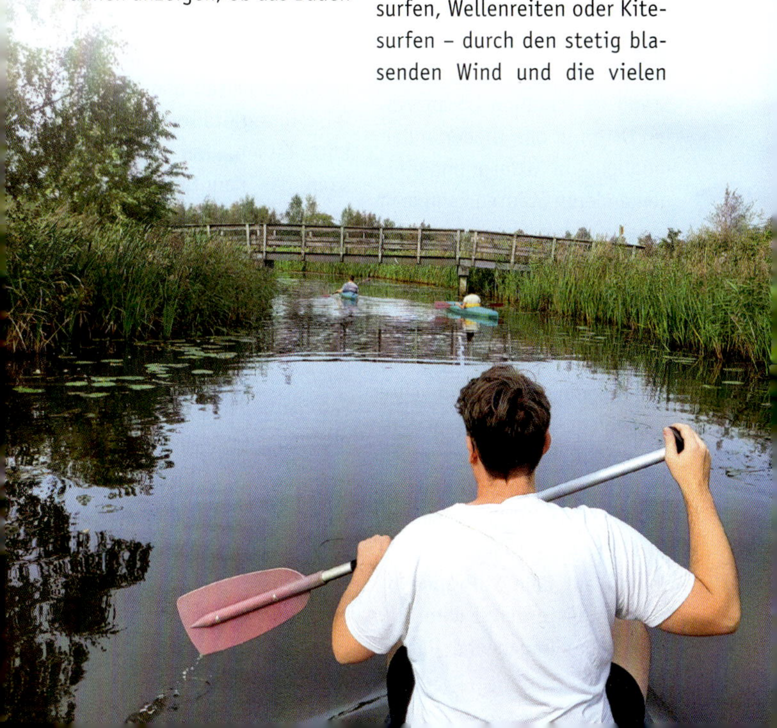

Wasserflächen finden alle ein gutes Revier. Es gibt auch eine Vielzahl von Surfschulen, in denen ihr den Sport gut erlernen könnt. Wellenreiten wird vor allem an der Nordsee angeboten, zum Beispiel auf Texel. Wind- und Kitesurfen kann man auch auf dem IJsselmeer und auf dem Veluwemeer lernen.

Segeln

Die vielen weiten Wasserflächen der Niederlande sind auch ideal zum Segeln. Auf dem IJsselmeer kann man im Sommer tolle Segeltörns machen und die schönen historischen Städte besuchen. Auch das geschützt hinter den westfriesischen Inseln liegende Wattenmeer eignet sich gut zum Segeln. Viele Reedereien vermieten Boote oder bieten organisierte Segeltörns an.

SUP

Stand-Up-Paddling ist an vielen Orten in den Niederlanden möglich – in Alkmaar und einigen anderen Städten kann man sogar auf dem Board durch die Grachten gleiten. Hier ist es natürlich besonders wichtig, dass man auf den dicken Surfbrettern das Gleichgewicht halten kann, denn hier möchte man nicht unbedingt überall ins Wasser fallen. Auch durch viele Kanäle wie zum Beispiel in Giethorn oder im Nationalpark De Alde Feanen werden Touren auf dem SUP angeboten. Herausfordernd wird SUP fahren bei Gegenwind – man bietet doch im Stehen deutlich mehr Widerstand als sitzend in einem Boot.

Kanu und Kajak

Das Hinterland der Niederlande ist durchzogen von einer Vielzahl von Kanälen, die zur Entwässerung dienen. Hier kann man natürlich auch toll mit dem Kanu oder Kajak unterwegs sein und dabei die Umgebung aus einer ganz neuen Perspektive erleben. Verleihstationen gibt es in vielen Orten. Wer mit einem eigenen Kanu fährt, findet viele gekennzeichnete Einsatzstellen.

Beim Kanufahren auf den Kanälen muss man allerdings die Vorfahrtsregeln beachten – auf den größeren Wasserstraßen sind teilweise richtig große Schiffe unterwegs und es kann auch mal voll werden auf dem Wasser. Dann müsst ihr euch rechts zu halten und im Zweifelsfall den Größeren den Vortritt lassen. Bei Gegenwind kann das Kanufahren richtig anstrengend sein, vor allem auf größeren, freien Wasserflächen. Hier kann es sich anfühlen, als wenn man gar nicht von der Stelle kommt – Windstärke und Windrichtung sollten auf jeden Fall bei der Tourenplanung mit einbezogen werden.

Wer sich nicht durch eigene Muskelkraft bewegen möchte, kann auch auf Motorboote und Flüsterboote – flache Boote mit einem Elektroantrieb – zurückgreifen, die man an fast allen Häfen ohne Bootsführerschein ausleihen kann.

Fahrrad

Die Niederlande sind das perfekte Land für Radtouren und verfügen über ein vorbildliche Infrastruktur. Das Radwegenetz ist gut ausgebaut und hervorragend beschildert. An vielen Restaurants und Campingplätzen gibt es auch Gelegenheiten, E-Bikes aufzuladen. Die Einheimischen fahren sehr viel mit dem Fahrrad und nutzen dieses Verkehrsmittel ganz selbstverständlich. In so gut wie jedem Ort gibt es einen Fahrradverleih, in dem ihr unkompliziert Räder in unterschiedlichen Bauweisen mieten könnt. Neben normalen Rädern und E-Bikes gibt es auch Tandems für Erwachsene und Kinder – der vordere Fahrradteil ist hier kleiner als der hintere. Macht ihr Tagesausflüge auf die Inseln, könnt ihr die Räder auch an den Fähranleger liefern lassen, sodass es direkt vom Hafen losgehen kann.

Hochseilgarten

In vielen Orten gibt es Hochseilgärten, in denen man unter Aufsicht durch verschiedene Parcours klettern kann, die hoch oben zwischen Bäumen schaukeln. In den meisten Fällen haben Hochseilgärten auch noch weitere Angebote wie zum Beispiel Bogenschießen oder Kanufahren, sodass ihr hier gut einen ganzen Tag verbringen könnt.

Besucherzentren der Nationalparks

Die Nationalparks und Naturschutzgebiete in den Niederlanden haben fast immer ein Infozentrum, das »Buitencentrum«. Hier gibt es in den meisten Fällen nicht nur ein Café und einen kleinen Laden für Souvenirs und Karten der Umgebung, sondern auch vielfältige Angebote für Kinder. Oftmals sind an den Zentren auch Lehrpfade markiert, die mit Infotafeln die Natur erklären. Sie sind selten länger als drei Kilometer und eignen sich besonders für Familien. Viele Naturparkinformationen bieten auch einen Zwergenweg an: Hier bekommen Kinder eine Zwergenmütze und verschie-

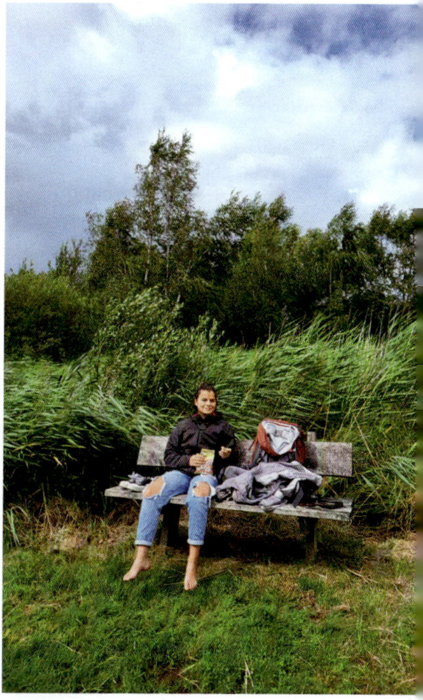

dene Aufgaben und dürfen Zwergenfiguren im Wald suchen. An den Infozentren gibt es meist auch einen Abenteuerspielplatz, manchmal sogar mit Wasserspielen und weiteren Informationen über die Natur. Besonders schöne Infozentren für Kinder haben der Nationalpark Drents Friese Wold und Lauwersmeer.

Wattwandern

Wattwanderungen führen durch den Schlamm und Schlick des Watts und sind nur bei Ebbe möglich. Im Watt könnt ihr viele Meereslebewesen wie Muscheln, Quallen, Seesterne und Krebse entdecken und außerdem die vielen Vögel beobachten, die hier nach Futter suchen. An manchen Stellen müssen tiefe Priele durchwandert werden, sodass ihr auf einer Wattwanderung sehr nass werden könnt. Wattwanderungen müssen unbedingt mit Schuhen gemacht werden, Stiefel sind hier nicht ideal, da von oben Wasser eindringen kann. Am besten sind spezielle Wattschuhe oder alte Turnschuhe, die ihr im Anschluss nicht mehr braucht. Wanderungen im Watt sind nur mit ortskundigem Führer erlaubt. Die Gezeiten wechseln sehr schnell, und vor allem bei Nebel könnt ihr rasch die Orientierung verlieren. Wattwanderungen werden auf den westfriesischen Inseln und entlang der Küste angeboten, zum Beispiel in Paezens und in Pieterburen.

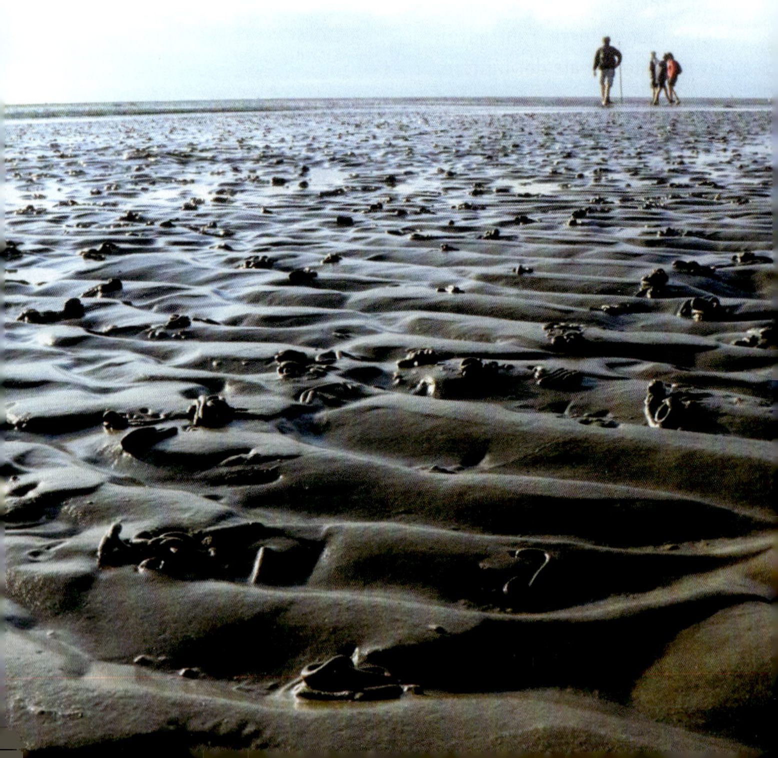

Familienurlaub in den Niederlanden

Der Norden der Niederlande ist sehr beliebt für einen Familienurlaub, denn hier ist viel geboten für Kinder. Die Orte sind eingestellt auf Familien und es gibt an vielen Stellen tolle Spielplätze und Angebote für Ferienkinder. Im Sommer wird es nicht so heiß, was auch einen Strandurlaub angenehm macht – es weht eigentlich immer ein frisches Lüftchen. Alle Orte sind gut auch mit dem Rad erreichbar, sodass ihr im Urlaub das Auto oft stehen lassen könnt.

Wir haben, wann immer möglich, auch eine gekürzte Version der Touren beschrieben, die auch jüngere Kinder gut schaffen können. Die Route ist dann orange in die Wanderkarte eingetragen. Auch besondere Spielplätze sind in den Touren erwähnt. So könnt ihr auch mit Kindern entspannte Zeit in der Natur verbringen.

Die Touren in diesem Buch

In diesem Buch haben wir eine Auswahl unserer liebsten Wander-, Fahrrad- und Kanutouren zusammengestellt. Alle Wanderwege sind in gutem Zustand. Sie führen oft über Sand, manchmal lassen sich auch Asphaltpassagen nicht vermeiden. Die Radwege sind sehr gut ausgebaut und auch beschildert. Teilweise führen unsere Wege auch über wenig befahrene Straßen. Die Kanutouren führen uns durch Kanäle – je nach Bewuchs können diese teilweise sehr eng sein. Manchmal steht das Schilf so eng zusammen, dass ein Durchfahren zuerst unmöglich erscheint, vor allem am Anfang der Saison. Für diese Passagen haben wir aber auch jeweils eine Alternative beschrieben.

Wegenetz in den nördlichen Niederlanden

In den nördlichen Niederlanden gibt es viele Weitwanderwege und Radwege, die mehrere Tage lang über verschiedene Etappen führen. Es gibt zum Beispiel den Zuiderzee Pad, der einmal um die ehemalige Zuiderzee (heutiges IJsselmeer) führt, oder den Kloster Claercamppad, der in Friesland einer ehemaligen Pilgerroute von Kloster zu Kloster folgt. Auch mit dem Rad könnt ihr auf einem Rundweg um das IJsselmeer fahren oder dem Nordseeküstenradweg durch die Dünen folgen. Auf einigen Touren im Buch folgen wir streckenweise diesen markierten Wegen. Ansonsten sind Wanderwege in den Niederlanden oftmals als Rundwege bei Infozentren angelegt.

Ausrüstung

Für die Wandertouren braucht ihr feste Schuhe – allerdings nicht unbedingt welche, die über die Knöchel gehen. Die Wege sind meistens sandig oder führen uns über weichen Waldboden. In den Feuchtgebieten ist es vor allem nach Regenschauern oft sehr nass, dann könnten sogar Gummistiefel die bessere Wahl sein. Im tiefen Sand am Strand oder in den Dünen sinkt man häufig tief ein – hier haben wir oftmals einfach die Schuhe ganz ausgezogen, da sie sonst voll mit Sand gewesen wären.

Die beschriebenen Radtouren haben wenige Höhenmeter, ihr könnt also alles gut mit einem normalen Fahrrad fahren. Natürlich sieht man in den Niederlanden auch viele E-Bikes, und vor allem bei Gegenwind kann man da schon neidisch werden. Auch an warmen Tagen solltet ihr immer eine Windjacke mitnehmen, da die Temperaturen im Wind deutlich niedriger sind und auch schnell sinken. Eine Helmpflicht besteht in den Niederlanden nicht, und man sieht auch, dass nur wenige einen Helm tragen. Es heißt, am Helm erkenne man die Deutschen... Trotzdem ist dieser natürlich empfehlenswert, vor allem für Kinder.

Für die Kanutouren benötigt man eine wasserdichte Tonne oder einen Beutel, selbst wenn man nicht umkippt, wird es im Boot doch häufig nass. Diese bekommt ihr meistens beim Verleih dazu. Für kleinere Kinder empfiehlt es sich, eigene Schwimmwesten mitzunehmen, um sicherzustellen, dass diese auch gut passen. Sind die Westen zu groß, behindern sie nur beim Paddeln und bieten wenig Sicherheit.

Bei den meisten Wander- und Radtouren gibt es viele Möglichkeiten zur Einkehr entlang des Weges, an denen auch Wasserflaschen wieder mit Wasser aus dem Hahn aufgefüllt werden können. Auf den Kanutouren ist dies weniger verbreitet, hier solltet ihr auf jeden Fall die komplette Verpflegung mitnehmen.

Tiere

An vielen Stellen werden in den Niederlanden Tiere zur Landschaftspflege einsetzt. Viele Wanderwege und Radwege führen daher über Weideflächen und es kann durchaus zu Begegnungen mit den Tieren kommen. Daher gibt es auch an vielen Stellen Viehgitter auf dem Boden – so braucht es kein Tor, aber die Weidetiere können trotzdem nicht raus. Hier muss man natürlich als Fußgänger ein wenig aufpassen, dass man nicht umknickt. Hunde sind in Weidegebieten streng verboten!

Am häufigsten anzutreffen sind die Deichschafe, die dafür sorgen, dass die Deiche verdichtet werden und dass hier tiefwurzelndes Gras wächst. Oft läuft man mitten zwischen ihnen hindurch. Die Schafe interessieren sich sehr wenig für Wandernde, oft laufen sie weg, wenn ihr näher kommt. In anderen Naturschutzgebieten werden Heckrinder und Konikpferde oder Ponys gehalten. Die Pferde sind sehr scheu und man trifft sie selten, den Rindern begegnet man schon eher. Auf Schildern wird man angewiesen, mindestens 20 Meter Abstand zu halten – das ist aber gar nicht so einfach, wenn die Tiere mitten auf dem Weg stehen. Normalerweise sind sie nicht aggressiv und wenig an Menschen interessiert. Etwas vorsichtiger solltet ihr aber sein, wenn Kühe und Pferde Jungtiere dabeihaben.

Naturschutz

Die meisten der hier beschriebenen Touren führen durch Naturschutzgebiete und Nationalparks. Hier ist es besonders wichtig, die Regeln zu beachten und auf den Wegen zu bleiben. Bestimmte Gebiete sind in den Brutzeiten der Vögel nicht zugänglich, auch dies ist unbedingt zu beachten. In den Naturschutzgebieten sind Hunde oftmals gar nicht erlaubt oder es gibt einen Leinenzwang. Dies ist wichtig, da viele Vögel Bodenbrüter sind und die Nester zerstört werden können.

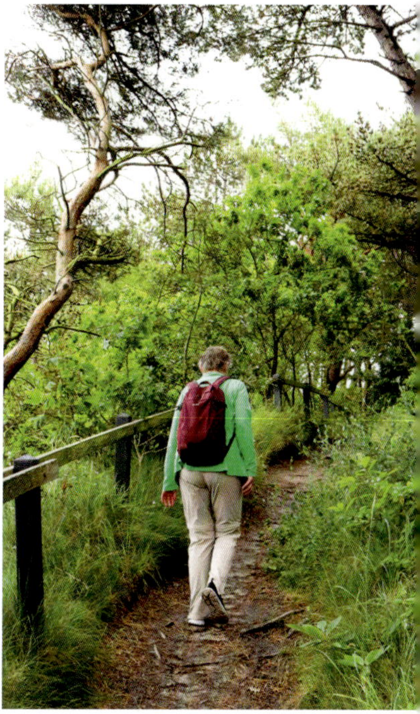

Das Spielen in den Dünen macht zwar viel Spaß, ist aber nur an einigen Stellen erlaubt. Die Spieldüne in Schoorl ist zum Beispiel ein Ort, an dem Kinder sich austoben können. Ansonsten sollte man Dünen nicht hochklettern. Die Dünengräser werden dabei beschädigt und die Düne kann sich im Winter dann nicht mehr gegen Stürme halten.

Gehzeiten

Bei den Angaben im Tourensteckbrief handelt es sich um reine, aber großzügig bemessene Geh- bzw. Fahrzeiten. Aufgrund der vielen Highlights am Wegesrand ist es aber sinnvoll, weitere Zeit für Stopps und ausgedehnte Pausen einzuplanen.

Orientierung

Die beschriebenen **Wanderungen** führen teilweise über markierte, teilweise über unmarkierte Wege. In vielen Fällen haben wir mehrere kurze Rundwege kombiniert, sodass das Wanderzeichen unterwegs wechselt. Dies ist dann auch im Tourensteckbrief angegeben – die Wegbeschreibung und die Karte im Buch sollten aber immer als Referenz verwendet werden.

In den Niederlanden gibt es für **Radwege** das Knotenpunktsystem. An den meisten Knotenpunkten steht eine Tafel, auf der die Wege und Knotenpunkte im Umfeld dargestellt sind. Um eine Route zu planen, sucht ihr euch also die Knotenpunkte heraus, die auf dem Weg liegen, und fahrt so lange der entsprechenden Zahl hinterher, bis ihr den Knotenpunkt passiert habt. Die Zahlen stehen auf Schildern und teilweise auf Hinweispfeilern am Boden. Auch einige Wanderwege sind im Knotenpunktsystem markiert. Diese sind braun beschildert.

Die **Orientierung auf den Wasserwegen** ist etwas schwieriger. Wo viele Kanus unterwegs sind, sind auch Wasserwege oftmals mit Wegweisern markiert. Zu Verwirrung führt aber, dass auf digitalen Karten oft Verbindungen eingetragen sind, die in der Realität nicht existieren. Man muss also die Augen offenhalten und sollte sich bei der Planung einer Tour nicht blind auf die digitale Karte verlassen.

GPS-Daten

Um den Parkplatz an einer Wanderroute zu lokalisieren, könnt ihr die in der Anfahrtsbeschreibung genannten GPS-Daten in ein normales Navigationsgerät im PKW oder auf dem Handy in Google Maps eingeben und euch dann von diesem bequem zum Start lotsen lassen.

Außerdem stellen wir zu allen Wanderungen unter **www.naturzeit-verlag.de** auch GPS-Tracks zur Verfügung, die kostenlos heruntergeladen werden können. Die Daten unterstützen mit Hilfe von GPS-Gerät oder einer Handy-App die Orientierung unterwegs.

Hier geht's zum Download:

Passwort: GPX424NL527

Damit unterwegs auch der Zugriff auf die Handynavigation funktioniert, solltet ihr bereits zu Hause eine Offline-Karte der Region installieren. Mehr Infos zur Navigation mit GPS-Tracks findet ihr unter **www.naturzeit-blog.de**.

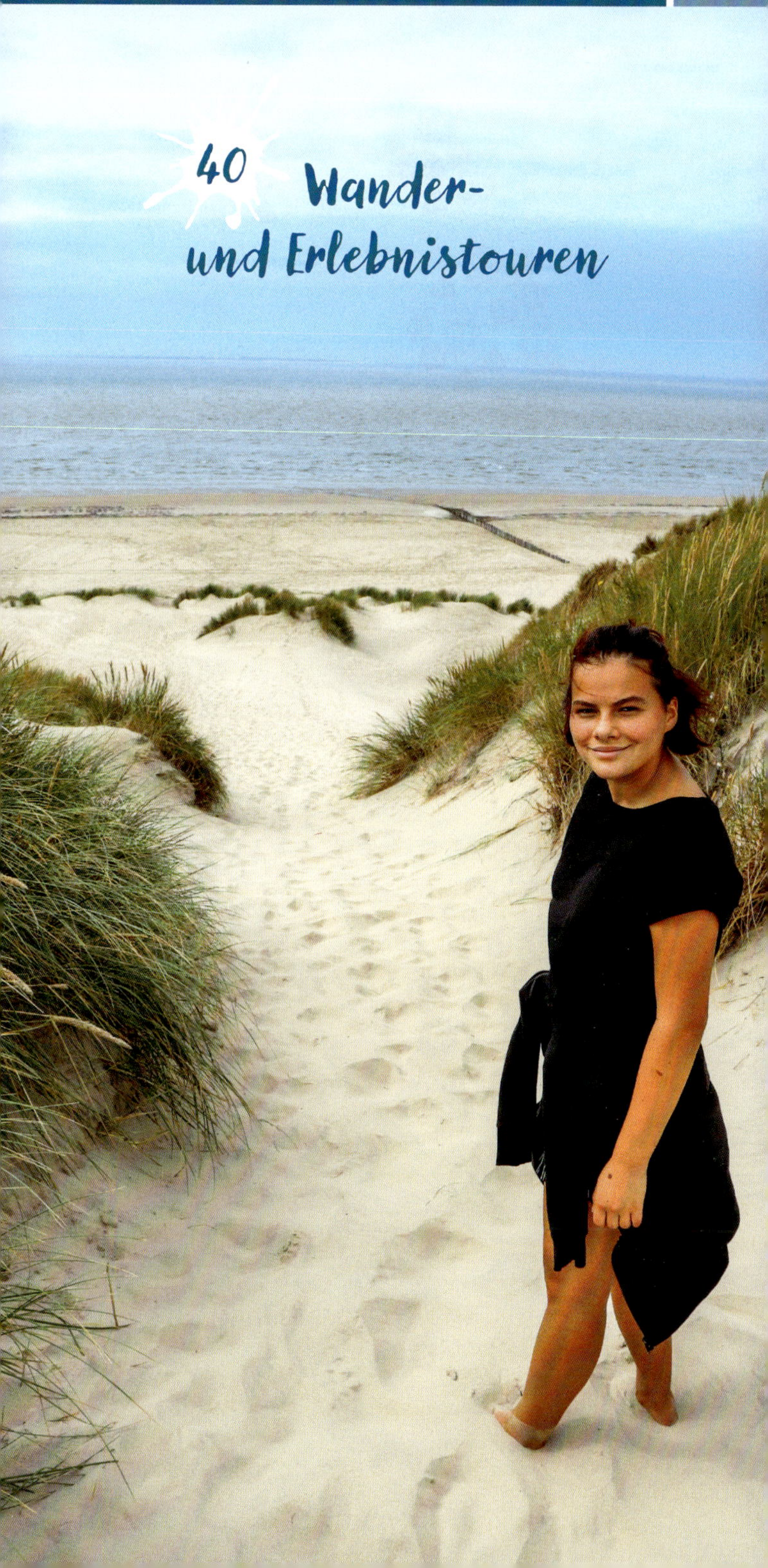
40 Wander- und Erlebnistouren

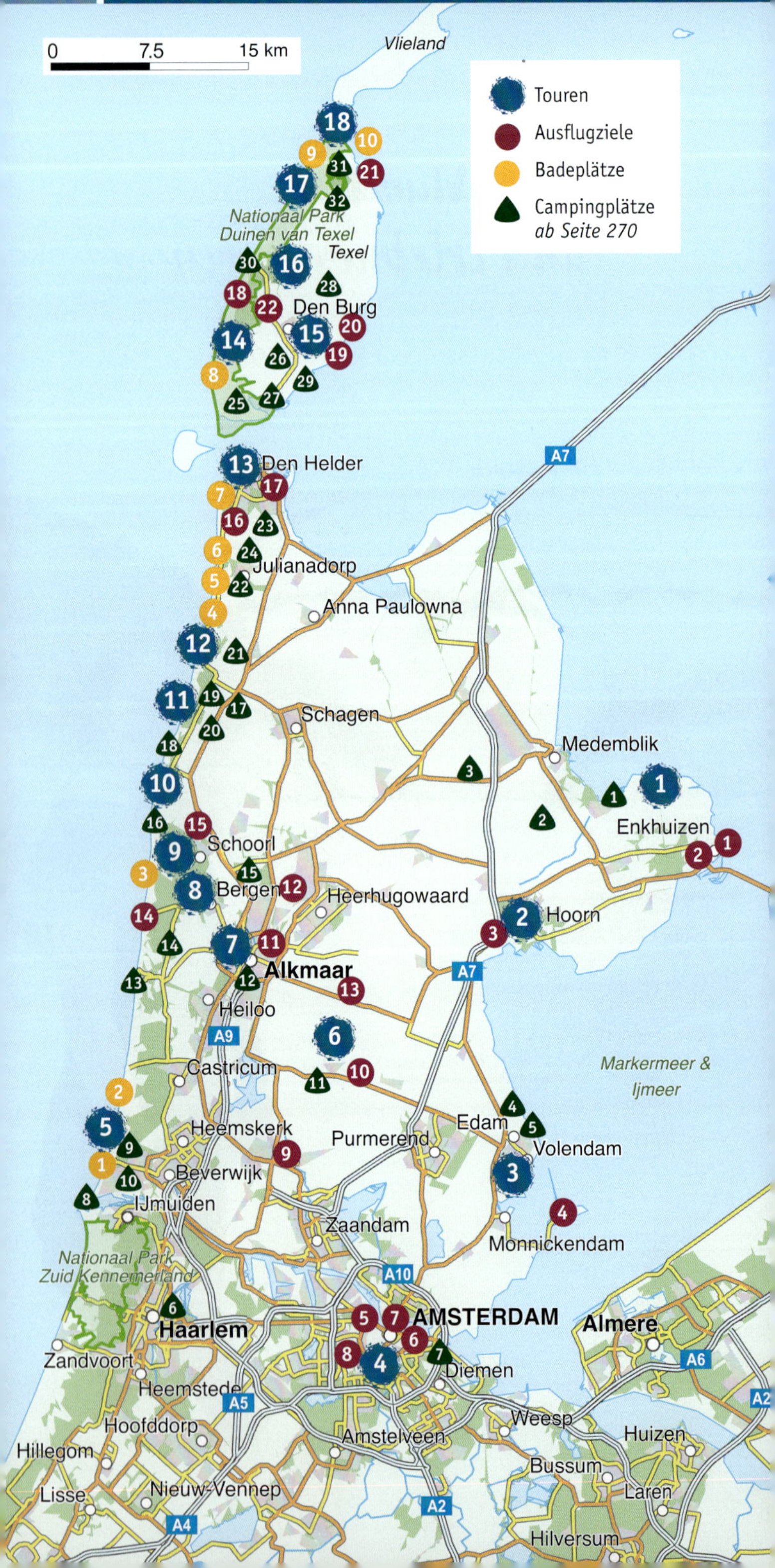
0 7.5 15 km
Touren
Ausflugziele
Badeplätze
Campingplätze
ab Seite 270
Vlieland
Nationaal Park
Duinen van Texel
Texel
Den Burg
Den Helder
Julianadorp
Anna Paulowna
Schagen
Medemblik
Enkhuizen
Schoorl
Bergen
Heerhugowaard
Hoorn
Alkmaar
Heiloo
Castricum
Markermeer &
Ijmeer
Edam
Volendam
Heemskerk
Purmerend
Beverwijk
IJmuiden
Zaandam
Monnickendam
Nationaal Park
Zuid Kennemerland
Haarlem
AMSTERDAM
Almere
Zandvoort
Diemen
Heemstede
Hoofddorp
Weesp
Amstelveen
Huizen
Hillegom
Bussum
Lisse
Nieuw-Vennep
Laren
Hilversum
A7
A9
A10
A6
A5
A2
A4

Zwischen Wattenmeer und Nordsee
Die Provinz Noord-Holland

Die Provinz Noord-Holland ist eine Halbinsel zwischen der Nordsee und dem IJsselmeer. Sie umfasst sowohl die Hauptstadt Amsterdam als auch die Wattinsel Texel ganz im Norden. Hier finden wir sowohl breite Nordseestrände im Westen als auch Zugang zum Wattenmeer im Norden. Gleichzeitig umfasst die Provinz die Westküste des IJsselmeers – in Noord-Holland gibt es also sehr viel Abwechslung in Bezug auf die Landschaftsformen.

In der Hauptstadt Amsterdam im Süden der Provinz leben auf kleiner Fläche fast eine Million Menschen. Die Stadt hat eine spannende Geschichte. Laufen wir an den Grachten entlang, so können wir uns fast in die Vergangenheit zurückversetzt fühlen, in der Amsterdam eine wichtige Handelsstadt für die Niederländischen Ostindien-Kompanie war. Gleichzeitig dürfen wir nicht vergessen, dass Amsterdam eine Großstadt mit allen damit verbundenen Vor- und Nachteilen ist.

Die Gemeinden um Schoorl und Bergen sind vor allem für die schönen Strände als Sommerferienorte bekannt. Hier erstreckt sich aber auch entlang der Küste das Naturschutzgebiet Nordholländisches Dünenreservat, durch das sich viele Wander- und Radwege ziehen. Auf der gegenüberliegenden Küste am IJsselmeer finden wir alte Handelsorte wie Hoorn und Enkhuizen und ruhige Wanderungen über die Deiche des Binnensees. Im Inland können wir Alkmaar erkunden oder die Polder aus dem 13. Jahrhundert entdecken.

Ganz im Norden liegt die Wattinsel Texel. Sie ist die größte niederländische Insel und bekannt für die Texelschafe. Auch hier gibt es wunderschöne, breite Sandstrände zur offenen Nordsee hin und Wattenmeerküste auf der gegenüberliegenden Seite. Texel hat sich eine tolle Inselatmosphäre bewahrt und eine spannende Geschichte als Ausgangspunkt für viele Fernreisen der Ostindien-Kompanie.

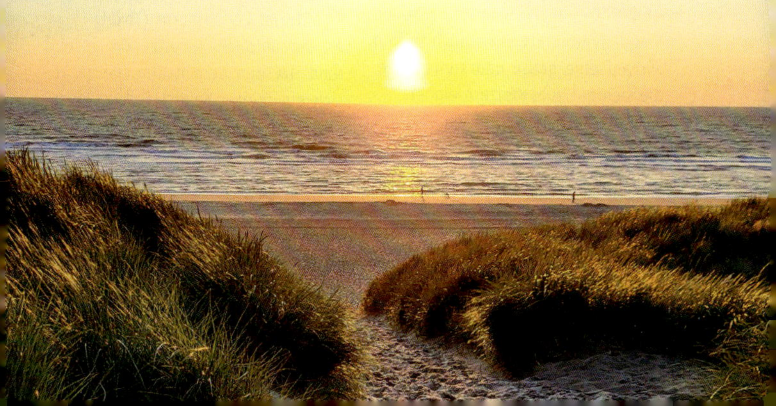

Strände in Noord-Holland

In Noord-Holland zieht sich ein langer Sandsteifen fast ohne Unterbrechung die Nordseeküste entlang. Im Sommer können Strandabschnitte, die gut mit dem Auto erreichbar sind, auch voll werden – aber sobald man sich etwas vom Zugang entfernt, wird es schnell ruhiger. Viele Strände werden von Rettungsschwimmern überwacht. Weht hier eine Fahne, ist der Rettungsposten besetzt. Die gelbe Flagge signalisiert schwierige Bedingungen, die rote bedeutet Badeverbot. Ist eine Flagge mit einem Fragezeichen gehisst, sucht ein Kind seine Eltern. In den Niederlanden gibt es auch viele FKK-Strände.

Schöne Strände liegen auch an den [› Touren 5, 9, 10 und 18].

1 Strand Wijk aan Zee
Der Strand in Wijk aan Zee ist ein beliebter Strand für Familien und Wassersport. Er ist der breiteste Sandstrand der Niederlande. Hier stehen auch einige der schönen Strandhäuser und zwei Strandpavillons.

2 Strand Heemskerk
Dieser Strand liegt nördlich von Wijk aan Zee, er kann allerdings nur zu Fuß oder mit dem Rad erreicht werden. Daher ist er sehr ruhig und nicht überlaufen. Es gibt ebenfalls einen Strandpavillon.

3 Strand Schoorl
Der Sandstrand von Schoorl ist nur mit dem Rad erreichbar und daher auch im Sommer nicht überlaufen. Hier gibt es auch einen sehr schönen Standpavillon. Etwas nördlich treffen wir auf eine große und steile Düne, die sich gut zum Klettern eignet.

4 Strand Sint Maartenzee
Der breite Sandstrand gehört zu den saubersten an der Nordsee und ist besonders bei Familien beliebt. Vom Parkplatz aus läuft man noch etwa 15 Minuten – im Sommer gibt es auch einen Shuttlebus für einen Euro. Hier stehen zwei Strandpavillons. Je weiter man sich vom Zugang entfernt, desto ruhiger wird es.

5 Strand Groote Keeten
Der breite Sandstrand ist mit der Blauen Flagge ausgezeichnet, einem Qualitätszeichen für ausgezeichnete Wasserqualität. Der Badeplatz ist überwacht und hier sind Rettungsschwimmer vor Ort.

6 Strand Julianadorp aan Zee
Auch dieser Strand ist mit der Blauen Flagge ausgezeichnet. Hier gibt es unter anderem eine Surfschule und einen Strandpavillon. Der breite Sandstrand ist besonders einladend für Familien und etwas ruhiger als die südlicheren Stände.

7 Strand Huisdünen
Dieser Strand bietet eine besonders schöne Sicht auf das Meer, in der Nähe stehen ein Fort und ein kleiner Leuchtturm. Erreichbar ist der Strand nur mit dem Fahrrad und zu Fuß.

8 Strand Paal 9 (Texel)
Der schöne breite Strand mit feinem Sand ist gut mit dem Auto erreichbar. Es gibt einen Strandpavillon und eine Surfschule und man kann Strandhäuschen mieten. Im Süden schließt sich ein FKK-Strand an.

9 Strand Paal 28 (Texel)
Der etwas ruhigerere Strand mit blendend weißem Sand und Strandpavillon ist beliebt bei Familien und mit dem Auto gut zu erreichen.

10 Strand Leuchtturm (Texel)
An der nördlichen Spitze der Insel, rund um den Leuchtturm, erstreckt sich ein breiter Sandstrand, an dem man auch sehr gut Drachen steigen lassen kann. Der Leuchtturm bietet eine tolle Kulisse im Hintergrund und es gibt ein Restaurant.

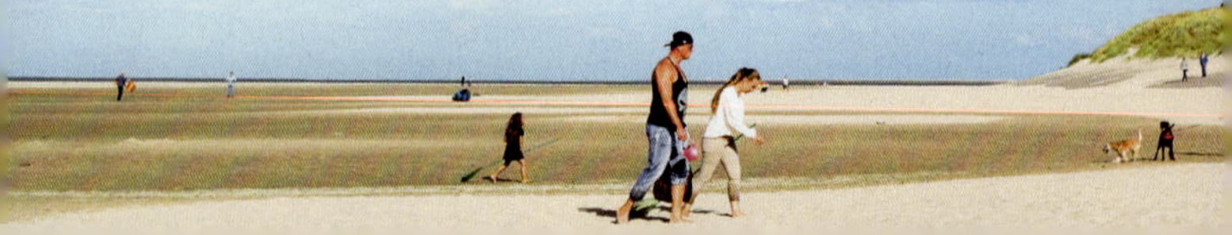

Ausflugsziele

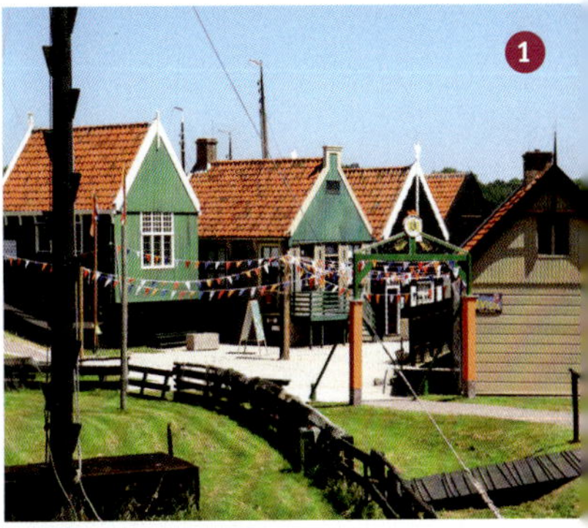

1

1 Zuiderzeemuseum

N 52°42'17.3", E 5°17'51.8"

Das Zuiderzeemuseum zeigt das Leben rund um das Meer, bevor mit dem Bau des Abschlussdeiches das IJsselmeer entstand. Es gibt einen Innen- und einen Außenbereich. Innen informieren wechselnde Ausstellungen, im Freilichtmuseum sind 140 historische Gebäude zu sehen. Eine Fähre verbindet das Museumsgebäude mit dem Außenbereich.

Binnenmuseum ganzjährig geöffnet 10–17 Uhr, das Freilichtmuseum ist von Ende März bis Anfang November zu gleichen Zeiten geöffnet. €9,50, Kinder 4 bis 12 Jahre €6, Familie €25. www.zuiderzeemuseum.nl

2 Kletterpark Streekbos

N 52°42'37.3", E 5°15'01.7"

Der Kletterpark besitzt Routen in fünf Schwierigkeitsgraden, die einfachen sind auch für Kinder geeignet. Es gibt zwei Ziplines, einen Minigolfplatz, Kanuverleih, Bogenschießen und organisierte Spiele. Neben dem Kletterpark liegt außerdem ein Badestrand.

Geöffnet Ende März bis November täglich 9–17 Uhr, Reservierung empfohlen. 2 Stunden Klettern kosten €20 inklusive Ausrüstung, für Kinder bis 12 Jahre €17. Kinder müssen mindestens 120 cm groß sein. Kosten für weitere Aktivitäten auf Anfrage. www.klimparkstreekbos.nl

3 Museumsbahnhof Hoorn und Bahnfahrt mit historischem Zug

N 52°38'45.3", E 5°03'14.3"

Vom Museumsbahnhof in Hoorn kann man mit der historischen Eisenbahn bis nach Medemblik fahren. Hier ist der Umstieg auf das historische Fährschiff nach Enkhuizen möglich. Von Enkhuizen fährt die normale Bahn wieder zurück nach Hoorn zum Ausgangspunkt. Die Fahrt ist auch in entgegengesetzter Richtung möglich. Den schön restaurierten Museumsbahnhofs in Hoorn könnt ihr auch ohne Zugfahrt besuchen.

Von Mai bis Oktober fahren Zug und Dampfer einmal täglich, an ausgewählten Daten zweimal täglich. Die Fahrt mit Zug und Dampfer oder Hin- und Rückfahrt im Zug kostet €25,95, Kinder 4 bis 12 Jahre €19,50. Eine Reservierung wird empfohlen. www.stoomtram.nl

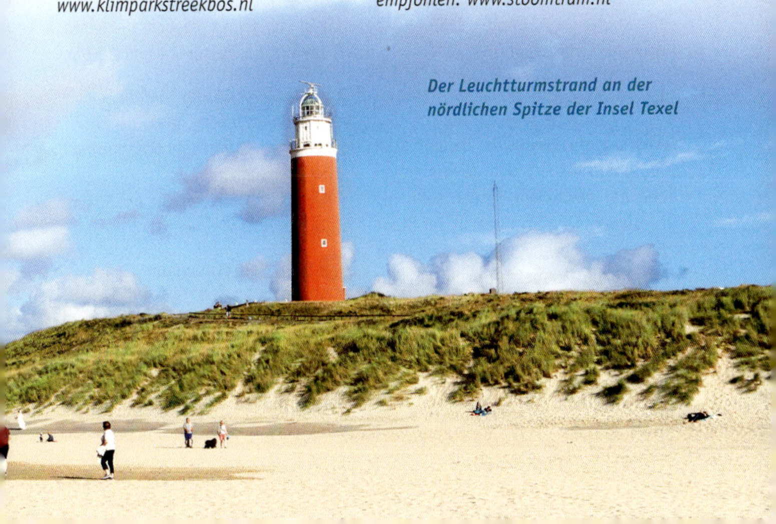

Der Leuchtturmstrand an der nördlichen Spitze der Insel Texel

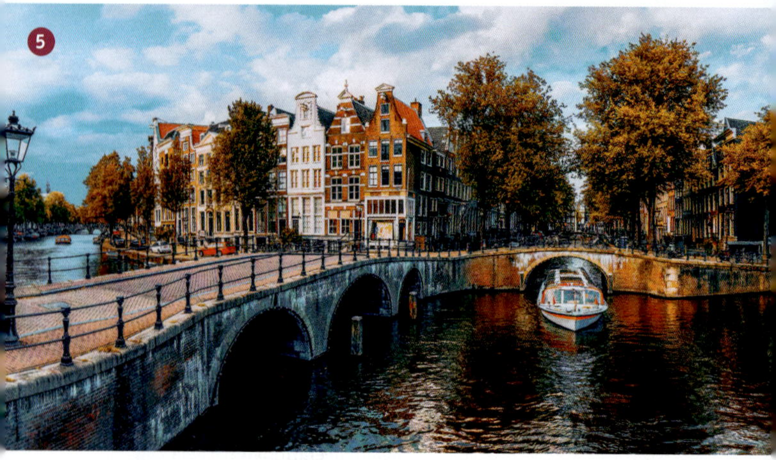

5

4 Ausflug nach Marken

N 52°27'37.8", E 5°06'22.3" (kein Parkplatz)

Marken ist eine Halbinsel im Markermeer, die über einen Deich mit dem Festland verbunden ist. Es fährt auch ein Schiff von Volendam. Marken ist bekannt für seine kleinen, bunten Holzhäuser und den besonders schönen Leuchtturm. Es gibt mehrere Warften und einen schmucken Hafen. Eine Wanderung um die gesamte Halbinsel dauert etwa drei Stunden. Auf der Insel gibt es außerdem das Marker Museum, das die Zeit dokumentiert, in der Marken noch eine Insel in der Zuiderzee war.

Das Museum ist geöffnet von Ende März bis Oktober täglich 10–17 Uhr, sonn- und feiertags von 12–16 Uhr. €3, Kinder bis 12 Jahre €1,50. www.markermuseum.nl

Amsterdam

Amsterdam ist eines der beliebtesten Touristenziele in den Niederlanden und hat bei einem Besuch sehr viel zu bieten. Es gibt allein in der Stadt über 100 Museen, von denen viele spannende Perspektiven liefern. Vor allem in den bekannteren Museen ist es empfehlenswert, Tickets zu reservieren. Teilweise sind sie für Wochen im Voraus ausgebucht. Hier ist nur eine kurze Auswahl vorgestellt.

5 Grachtentour Amsterdam

N 52°22'41.5", E 4°53'59.6"

Amsterdam ist bekannt für die vielen Grachten, welche die Stadt durchziehen. Die drei Grachtengürtel, die von 1585 bis 1665 angelegt wurden, lassen sich am einfachsten auf einer Grachtentour erkunden. Die Boote fahren für ungefähr eine Stunde durch die Hauptgrachten und ein Audiokommentar erklärt, welche Gebäude man sieht. Sehr schön ist diese Tour auch nach Einbruch der Dunkelheit. Startpunkte gibt es in der ganzen Stadt, zum Beispiel am Hauptbahnhof oder am Rijksmuseum. Es gibt auch längere Grachtenfahrten mit Verköstigung und Zusatzangeboten.

Die Standardfahrt kostet etwa €15–20 pro Person, Kinder €8–10. Sie ist ganzjährig möglich, die letzte Tour startet zwischen 21 und 22 Uhr.

› *Lovers Canal Cruises, Abfahrt am Hauptbahnhof. www.lovers.nl*
› *Stromma, Abfahrt am Rijksmuseum. www.stromma.com*
› *Rederij P. Kooij, Abfahrt am Rokin. www.rederijkooij.nl*

6 Schifffahrtsmuseum

N 52°22'18.2", E 4°54'53.5"

Das Schifffahrtsmuseum stellt die lange Geschichte der Niederlande als Seefahrernation dar. Die Kollektion des Niederländischen Schifffahrtsmuseums in Amsterdam ist eine der

größten und bedeutendsten Schifffahrtssammlungen weltweit. Sie ist in einem aus dem Jahr 1656 stammenden Lagerhaus der Königlich Niederländischen Marine untergebracht. Ihr könnt hier außerdem ein nachgebautes Segelschiff der Niederländischen Ostindien-Kompanie besichtigen, das draußen im Hafen liegt.
Geöffnet Di bis So 10–17 Uhr, in den Schulferien auch montags. €17,50, Kinder 4 bis 17 Jahre €8,50, vor Ort nur Kartenzahlung möglich.
www.hetscheepvaartmuseum.com

7 Nemo Science Museum

N 52°22'27.2", E 4°54'44.5"
Das Nemo Science Museum am Bahnhof ist ein wunderbares Ausstellung, in der ihr wissenschaftlichen Themen durch ganz viel Ausprobieren näherkommen könnt. Auf mehreren Etagen gibt es viele Experimente und Mitmachstationen: vor allem für Kinder sehr spannend – am Wochenende oft voll und schnell ausgebucht.
Geöffnet Mai bis September und in den Schulferien täglich von So 10–17.30, sonst Di bis So 10–17.30 Uhr, €17,50, ermäßigt €8,75. Eintritt mit Zeitfenster muss online reserviert werden. www.nemosciencemuseum.nl

8 Museumsplein Amsterdam

N 52°21'26.2", E 4°52'56.4"
Am Museumsplein, dem Museumsplatz, befinden sich drei der bekanntesten Museen der Stadt. Der Platz wird vom Rijksmuseum dominiert, in dem Gemälde aus 800 Jahren europäischer Kunstgeschichte zu sehen sind. Hier hängt unter anderem das Gemälde »Die Nachtwache« von Rembrandt. Außerdem stehen auf dem Museumsplein das Van-Gogh-Museum mit seiner einzigartigen Sammlung und das Stedelijk Museum für Moderne Kunst, in dem neben Gemälden auch Fotografien, Filme und Designobjekte ausgestellt sind. Die Eintrittskarten für die Museen solltet ihr vorab online kaufen. Der Museumplein ist umgeben von Grünflächen und mit seiner lebendigen Atmosphäre ein beliebter Treffpunkt in Amsterdam.

Noord-Holland

9 De Zaansche Molen

N 52°28'43.8", E 4°48'49.8"
Die Region um Zaanse Schans ist berühmt für ihre gut erhaltenen Windmühlen aus dem 16. und 17. Jahrhundert. Die Mühlen wurden zu ganz verschiedenen Zwecken genutzt – zum Sägen von Holz, Mahlen von Gewürzen, Herstellen von Farbe und Verarbeiten von Öl. Im neuen Mühlenmuseum werden die Funktion und die Technik der Mühlen erklärt. In der fußläufigen Umgebung des Museums gibt es sechs Windmühlen, die besichtigt werden können und die beim passenden Wind auch in Betrieb sind.
Geöffnet März bis November täglich 10–17 Uhr, November bis März 12–17 Uhr, die einzelnen Windmühlen haben eigene Öffnungszeiten. Eintritt für Museum und zwei Mühlen €20, Kinder bis 17 Jahre €10, Preis pro zusätzlicher Windmühle €5,50, Kinder €2,50, Parken €11. In der Hauptsaison oft sehr gut besucht.
www.zaanschemolen.nl

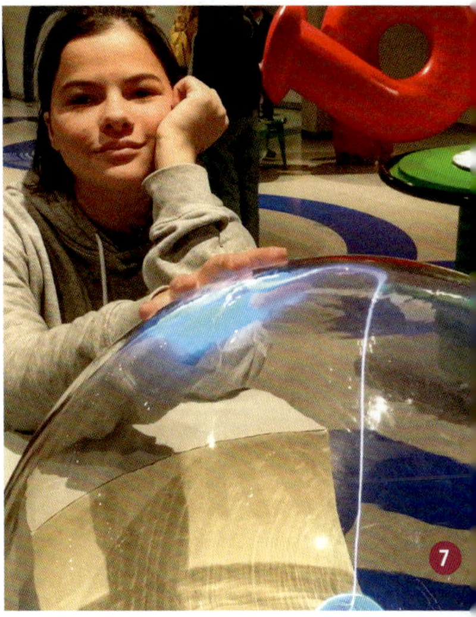
7

10 Rundfahrt auf dem Eilandspolder im Flüsterboot

Auf der Rundfahrt durch das Naturschutzgebiet mit ortskundiger Führung erfahrt ihr viel Spannendes über das Gebiet, die Flora und Fauna sowie die Entstehung. Die Fahrt dauert 1,5 Stunden. Ihr könnt die Kanäle des Eilandspolders aber auch auf eigene Faust mit dem Kanu erkunden.

Flüsterboottour: Rondraart Eilandspolder
GPS N 52°33'32.5", E 4°50'52.4"
€ 9 pro Person, für Kinder bis 12 Jahre € 4. Voranmeldung unter www.rondvaarteilandspolder.nl.

Kanuverleih: Bootsverleih De Rijp
GPS N 52°33'56.7", E 4°51'43.2"
Kanadier für zwei Personen pro Stunde € 10, pro Tag € 20. Es können auch Flüsterboote geliehen werden, Voranmeldung ist notwendig.
www.boothurenderijp.nl

11 Käsemuseum Alkmaar

N 52°37'53.0", E 4°45'00.4"
Im Käsemuseum in Alkmaar werden die Käseherstellung und die Geschichte des Käses in den Niederlanden dargestellt. Es gibt ein Rätsel für Kinder und interaktive Elemente. Vor dem Museum findet freitags von 10–13 Uhr der Käsemarkt statt, der viele Interessierte in die kleine Stadt zieht.
Geöffnet täglich von 13–16 Uhr, März bis Oktober Mo bis Sa 10–16 Uhr, Fr ab 9 Uhr. € 6,50, Kinder 4 bis 12 Jahre € 3. www.kaasmuseum.nl

12 Museum BroekerVeiling

N 52°40'49.0", E 4°48'18.0"
Bei einem Besuch in diesem Museum könnt ihr Möhren, Kartoffeln und Tomaten ersteigern. Es geht hier um den Anbau von Gemüse und die besonderen Techniken der Wasserwirtschaft, die in den Niederlanden dafür genutzt werden. Das Museum befindet sich dem Gebäude, in dem früher die Versteigerung der Produkte stattfand. Wie das damals ablief, könnt ihr im Museum mehrmals täglich live erleben. Anschließend besteht die Möglichkeit, mit dem Museumsboot durch die alten Kanäle und Wasserwege zu tuckern, die einst für den Transport der landwirtschaftlichen Produkte genutzt wurden.
Geöffnet Di bis So 10–17 Uhr, Juli und August auch Mo. € 19,50, Kinder von 4 bis 12 Jahre € 9,75.
www.broekerveiling.nl

13 Museum Molen

N 52°35'58.0", E 4°52'36.0"
In den Niederlanden setzte man in der Vergangenheit Windmühlen ein, um Land trockenzulegen – ein Prozess, der für die Entwicklung des Landes entscheidend war, da ein großer Teil der Niederlande unter dem Meeresspiegel liegt. Diese Mühlen waren so konstruiert, dass sie Wasser aus mit Deichen umbauten Gebieten pumpen konnten. Dieser Prozess der Landgewinnung und Trockenlegung wird als »Einpolderung« bezeichnet. Hier bei Alkmaar ist eine dieser Mühlen zu besichtigen. Es gibt einen

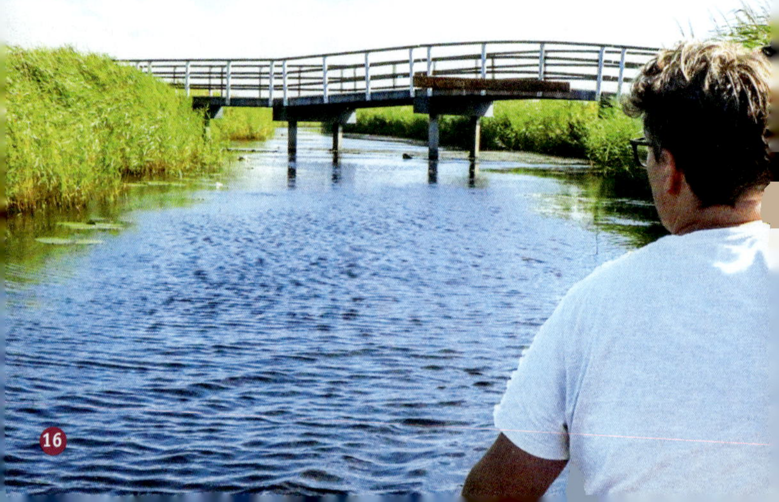

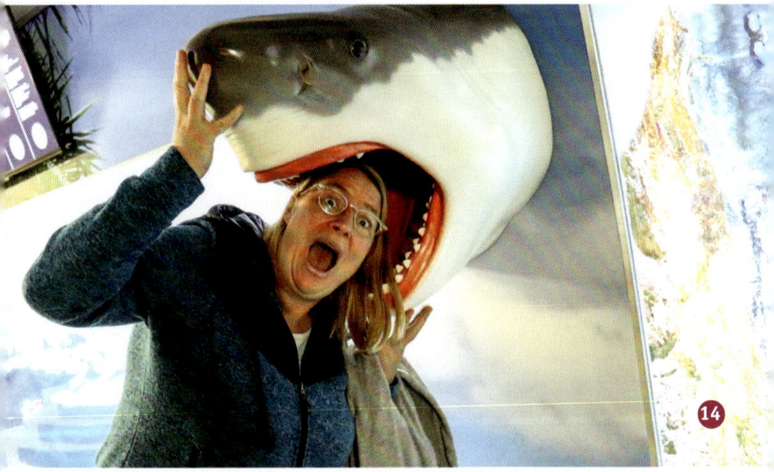

Film auf Niederländisch, Englisch und Deutsch, der die Funktionsweise erklärt, und an einigen Tagen ist die Mühle auch in Betrieb.
Geöffnet April bis Oktober 9–16.30 Uhr, März So 10–16 Uhr. €6, Kinder 4 bis 12 Jahre €4. www.museummolen.nl

14 Bergen aan Aquarium Zee

N 52°39'38.2", E 4°37'46.0"
In der Vorhalle des kleinen, privaten Aquariums hängt ein beeindruckendes Walskelett. Innen gibt es Becken mit verschiedenen Fischen und Quallen zu sehen, außerdem ein Außengehege mit zwei Robben. Am Riff-Bassin ist es möglich, Rochen zu streicheln.
Geöffnet April bis September täglich 10–18 Uhr, Oktober bis März 11–17 Uhr. €15,95, Kinder 3 bis 12 Jahre €10,95. www.zeeaquarium.nl

15 Klimduin Schoorl

N 52°42'03.9", E 4°41'34.0"
Die Kletterdüne in Schoorl ist die höchste Düne der Niederlande. Mitten im Ort ist ein Teil der Düne zum Klettern, Toben und Spielen freigegeben. Am Fuß der Düne gibt mehrere Restaurants und Cafés mit Blick auf die Düne. Im Wald nördlich der Düne ist ein Zwergenpfad angelegt, an dem man weitere spannende Dünen-Spielstellen für Kinder finden kann.

16 De Klimvallei

N 52°56'07.8", E 4°44'01.5"
De Klimvallei ist ein Kletterpark im Erholungsgebiet Mariëndal. Es gibt Kletterrouten in vier bis acht Metern Höhe. Außerdem könnt ihr hier ein Kanu oder SUP ausleihen, um auf den Kanälen zwischen Den Helder und Julianadorp zu fahren.
Geöffnet Juli bis August täglich 10–18 Uhr, ansonsten variierende Öffnungszeiten, Reservierung empfohlen. 2 Stunden Klettern €20 inklusive Ausrüstung, Kinder bis 12 Jahre €17. Kinder müssen mindestens 120 cm groß sein. Kosten für weitere Aktivitäten auf Anfrage. www.deklimvallei.nl

17 Das Nationale Rettungsmuseum Dorus Rijkers

N 52°57'30.0", E 4°46'08.5"
Das Museum befindet sich auf der historischen Reichswerft in Den Helder, in einem ehemaligen Motorenarbeitsplatz der Königlichen Marine. Es ist nach dem Rettungsbootkapitän Dorus Rijkers (1847–1928) benannt, der für seine Heldentaten bei der Rettung von Schiffbrüchigen bekannt wurde. In einer interaktiven Ausstellung könnt ihr hier die Herausforderungen und Gefahren der Seenotrettung nachvollziehen. Besonders eindrucksvoll fanden wir den Windtunnel, in dem ihr selbst erleben könnt, wie sich Windstärke 10 anfühlt. Das Museum

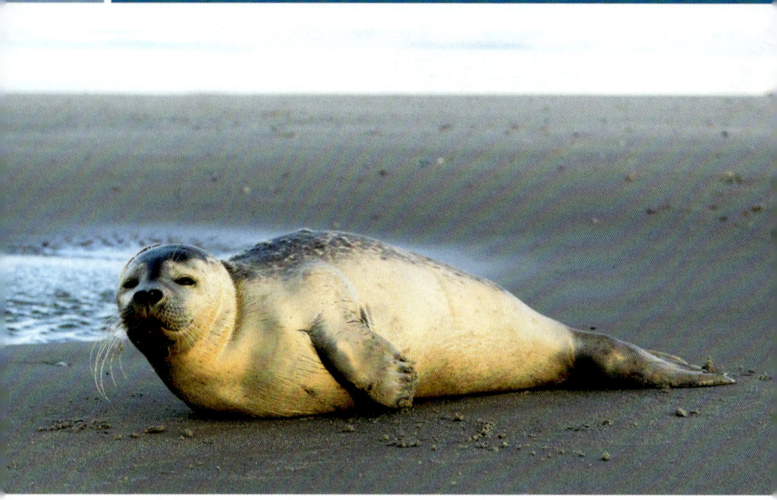

ist auch für Kinder spannend.
Geöffnet Di bis So 10–17 Uhr. €11, Kinder 4 bis 12 Jahre €7, Familie €35, es sind Kombitickets für das Marinemuseum erhältlich. www.reddingmuseum.nl

Texel

18 Ecomare

N 53°04'40.7", E 4°44'43.2"

Das Ecomare ist eine Seehund-Aufzuchtstation, die pro Jahr etwa 100 junge, kranke, geschwächte oder verletzte Seehunde und Kegelrobben aufnimmt. Hier kann man die Tiere ganz aus der Nähe in ihren Becken sehen. Im Naturmuseum von Ecomare erfährt man vieles über das Weltnaturerbe Wattenmeer, die Nordsee und Texel.
Geöffnet täglich von 09.30-17.00 Uhr, €15,50, Kinder 4–18 Jahre €10,50. www.ecomare.nl/de

19 Museum Kaap Skil

N 53°02'21.2", E 4°50'53.1"

Texel war lange Ausgangspunkt für weite Seereisen und hat eine spannende Geschichte. Im Museum erfährt man viel über die Seefahrtsgeschichte der Insel und kann im Freilichtmuseum alte Häuser und eine Mühle besichtigen. Es gibt viel Strandgut und Funde aus Wracks zu sehen, die vor der Insel am Meeresgrund liegen.
Geöffnet November bis März Di-So 10–17 Uhr, April bis Oktober täglich 10–17 Uhr. €11,50, Kinder 4 bis 18 Jahre €8. www.kaapskil.nl

20 Seehundtour

Rund um die Insel Texel leben viele Seehunde. Die Population war eine Weile sehr unter Druck, mittlerweile hat sie sich aber erholt. Mit viel Glück könnt ihr die Tiere am Strand oder im Meer entdecken. Möchte man jedoch auf Nummer sicher gehen, so bietet sich eine Bootstour an, um die Tiere auf einer Sandbank zu beobach-

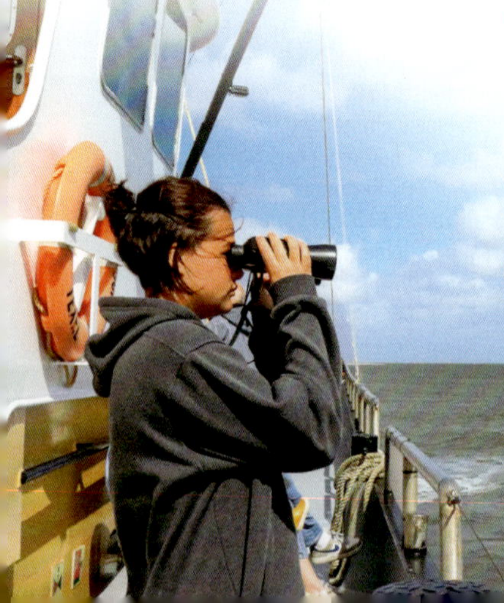

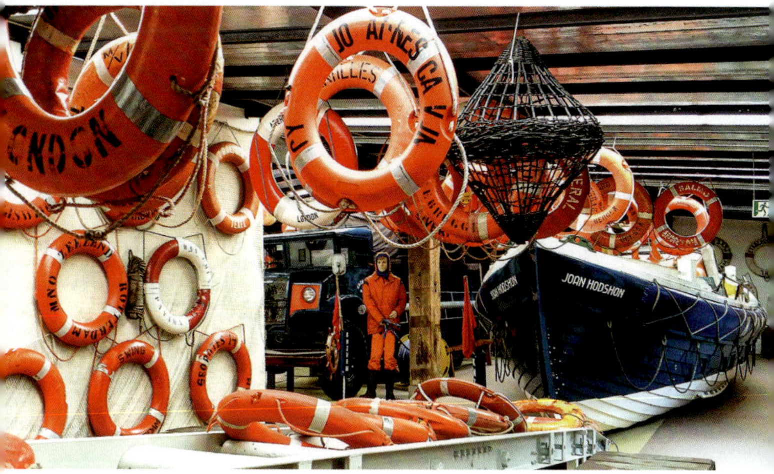

ten. Die Boote fahren von Oudeschild oder von einem Anleger neben dem Leuchtturm ab.

› *De Vriendschap, Abfahrt Nähe Leuchtturm, €17,50, Kinder 3 bis 10 Jahre €12,50, im Sommer Abfahrten an verschiedenen Wochentagen je nach Gezeiten, online Reservierung notwendig. www.waddenveer.nl N 53°10'27.8", E 4°52'10.6"*

› *De Vrijheid, Abfahrt von Oudeschild, €30, Kinder bis 4 Jahre €19,5, tägliche mehrere Abfahrten. www.zeehondenkijkentexel.nl N 53°02'23.0", E 4°50'59.4"*

› *Het Sop, Abfahrt von Oudeschild, Erwachsene €30, Kinder bis 5 Jahre €20, täglich mehrere Abfahrten. www.zeehondentexel.nl N 53°02'22.4", E 4°50'58.4"*

21 Ausflug nach Vlieland

N 53°10'27.7", E 4°52'10.6"
Mit dem Schiff De Vriendschap fährt man vom Anleger in der Nähe des Leuchtturms bis nach Vlieland, hier kommt ihr auf dem Vliehorst an, dem westlichen Teil von Vlieland, der nur aus Sand besteht. Dort wartet der Vliehorst-Express, ein großer Bus mit breiten Rädern, der über den Sand fahren kann. Auf der spannenden Fahrt bis zum Gasthaus Posthuys kann man mit Glück auch Seehunde sehen. Vom Gasthaus Posthuys könnt ihr mit dem Bus oder mit vorher bestellten Rädern in den Ort Oost Vlieland fahren oder zu Fuß die Insel erkunden. Nachmittags fährt der Bus wieder zur Fähre und es geht zurück nach Texel.
De Vriendschap, Abfahrt Nähe Leuchtturm. €37,50, Kinder 3 bis 10 Jahre €30, im Sommer Abfahrten an verschiedenen Wochentagen je nach Gezeiten. Online Reservierung notwendig unter www.waddenveer.nl.

Fahrradvermietung auf Vlieland:
Auf der Insel gibt es zwei Stationen des Anbieters Zeelen Vietsverhur. Wenn ihr die Räder vorher online bestellt, werden sie zum Gasthaus Posthuys geliefert.
Rad pro Tag €9,70.
www.fietsverhuurvlieland.nl

22 Maritiem en Juttersmuseum Flora

N 53°04'24.3", E 4°46'14.3"
Im Maritiem en Juttersmuseum Flora wird alles ausgestellt, was sich am Strand auf Texel findet. Die große Halle des Museums ist bis in den letzten Winkel mit Strandgut vollgepackt – auch nach mehreren Besuchen finden wir immer wieder Neues und Verstecktes. Im Außengelände liegen zwei kleine Boote, die ebenfalls besichtigt werden können. Dort gibt es auch einen schönen Spielplatz.
Geöffnet täglich 10–17 Uhr. €7,45, Kinder 4 bis 11 Jahre €6.
www.juttersflora.nl

40 m

STRECKE
37 km

3 h 30

ab 10

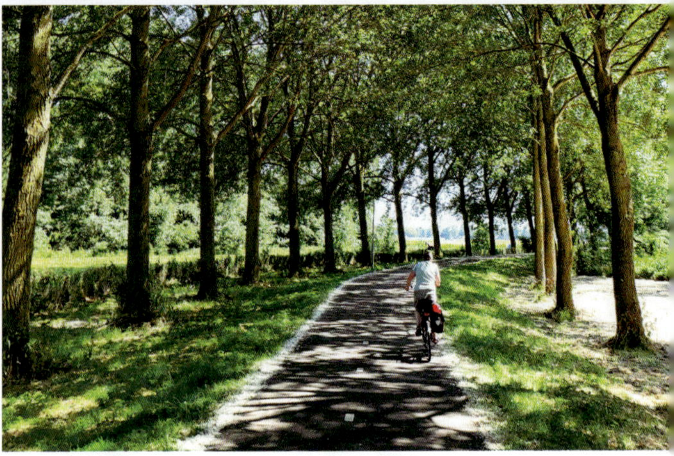

1 Radtour am IJsselmeer

Von Onderdijk nach Enkhuizen

Enkhuizen ist eine der schönsten Städte am IJsselmeer und wurde groß und wohlhabend zur Zeit der großen Handelsreisen nach Indien und in die neue Welt. Auch heute noch zentriert sich das Leben der Stadt um den belebten Hafen, in dem im Sommer eine Vielzahl von Booten festmacht. Unsere Radtour führt uns entlang des IJsselmeers bis in die pulsierende Stadt und dann durch das Hinterland wieder zurück. Hier kommen wir durch Polderlandschaften und schöne Wälder – aber auch an großen Gewächshäusern vorbei, in denen Gemüse angebaut wird.

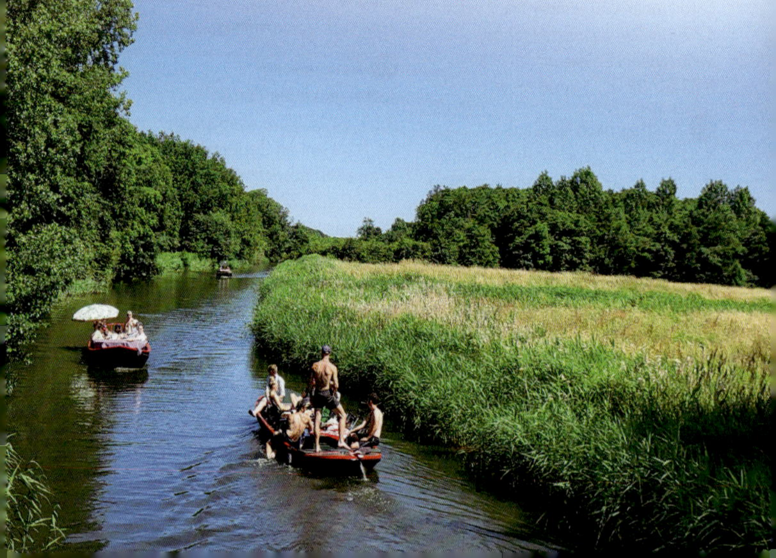

Radtour: Wir radeln vom Parkplatz am Meer entlang bis zum Fahrrad-Knotenpunkt 74 in Wervershoof. Von hier folgen wir dem Radweg in Richtung Deich. Zuerst führt der Radweg rechts der Straße entlang, irgendwann müssen wir die Straße überqueren und auf der anderen Seite auf den Deich – entweder mit ganz viel Schwung, oder wir schieben. Jetzt fahren wir oben auf dem Deich weiter. Links liegt ein Gebiet mit Kanälen, der **Koopmanspolder** ❶. Am Rand grasen Schafe und viele Vögel haben hier ihr Zuhause gefunden. Am Ende des Polders bleiben wir oben auf dem Deich und fahren geradeaus weiter. Schließlich kommen wir ans IJsselmeer. Bis nach Enkhuizen radeln wir jetzt an der Küste entlang. Wir fahren am Jachthafen von Andijk und an einem Campingplatz vorbei.

Highlights

Die charmante Stadt Enkhuizen spielte im 17. Jahrhundert eine wichtige Rolle im Seehandel und hat viel von ihrem historischen Erbe bewahrt. Auf der Radtour erlebt ihr außerdem die vielfältigen Landschaftsformen am IJsselmeer.

Rechts von uns sind einzelne Häuschen und Dörfer zu sehen – ein sehr schönes Bild. An der nächsten **Gabelung** ❷ halten wir uns rechts und radeln immer weiter am IJsselmeer entlang. Je näher wir Enkhuizen kommen, desto mehr Häuser sind zu sehen. Die letzten Kilometer führen uns entlang von Industrieanlagen am Meer, aber auch hier finden sich weiterhin schöne Bänke für Pausen. Schließlich kommen wir in den Ort Enkhuizen.

Vor dem Kreisverkehr halten wir uns links und biegen dann scharf links ab. In einer weiten Rechtskurve fahren wir um einen **Vergnügungspark** und dann rechts am **Enkhuizener Strand** ❸ vorbei. Wir folgen dem Kopfsteinweg bis zum Ende und halten uns dann rechts. Am Ende dieses Weges geht es nach links und kurz danach in die halblinks abzweigende Straße. Kurz vor dem

TOUREN-STECKBRIEF

Anfahrt: Wir parken auf dem kostenlosen Parkplatz am Kite-Spot Medemblik direkt am IJsselmeer.
N 52°45'18", E 5°07'19"
Fahrradverleih: In Enkhuizen können bei Dekker Tweewielers Räder gemietet werden, pro Tag kostet ein Rad €10. Das Geschäft hat allerdings So und Mo geschlossen. www.dekker-tweewielers.nl
Anspruch und Charakter: Schöne Radtour am IJsselmeer und durch das Hinterland, bei Gegenwind anstrengend.
Markierung: 74 – 57 – 16 – 15 – 14 – 30 – 27 – Richtung 13, kurz vorher links in Richtung 25, dann Richtung 52, aber geradeaus bis zu den Windrädern und hier links, 16 – 57 – 74.
Einkehr: In Enkhuizen rund um den Hafen gibt es viele Möglichkeiten zur Einkehr.
Mit Kindern: Um die Radtour zu verkürzen, können wir auch von Knotenpunkt 15 in Andijk zum Knotenpunkt 13 fahren. Hinter dem Knotenpunkt geht es noch ein Stückchen geradeaus zum Wegpunkt ❺, dann biegen wir rechts in Richtung Knotenpunkt 25 und folgen der beschriebenen Route. (23,4 km, 2 h 15)
In der Nähe: Zuiderzeemuseum.

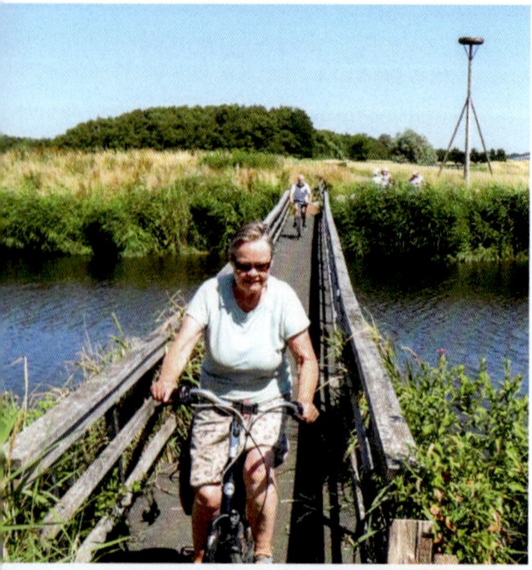

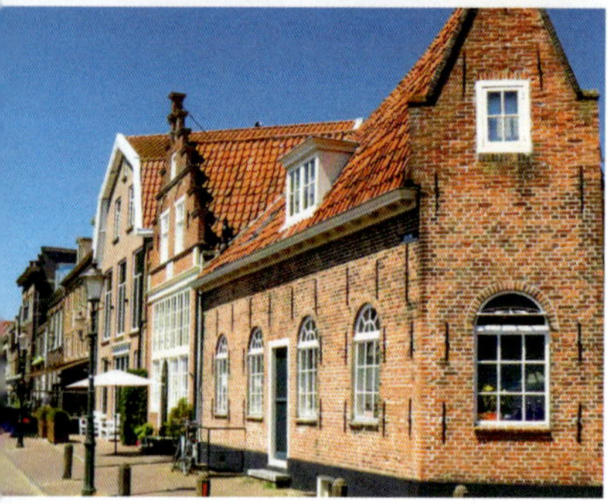

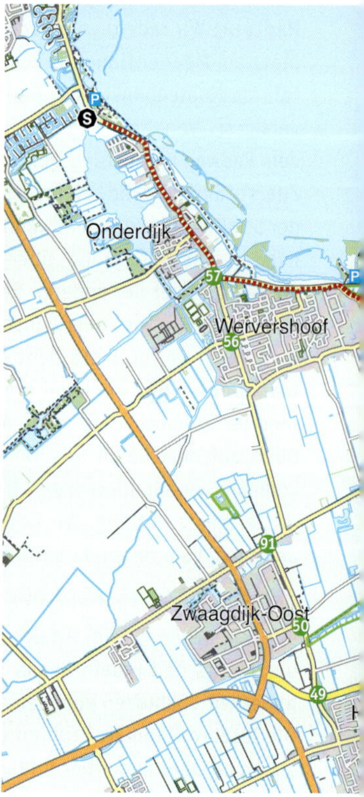

Hafen biegen wir rechts und dann links ab und fahren am Hafenbecken entlang. Hinter der Mauer können wir die Segelmasten der vielen kleinen Boote klimpern hören. Dann fahren wir durch einen schmalen Durchgang und halten uns rechts, überqueren die Brücke mit den weißen Bögen und erreichen die Innenstadt.

Unser Weg führt uns entlang des **alten Hafens** ❹, hier kann man gut eine Pause machen und den Ort zu Fuß erkunden. Entlang eines Kanals, in dem tolle Hausboote ankern, fahren wir jetzt langsam in Richtung Ortsausgang. Einmal geht es schrägrechts über eine Brücke, dann wieder links. Jetzt folgen wir der Westerstraat zwischen schönen kleinen Häusern hindurch immer weiter geradeaus, bis wir nach **Bovenkarspel** kommen. Hier halten wir uns rechts. Am Kreisverkehr wechseln wir die Straßenseite, am nächsten Kreisverkehr dann noch einmal, sodass wir wieder rechts der Straße fahren.

Am nächsten größeren **Kanal** ❺ biegen wir dann links auf den rot geteerten Weg ein. Im Sommer kann man hier viele Boote sehen. Zuerst führt uns der Weg durch Wiesen entlang des Kanals, dann kommen wir in den **Wald** ❻ – vor allem an heißen Tagen eine willkommene Abwechslung mit Schatten. Durch viele

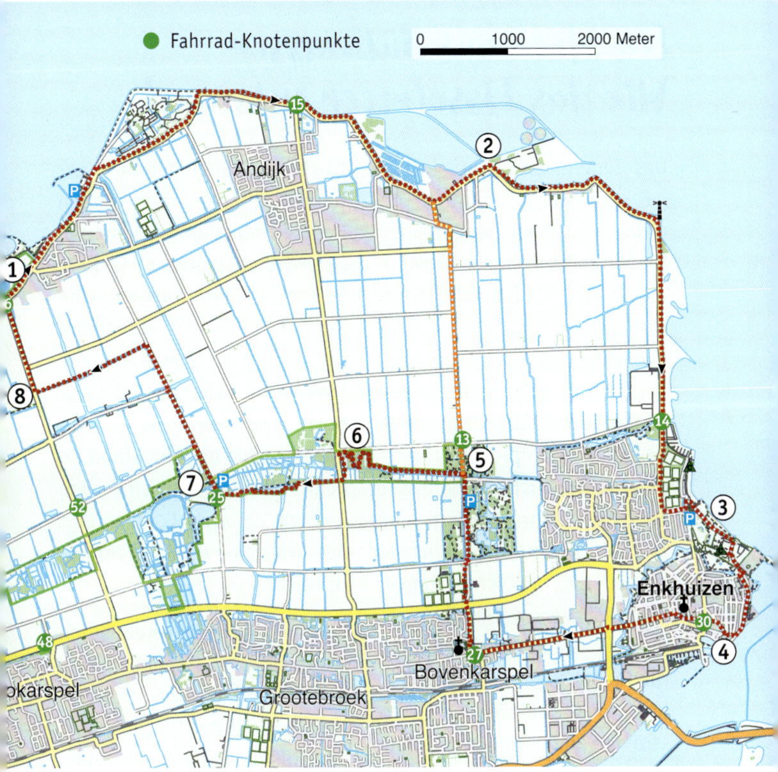

Kurven fahren wir um tote Kanalarme herum, bis wir zu einem Kreisverkehr gelangen. Hier halten wir uns links, überqueren den Kanal und biegen dahinter direkt wieder rechts ab.

Die nächste Passage ist besonders schön, der Weg führt uns über **mehrere kleine Brücken** durch das Schilf und natürlich auch immer wieder ans Wasser. Schließlich kommen wir wieder an der **Straße ⑦** an und folgen ihr nach rechts. Auf beiden Seiten sind große Gemüsebetriebe zu sehen – hier kommen also die Paprika und Tomaten her, die man in deutschen Supermärkten kaufen kann.

Links am Weg sehen wir große **Windräder**. Hier biegen wir links ab und radeln jetzt zwischen einer Gemüsehalle und den Windrädern an einem Kanal entlang bis zur nächsten **Straße ⑧**. Nun geht es rechts, bis wir auf die Straße unterhalb des **Koopmanspolders ①** treffen. Hier halten wir uns links.

Zuerst fahren wir auf der Straße unterhalb des Deiches, bald können wir aber wieder auf den Radweg wechseln, auf dem wir auch schon auf dem Hinweg gefahren sind. Diesem folgen wir bis zum Ende, halten uns dann rechts und kommen wieder an unserem Ausgangspunkt an.

Ein Meer aus Süßwasser
Wie das IJsselmeer entstand

Das IJsselmeer ist eigentlich gar kein Meer, sondern ein See – das Wort Meer bedeutet auf Niederländisch auch Binnensee. Dieser See ist nicht immer hier gewesen, sondern ein Ergebnis des Baus des Abschlussdeiches im Jahr 1932 – eine unglaubliche Vorstellung. Vorher war hier die Zuiderzee – eine Meeresbucht der Nordsee zwischen Noord-Holland und Friesland. Pläne, den Deich zu bauen, gab es schon lange, aber erst jetzt waren die technischen Voraussetzungen dafür gegeben. Da durch den Deich kein Salzwasser nachströmen kann und die IJssel und andere Flüsse ins IJsselmeer münden, füllte sich das IJsselmeer mit Süßwasser.

Der 29 Kilometer lange Deich wurde vor allem zum Hochwasserschutz gebaut. An der Zuiderzee gab es immer wieder Sturmfluten und Überschwemmungen. Außerdem konnten jetzt ohne den Einfluss der Gezeiten Polder trockengelegt werden, um das Land nutzen zu können. Durch den Bevölkerungswachstum gab es großen Bedarf an Siedlungsfläche und landwirtschaftlichen Flächen. So entstand unter anderem die gesamte Provinz Flevoland. Die Städte in Flevoland wie Emmeloord, Almere und Lelystadt sind also neue Städte, die erst nach der Einpolderung gegründet worden sind. Ein weiterer großer Polder liegt bei Wieringerwerf in Noord-Holland.

Es gibt einen weiteren Deich innerhalb des IJsselmeers, der das Markermeer im Süd-Westen abtrennt. Dieser führt von Enkhuizen nach Lelystadt. Ursprünglich war geplant, auch das Markermeer trockenzulegen, am Ende war aber der Bedarf an Land doch nicht so groß.

Die »Zähmung« der Zuiderzee führte dazu, dass einige Orte jetzt auf dem Trockenen lagen. Besonders eindrucksvoll ist dies in Schokland [› Tour 39] zu sehen – die Insel musste 1859 aufgegeben werden, da die

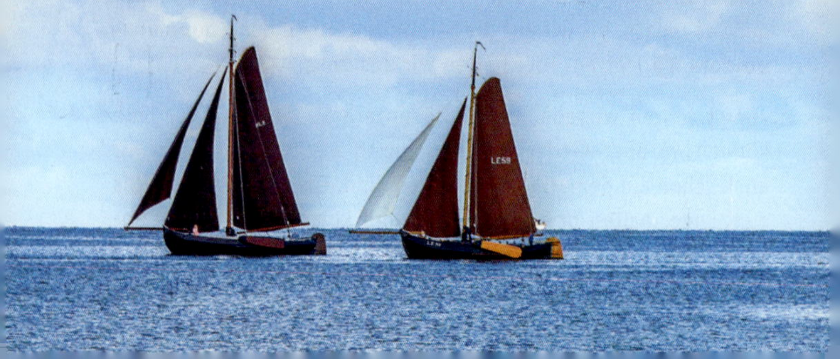

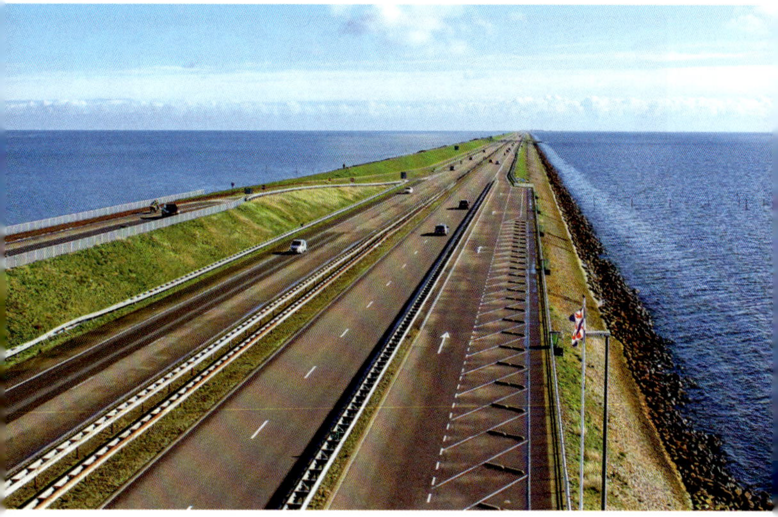

Menschen dort durch Sturmfluten immer wieder in Gefahr gerieten. Heute liegt die Insel auf dem Trockenen – zwischen Schokland und dem IJsselmeer liegen über zehn Kilometer. Ein weiteres Beispiel ist der Ort Urk. Heute liegt dieser zwar noch direkt am Binnensee, früher war er jedoch eine Insel, die sogar eine eigene Sprache entwickelt hatte. Häfen wie Hoorn, Enkhuizen und Monnickendorf, die im 16. Jahrhundert wichtige Anlaufstellen für die Niederländische Ostindien-Kompanie waren, hatten jetzt plötzlich keinen direkten Zugang mehr zur Nordsee.

Der Abschlussdeich ist 90 Meter breit. Die A7 verläuft auf dem Deich und stellt den schnellsten Weg von Friesland nach Noord-Holland dar. Es ist auch möglich, mit dem Fahrrad über den Abschlussdeich zu fahren.

Heute wird das IJsselmeer für die Naherholung und den Tourismus genutzt. Vor allem für Wassersport wie Segeln, Windsurfen und Kitesurfen ist es ideal. Auf dem IJsselmeer sind auch mehrere Windparks entstanden.

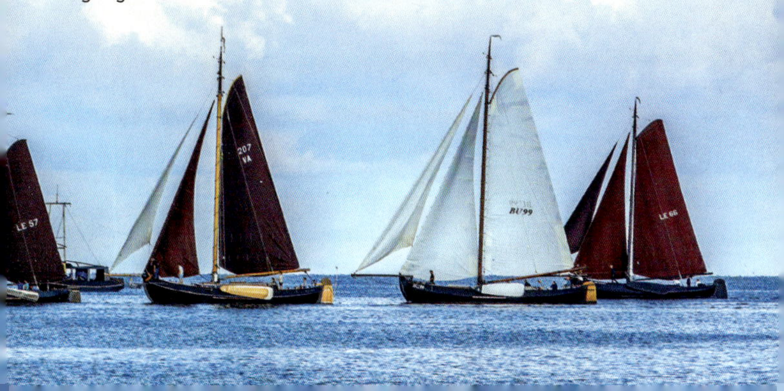

10 m

STRECKE 6,1 km

2 h 15

ab 6

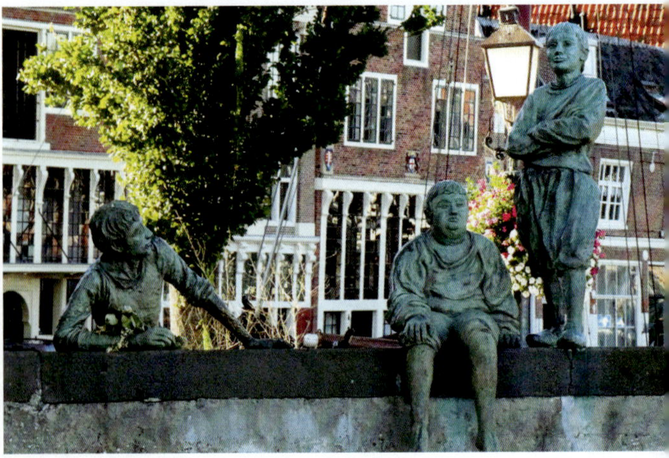

2 Seefahrerstadt Hoorn

Der Julianapark und der historische Hafen

Hoorn war im 17. Jahrhundert aufgrund der gut geschützten Lage seines Hafens eines der führenden Handelszentren der Niederlande. Hier legten die großen Handelsschiffe der Ostindien-Kompanie an und brachten Wohlstand in die Stadt. Sie spielte eine Schlüsselrolle im Gewürzhandel und war der Ausgangspunkt für viele Fahrten nach Asien, insbesondere nach Indonesien.

Auch heute bestimmt der Hafen noch das Leben in der Stadt und ist definitiv ihr Mittelpunkt. Im Sommer legen hier unzählige Boote aller Größen an und man könnte stundenlang am Kai sitzen und das Treiben beobachten. Unser Spaziergang führt uns nicht nur durch den Hafen und durch die Fußgängerzone von Hoorn, sondern auch durch den Julianapark – ein Naherholungsgebiet mit Spielplätzen und einem Badestrand. In der Hauptsaison kann es in Hoorn allerdings sehr voll werden.

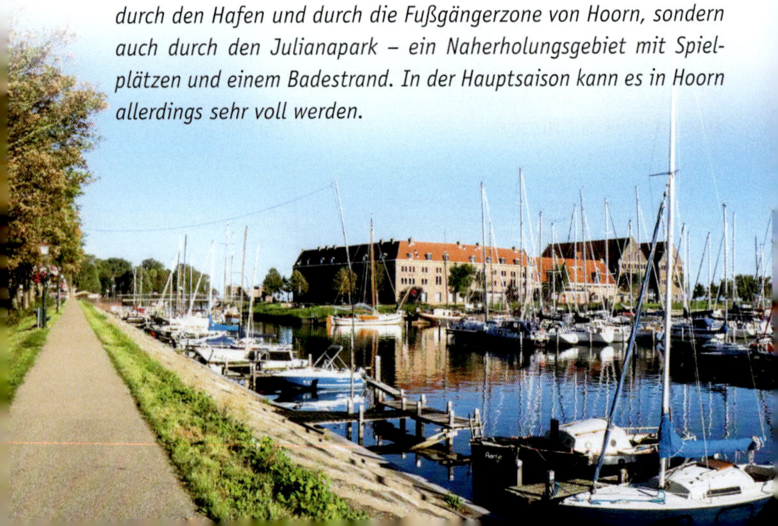

Wir starten unseren Rundgang am Parkplatz im Julianapark. Von hier laufen wir an der spitzen Seite des Parkplatzes in Richtung Wasser – wir können hier schon das IJsselmeer durch die Bäume glitzern sehen. Am Wasser wenden wir uns nach rechts und laufen nun am Ufer entlang. Auf der rechten Seite sehen wir schließlich **Treppen** ❶, hier können wir von oben einen schönen Blick über das Wasser genießen. Auf der anderen Seite liegt ein Spielplatz und hier oben ist direkt der **Einstieg zur Rutsche**.

Highlights

Hoorn ist eine der wohlhabenden Hafenstädte, deren Blütezeit im Goldenen Zeitalter lag. Der Hafen ist auch heute noch der Mittelpunkt der Stadt, die mit ihren Häusern aus dem 16. und 17. Jahrhundert zu den schönsten der Niederlande zählt.

Wir laufen weiter entlang des Wassers, bis wir zum Hafeneingang kommen. Hier folgen wir dem Weg nach rechts und haben jetzt schon den ersten Blick auf den **historischen Hafen von Hoorn**. Wir laufen weiter, bis wir vor einem Tor scharf rechts abbiegen können. Am Ende des Weges geht es links, an der nächsten Biegung wieder links. Jetzt laufen wir auf einem schmalen Weg zwischen **Rommelhaven und Fluchthaven** ❷ – in Hoorn gibt es viele verschiedene Hafenbecken. Auf der linken Seite liegen viele kleinere Boote und vor allem an warmen Tagen sieht man hier viele Menschen, die sich auf einen Segeltörn vorbereiten oder einfach die Sonne an Deck genießen.

Am Ende des Weges spazieren wir links die kleine Straße entlang, an der schöne historische Häuser stehen. Bei nächster Gelegenheit geht es wieder rechts. Wir laufen über die **Brücke** ❸ und dann links am Hafenbecken entlang. Hier liegen schon größere Boote, im Sommer auch in zweiter und dritter Reihe.

Auf der zweiten abzweigenden Straße verlassen wir das Ufer des Hafenbeckens nach rechts, an ihrem Ende biegen wir links ab.

TOUREN-STECKBRIEF

Anfahrt: Wir parken auf dem kostenlosen Parkplatz im Julianapark.
N 52°38'23", E 5°04'22"

Anspruch und Charakter: Leichter Spaziergang durch den Park und den Ort.

Markierung: Keine.

Einkehr: In Hoorn habt ihr viele Restaurants und Cafés zur Auswahl, vor allem rund um den historischen Hafen und den Platz Roode Steen.

Mit Kindern: Um den Spaziergang zu verkürzen, können wir auch am Platz Roode Steen ❹ geradeaus weiterlaufen und direkt in Richtung Hafen gehen, anstatt nach rechts abzubiegen. Der Hafen ist für Kinder sehr spannend, es gibt viel zu sehen und viele alte Schiffe liegen hier vor Anker. Im Julianapark gibt es Spielplätze und einen Badeplatz. Außerdem könnt ihr die Insel auslassen. (4,3 km, 1 h 30)

In der Nähe: Museumsbahnhof Hoorn.

Der nächsten Straße folgen wir noch einmal nach rechts, um dann direkt wieder links abzubiegen. Wir sind jetzt in der Groote Oost, der wir bis zum großen Platz **Roode Steen** ❹ folgen. Hier finden wir viele der historischen Gebäude in Hoorn sowie mehrere Cafés und Restaurants, die ihre Tische einladend im Freien platziert haben.

Wir biegen in die erste Straße nach rechts ein und folgen jetzt der Fußgängerzone. Ein Stückchen hinter der **Kirche** ❺ auf der rechten Seite wählen wir die Straße schräg nach links. Wenn wir an die nächste größere Straße kommen, halten wir uns wieder leicht links. Hier fahren jetzt Autos, es gibt aber weiterhin viele kleine Läden und mehrere verführerische Eisdielen.

Am **Café Leonidas** biegen wir schließlich links in die Straße Grote Noord ein und sind zurück in der Fußgängerzone. Diese Straße führt uns entlang vieler schöner historischer Häuser wieder zum Platz **Roode Steen**. Kurz vor dem Platz können wir auch sehr gute Beispiele für die **schiefen Häuser** ❻ sehen, die es auch in Hoorn auf Grund von Grundwasserabsenkungen gibt – manche sehen aus, als würden sie sich verbeugen.

Am **Ende des Platzes** ❹ biegen wir rechts in eine schmale Straße ein, die uns in Richtung Hafen führt. Wo die Straße endet, finden wir einen kleinen **Spielplatz** ❼. Hier halten wir uns leicht links und dann wieder links, um am Hafenbecken entlangzuwandern. Nun haben wir einen guten Blick auf den **Grashaven** – auch hier liegen vor allem kleinere Segelboote. An warmen Tagen tobt hier das Leben.

Am Ende des Hafens wenden wir uns nach rechts und überqueren die Brücke, um auf die Insel **Oostereiland** ❽ zu kommen. Hier befinden sich unter anderem das **Museum des 20. Jahrhunderts** und eine Tourismusinformation. Wir laufen einmal um die Insel herum und schauen auf immer neuen Perspektiven auf den Hafen.

Schließlich überqueren wir wieder die Brücke und laufen in Richtung eines markanten **Turms** ❾, der aussieht, als hätte man ihn in der Mitte durchgeschnitten. Hinter dem Turm liegt ein langer Holzsteg, an dem häufig größere Boote anlegen. Am Ufer finden wir auch die schöne **Statue der Ausschau haltenden Kinder**, die an der Kaimauer auf ihre zur See fahrenden Väter warten. Nach-

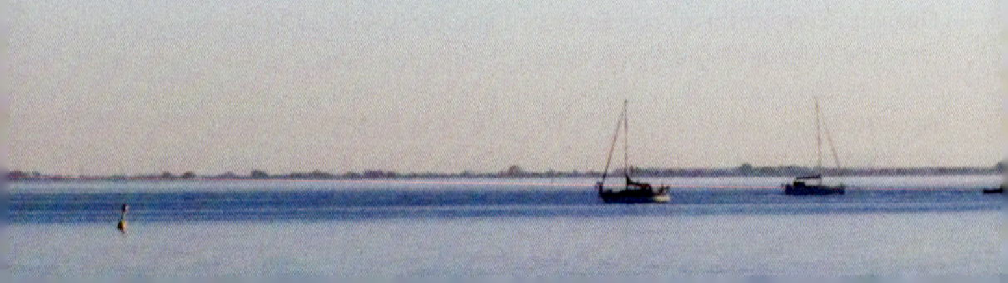

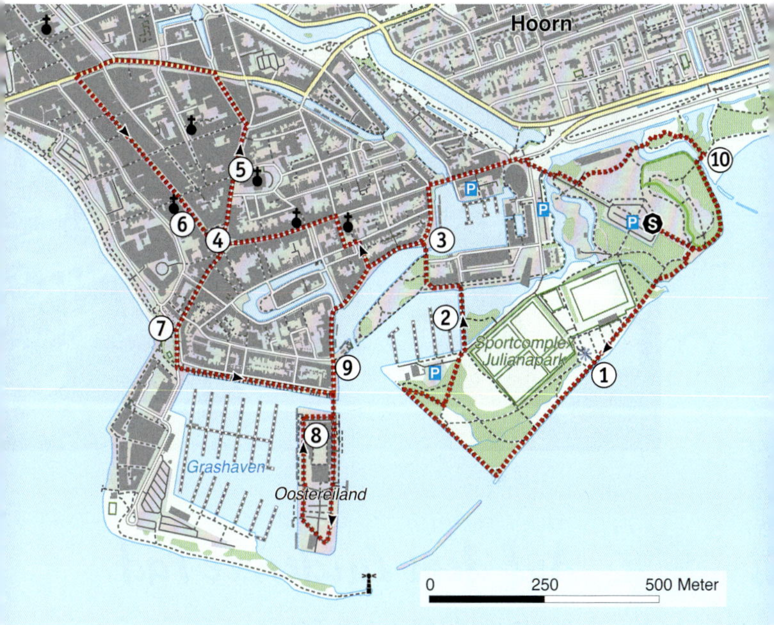

dem wir den Steg einmal bis ans Ende abgelaufen sind, kehren wir um und umrunden das Hafenbecken weiter auf der linken Seite. Auch hier gibt es viele Cafés und Restaurants. Schließlich treffen wir wieder auf den vom Hinweg bekannten Weg.

An der **Brücke** 3 am Ende des Binnenhavens wenden wir uns jetzt nach links. Immer am Wasser entlang laufen wir bis zur nächsten Brücke, hier geht es für uns nach rechts, um wieder zum **Eingang des Julianaparks** zu kommen. Wir biegen rechts in den Zufahrtsweg ein. Statt aber direkt auf den Parkplatz zu laufen, folgen wir noch mal links dem Fußweg und spazieren an der Feuerwache vorbei.

Wir folgen dem schmalen Weg durch den Wald und über eine kleine **Brücke**. Direkt hinter der Brücke halten wir uns links, bei der nächsten Gelegenheit wieder rechts. Wir laufen jetzt geradeaus auf einen **Strand** 10 zu. Kurz vorher biegen wir wieder nach rechts ab und überqueren die nächste Brücke. In einem Bogen laufen wir nun am Wasser entlang, bis wir wieder zum Zugang zum Parkplatz kommen. Hier geht es für uns nach rechts und zurück zum Ausgangspunkt.

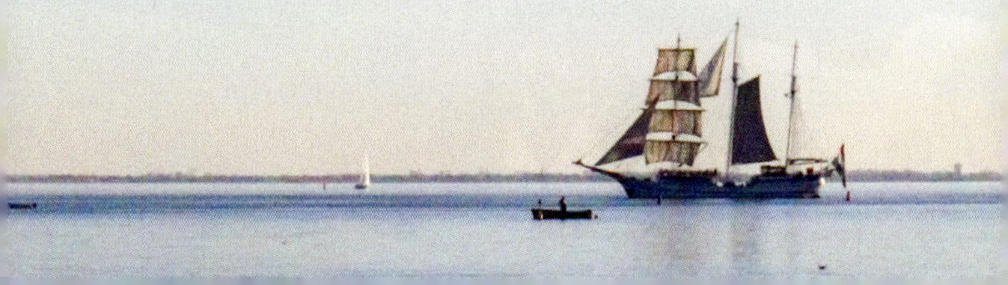

20 m

STRECKE 14,3 km

5 h

ab 10

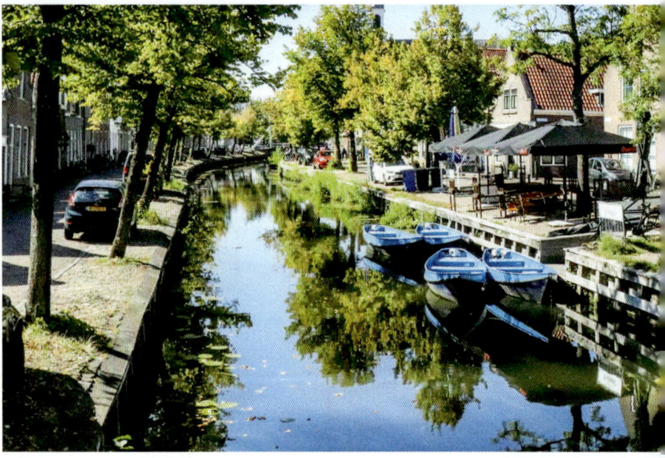

3 Auf dem Zuiderzee Pad

Von Monnickendam nach Edam

Diese Etappe des Zuiderzee Pads führt uns von Monnickendam bis nach Edam entlang des Deiches am IJsselmeer. Monnickendam, Volendam und Edam sind drei historische Hafenstädte am Marker Meer – früher waren sie wichtige Fischereihäfen an der Zuiderzee mit Zugang zur Nordsee. Vor allem Volendam ist international bekannt für sein historisches Zentrum mit dem Viertel Doolhof und für die traditionelle Kleidung der Frauen mit Holzschuhen und weißen Hauben, die bei festlichen Anlässen auch heute noch getragen wird. Volendam ist die perfekte Verkörperung des Hollandklischees und zieht tausende von Menschen an – darunter sind viele Busreisende auf Europatour. Wenn uns das Spektakel zu viel wird, laufen wir einfach weiter – spätestens auf dem Deich sind wir wieder alleine.

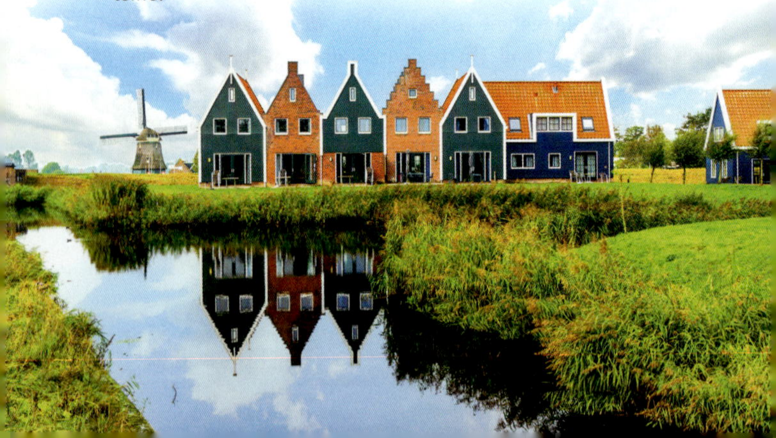

Wanderung: Wir starten die Wanderung an der Bushaltestelle in Monnickendam direkt an der Hauptverkehrsstraße. Wir drehen der Haltestelle den Rücken zu, wenden uns nach rechts und unterqueren die Straße durch die Unterführung. Wieder im Tageslicht überqueren wir eine weitere Straße an der Ampel, halten uns danach links und spazieren über einen schmalen Kanal. Rechts von uns ragen die roten Mauern der Kirche **De Grote Kerk** ❶ in den Himmel. Um die Kirche herum stehen kleine, schiefe Häuser, die sehr interessant aussehen.

Highlights

Der Ort Volendam, den wir auf diesem Abschnitt des Zuiderzee Pad durchwandern, ist das berühmteste Fischerdorf in Nordholland. Es ist für seinen malerischen Hafen, seine traditionellen Holzhäuser und seine historischen Trachten bekannt und wird von Menschen aus aller Welt besucht.

Hinter der Kirche halten wir uns links und folgen einer kleinen Straße bis zum nächsten **Kanal**. Diesen überqueren wir, direkt auf der anderen Seite geht's dann nach rechts weiter. Dem nächsten **Kanal**, den wir kreuzen, folgen wir nach links und wandern jetzt immer am Wasser entlang, bis wir zum **Hafen** ❷ kommen. Wo sich der Kanal ins Hafenbecken öffnet, steht eine Bank mit toller Aussicht.

Wir folgen dann dem Weg ein Stückchen nach links und biegen nach rechts auf die **Havenstraat** ein. Jetzt laufen wir hinter den Häusern direkt am Hafen entlang, rechts können wir in die Hallen einer Bootsreparatur schauen, auf der linken Seite gibt es **geräucherten Fisch** zu kaufen. Die Straße führt wieder an einen Kanal. Wir folgen dem Wasserlauf bis zur nächsten **Brücke,** wechseln auf die rechte Kanalseite und kommen zu einer **großen Straßenbrücke** ❸, die wir auf dem Radweg überqueren können. Direkt hinter der Brücke biegen wir rechts ab.

Von jetzt an folgen wir bis Volendam dem Deich – es kommt ein wenig darauf an, wo die Schafe gerade stehen und wie der Deich gemäht wurde, wo man aufsteigen kann. Nach wenigen Metern

TOUREN-STECKBRIEF

Anfahrt: Wir parken auf dem kostenlosen Parkplatz am Busbahnhof in Edam direkt am südlichen Ortseingang bei **N 52°30'34", E 5°02'46"**. Von hier aus nehmen wir den Bus nach Monnickendam. Im Sommer fährt dieser stündlich.

Anspruch und Charakter: Lange Wanderung über den Deich (wenig Schatten) und durch drei historische Orte.

Markierung: Rot-weiße Markierung des Zuiderzee Pad.

Einkehr: In allen drei Orten gibt es eine Vielzahl von Cafés und Restaurants – in Volendam am Hafen sind diese allerdings sehr teuer und touristisch.

Mit Kindern: Statt mit dem Bus zu fahren, können wir auch von Edam aus auf dem Radweg nach Volendam laufen. Hier steigen wir dann bei Wegpunkt ❼ in die beschriebene Route ein. (8,7 km, 3 h)

In der Nähe: Edam Käsemuseum.

finden wir unten an der Straße das erste Törchen, durch das wir auf den Deich hochkommen. Wenn das Gras sehr hoch steht und nass ist, kann es aber auch angenehmer sein, ein Stückchen auf der Straße unten zu laufen. Wir folgen dem Deich leicht nach links. Unterwegs kommen wir an einer **Käserei** ❹ unten an der Straße vorbei, die auch Besichtigungen anbietet. Nach rechts haben wir aus der Ferne eine schöne Sicht auf Monnickendam und den Hafen.

Schließlich macht der Deich eine **90-Grad-Biegung** ❺ nach links. An der Ecke kann man wieder gut eine Pause machen und die Segelboote auf dem Marker Meer beobachten. Unten am Wasser finden sich auch kleine Strandabschnitte, die zum Baden genutzt werden.

Jetzt geht es weiter in Richtung Volendam. Vom Deich aus können wir in der Ferne eine Windmühle sehen. Hinter dem **Strandbad** ❻, das man im Sommer zuerst hört und dann sieht, biegen wir rechts ein und überqueren einen Parkplatz. Am Zaun halten wir uns links und dann wieder rechts und wandern um einen **»Schrottplatz« für Boote** herum. Danach geht es nach rechts und damit erneut zum Wasser. Hier folgen wir dem Weg links herum am Hafenbecken entlang – hier liegen Segelboote und Jachten.

Wir halten uns immer am Wasser, überqueren einen schmalen Kanal und biegen direkt danach rechts ab, um weiterhin an der Wasserkante entlang zu laufen. Wir überqueren die Straße und steigen die **Treppen** auf der anderen Seite hinauf. Jetzt sind wir

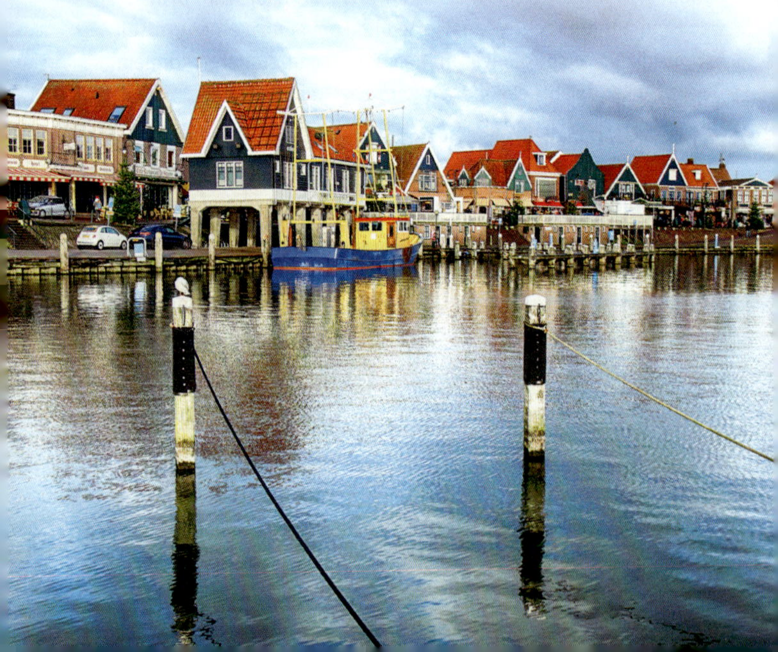

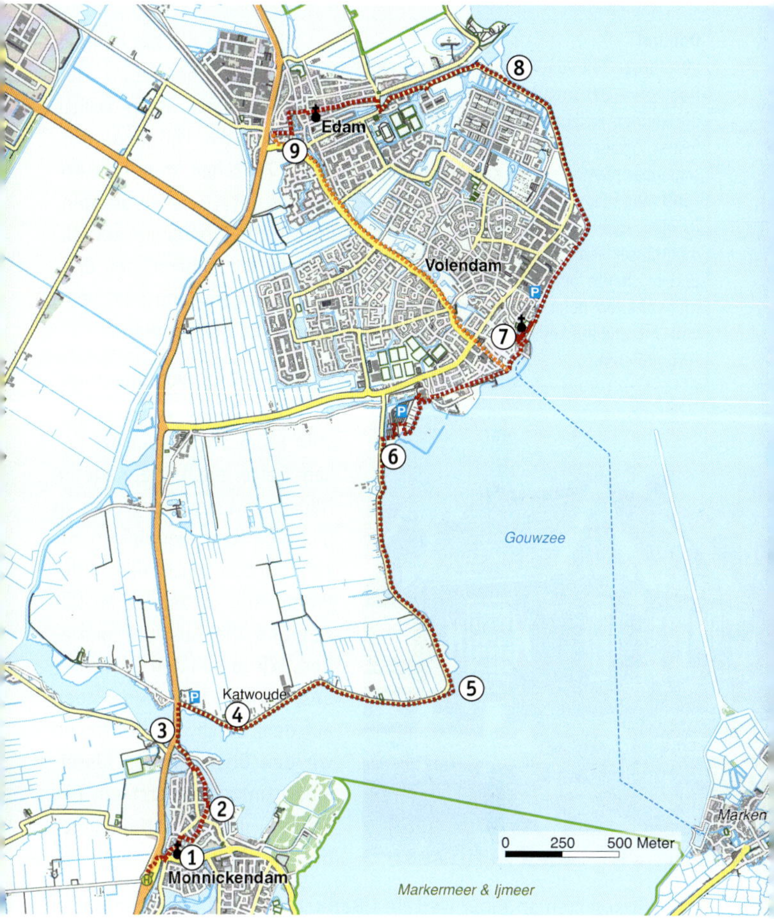

auf der Zuideinde-Straße, die uns einmal durch das Zentrum von Volendam führt. Das Städtchen ist sehr touristisch und auch eine Station der meisten Bustouren durch die Niederlande, sodass man hier auch viele Gäste aus Asien und den USA trifft. Die Läden entlang der Hauptstraße sind dementsprechend voll mit Nippes und man hat mehrere Gelegenheiten, sich in traditioneller Kleidung fotografieren zu lassen.

Wir kommen am nächsten Hafenbecken vorbei, von dem aus eine Fähre zur Insel Marken und zu einer Rundfahrt über das Marker Meer abfährt.

Kurz hinter dem Hafenbecken laufen wir links die Treppen hinunter, um zum **Doolhof** **7** zu kommen. Hier stehen viele kleine Häuschen auf engem Raum, in einem Labyrinth von Kanälen. Wir machen eine kurze Runde, um das idyllische Viertel zu erkunden und laufen dann über die Brücke auf die **Sint Vincenciuskerk**

Doolhof
Der älteste Teil von Volendam heißt »Het Doolhof« – der Irrgarten. Hier entstanden die kleinen Holzhäuser nicht nach einem festen Straßenmuster, sondern sie sind scheinbar planlos an den Kanälen verteilt. Läuft man hier durch, hat man das Gefühl, in eine andere Zeit versetzt zu sein. Da die Häuser sehr eng beieinander stehen und bis heute bewohnt sind, sollte man hier vor allem beim Fotografieren respektvoll sein und auf keinen Fall in die Fenster fotografieren.

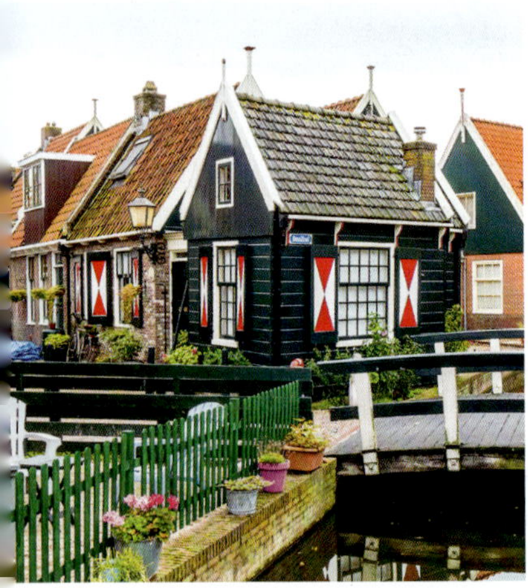

zu. Wir lassen die Kirche links liegen und überqueren den schmalen Kanal nach rechts über eine der Fußgängerbrücken. Zwischen den Häusern gibt es jetzt wieder Stiegen, die auf die Promenade zurückführen. Wir nehmen den dritten Durchgang und sind jetzt wieder am **IJsselmeer**.

Wir verlassen Volendam auf der Promenade. Auf dem ersten Stück stehen auf der linken Seite noch viele kleine Häuser mit den Vorgärten in Richtung Meer. Wer hier wohnt, kann im Sommer direkt an der Promenade in der Sonne sitzen und die Aussicht genießen. Wir lassen den Ort hinter uns, bleiben aber immer oben auf dem Deich. Rechts haben wir den Blick auf das IJsselmeer, links liegt erst ein Gewerbe-, dann ein Neubaugebiet.

Wir kommen an einer weiteren **Bank** vorbei und erreichen unten am Wasser einen kleinen **Hafen** **8**. Hier halten wir uns links und laufen an der Straße den Kanal entlang in Richtung Edam. Wir kommen an einer Schleuse vorbei, überqueren einen knappen Kilometer weiter an der ersten **Brücke** den Kanal und biegen dann vor der zweiten Brücke links ab. Der Weg führt uns jetzt durch den Ort **Edam** und an verschiedenen historischen Gebäuden vorbei. Schließlich ist der Kanal übertunnelt, hier wechseln wir noch einmal die Seite.

Wir folgen dem Linksbogen der Straße und laufen am Ende in eine schmale Gasse. Am Ende spazieren wir über eine kleine **Holzbrücke** **9**. Wenn ein Boot durch den Kanal möchte, werden diese Brücken noch per Hand hochgezogen unter Mithilfe eines Gewichtes, das oben hängt. Auf der anderen Seite laufen wir nach rechts, am Ende der Straße sind wir dann wieder am Busbahnhof angekommen.

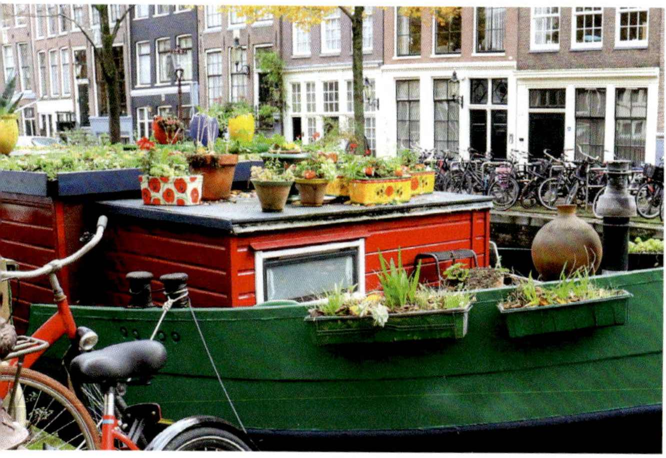

40 m

STRECKE 12,1 km

4 h

ab 10

Entlang der Grachten

4

Amsterdam und der Vondelpark

Amsterdam, die Hauptstadt der Niederlande, ist ein faszinierendes Ziel. Rund um die Grachtengürtel könnt ihr unzählige historische Gebäude entdecken und euch von der entspannten Stimmung in der Stadt anstecken lassen. Durch den Handel zu Reichtum gekommen, war die Stadt durch die Jahrhunderte immer das Zentrum der Niederlande. Heute ist sie nicht nur ein historisches Juwel, sondern auch ein lebendiger, interkultureller Knotenpunkt.

Unser Spaziergang führt durch das ruhigere Viertel Jordaan zum Vondelpark. Von hier laufen wir dann zum Museumsplein und am Dam entlang zurück in den inneren Grachtengürtel. Vor allem in der Hauptsaison sind wir in Amsterdam allerdings in Gesellschaft – jedes Jahr besuchen mehrere Millionen Menschen die Stadt. Möchtet ihr in Museen und andere Sehenswürdigkeiten, müsst ihr auf jeden Fall Tickets reservieren – teilweise Wochen vor dem Besuch.

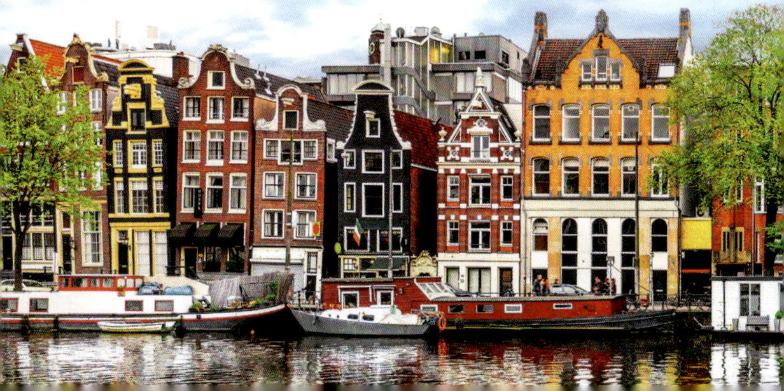

TOUREN-STECKBRIEF

Anfahrt: Parken in Amsterdam ist eine Herausforderung und sehr teuer. Hier kommen schnell auch für einen Tag hohe zweistellige Beträge zusammen, außerdem ist die Parkfläche in der Stadt sehr begrenzt. Am besten ist es, wenn wir mit dem Zug nach Amsterdam reisen. Zugverbindungen zum Hauptbahnhof sind von allen umliegenden Orten sehr gut. Von den meisten größeren Orten fahren stündlich Züge. Möchte man doch mit dem Auto anreisen, so bieten sich die Park-and-Ride-Parkplätze in der Peripherie an. Hier ist es wichtig, beim Einfahren ein spezielles Park-and-Ride-Ticket zu ziehen. Mit diesem kann man dann ein vergünstigtes Nahverkehrsticket am Parkplatz kaufen und in die Stadt fahren. Auf dem Rückweg muss man das Ticket ebenfalls nutzen und kann so den vergünstigten Parkpreis von €6 erhalten. Genaue Infos finden sich in den entsprechenden Parkhäusern. Eine Übersicht der Parkplätze gibt es online: www.nach-holland.de/reisen/in-die-stadt/amsterdam/amsterdam-parkplaetze.

Anspruch und Charakter: Spaziergang durch die unterschiedlichen Viertel Amsterdams und den Vondelpark.

Einkehr: In Amsterdam gibt es für jeden Geschmack das richtige Restaurant und Café – grundsätzlich ist es jedoch so, dass die Preise in den touristischen Gebieten deutlich höher sind.

Mit Kindern: Der Vondelpark bietet für Kinder viele Möglichkeiten zum Spielen. Möchten wir nicht bis hierhin laufen, so ist dieser auch mit öffentlichen Verkehrsmitteln gut zu erreichen. Um die Tour durch die inneren Grachten kürzer zu gestalten, können wir natürlich auch nach Wegpunkt ❹ an der Herengracht nicht in Richtung Vondelpark laufen, sondern die Runde gleich zum Wegpunkt ❾ fortsetzen. (6,6 km, 2 h)

Im Rotlichtviertel ⓬ sind zu jeder Tageszeit Prostituierte in den Fenstern zu sehen. Auch Coffee Shops und alles, was damit verbunden ist, sind sehr präsent. Hier sollten Eltern eine bewusste Entscheidung treffen, ob sie das Rotlichtviertel besuchen wollen oder nicht.

In der Nähe: Science Museum NEMO, Grachtenfahrt, Schifffahrtsmuseum.

Stadtrundgang: Wir starten unsere Tour durch Amsterdam am Haupteingang des **Hauptbahnhofs**. Dort drehen wir dem Bahnhofsgebäude den Rücken zu, laufen über die Brücke und halten uns dahinter rechts. Wir kommen an einigen Anbietern für Grachtentouren durch Amsterdam vorbei, bei **Lovers Canal Cruisers Amsterdam** überqueren wir die Straße nach links und laufen dann nach rechts weiter. Hier, direkt am Bahnhof, gibt es sehr viele Souvenirläden und es ist oft sehr voll – wir halten uns hier nicht länger als nötig auf.

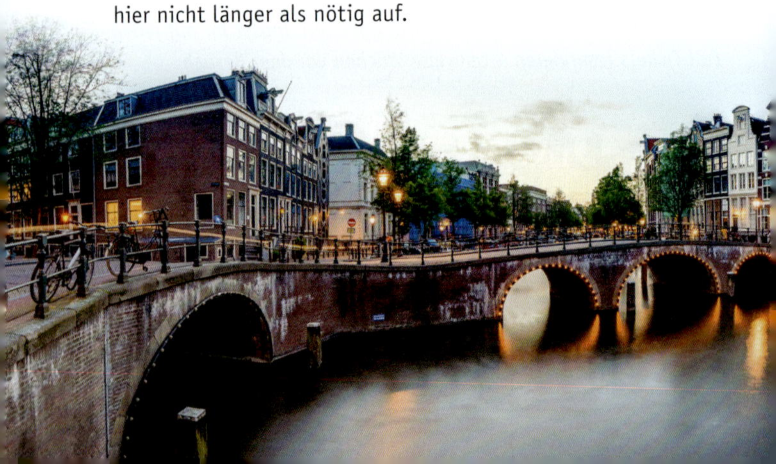

Vor dem nächsten Kanal laufen wir kurz nach links und überqueren ihn dann über die **Brücke**. Auf der anderen Seite laufen wir geradeaus weiter. Auf der rechten Seite sehen wir ein schönes Eckhaus. Jetzt befinden wir uns auf der **Haarlemmerstraat** und folgen dieser bis zum nächsten Kanal. Hier biegen wir nach links ab und überqueren die **Brücke** ❶, direkt dahinter geht es wieder nach rechts über die nächste Brücke. Dann wandern wir links an der **Prinsengracht** entlang.

Highlights

Amsterdam ist einzigartig. Die Stadt fasziniert mit ihren malerischen Grachten und historischen Bauwerken und mit einer dynamischen, weltoffenen Atmosphäre, die überall spürbar ist.

Hinter der Kirche **Noorderkerk** an der nächsten Kreuzung halten wir uns schräg rechts und biegen dann die zweite Straße nach rechts ab. An einem kleinen **Park und Spielplatz** ❷ laufen wir nach links – jetzt sind wir in einer Straße mit vielen kleinen, hübschen Häusern auf der linken Seite. Die nächste Straße führt uns wieder nach links und wir folgen ihr bis zum nächsten **Kanal**. Hier gehen wir links, um die Brücke zu überqueren und dann auf der anderen Seite zurück.

Wir folgen der Gracht bis zum Eingang zum **Sint Andrieshofje** ❸ auf der linken Seite. Jetzt befinden wir uns auf einem schönen Innenhof, um den kleine Häuser gebaut sind. Diese Höfe wurden früher gebaut, um älteren Menschen und alleinlebenden Frauen ein Zuhause zu bieten – auf unserer Tour kommen wir später noch an einem zweiten vorbei. Im wuseligen Amsterdam sind diese Höfe heute eine Oase der Ruhe.

Wir verlassen den Innenhof und machen ein paar Schritte nach rechts bis zur nächsten Kreuzung. Hier laufen wir nach rechts bis zur **Bloemgracht**, an der wir dann nach links entlang gehen. Nach etwa 200 Metern treffen wir wieder auf die Prinsengracht und folgen ihr nach rechts. Wir laufen bis zur **Brücke Berensluis** ❹ und überqueren dann zuerst die Prinsen-, dann die Kaizers-

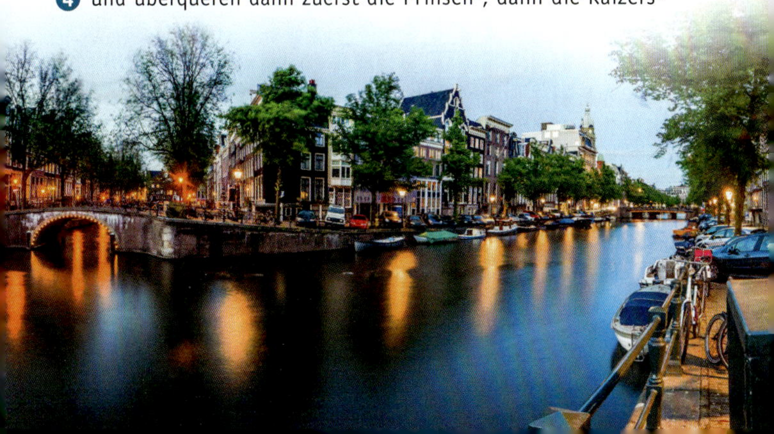

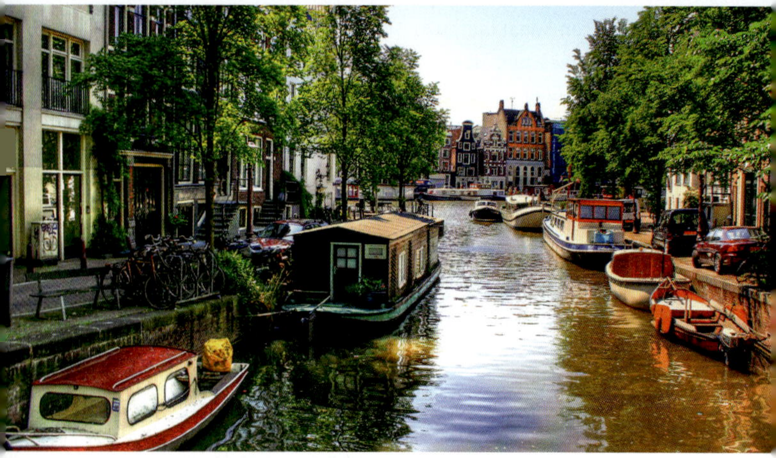

und dann die Herengracht. Die Grachtengürtel wurden im frühen 17. Jahrhundert angelegt, um mit dem Bevölkerungswachstum von Amsterdam Schritt zu halten. An diesen drei Hauptgrachten lagen die prächtigsten Häuser, wie man heute noch an vielen Stellen sehen kann.

Am anderen Ufer der **Herengracht** gehen wir nach rechts und überqueren diese wieder auf der zweiten Brücke nach rechts. Jetzt spazieren wir über eine große **Einkaufsstraße**, auf der auch die Straßenbahn verkehrt und an der wir viele bekannte Läden finden. Wir folgen dieser Einkaufsmeile bis zu einer zweispurigen großen **Straße** und überqueren diese an der Ampel. Auf der anderen Seite laufen wir ein Stückchen nach links, bis wir zu den **Eisentoren des Vondelparks** ❺ kommen. Hier geht es nach rechts in den Park.

Der **Vondelpark** wurde der Stadt Amsterdam von einem Verein überschrieben, dem dieser vorher gehörte. Dies ist unter der

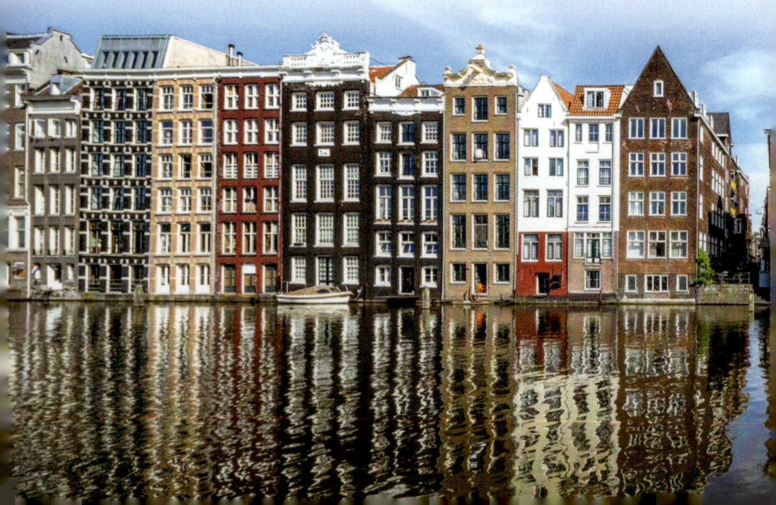

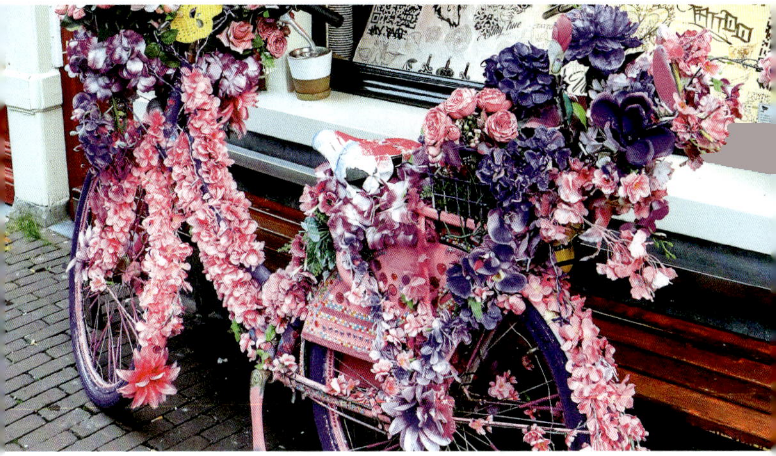

Bedingung geschehen, dass im Park Hunde immer ohne Leine laufen dürften. Diese Regel gilt bis heute.

Wir folgen dem Weg in den Park unter einer **Unterführung** hindurch und halten uns dann innerhalb des Parks leicht rechts. Nach einem schönen Restaurant können wir rechts die **Vondelkirche** ❻ sehen, die in den 70er Jahren besetzt war und heute als Kulturzentrum dient.

Wir folgen jetzt immer dem Fußweg neben dem asphaltierten Radweg durch den Park und kommen an mehreren Spielplätzen und Gastronomiebetrieben vorbei. Am äußersten Punkt einer Rechtskurve halten wir uns links und überqueren einen Platz, an dem im Sommer ein **Brunnen** ❼ plätschert. Der Platz ist durch einen niedrigen Metallzaun begrenzt. Auf der anderen Seite laufen wir geradeaus weiter, immer rechts vom Wasser. Wir überqueren ein schmales Stück des Teiches auf einer **Brücke** und gehen dahinter geradeaus weiter. Jetzt kommen wir wieder an den asphaltierten Radweg und biegen links ab.

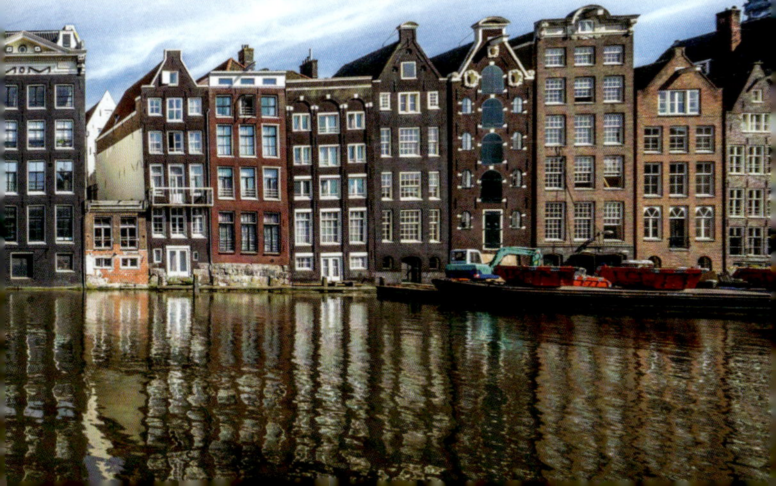

Wir folgen dem Weg durch den ganzen Park bis zur **Unterführung** und gehen direkt dahinter rechts hoch. Jetzt kommen wir an eine Straße, an der wir links bis zum **Museumsplein** ❽ wandern. Hier befinden sich viele der großen Museen Amsterdams **[› Seite 27]**. Wir folgen der Straße bis zum **Stedelijk Museum**, direkt dahinter biegen wir links auf den Platz ab. Vor dem rechter Hand liegenden runden Gebäude des **Van Gogh Museums** laufen wir nach rechts und dann schräg links. Vor uns sehen wir jetzt schon das imposante **Rijksmuseum** und halten darauf zu. Es führt ein Weg durch das Museum, sodass wir einfach geradeaus hindurchgehen können. Auf der anderen Seite versteckt sich ein kleiner Garten mit einigen Statuen, die nur einen Vorgeschmack auf die Kunstwerke geben, die sich in den Museen befinden.

Auf der anderen Seite überqueren wir die Straße und laufen geradeaus weiter, bis wir wieder zur **Herengracht** kommen. Hier halten wir uns links und gehen dann rechts über die Brücke. Auf der anderen Seite sehen wir rechts den **Blumenmarkt** ❾, einen schwimmenden Markt für Tulpen und andere Blumenzwiebeln. Dieser ist allerdings oft sehr voll und touristisch. Wir halten uns auf der anderen Seite des Kanals links, marschieren an der Straße um eine Rechtskurve und treffen auf einen Platz. Hier folgen wir der kleinen Gasse an der linken Ecke und biegen dann sofort wieder links in die Kalverstraat ein.

Linker Hand befindet sich nun der Eingang zum **Beginenhof** ❿. Er stammt aus dem frühen 14. Jahrhundert und war ursprünglich eine Wohnanlage der Beginen, einer religiösen Gemeinschaft von Frauen,

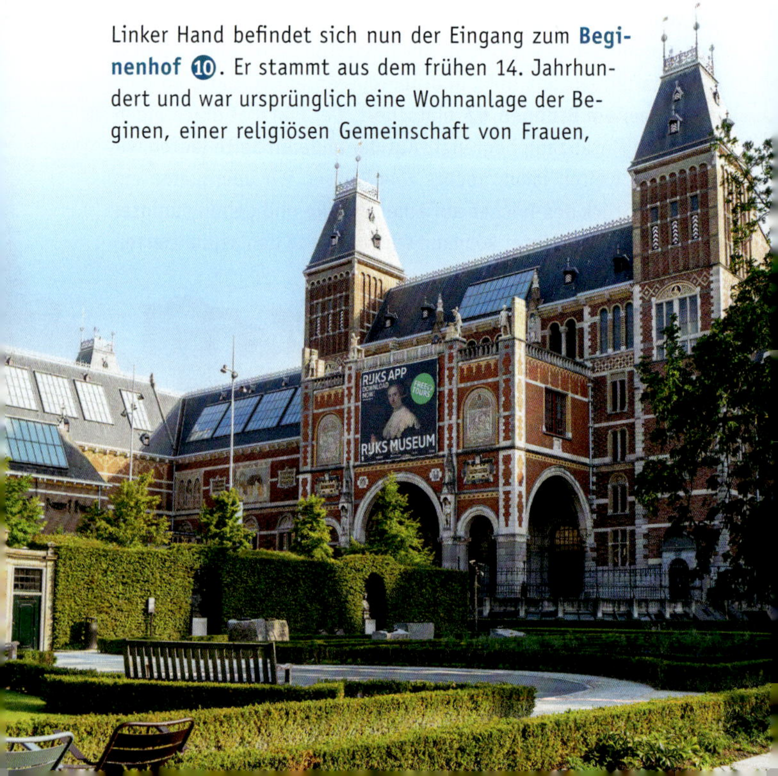

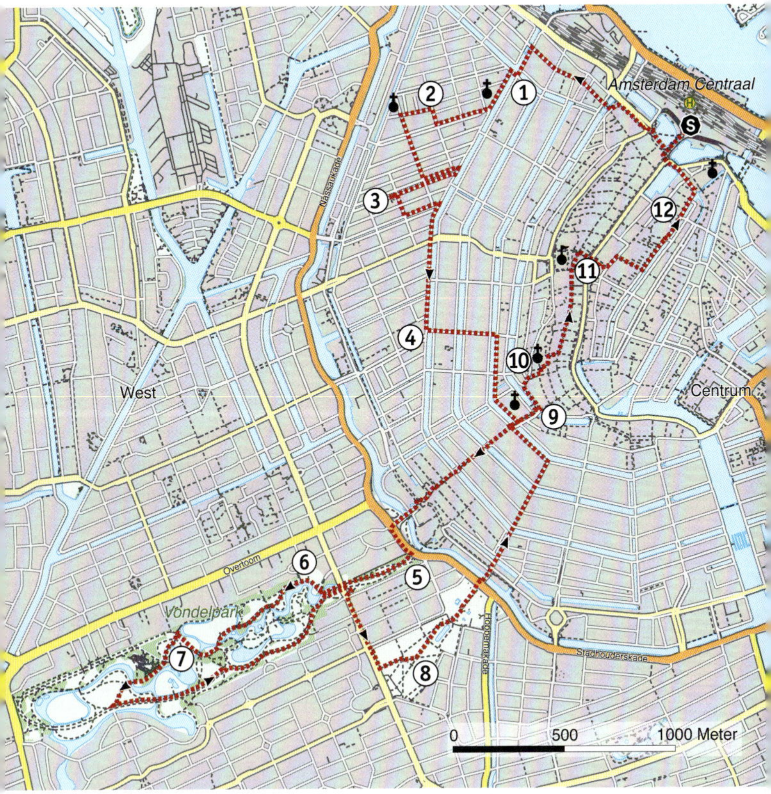

die ein frommes und selbständiges Leben führten, ohne jedoch Nonnen zu sein oder strenge Gelübde abzulegen. Im Innenhof kann man noch ihre kleine Kapelle besuchen. Im Anschluss geht es wieder aus dem Hof heraus und geradeaus die schmale Straße entlang. An der nächsten Kreuzung biegen wir links ab und befinden uns wieder auf einer Einkaufsmeile. Wir folgen ihr bis zu einem großen Platz – dem **Dam** ⓫. Hier finden sich gleich mehrere Sehenswürdigkeiten nahe beieinander. Das große Gebäude links ist der **Königspalast**, vor uns steht die **Nieuwe Kerk** (Neue Kirche).

Wir halten uns rechts und laufen am Nationaldenkmal vorbei. An der nächsten Straße biegen wir nach links ab, dann nach rechts und gehen bis zur nächsten Gracht. Hier halten wir uns links. Jetzt sind wir im **Rotlichtviertel von Amsterdam** ⓬, in dem es auch viele Bars und Coffee Shops gibt. Tagsüber sieht man relativ wenig davon, aber auch dann ist es möglich, dass Frauen in den Fenstern stehen. Wir marschieren am Kanal entlang und kommen auf der linken Seite an der **Oude Kerk** (Alte Kirche) vorbei. Dahinter folgen wir der Straße um eine Linkskurve und stehen dann wieder auf der Brücke am Hauptbahnhof.

Die Gardinensteuer – eine moderne Legende

Wenn man durch eine niederländische Stadt oder durch ein Dorf läuft, dann fällt eins sofort auf: Viele Häuser haben sehr große, ebenerdige Fenster, und an den Fenstern hängen nur selten Gardinen. So kann man oftmals komplett durch die untere Etage des Hauses gucken und abends, wenn das Licht an ist, kann man alles sehen, was im Wohnzimmer geschieht. Für viele Menschen aus Deutschland ist dies erst einmal befremdlich, denn uns ist unsere Privatsphäre ja heilig. In älteren Ferienwohnungen und -häusern kann dies für Deutsche schon mal zum Problem werden, denn man fühlt sich ein wenig wie auf dem Präsentierteller.

Oftmals wird als Erklärung die sogenannte Gardinensteuer angeführt. Es heißt, es habe in der Vergangenheit eine Steuer auf Gardinen gegeben, und deshalb seien diese bis heute nicht üblich. Dies ist jedoch eine moderne Legende. Es gab zwar von 1821 bis 1896 eine Personalsteuer, in die die Anzahl der Fenster mit einging, aber mit den Gardinen hatte diese nichts zu tun.

Viel wahrscheinlicher ist, dass die großen Fenster mit den fehlenden Gardinen auf die calvinistische Prägung der Niederlande zurückzuführen sind. Man wollte klarstellen, dass es

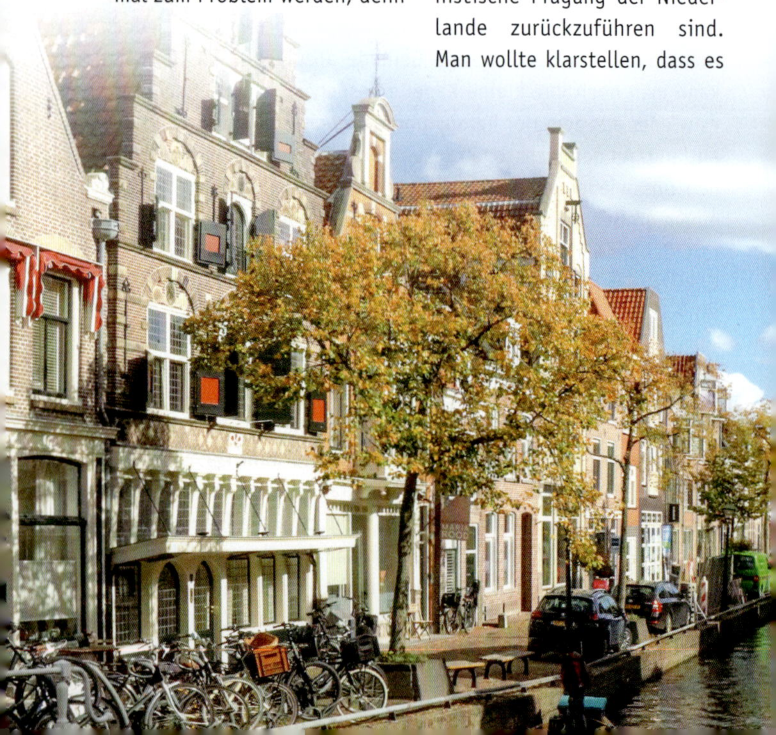

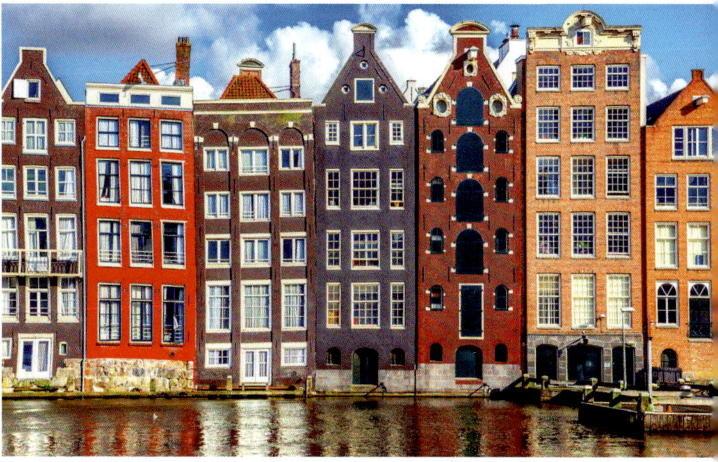

nichts zu verbergen gibt und dass man sich zeigt – wie ein offenes Buch. Außerdem fällt durch die großen Fenster natürlich viel mehr Licht ins Wohnzimmer.

Richtig ist allerdings, dass es eine Steuer auf die Breite der Häuserfront zum Kanal gab – vor allem in den Städten wie Amsterdam und Alkmaar. Daher sind viele alte Häuser sehr schmal, dafür aber hoch und lang gebaut. Die Treppen in diesen Häusern sind so steil und eng, dass kaum etwas hinauf transportiert werden kann. Daher sieht man an den Giebeln der Häuser oft einen Haken – so werden bei Umzügen die Möbel meist mit einer Seilwinde gehoben und durch die Fenster in die Wohnung gebracht.

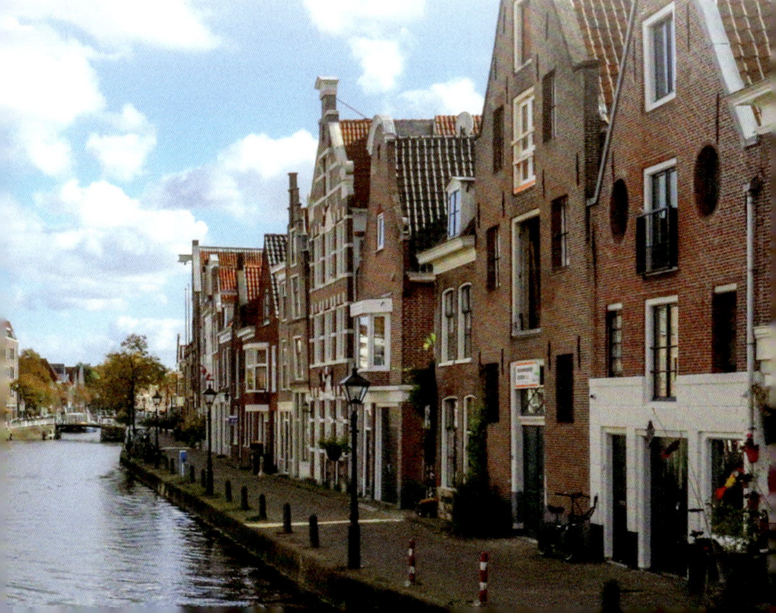

30 m

STRECKE 10,5 km

3 h 30

ab 8

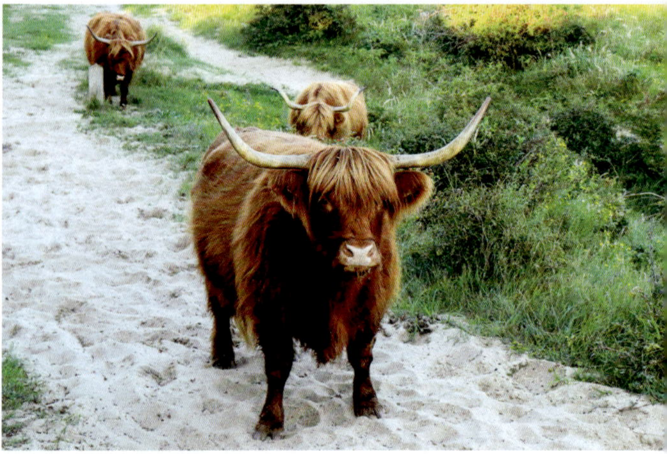

5 Wijk aan Zee

Strandhäuschen und Hochlandrinder

In Wijk aan Zee gibt es die bekannten Strandhäuschen – sie stehen direkt auf dem breiten Sandstrand. In den kleinen Holzhäuschen bringen Badegäste ihre Strandutensilien unter. Einige sind jedoch so weit ausgebaut, dass sie eher wie kleine Ferienhäuser aussehen und farbenfroh in der Sonne leuchten. Jedes sieht ein bisschen anders aus und wir haben viel Spaß daran, die Häuschen zu betrachten. Auf dem Rückweg laufen wir durch die Dünen und die Heide und haben gute Chancen, die wuscheligen Hochlandrinder zu treffen, die hier für die Landschaftspflege zuständig sind. Die Herden laufen frei durch das Schutzgebiet und passen mit ihren wilden Frisuren gut in die raue Landschaft.

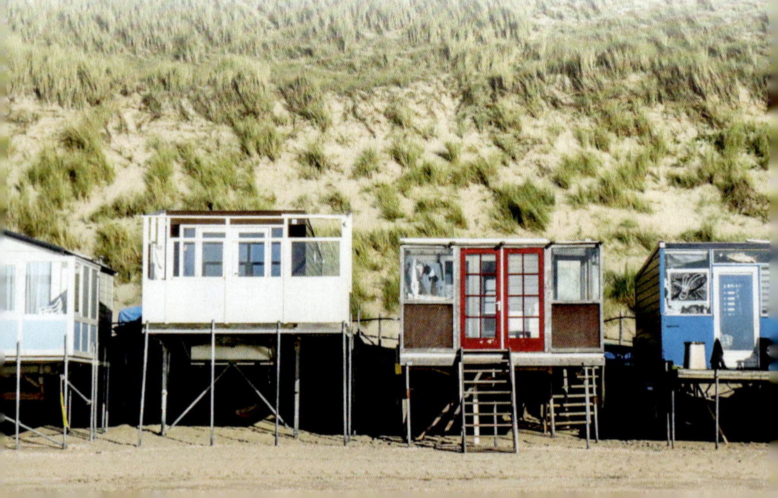

Wanderung: Wir beginnen unsere Wanderung im Zentrum von Wijk an Zee. Hier folgen wir der Straße zum Strand und halten uns dann rechts. Auf der rechten Seite vor den Dünen können wir hier die berühmten bunten **Strandhäuser von Wijk aan Zee** sehen, die wirklich schön hergerichtet sind – vor allem im Sommer ein schöner Anblick ❶.

Highlights

Strandhäuschen – einfach ausgestattet, aber direkt im Sand am Meer – so etwas gibt es fast nur in den Niederlanden. Auf dieser Tour erlebt ihr außerdem den schönen Strand von Wijk mit seinem ausgedehnten Dünengürtel, in dem Hochlandrinder grasen – die perfekte Holland-Urlaubs-Idylle.

Wir laufen am Wasser bis zum nächsten Zugang. Auch dort stehen wieder die kleinen Häuschen und zeigen an, dass wir uns dem Strandzugang nähern ❷. Hier gibt es auch ein schönes Strandcafé für eine Pause.

Wir folgen dem Weg nach rechts, vorbei am **Fahrradparkplatz**. Dann lassen wir den Reitweg hinter uns und biegen direkt bei der nächsten Gelegenheit wieder rechts in einen **Fußweg** ab, hier dürfen auch keine Fahrräder mehr fahren. Der Weg führt uns parallel zum Strand über einen kleinen Hügel. Wir kreuzen wieder den Reitweg, an der nächsten **Kreuzung** ❸ biegen wir links ab. Hier gibt es ein kleines Tor, das wir durchqueren.

An der nächsten **Gabelung** biegen wir rechts in den **Valleiweg** ein und laufen weiterhin durch eine offene Dünenlandschaft mit Heide und Büschen um uns herum – es wächst aber zunehmend mehr Gras. Hier können wir auch schon die Hochlandrinder tref-

TOUREN-STECKBRIEF

Anfahrt: Wir parken auf dem zentralen Strandparkplatz in Wijk aan Zee bei **GPS N 52°29'42", E 4°35'19"**. Hier gibt es kostenpflichtige und kostenfreie Parkplätze. Vor allem im Sommer ist der Parkplatz oft voll, es gibt Ausweichparkplätze etwas weiter weg vom Strand, die ebenfalls ausgeschildert sind.

Zutritt: Für den Zutritt zum Dünengebiet brauchen wir eine Eintrittskarte. Diese kann an allen Eingängen an einem Automaten für €2 gekauft werden. Bezahlt werden kann nur mit der EC-Karte.

Anspruch und Charakter: Wanderung am Strand entlang und durch die Dünen.

Markierung: Pfeil in orange, aber nicht durchgehend.

Einkehr: Restaurant am Strand, weitere Gastronomie in Wijk aan Zee.

Mit Kindern: Für Kinder ist besonders der breite Strand spannend. Für eine kürzere Tour durch die Dünen parken wir am Wanderparkplatz beim Campingplatz Klein Hemelrijk bei **N 52°30'45", E 4°37'48"** und folgen von hier dem Radweg. An der ersten Kreuzung biegen wir auf dem Radweg nach rechts ab und gehen weiter bis zu einer schmalen Straße. Hier geht es links und dann immer geradeaus bis zum Strand. Für den Rückweg folgen wir ab Punkt ❷ der beschriebenen Route bis Wegpunkt ❺ und gehen dann auf dem Radweg zum Parkplatz zurück. Auf dieser kürzeren Tour haben wir trotzdem gute Chancen, die Hochlandrinder zu treffen. (7,7 km, 2 h 30)

In der Nähe: Museen in Amsterdam.

fen, die zur Landschaftspflege eingesetzt werden. Hinweisschilder gibt es an jedem Tor. Wenn man eine Herde trifft, sollte man Abstand halten – vor allem, wenn Jungtiere dabei sind. Die Tiere mit den großen Hörnern und dem langen Fell sehen sehr beeindruckend aus und passen perfekt in die wilde Landschaft.

Wir folgen dem Weg weiter durch die abwechslungsreiche Landschaft, bis wir wieder zum **Radweg** kommen. Hier befindet sich das **Nacht-Gehege der Rinder** ❹, sodass die Wahrscheinlichkeit, sie am Nachmittag hier in der Nähe anzutreffen, groß ist.

Wir biegen hier rechts auf den Radweg ab und folgen diesem bis zur zweiten Abzweigung nach links. Wir wandern jetzt durch einen **Wald**. Am Ende des Weges geht es links und gleich wieder rechts in den Weg **Onderlangs**. Diesem folgen wir, bis wir zur nächsten Abbiegung eines schmalen Weges nach rechts kommen. Dort durchqueren wir die Barriere aus Holz. Der Weg steigt über flache **Treppen** leicht an und führt uns auf der anderen Seite des Hügels wieder zum **Radweg** ❺.

Hier geht es für uns wieder ein kleines Stückchen nach rechts, bevor wir links in den Sandweg abbiegen. Diesem Weg folgen wir geradeaus und dann um eine scharfe Rechtskurve. Anschließend halten wir uns links, an der nächsten Gabelung ebenfalls. Der Weg führt uns jetzt wieder durch die Dünen und an **kleinen Seen** ❻ vorbei. Dahinter sieht man auf der linken Seite auch die Industrie von Wijk aan Zee – je nach Windrichtung und Tageszeit hört man diese auch.

Schließlich führt der Weg uns wieder auf den Fahrradweg. Auf diesem wandern wir an einem **Aussichtspunkt** ❼ auf der linken Seite vorbei, kurz danach überqueren wir eine kleine Straße. Bei der nächsten Gelegenheit biegen wir hinter der Straße durch ein Törchen in einen schmalen Weg nach rechts ein, dann wieder nach links. Wir folgen dem Weg, bis wir links ein weiteres Tor

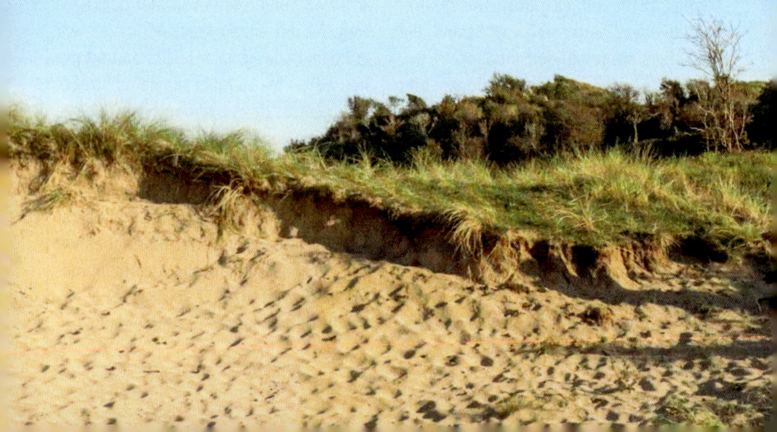

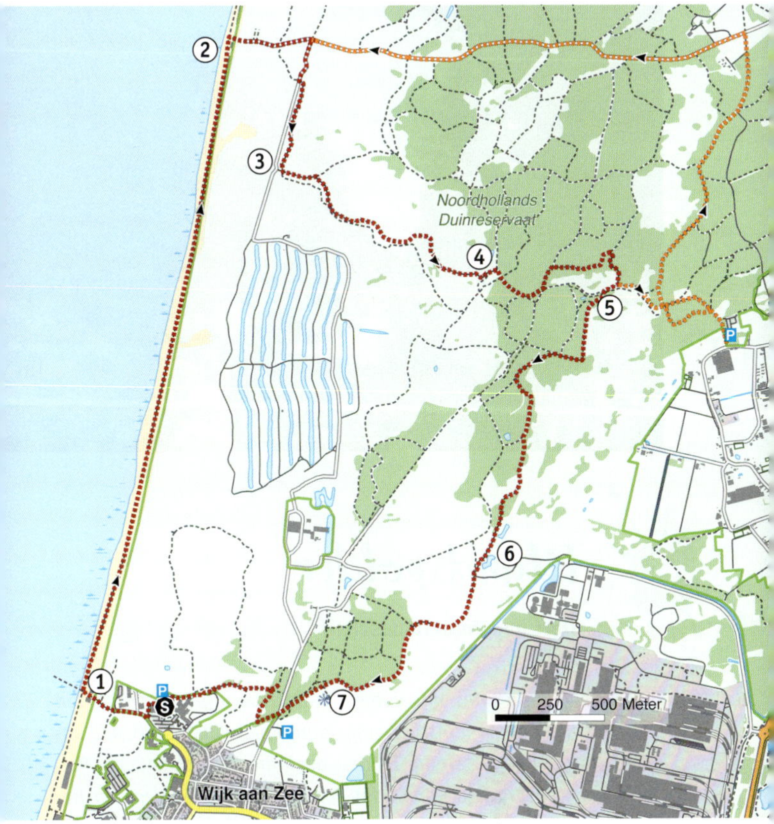

sehen, durch das wir in Richtung eines großen Gebäudes gehen – es ist das Krankenhaus. Dieses lassen wir links liegen und laufen darum herum, bis wir auf die Hauptstraße treffen und an unserem Ausgangspunkt sind.

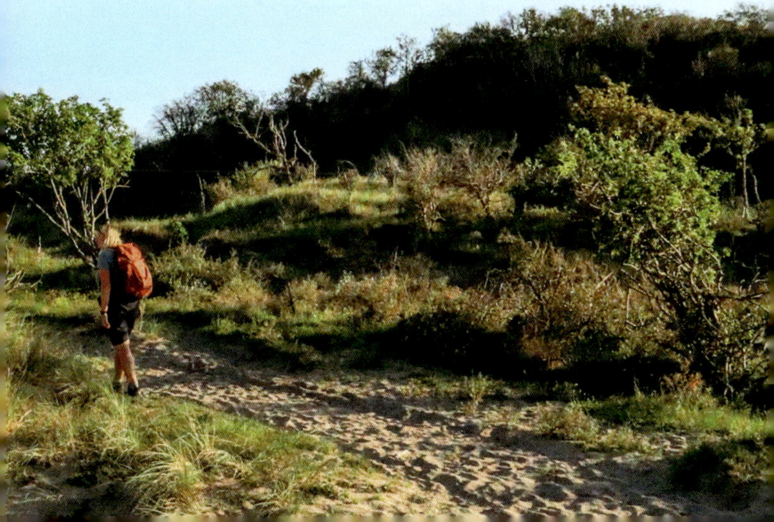

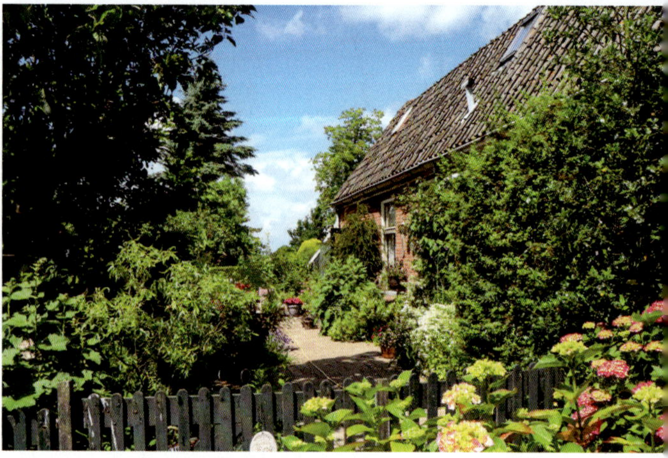

10 m

STRECKE 6,7 km

2 h 15

ab 6

6 Eilandspolder

Dorf und Polderlandschaft

Diese Wanderung führt uns durch das Dorf De Rijp und durch den Eilandspolder – eine künstlich angelegte Polderlandschaft mit Kanälen für die Entwässerung. Es gibt auch die Möglichkeit, die Polderlandschaft mit dem Kanu oder dem Kajak zu erkunden, wir haben uns aber für den Fußweg entschieden. Der Weg führt uns durch das schöne Dorf mit den engen Straßen und kleinen Häusern und dann entlang des Polders mit Wiesen und Weiden auf der anderen Seite. Im Polder läuft man wie auf Watte, der Boden ist weich und feucht. Die Kanäle sind fast auf dem gleichen Niveau wie der Boden und der Himmel wirkt ganz weit – ein bisschen wie in einer anderen Welt. Vor allem nach Regenfällen kann es aber auch sein, dass wir hier nasse Füße bekommen.

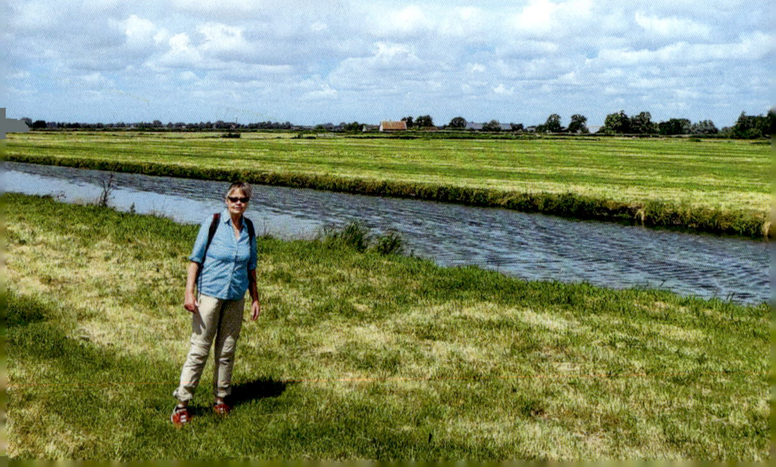

Wanderung: Wir starten die Wanderung an der **Tourismusinformation in De Rijp**. Diese liegt direkt neben der Kirche in einem schönen historischen Gebäude. In der Information können wir einen Film über die Polderlandschaft ansehen und Wander- und Radkarten kaufen. Es gibt auch Tipps für Ausflüge in der Umgebung.

Wir drehen der Tourismusinformation den Rücken zu und laufen geradeaus die Dorfstraße entlang. Sie führt uns an vielen hübschen alten Häusern vorbei. Je weiter wir uns vom Dorfkern entfernen, desto moderner werden die Häuser – es sind aber weiterhin vor allem die typischen holländischen Einfamilienhäuser mit den großen Fenstern.

Schließlich macht die rote Klinkerstraße einen Rechtsbogen und wir folgen ihr. Hinter einer kleinen **Kirche** ❶ stehen noch weitere Häuser an der Straße. Dann verlassen wir den Ort und laufen nun zwischen Feldern auf der linken und dem Naturschutzgebiet auf der rechten Seite weiter, bis wir die Häuser von **Noordeinde** erreichen.

Highlights

Die Polder, von Deichen eingefasste und vom Menschen entwässerte Gebiete, sind ein prägendes Element der Landschaft in den Niederlanden. Im Eilandspolder erlebt ihr so eine typische flache Polderlandschaft mit künstlich geschaffenen Wasserläufen.

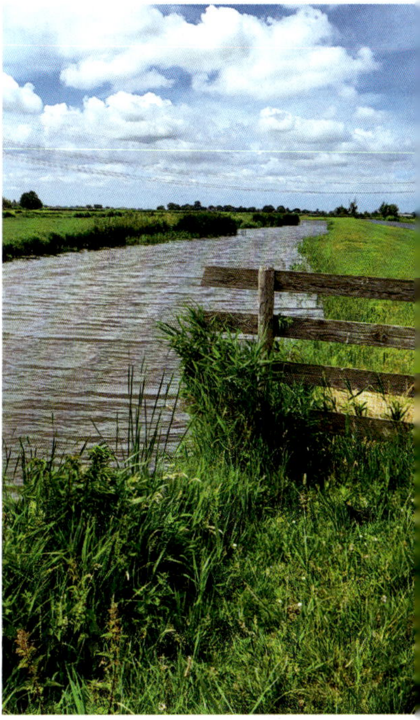

TOUREN-STECKBRIEF

Anfahrt: Wir parken auf dem kostenlosen Wanderparkplatz in De Rijp bei **N 52°33'34", E 4°50'40"**. Von hier laufen wir geradeaus auf die Kirche zu, die Tourismusinformation befindet sich auf der linken Seite der Kirche.

Anspruch und Charakter: Leichte Wanderroute, im Polder kann der Boden sehr nass sein. **Während der Brutzeit vom 15. März bis zum 15. Juni darf der Polder nicht betreten werden.**

Markierung: Keine.

Einkehr: In De Rijp gibt es mehrere Restaurants und Cafés. Auf das Restaurant De Kleine Haag treffen wir unterwegs in Noordeinde. Hier kann man auch Kanus und Kajaks leihen.

Mit Kindern: Um eine kürzere Route zu laufen, können wir auch am Restaurant De Kleine Haag ❷ parken und dann nur die Strecke im Polder laufen. (Hin und zurück: 3,9 km, 1 h 30, vom 15. März bis 15. Juni nicht möglich.)

In der Nähe: Käsemuseum Alkmaar.

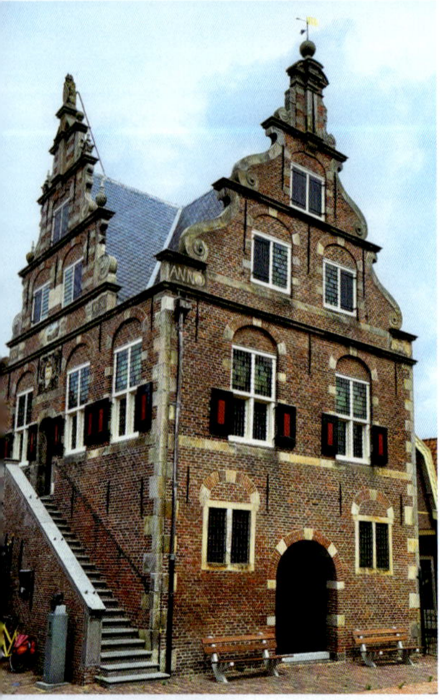

Am Ortsende halten wir uns am **Restaurant De Kleine Haag** ❷ rechts. Jetzt laufen wir gute 100 Meter auf einer größeren Straße, bis wir wieder rechts über eine **Holzbrücke** in die Polderlandschaft gelangen. Nun sind wir im **Vogelschutzgebiet**, das vom 15. März bis zum 15. Juni nicht betreten werden darf, denn dann ist Brutsaison.

Hier im Polder läuft man ein wenig wie auf einem Schwamm, die Schritte sind auf dem feuchten Boden gedämpft. Vor allem, wenn es vor kurzem geregnet hat, ist der Boden sehr feucht. Da man fast auf dem gleichen Niveau zwischen den Entwässerungskanälen läuft, fühlt es sich fast an, als schwebe man auf dem Wasser.

Wir folgen dem Weg geradeaus durch mehrere kleine Tore und über eine **Brücke** ❸. Durch die flache Landschaft erscheint der Himmel noch einmal weiter. Schließlich wird auch der begehbare Streifen schmaler und wir kommen zu einer **zweiten Brücke** ❹, hinter der das Schutzgebiet endet.

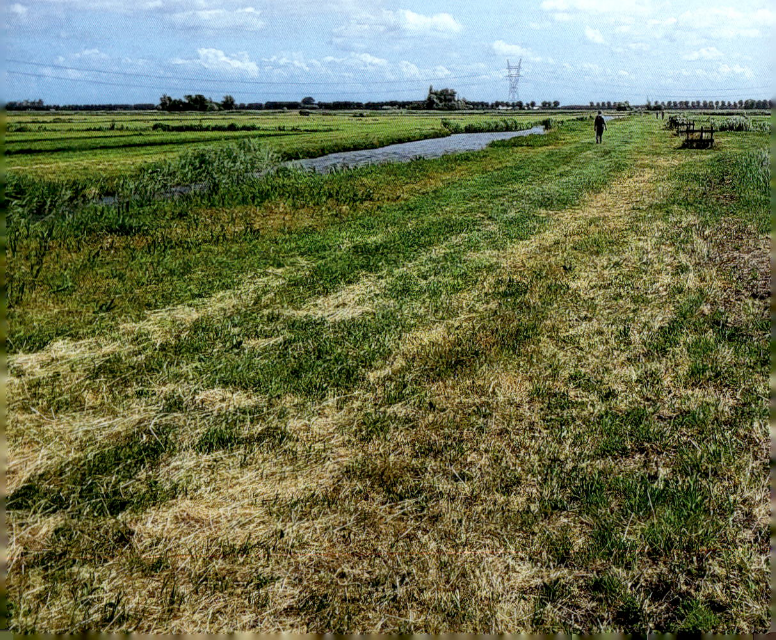

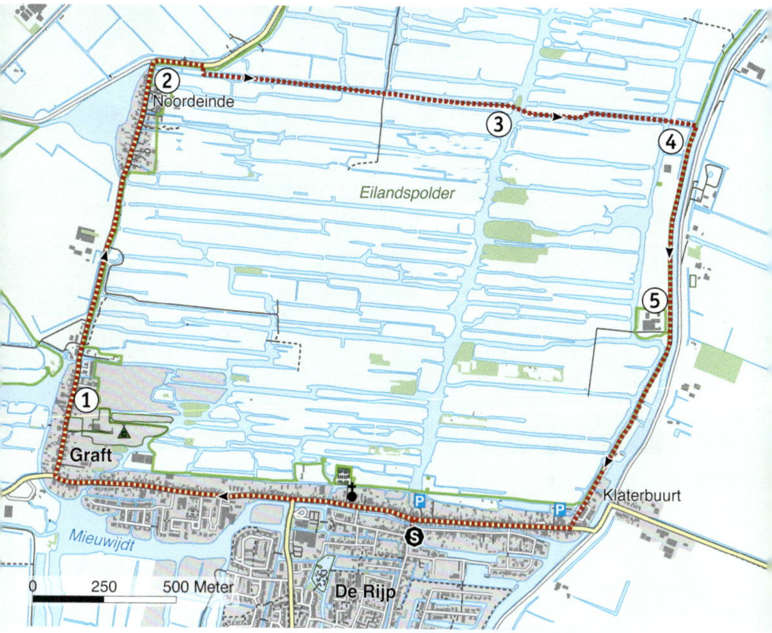

Hier wenden wir uns wieder nach rechts, um zurück nach De Rijp zu kommen. Wir passieren mehrere Bauernhöfe und auch eine **Verleihstation für Boote 5**. Schließlich sehen wir die ersten Häuser von De Rijp und laufen geradeaus durch eine schmale Gasse. An der Dorfstraße angekommen biegen wir rechts ab und wandern geradeaus zurück bis zur Tourismusinformation.

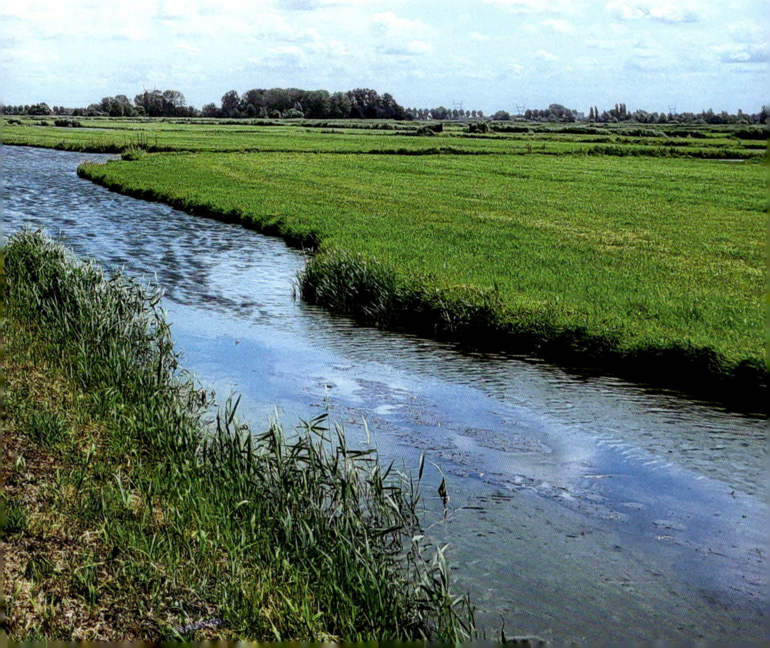

STRECKE 6,2 km

2 h

ab 8

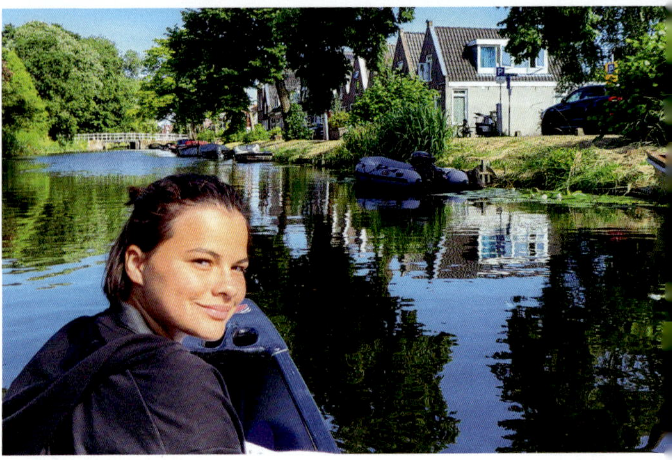

7 Alkmaar vom Wasser aus

Kanutour durch das historische Städtchen

Alkmaar ist durchzogen von Kanälen und Grachten – da bietet es sich an, die Stadt auch vom Wasser aus zu erkunden. Aus dem Boot haben wir eine ganz andere Perspektive auf die vielen historischen Gebäude und können uns in aller Ruhe durch das Geschehen gleiten lassen. Wir kommen an den wichtigsten Sehenswürdigkeiten vorbei und bekommen auch einen Eindruck vom äußeren Grachtenring und einigen Wohnvierteln. Überraschend viel Grün begleitet uns und wir treffen viele Wasserhühner und Enten mit ihrem Nachwuchs. Da wir durch Grachten fahren, sind die Möglichkeiten auszusteigen jedoch begrenzt. Auf den größeren Kanälen müssen die Vorfahrtsregeln beachtet werden – immer rechts halten und lieber die größeren Boote vorbei lassen.

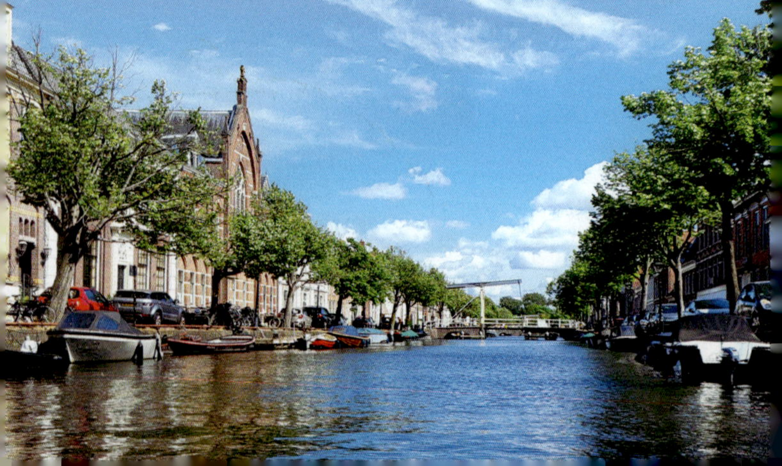

Highlights

Alkmaar ist berühmt für seinen Käsemarkt, auf dem schon im Jahr 1365 die Bauern der Umgebung ihren Käse verkauften und den ihr auch heute noch besuchen könnt. Bei einer Bootsfahrt durch die Grachten erlebt ihr die Stadt aus einem ungewöhnlichen Blickwinkel.

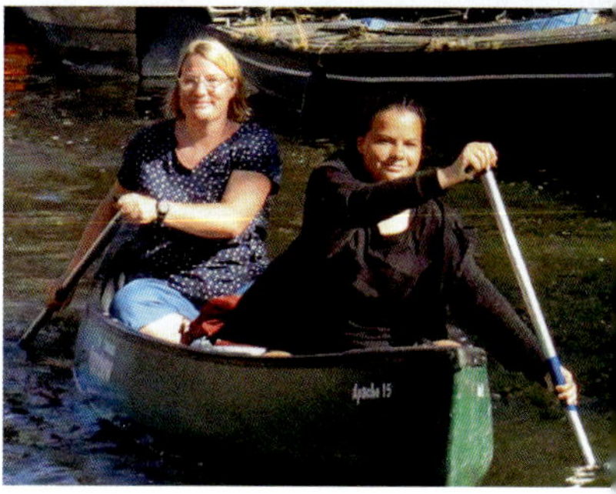

Kanutour: Wir beginnen unsere Kanutour am **Kanuverleih De Kraak** in der Innenstadt von Alkmaar. Vom Steg aus starten wir unsere Rundfahrt nach links. Orientieren können wir uns an den roten Kanu-Zeichen und an den Namen, die vom Wasser gut lesbar auf den Brücken stehen.

Die erste Brücke, unter der wir hindurch fahren, heißt **Platte Stenenbrug**, anschließend geht es um eine Rechtskurve und unter der **Gewelfde Stenenbrug** ❶ hindurch. Hier sind wir bereits mitten im Stadtzentrum und können rechts und links des Kanals viele Cafés und Restaurants sehen. Bald kommen wir auch an einer **Klingel** auf der linken Seite vorbei, an der das Wort »IJs« steht. Hier kann man vom Boot aus läuten und ein Eis bestellen – das ist vor allem bei Kindern sehr beliebt.

Dann geht es unter der **Bathbrug** hindurch und dann geradeaus weiter. Jetzt kommen wir am Käsemarkt vorbei und sehen links auch das **Käsemuseum** ❷. An der nächsten Brücke, der Schapenbrug, sind Schilder angebracht, die erklären, dass man die Möwen nicht füttern soll. Die Illustration des Problems sieht wirklich witzig aus.

Es geht geradeaus weiter, unter der **Dijkbrug** und **Bokkebrug** hindurch. Jetzt kommen wir in den **großen Nordholländischen Kanal** ❸. Hier müssen wir aufpassen, dass wir keinem anderen

TOUREN-STECKBRIEF

Anfahrt: Wir parken auf dem Parkplatz Noorderkade außerhalb der Innenstadt bei **N 52°38'11", E 4°44'52"**. Hier kostet das Parken 50 Cent pro halbe Stunde, maximal €4 pro Tag. Vom Parkplatz läuft man etwa 10 Minuten in die Innenstadt.
Kanuverleih: Kanus, Kanadier und SUPs können wir beim Kanuverleih De Kraak in Alkmaar ausleihen.
Anspruch und Charakter: Schöne Kanutour durch die Grachten, vor allem im Sommer ist mit viel Verkehr auf dem Wasser zu rechnen.

Markierung: Rote Zeichen mit Kajak.
Highlights: Innenstadt, äußerer Grachtenring.
Einkehr: Im Stadtzentrum von Alkmaar gibt es viele Restaurants und Cafés für die Einkehr vor oder nach der Tour.
Mit Kindern: Kinder sollten genug Ausdauer mitbringen, um einige Zeit ruhig im Boot zu sitzen, da es nur wenige Möglichkeiten zum Aussteigen gibt. Die Route kann verkürzt werden, indem wir die südliche Schleife auslassen. (4,4 km, 1h 30)
In der Nähe: Käsemuseum.

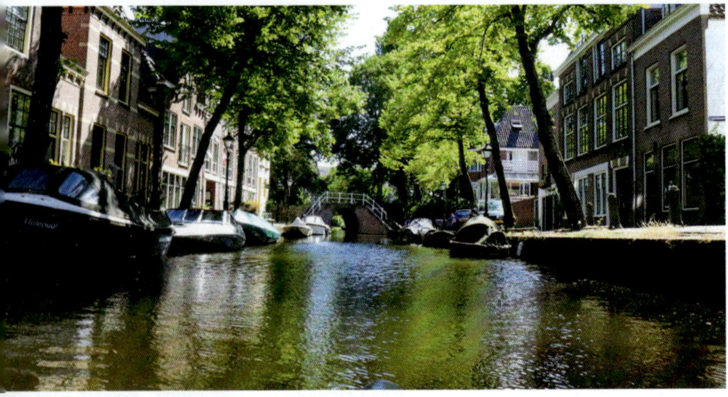

Boot in die Quere kommen. Ist es windig, sind die Bedingungen anspruchsvoller. Wir halten uns an der Gabelung links und unterqueren eine **Schwenkbrücke ohne Namen** sowie eine **Metallbücke**. Am Ende des Kanals neben einem Parkhaus biegen wir links ein und fahren unter der **Texelse Hek** ❹ hindurch.

Jetzt folgen wir dem Kanal nach links um eine langgezogene Kurve. Am linken Ufer befindet sich ein Park, rechts stehen Wohnhäuser und es ist sofort ruhiger. Am Ufer wachsen einige Weiden, deren Äste tief über das Wasser hängen. Nachdem wir an dem Kanal vorbeigefahren sind, der auf der rechten Seite in Richtung Egmond führt, biegen wir links ab und fahren unter der **Lamoraalsluis Brücke** ❺ hindurch. Jetzt ist der Kanal wieder enger und führt uns durch Wohnviertel. An vielen Stellen kann man in die kleinen Gärten sehen und fast jedes Haus hat auch ein eigenes Boot vor dem Zugang liegen.

Auf diesem Kanal fahren wir unter der **Wagenaarsbrug**, der **Brillesteegbrug**, der **Ridderstraatbrug** und der **Hofstraatbrug** hindurch. Direkt hinter dieser biegen wir rechts ab und gleiten unter der **Baanbrug** und der **Baansluis** hindurch. Anschließend überqueren wir wieder den äußeren Kanalring und paddeln unter einer **Brücke ohne Namen** ❻ hindurch geradeaus weiter. Jetzt sind wir noch weiter vom Stadtzentrum entfernt und es wird noch einmal ruhiger. Viele Wasserhühner haben am Ufer dieses Kanals ihre Nester gebaut und ziehen hier ihren Nachwuchs auf.

An der nächsten Abbiegung nach links fahren wir geradeaus und paddeln eine Schleife links herum, bis wir wieder am Ausgangspunkt ankommen. Die Brücken, unter denen wir herfahren, heißen Rochdale Brug, Quintbrug, Witte Bruggetje, Mauritsbrug, Fredrik Hendrikbrug, Willem de Zwijgerbrug, Piersonbrug und Lyceumbrug. Am Ende der Runde lenken wir wieder nach rechts und hinter der **Brücke ohne Namen** ❻ nach rechts auf den

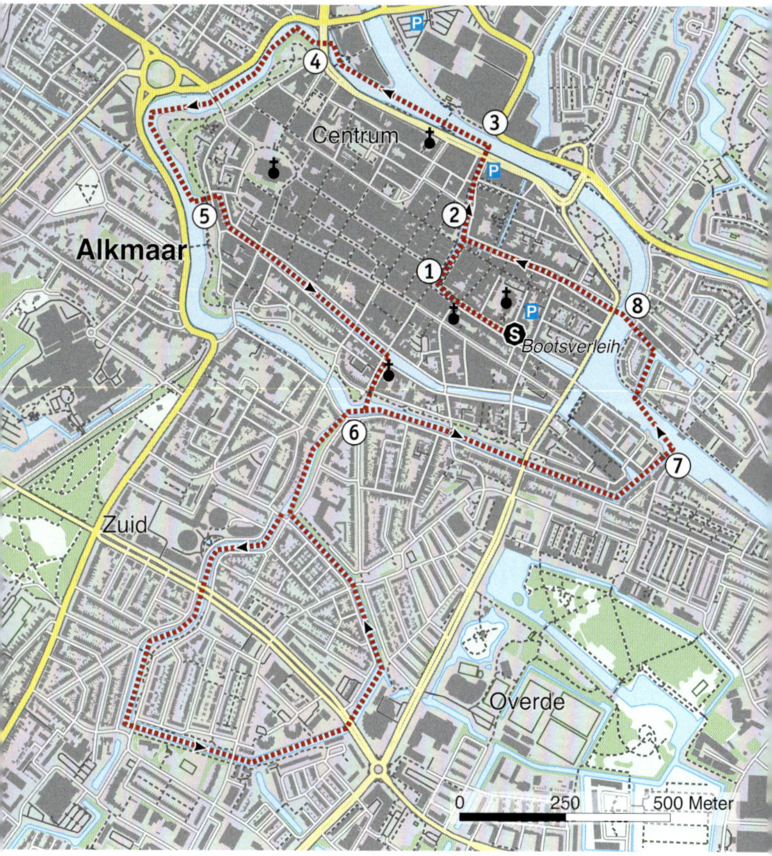

breiteren äußeren Kanal. Im Sommer sieht man hier auch viele Kinder, die baden oder mit Booten unterwegs sind und spielen.

Die nächsten Brücken heißen **Popmansbrug, Wolfsbrug** und **Boombrug**. Dann erreichen wir wieder den breiten **Nordholländischen Kanal** ❼ mit Schiffsverkehr. Nach rechts führt dieser in Richtung Amsterdam, wir fahren aber nach links und dann direkt wieder nach rechts unter einer **namenlosen Zugbrücke** hindurch.

An der nächsten Kreuzung halten wir uns links, fahren unter einer weiteren **namenlosen Brücke** ❽ hindurch und überqueren den breiten Nordhollandkanal. Auf der anderen Seite weist uns die **Rootorenbrug** den Weg. Jetzt kommen wir wieder ins Zentrum und haben links und rechts noch mal sehr schöne Ausblicke auf die historischen Gebäude und auf die **Sint Laurentiuskerk**. Vor uns liegen noch die **St. Annsastraatbrug** und die **Kuipersbrug**, hinter dieser biegen wir wieder links ab, um dann durch die bekannte Linkskurve bis zum Bootsverleih zu paddeln.

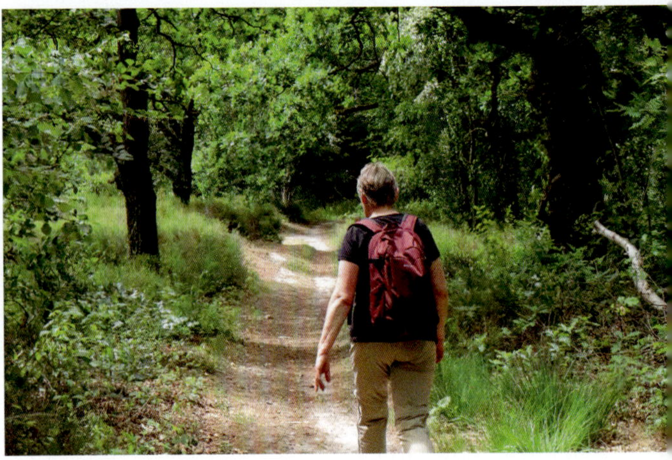

50 m

STRECKE 9,7 km

3 h 15

ab 8

8 Wandern im Duinreservaat

Dünen und Wald bei Bergen

Das Noordhollands Duinreservaat mit 5300 Hektar ist eines der größten Naturschutzgebiete in den Niederlanden. Das Gebiet erstreckt sich von den Dünen in Schoorl im Norden bis Wijk aan Zee im Süden. Es ist etwa 20 Kilometer lang und ungefähr 2,5 Kilometer breit. Die Dünenlandschaft von Bergen ist dabei besonders schön. Auf dieser Wanderung laufen wir aber nicht nur durch Dünen und Heide, sondern auf einigen Passagen auch durch den abwechslungsreichen Wald. Von kleinen, vom Wind gebeugten Eichen bis zu majestätischen hohen Buchen und Kiefern ist alles mit dabei. Im alten Buchenwald gibt es fast kein Unterholz, da das Blätterdach so dicht ist. Hier haben wir fast den Eindruck, in einer natürlichen Halle zu laufen.

TOUREN-STECKBRIEF

Anfahrt: Wir parken auf dem kostenlosen Wanderparkplatz auf dem Weg nach Bergen aan Zee **N 52°40'02", E 4°39'47"**.

Zutritt: Für den Zutritt zum Dünengebiet brauchen wir eine Eintrittskarte. Diese kann an allen Eingängen an einem Automaten für €2 gekauft werden. Bezahlt werden kann nur mit der EC-Karte.

Anspruch und Charakter: Wanderung durch den Wald und die Heide – viel Schatten unterwegs.

Markierung: Orangefarbener Pfeil, nicht durchgehend markiert.

Einkehr: Direkt an der Route keine, in Bergen und Bergen aan Zee gibt es viele Restaurants und Cafés.

Mit Kindern: Um die Wanderung zu verkürzen, laufen wir nach dem zweiten See an der T-Kreuzung zwischen ❹ und ❺ nach links statt nach rechts. Am Radweg angekommen geht es nach rechts zurück zum Parkplatz. (5,6 km, 2 h)

In der Nähe: Aquarium Bergen Aan Zee.

Wanderung: Unsere Tour beginnt an einem Wanderparkplatz im Wald. Wir überqueren vom Parkplatz die Straße, hier steht der **Automat**, an dem wir erst einmal den Eintritt für den Nationalpark zahlen müssen – das geht ganz einfach mit der EC-Karte.

Highlights

Das Duinreservaat ist Teil eines größeren Dünensystems, das entlang der niederländischen Küste verläuft. Die Dünen bilden nicht nur eine besonders malerische Landschaft, sie sind auch eine natürliche Barriere zum Meer und schützen das dahinterliegende Land vor Sturmfluten und Erosion.

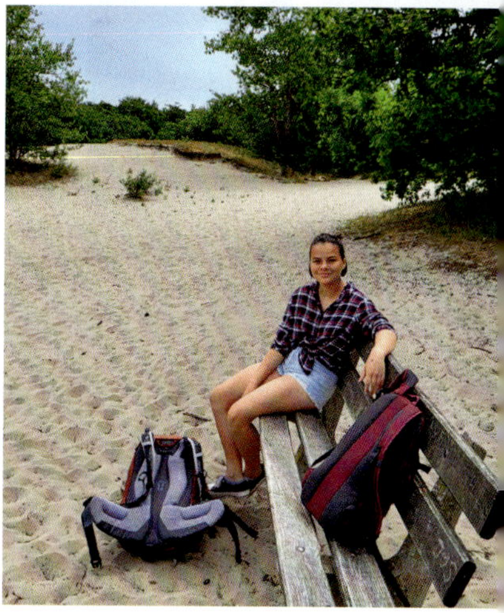

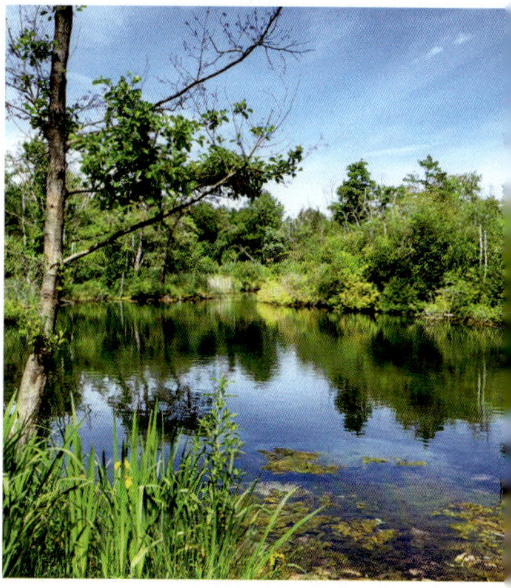

Anschließend folgen wir dem schmalen Weg nach rechts, dem hölzernen Schild zum **Schaapskooi** folgend. Wir laufen jetzt im Wald mit kleinen, knorrigen Bäumen, dazwischen stehen auch etliche Eichen. An der nächsten **Gabelung** geht es geradeaus weiter, dem orangen Pfeil folgend. Am Ende des Weges führt dieser uns nach rechts und dann über Treppen zu einer **Kreuzung von mehreren Wegen** ❶ (darunter ein Reitweg). Hier geht es durch den tiefen Sand kurz nach links und dann direkt wieder nach rechts.

An der nächsten **Gabelung** halten wir uns links, am Zusammentreffen von mehreren Wegen laufen wir kurz darauf geradeaus auf die kerzengerade **Kerkelaan**. Hier stehen wieder besonders viele kleine Eichen und schaffen fast ein Dach über dem Weg.

Bei der ersten Gelegenheit biegen wir nach links in einen kleineren Weg ein. An einer großen Kiefer laufen wir links, bei der nächsten Gabelung rechts, bis wir zum **Hauptweg** ❷ gelangen, an dem ein wasserführender Graben entlang führt. 300 Meter weiter folgen wir dem orangen Pfeil nach links und wandern wieder schnurgerade durch den Wald. **Am Ende des Weges** biegen wir links ab. Jetzt werden die

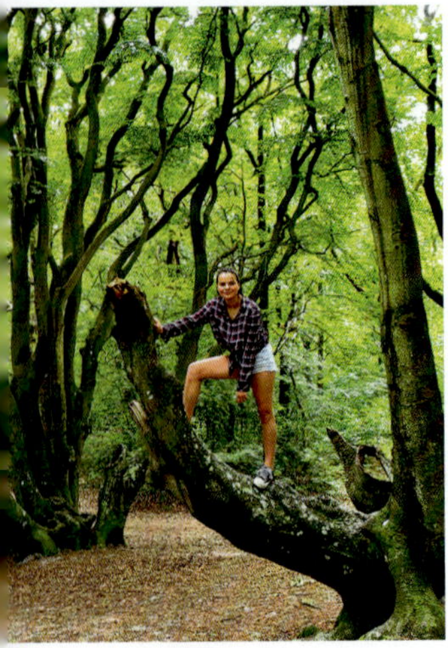

Bäume höher und hier stehen viele alte Buchen. Wieder haben wir das Gefühl, durch eine Halle aus Bäumen zu laufen und die Schritte sind gedämpft.

An der kommenden Gabelung halten wir uns rechts, der Weg steigt nun an. Oben öffnet sich plötzlich das Gelände wieder und wir stehen mitten im Sand einer **Düne 3**. Hier gibt es auch eine Bank, auf der wir eine erste Pause machen können. Wir folgen dem Weg geradeaus weiter und laufen durch ein kleines Tor.

Bei nächster Gelegenheit halten wir uns rechts und überqueren anschließend den Radweg. Auf der anderen Seite geht es zuerst geradeaus weiter, dann führt der Weg uns in einem Bogen nach links um einen **See 4**. Hier stehen auch wieder Bäume. Wir treffen erneut auf den Radweg, folgen ihm ein kurzes Stück und biegen wieder nach rechts ab. Hier steht eine weitere Bank an einem zweiten kleinen See. Bei nächster Gelegenheit geht es rechts auf einem **Pfad durch das Schilf**. Im Sommer kann man hier viele Libellen und andere Insekten sehen. Zwischen den Schilfhalmen stehen auch Lilien mit schönen Blüten.

An der nächsten Gabelung halten wir uns rechts, schließlich geht es **über Treppen auf eine Art Plateau 5**. Hier oben ist wieder eine andere Landschaftsform zu sehen – die Heide.

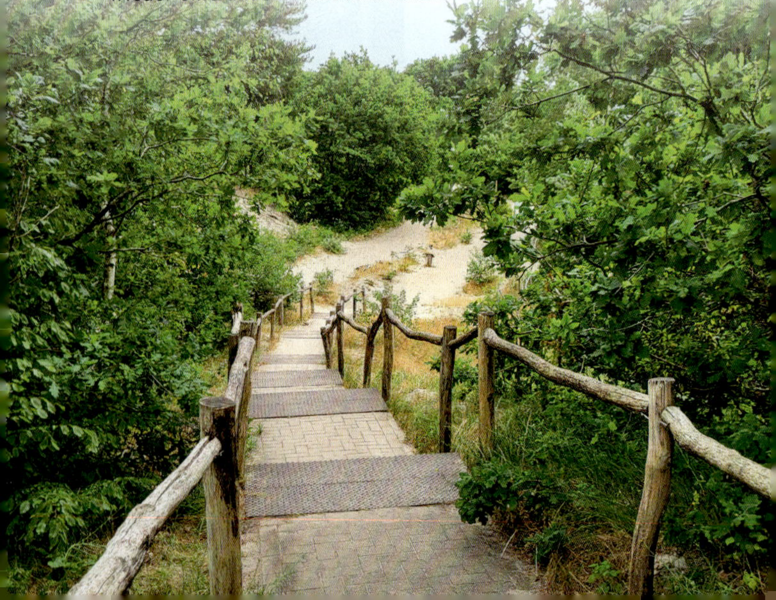

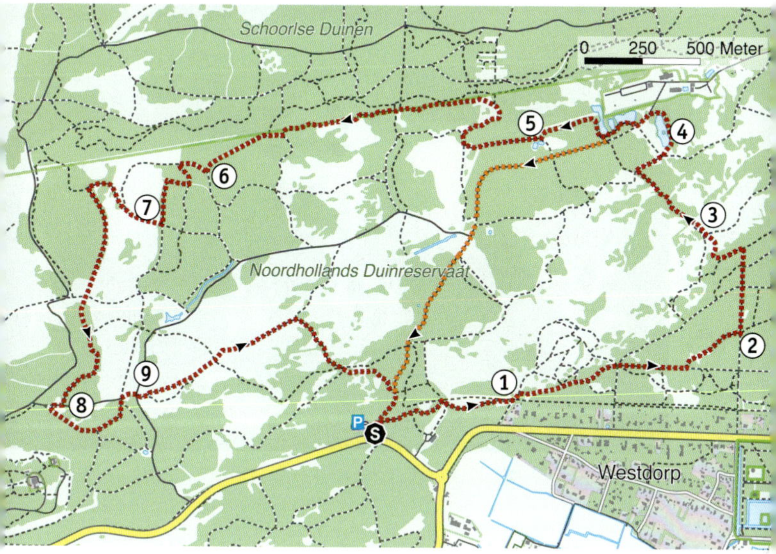

Am Ende des Weges biegen wir rechts ab, anschließend wieder rechts. Wir wandern um eine langgezogenen Linkskurve. Hier treffen wir auch wieder auf den orangen Pfeil, dem wir immer geradeaus folgen. Wir überqueren einen Reitweg und gehen weiter geradeaus, bis wir nach etwa 1500 Metern auf eine **lange Reihe Nadelbäume** ❻ treffen. Hier biegen wir links in einen sandigen Weg ein, bei nächster Gelegenheit geht es für uns direkt wieder nach rechts. Wir folgen dem Weg durch eine 90-Grad-Kurve nach links, die nächste Abzweigung nehmen wir wieder nach rechts. Hier steht an der Ecke eine weitere **Bank** ❼, von der aus man einen schönen Blick über die Heidelandschaft hat.

Jetzt folgen wir dem Weg, der leicht hügelig durch die wechselnde Landschaft führt, in der immer mehr Nadelbäume stehen. In einer Linkskurve biegen wir auch links ab – der orange Pfeil weist uns den Weg. Wir folgen ihm, bis wir auf den **Radweg** ❽ treffen. Hier geht es kurz rechts, dann zweimal links.

Der orange Pfeil führt uns an der nächsten **Gabelung** nach links, anschließend lassen wir ihn aber wieder hinter uns und biegen nach rechts auf den **Radweg** ab. Dem folgen wir, bis wir auf eine **Treppe** ❾ treffen. Wir steigen hinauf und finden uns in einer offenen Heidelandschaft mit viel Sand wieder. Hier laufen wir geradeaus bis zur nächsten **Gabelung**, an der eine Bank steht, und biegen rechts ab.

Wir gehen durch die Schranke und geradeaus weiter, bis wir am **Radweg** ankommen. Hier geht es rechts und der Radweg führt uns direkt zurück zum Parkplatz.

130 m

STRECKE 26,6 km

2 h 30

ab 10

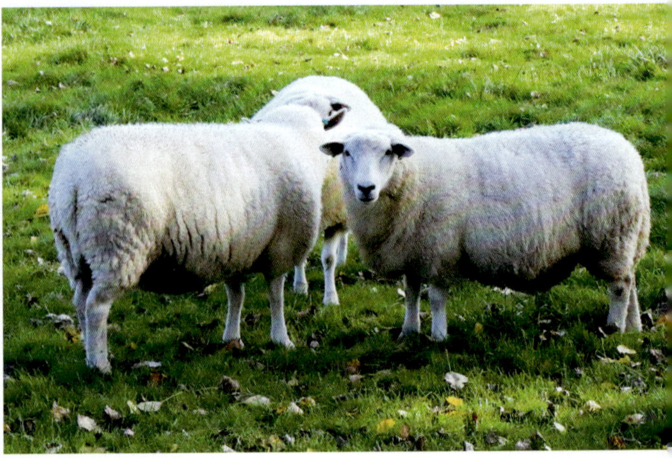

9 Durch die Schoorlser Dünen

Bergauf und bergab nach Bergen Aan Zee

Die Dünen um Schoorl gehören zum nordholländischen Dünenschutzgebiet. Hier findet sich auch die höchste Düne der Niederlande. Unsere Radtour führt uns von Schoorl über Bergen bis nach Bergen aan Zee – und hat mit 130 Metern die meisten Höhenmeter aller Touren in diesem Buch. Wir radeln durch eine wunderbare Dünenlandschaft und Wälder mit vom Wind geformten Bäumen und bekommen so einen tollen Eindruck vom Schutzgebiet. Angenehm ist auch, dass wir nicht direkt am Meer fahren und daher dem Wind nicht ganz so ausgesetzt sind.

Radtour: Wir starten unsere Radtour an der **Mühle** gegenüber dem Friedhof. Von hier fahren wir in Richtung Hauptstraße und dann links. Jetzt radeln wir auf dem Heereweg mit vielen Geschäften und Restaurants einmal durch den Ort Schoorl. Auf der rechten Seite kommen wir an der **Kletterdüne in Schoorl** ❶

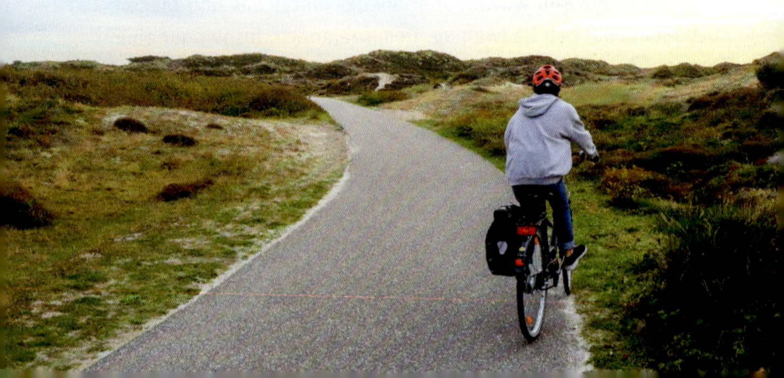

vorbei, kurz danach fahren wir an einem roten Ziegelhaus mit roten Fensterläden nach links.

Highlights

Mit dem Fahrrad unterwegs bekommen wir ein gutes Gefühl für die immense Ausdehnung des Dünengürtels hinter den Stränden Noord-Hollands und erleben das Dünenreservat noch einmal aus einer anderen Perspektive.

Hinter dem Gebäude halten wir uns links, an der nächsten Gabelung rechts und folgen der Straße um eine scharfe Links- und Rechtskurve. Am Ende biegen wir nach rechts ab und folgen dem Sträßchen bis zum Ende, dort geht es für uns nach links. Nach ein paar Metern fahren wir auf der rechten Seite auf den **Radweg im Wald** ❷.

Wir kommen wieder auf die Straße, am Ende wird diese wieder zum Radweg und wir folgen ihr weiter – immer in leichtem Auf und Ab durch den Nadelwald. Schließlich kreuzt der Radweg eine kleine Straße, auf der anderen Seite fahren wir nach rechts. Wir folgen dem Weg wieder bis zum Ende, hier gibt es ein **Restaurant und einen Parkplatz** ❸.

Wir radeln jetzt nach links, am Rand des Ortes Bergen entlang. Schließlich kommen wir an eine **Kreuzung mit mehreren Cafés**, hier biegen wir rechts in die Straße **Vijverlaan** ab. Wir radeln bis zum Straßenende und zu einem **Tiergehege** ❹ mitten im Ort. Hier kann man Rehe, Schafe und andere Tiere füttern und es stehen am Gehege auch mehrere Bänke.

Wir halten uns links, fahren um die Spitze des Geheges herum und biegen dann direkt wieder links ab. Dieser Straße folgen wir, bis wir rechts in eine schöne **Allee** einbiegen können. Der Allee folgen wir am **Landgut Het Oude Hof** ❺ vorbei. Hinter dessen

TOUREN-STECKBRIEF

Anfahrt: Es gibt einige Parkplätze direkt am Tourstart am Sportplatz bei **N 52°42'21", E 4°41'44"**. Sind diese besetzt, können wir auch auf dem kostenpflichtigen Parkplatz am Infozentrum Schoorlse Duinen parken.
N 52°42'24", E 4°41'18"

Infozentrum: Ganzjährig täglich geöffnet von 10–17 Uhr.

Fahrradverleih: In Schoorl kann man Räder bei Fietsverhuur Raat mieten. Ein Rad für Erwachsene kostet €12,50 pro Tag, für Kinder €8,50.
www.fahrradverleihschoorl.de

Anspruch und Charakter: Schöne Radtour durch Dünen und Wald.

Markierung: Knotenpunkte 45 – 13 – 48 – 49 – 07 – 08 – 46 – 20 – 21 – 47 – 45.

Einkehr: Es gibt ein Café am Infozentrum der Schoorlser Dünen. In Schoorl, Bergen und Bergen Aan Zee gibt es mehrere Möglichkeiten für eine Einkehr.

Mit Kindern: Am Infozentrum an den Schoorlser Dünen gibt es einen tollen Spielplatz. Die Radtour lässt sich verkürzen, indem wir von Knotenpunkt 46 nicht nach 20, sondern direkt nach 47 fahren. Spannend für Kinder sind außerdem die Kletterdüne sowie das Aquarium an der Tour. (23,3 km, 3 h)

In der Nähe: Klimduin Schoorl, Aquarium Bergen Aan Zee.

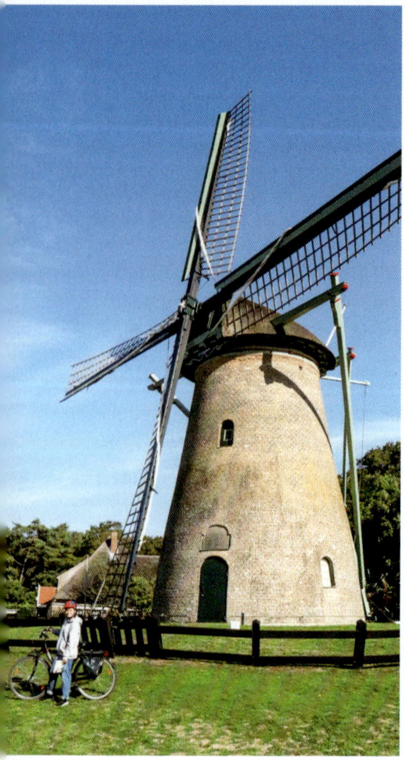

Gelände geht es für uns nach rechts und dann wieder nach links. Wir kommen zum Zeeweg, einer größeren Straße, hier biegen wir links auf den Radweg neben der Straße ab. Jetzt fahren wir entweder leicht bergauf oder bergab durch einen Nadelwald in Richtung Meer.

Schließlich entfernt sich der Radweg ein wenig vom Zeeweg und wir treffen auf eine Querstraße. Hier fahren wir links bis zum **Kreisverkehr** und wählen die erste Ausfahrt. Jetzt sind wir in **Bergen aan Zee**. Wir folgen der Straße bis zum nächsten **Kreisverkehr**. Geradeaus geht es jetzt zum Strand und zum **Aquarium** ❻, auch hier kann man sehr gut eine Pause machen.

Um unserem Weg zu folgen, nehmen wir die erste Ausfahrt im Kreisverkehr und wenden uns nach Norden. Wir folgen der Straße durch die Dünen um eine Rechtskurve. Schließlich wird die schmale Straße zum Radweg und wir fahren erst durch den Wald und dann einen Hügel hinunter auf einige große Sanddünen zu. Wir folgen dem Radweg immer weiter, an der nächsten **Kreuzung** geht es auch weiter geradeaus.

Hinter einer Rechtskurve biegen wir links ab, um weiter parallel zur Küste nach Norden zu fahren. Hier radeln wir durch einen Mischwald und über Betonplatten. Der Fahrradweg führt uns über sanfte Hügel und durch leichte Kurven immer weiter durch die Dünenlandschaft, die sich mit Wald abwechselt. Den ersten Radweg überqueren wir wieder, an der nächsten **T-Kreuzung** ❼ (Knotenpunkt 46) halten wir uns links. Hier steht auch eine Bank.

Jetzt führt uns der Radweg ganz nah an die Küste heran und zu einem **Strandpavillon** ❽. Hier können wir noch mal Pause machen, ein Eis essen oder einfach die Füße in die Nordsee halten. Anschließend folgen wir dem Radweg weiter hinter den Dünen entlang, bis wir zu einem **Strandparkplatz** kommen. Hier radeln wir nach rechts. Wo die Straße nach links abknickt, fahren wir

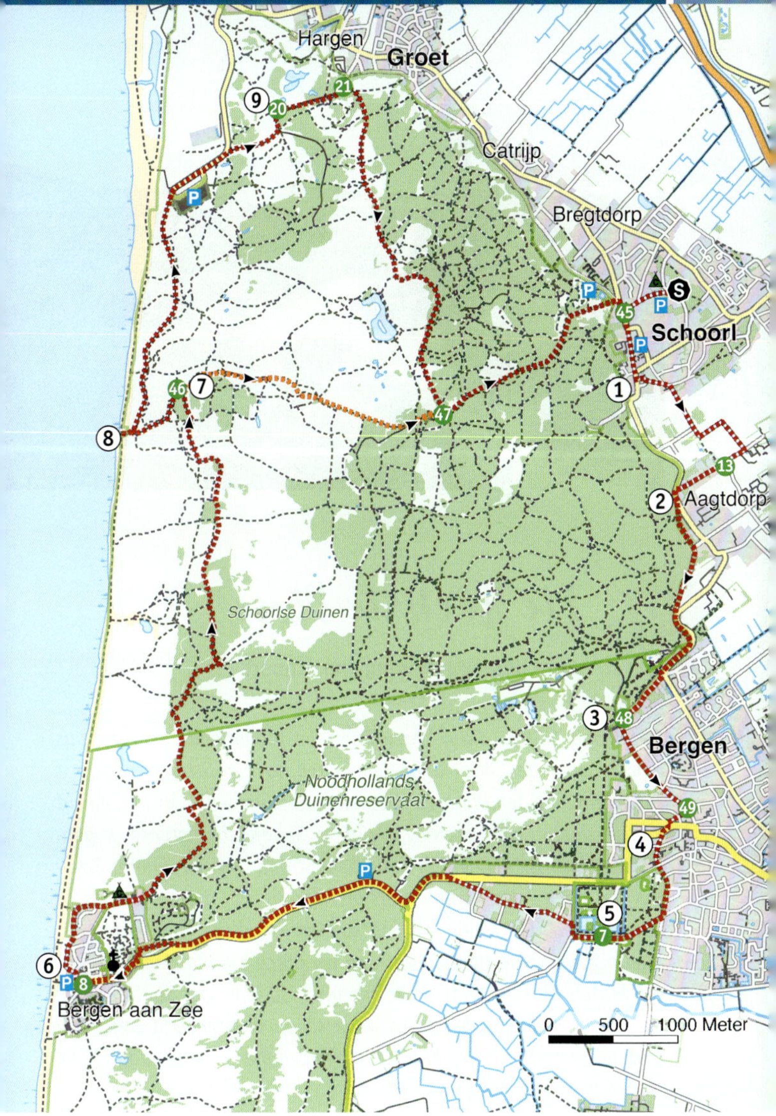

geradeaus auf dem Radweg weiter. Am zweiten **Abzweig 9** nach rechts folgen wir diesem, auch hier steht eine Bank (Knotenpunkt 20).

Am **Knotenpunkt 21** fahren wir dann nach rechts und folgen dem Radweg wieder eine ganze Strecke durch Heide, Dünen und ebenen Wald. **Am Knotenpunkt 47** biegen wir nach links ab und folgen der Radroute Schoorlse Zeeweg bis zum Ende. An der Straße fahren wir nach rechts und direkt wieder nach links. Jetzt sehen wir schon wieder die Windmühle, an der wir unsere Radtour begonnen haben.

90 m

STRECKE 10,6 km

4 h

ab 8

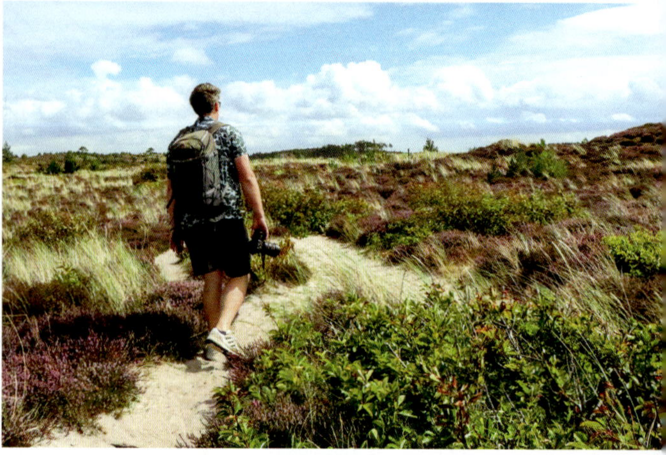

10 Die höchste Düne

Eine Heidewanderung von Schoorl

In Schoorl gibt es die höchste Düne der Niederlande, von der aus man einen tollen Blick über das Inland hat. In Schoorl selbst ist sogar ein Teil der Düne zum Spielen freigegeben – nichts macht Kindern mehr Spaß, als sich die lange Sandfläche herunter kugeln zu lassen. Zwischen dem Ort und dem Strand liegt ein breiter Streifen von Dünen und Heidelandschaft, den wir auf dieser Wanderung durchqueren. Vor allem im Spätsommer ist diese Wanderung ein Erlebnis, wenn die Heide blüht und wir durch ein lila Meer von Blüten laufen. Hat es lange nicht geregnet, so kann das Laufen durch den weichen Sand aber auch ganz schön anstrengend sein, und man bekommt auch mit knöchelhohen Schuhen eine Landung Sand in den Wanderschuh.

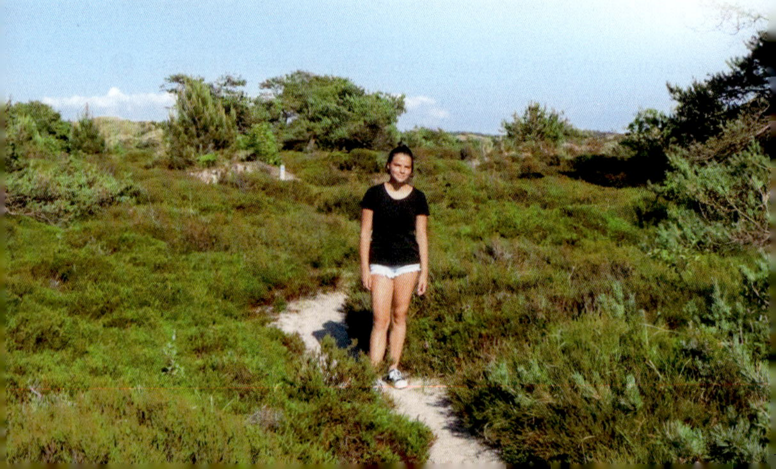

Wanderung: Wir starten die Wanderung am **Infozentrum** für die Dünenlandschaft in Schoorl. Hinter dem Zentrum, in dem es auch ein Café sowie eine Ausstellung zur Entstehung der Dünen gibt, starten alle Wege. Wir entscheiden uns für den blauen Rundweg, der uns durch die Dünen bis zum Meer führt. Den **Spielplatz** ❶ lassen wir auf der rechten Seite hinter uns und halten uns dann rechts, immer dem blauen Pfeil folgend.

Highlights

Im Naturreservat Schoorlse Duinen befinden sich die höchsten Dünen der Niederlande, mit Höhen von über 50 Metern über dem Meeresspiegel. Besonders beeindruckend ist diese Wanderung im Spätsommer, wenn die Heide die weitläufige Dünenlandschaft in ein lilafarbenes Blütenmeer verwandelt.

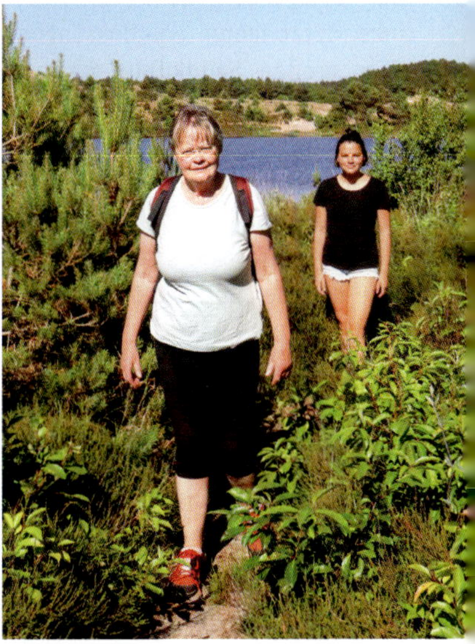

Bald sehen wir **Treppen** vor uns, über die wir aufsteigen – es gilt die höchste Düne der Niederlande zu besteigen. Am Ende der Treppen biegen wir kurz links ab, dann geht es direkt rechts über weitere Treppenstufen weiter nach oben. Hier kann man schon einmal ein wenig außer Atem kommen – insgesamt sind es 170 Treppenstufen.

Oben auf der **Düne** ❷ belohnt ein grandioser Ausblick über Schoorl und das Inland den langen Aufstieg – eine höhere Erhebung gibt es hier nicht. Den Blick in Richtung Meer versperrt aber der Nadelwald, der hier oben wächst.

TOUREN-STECKBRIEF

Anfahrt: Wir parken auf dem Parkplatz am Infozentrum Dünen Schoorl bei **N 52°42'24", E 4°41'18"**.
Infozentrum: Ganzjährig täglich geöffnet von 10–17 Uhr.
Anspruch und Charakter: Abwechslungsreiche Wanderung durch Heide, Dünen und am Strand. Der Sand auf dem letzten Stück des Weges ist sehr weich, sodass das Laufen anstrengend ist.
Markierung: Blauer Pfeil.
Einkehr: Am Strand gibt es den Strandpavillon am Paal 29, außerdem ein Café am Infozentrum der Dünen Schoorl.
Mit Kindern: Am Infozentrum Schoorler Dünen gibt es einen tollen Spielplatz in der Heide. Von dort aus gibt es auch kürzere Wege und einen Familienwanderweg von fünf Kilometern. Dieser ist mit dem gelben Punkt gekennzeichnet. Am Wegpunkt ❸ unserer Wanderung versteckt sich außerdem ein Dünental, in dem Kinder toben und spielen können. Sandspielzeug nicht vergessen!
In der Nähe: Klimduin Schoorl.

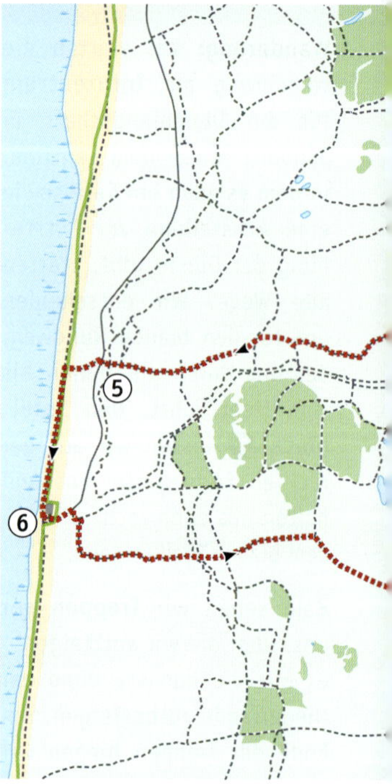

Wir laufen jetzt nach rechts weiter, bei nächster Gelegenheit wieder nach links. Man läuft hier weich auf Sandboden, der teilweise fast komplett von Nadeln bedeckt ist. Wir folgen unserem Weg bis zum Ende, dann biegen wir links ab. Bei nächster Gelegenheit geht es wieder links. Jetzt laufen wir links neben einer großen **Sandkuhle** ❸ entlang, in der im Sommer viele Kinder spielen und herumkugeln – für die Eltern stehen hier einige Bänke. Auch wenn man im Wald vergessen könnte, dass man sich auf einer Düne befindet, hier wird das wieder deutlich.

Wenig später kommen wir an eine **große Kreuzung,** an der mehrere Wege zusammentreffen, und biegen scharf rechts ab. Anschließend wählen wir den mittleren Weg – auch hier lotst uns der **blaue Pfeil** zuverlässig. Wir folgen dem Jachtweg bis zum Radweg, diesen überqueren wir und laufen auf der anderen Seite weiter – jetzt durch die offene Heidelandschaft. Nun sind wir im **Schutzgebiet Schoorlse Duinen** und Hunde sind nicht mehr erlaubt.

Kurz darauf treffen wir auf einen **See** ❹, an dem eine Bank steht – ein besonders idyllischer Platz, an dem wir gut eine Pause

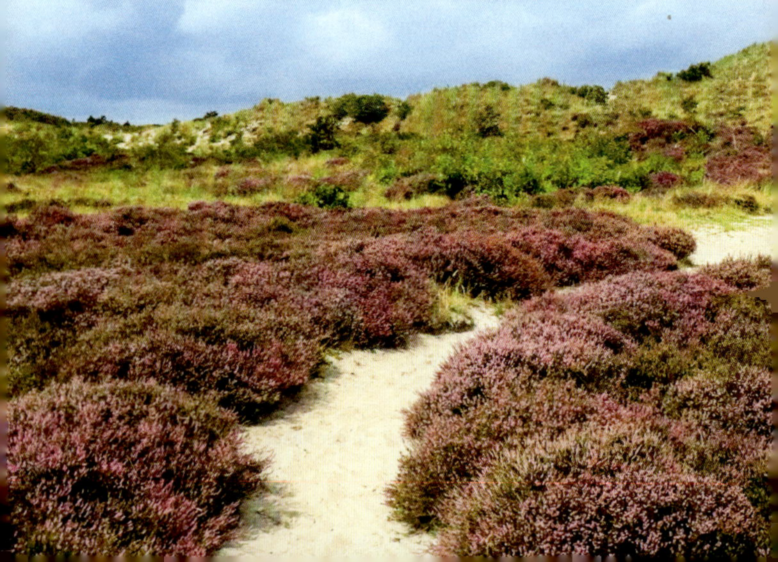

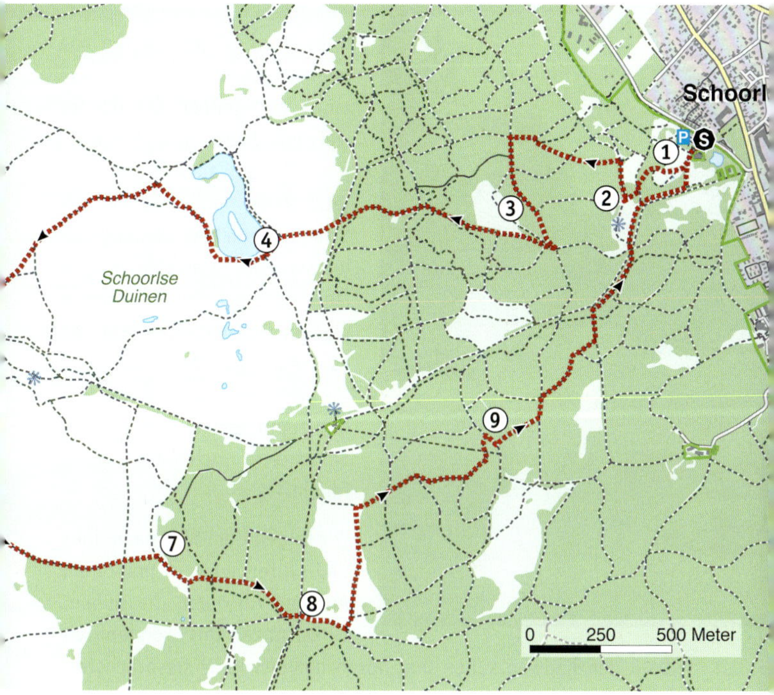

einlegen können. Besonders spektakulär ist die Landschaft während der Heideblüte im Spätsommer, wenn sie sich in ein Meer aus wogenden Grashalmen mit leuchtenden Farbtupfen in lila und rosa verwandelt.

Wir wandern auf der linken Seite um den See herum, an der nächsten Gabelung halten wir uns rechts, vor der hohen Düne dann

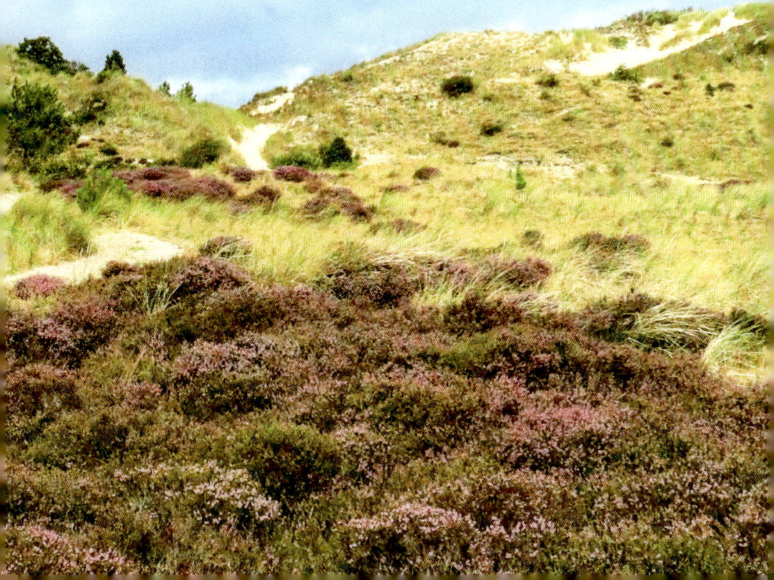

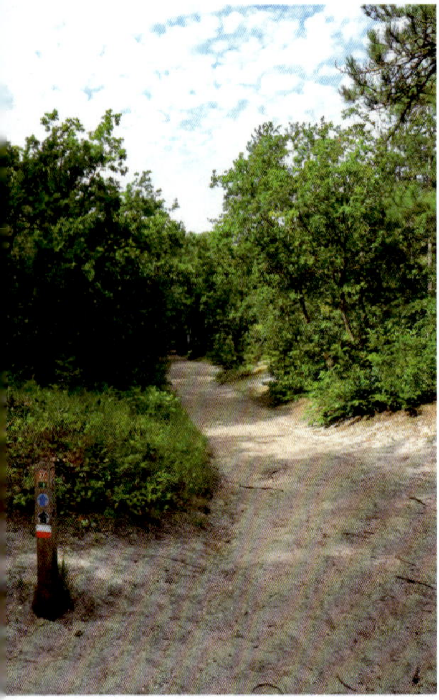

links. Hier ist das Laufen gar nicht so leicht, denn man versinkt mit jedem Schritt im weichen Sand. Die Beschaffenheit des Weges ändert sich jetzt kaum noch, bis wir den Strand erreichen, sodass die letzten zwei Kilometer bis zum Meer ganz schön anstrengend werden können. Leichter ist es, wenn es in den Tagen vorher geregnet hat und der Boden zumindest in den unteren Schichten noch ein wenig feucht ist.

Wir folgen dem Weg nach links und laufen jetzt in munterem Auf und Ab durch die Dünen. Links unter uns können wir bald den Radweg sehen und hören immer wieder Gesprächsfetzen der Radfahrenden, die auf dem Expressweg zum Strand sausen. Unser Weg ist manchmal nicht ganz eindeutig, da es mehrere ausgetretene Pfade gibt. Wenn wir den blauen Pfeil verlieren, der den Weg markiert, orientieren uns einfach in Richtung Meer.

Kurz bevor wir am **Radweg** ❺ ankommen, müssen wir mit Hilfe von Holztritten über einen Zaun klettern, denn das Schutzgebiet ist eingezäunt. Auf der anderen Seite überqueren wir den Radweg und klettern über eine letzte Düne. Dann sind wir am Strand!

Hier laufen wir nach links – vor allem an heißen Tagen kann man natürlich noch einmal die Füße in die kalte Nordsee halten. Am Strand laufen wir nur ein kleines Stückchen, bis wir zur **Gaststätte Paal 29** ❻. Hier ist es Zeit für uns, uns wieder in Richtung Inland zu wenden.

Wir laufen an der **Parkfläche für Räder** vorbei, biegen dann rechts in den Radweg ein und bei der nächsten Gelegenheit direkt wieder rechts in die Dünen. Je weiter wir ins Inland kommen, desto mehr wird die Dünenlandschaft wieder zur Heide und flaches Gestrüpp bedeckt den Boden. Wir überqueren den **Radweg** noch einmal und laufen geradeaus weiter.

An der nächsten Gabelung halten wir uns rechts, diesem Weg folgen wir bis zum Ende – hier steht auch eine **Bank** ❼. Wir kommen langsam wieder in den Wald, der sich jetzt mit Heideflächen abwechselt. Wir laufen rechts, dann bei nächster Gelegenheit wieder links. Diesem Weg folgen wir wieder bis zum Ende, dann geht es nach links. An der nächsten **Kreuzung mit dem Radweg** ❽ laufen wir geradeaus, hier steht wieder eine **Bank mit Tisch**, an der man gut rasten kann.

An der nächsten Abzweigung wandern wir nach links in einen schmalen Weg durch die Heide. Diesem folgen wir bis zum Ende, dann biegen wir rechts ab – wieder im Nadelwald. Wieder folgen wir dem Weg bis zum Ende, dann geht es **kurz rechts und direkt wieder links** ❾.

Am Wegende halten wir uns links und dann wieder rechts. Das gleiche Muster wiederholt sich – wir laufen bis zum Ende, biegen dann nach links und direkt wieder rechts ab, um weiter **in Richtung Infozentrum** zu laufen. Auch hier weist uns der **blaue Pfeil** immer wieder den Weg. Schließlich sehen wir das Haus des Infozentrums unten und biegen ein letztes Mal nach links ab, um zum Ausgangspunkt unserer Wanderung zu gelangen.

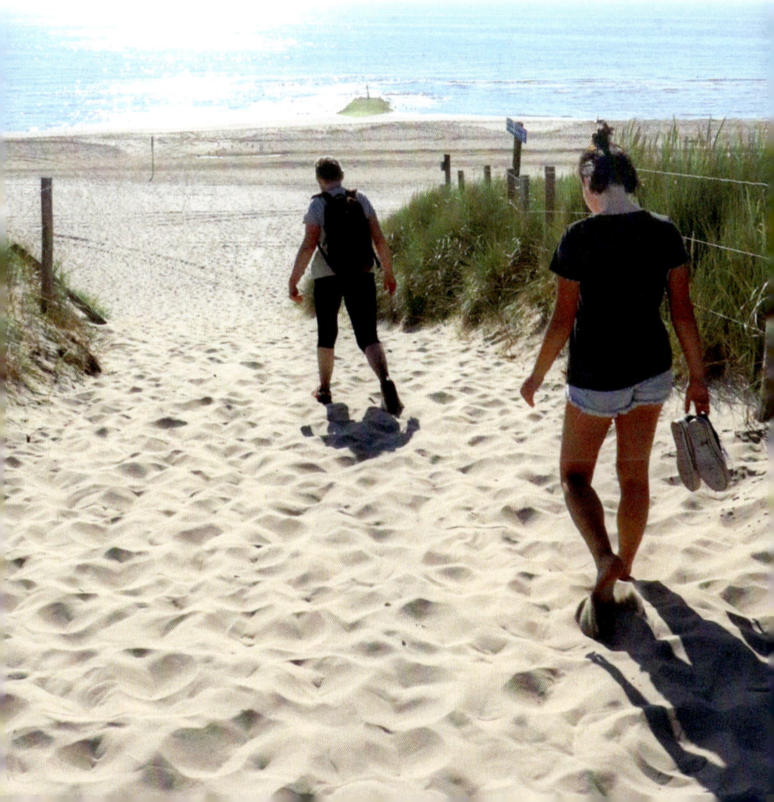

30 m

STRECKE 9,2 km

3 h 15

ab 8

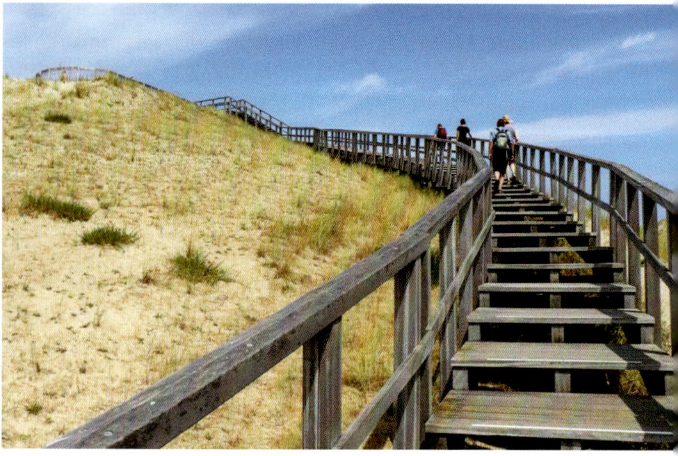

11 Wald, Dünen und Strand

Von Sint Maartenszee nach Petten

Diese Wanderung führt uns von einem Ferienort in den nächsten. Auf dem Hinweg laufen wir hinter den Dünen durch Wald, Grasland und entlang kleiner Dünenseen. Da das Gebiet schon sehr früh zum Naturschutzgebiet wurde, sind hier keine Ferienhäuser gebaut worden. Von den Aussichtspunkten in Sint Maartenszee und Petten können wir über die Dünen und die Nordsee mit dem breiten Sandstrand schauen. Auf dem Rückweg laufen wir an der Küste entlang durch den Sand – diese Wanderung können wir sehr gut mit einer Badepause verbinden.

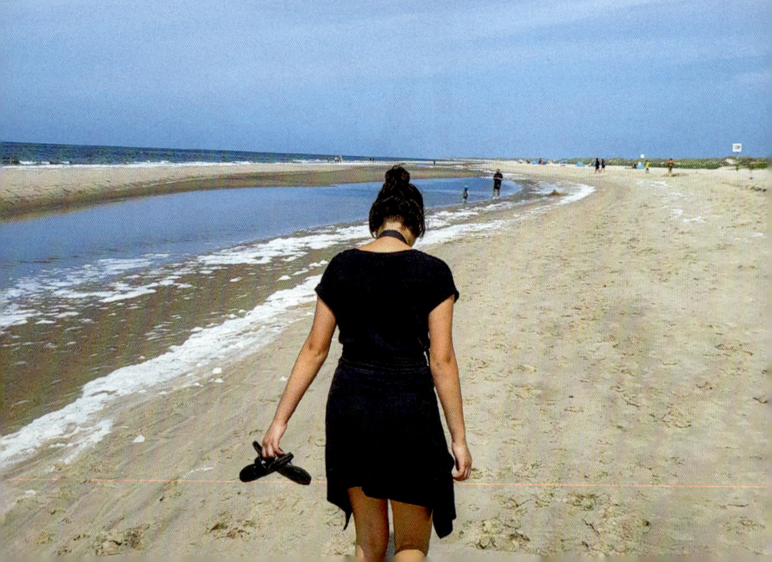

Wanderung: Wir starten am Parkplatz in Sint Maartenszee in Richtung des Kreisverkehrs. Hier laufen wir geradeaus in die kleine Straße, die mit einer Schranke abgesperrt ist. Rechts über Stufen kann man jetzt auch schon zum **Aussichtspunkt** ❶ hinaufsteigen, von dem man einen schönen Blick auf das Naturschutzgebiet Zwanenwater im Norden und den Energiecampus im Süden hat. Wir steigen über die Stufen wieder ab und halten uns dann links, um wieder auf den Hauptweg zum Strand zu kommen, dem wir nach rechts folgen.

Highlights

Ein breiter Sandstrand, dahinter erstreckt sich eine ausgedehnte Dünenlandschaft mit mehreren Dünenseen. Auf dieser Tour erlebt ihr einen besonders schönen Abschnitt der typischen Küstenlandschaft Noord-Hollands.

Kurz vor dem Radweg, der nach links abzweigt, wählen wir den kleinen Wanderweg ebenfalls nach links, der uns in den Wald führt. Wir laufen zwischen knorrigen Eichenbäumen hindurch und nahe am Zaun des Campus entlang, bis der Weg scharf rechts abbiegt und uns durch einen Nadelwald wieder zum **Radweg** ❷ führt.

Jetzt biegen wir links ab und folgen für eine Weile dem Radweg, der uns durch eine karge Mondlandschaft aus flachen Dünen bringt. Der Weg führt zwischen Gebäuden des Campus hindurch, schließlich werden die Dünen wieder etwas höher und das Dünengras ebenfalls. Wir folgen weiterhin dem Radweg bis zu einem **Viehgitter auf dem Boden** ❸, direkt danach zweigt unser Weg links ab.

Der nächste kleinere Wanderweg führt uns rechts in den Wald. Hier nehmen wir direkt die rechte Abzweigung und lassen die Stufen, die nach oben führen, links liegen. Wieder geht es zwischen Eichen hindurch und es ist angenehm schattig. Schnell kommen wir an einen **kleinen See** mitten im Wald, der allerdings

TOUREN-STECKBRIEF

Anfahrt: Wir parken auf dem kostenlosen Parkplatz in Sint Maartenszee hinter dem Kreisverkehr bei **N 52°47'28", E 4°41'18"**.
Anspruch und Charakter: Abwechslungsreiche Wanderung durch Dünen und am Strand. Der Sand am Strand ist sehr weich, sodass man tief einsinkt.
Markierung: Keine.
Einkehr: Am Strand gibt es die Strandpavillons Zee en Zo in Petten und NewZuid in Sint Maartenszee.
Mit Kindern: Um die Runde kürzer zu gestalten, können wir auch in Petten loslaufen und den Strand bei der ersten Gelegenheit nach rechts verlassen. So kommen wir an die Kreuzung unterhalb des Dünensees Het Korfwater ❹ und können jetzt dem beschriebenen Weg folgen. (5 km, 2 h)
In der Nähe: Klimmdüne Schoorl.

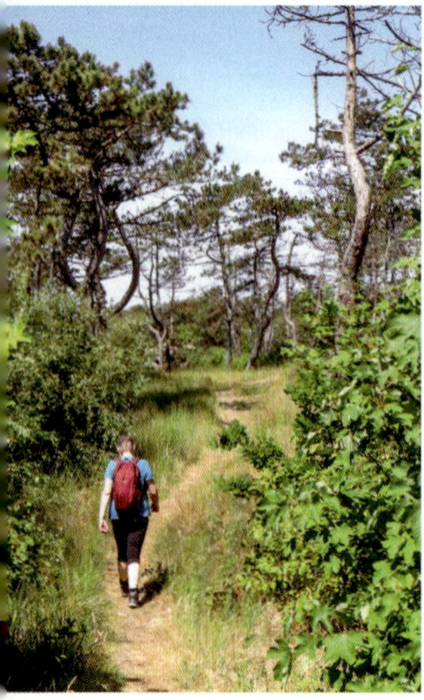

eingezäunt ist. Am See halten wir uns rechts auf dem Muschelweg. An der nächsten **Kreuzung** steht eine Bank, auf der man sehr schön eine Pause machen kann.

Kurz vor der Bank halten wir uns rechts und kommen schnell wieder zum Radweg. Wir laufen für wenige Meter links und biegen dann sofort rechts in die Dünen ein – wir können vom Radweg aus schon den nächsten **Dünensee Het Korfwater** ❹ sehen. Auch hier steht wieder eine Bank, auf der man ebenfalls gut pausieren kann – diesmal ist sogar ein Tisch dabei.

Wir umrunden den kleinen See und bewundern die vielen farbenfrohen Blumen – von Disteln über Liguster bis zum Klappertopf wächst hier eine große Vielfalt. Vor allem im Frühjahr und Frühsommer könnt ihr hier ganz unterschiedliche Blüten entdecken.

An der **Kreuzung** unseres Weges mit Radwegen laufen wir geradeaus weiter in Richtung Petten. An der nächsten Möglichkeit wandern wir nach rechts, weiterhin dem Schild in Richtung Petten folgend. Schließlich steigen wir rechts relativ steil hinauf und biegen dann in den zweiten Weg links ab. Der **Aussichtspunkt**, auf den wir zusteuern, ist hier schon zu sehen. Entlang des Deiches nähern wir uns und laufen schließlich rechts, bis wir die **Treppen** ❺ erreichen, die uns nach oben führen. Von ganz oben hat man einen tollen Blick auf die Nordsee, den Strand und die Dünen von Petten. Schließlich steigen wir wieder hinunter und folgen dem Weg nach rechts bis zum Strand.

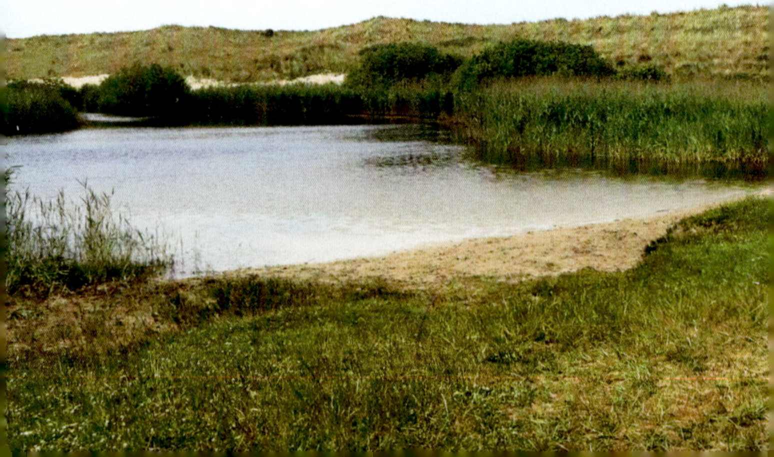

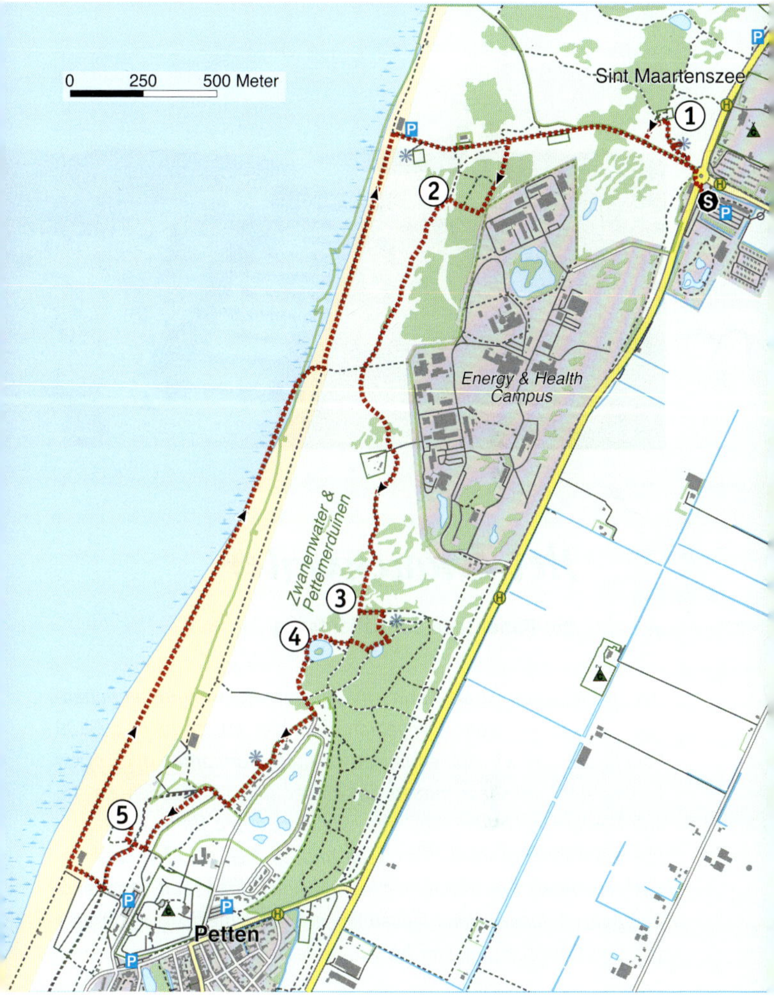

Hier gibt es noch die Möglichkeit, im **Strandpavillon Zee en Zo** einzukehren und eine leckere Portion Pommes oder einen Kaffee auf der Terrasse über dem Strand zu genießen. Im Anschluss führt uns unser Weg rechts am Strand entlang zurück nach Sint Maartenszee. Der Sand ist sehr weich, sodass das Laufen schwerfällt – es kann einfacher sein, die Schuhe auszuziehen und am Wasserrand zu laufen, wo der Sand etwas komprimierter ist und mehr Widerstand bietet. Bei Sonnenschein könnt ihr natürlich auch ein Bad in der Nordsee einschieben – hier geht es überall flach ins Wasser.

Am ersten Strandrestaurant verlassen wir den Strand und halten uns rechts. Der Weg führt uns zurück bis zum Kreisverkehr, hinter dem unser Parkplatz liegt.

10 m

STRECKE 6 km

2 h

ab 6

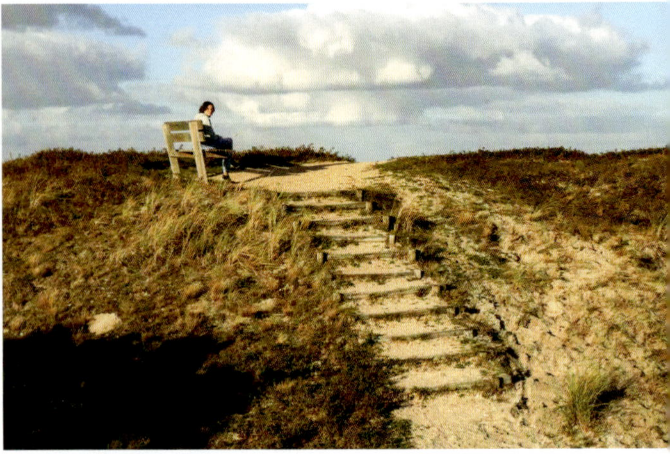

12 Het Zwanenwater

Die Dünenseen bei Callantsoog

Het Zwanenwater ist ein Naturschutzgebiet mit zwei großen Dünenseen – es ist ein wahres Vogelparadies. Hier brüten mehr als 100 Vogelarten und wir können mit etwas Glück Kormorane und Löffler beobachten. Die Seen haben Süßwasser und entstanden im 16. Jahrhundert nach dem Deichbau. Die Wanderung führt uns einmal um den kleineren der beiden Seen und an mehreren Vogelschutzhütten vorbei. Die Wanderung ist bei jeder Jahreszeit spannend. Den ganzen Sommer lang blühen immer unterschiedliche Pflanzen – von den Orchideen im Juni bis zur Heide im September.

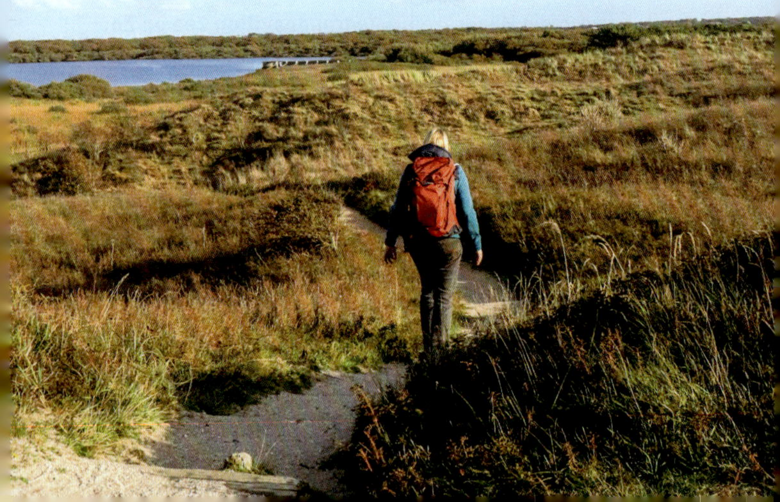

Wanderung: Wir starten am Wanderparkplatz, wo wir auch den Eintritt in die Dünenlandschaft bezahlen. Dies geht am Automaten mit EC-Karte. Hier gibt es auch noch Informationsmaterial zu den Vögeln im Naturschutzgebiet. Vom Eingang folgen wir dem Hinweis »Wandelroute« und gehen geradeaus bis zu einer **T-Kreuzung**. Hier halten wir uns links. Ab jetzt ist unser Weg durchgängig mit einem braunen Punkt markiert. An der nächsten Abzweigung führt uns die Markierung geradeaus.

Highlights

Dünenseen entstehen in Dünentälern, die unter dem Grundwasserspiegel liegen. Die beiden Seen im Naturpark Het Zwanenwater gehören zu den größten in den Niederlanden und machen das Areal zu einem Lebensraum mit besonders reicher Flora und Fauna.

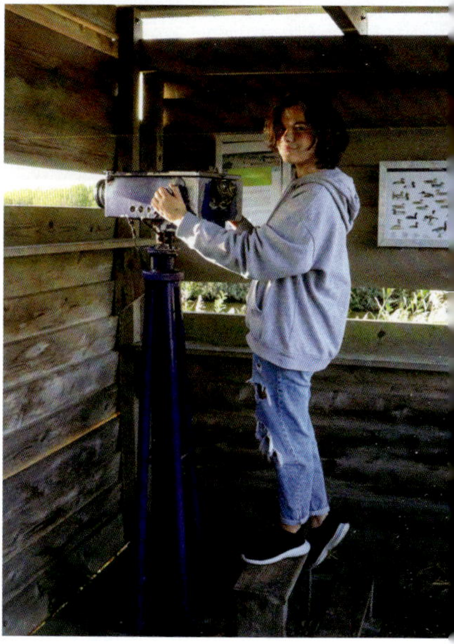

Wir folgen dem Weg bis zu einer Schranke, der erste See ist auf der linken Seite schon zu sehen. Rechts der Schranke steht eine **Bank ❶**, auf der wir eine erste Pause machen könnten. Anschließend folgen wir dem Weg nach links, bis rechts ein Pfad aufwärts führt. Auch hier auf der **Anhöhe ❷** steht eine Bank und wir können die Trümmer eines Flugzeugs aus dem Zweiten Weltkrieg sehen – man hat sie hier liegengelassen, um an die britischen Flugzeuge zu erinnern, die über den Dünen abgestürzt sind. Von der hier oben haben wir freien Blick auf den zweiten See.

Wir steigen den Weg links hinunter, der uns wieder zum Hauptweg führt. Von dort folgen wir dem Hinweis zur »Vogelkijkhut«

TOUREN-STECKBRIEF

Anfahrt: Wir parken auf dem Parkplatz am Verwaltungsbüro des Naturgebietes an der Straße von Callantsoog.
N 52°49'47", E 4°42'04"
Eintritt: Der Zutritt zum Naturschutzgebiet kostet €2. Tageskarten können am Eingang an einem Automaten mit EC-Karte bezahlt werden.
Anspruch und Charakter: Leichte Wanderung über durch Heide und Dünen.

Markierung: Brauner Punkt.
Highlights: Dünenseen, Vogelhütten.
Einkehr: Direkt an der Route gibt es keine Möglichkeit, in Callantsoog gibt es mehrere Restaurants und Cafés.
Mit Kindern: Es gibt auch einen Rundweg, der nur drei Kilometer lang ist. Hierzu folgen wir den gelben Markierungen am Eingang.
In der Nähe: Klimmvallei.

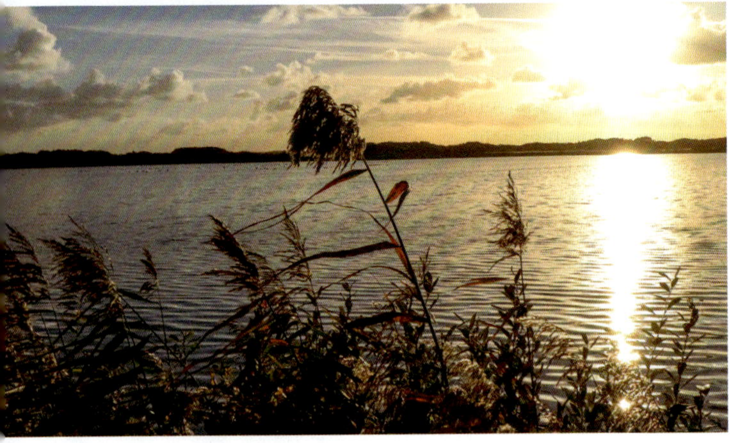

nach links und laufen über einen langen Steg zu einer **Vogelhütte** ❸, die im See steht. Hier können wir gut die Enten, Gänse und Schwäne auf dem Wasser beobachten und haben eine spannende Perspektive. Sogar der Steg ist sichtgeschützt, sodass wir wirklich gute Chancen haben, unbemerkt zur Hütte zu kommen. Im Anschluss gehen wir zurück über den Steg und halten uns dann links. Hier wandern wir durch ein Waldstück mit verwachsenen, windgebeugten Bäumen, die über uns fast ein Dach bilden.

Wir überqueren die **Brücke** über einen kleinen Kanal, direkt dahinter geht es rechts ab zu einer weiteren Vogelhütte. Von hier hat man einen guten Ausblick auf den zweiten, größeren See, das **Tweede Water** ❹. Rechts und links des Weges steht hohes Schilf und raschelt geheimnisvoll.

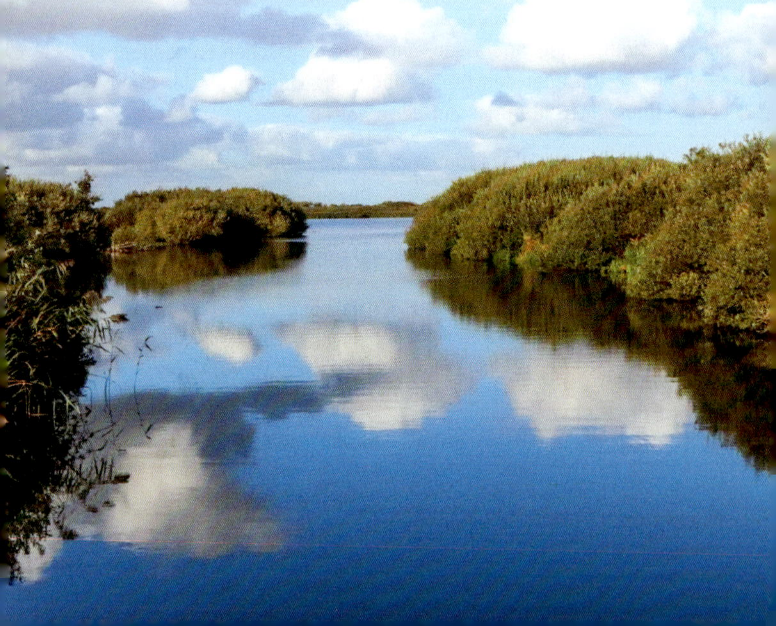

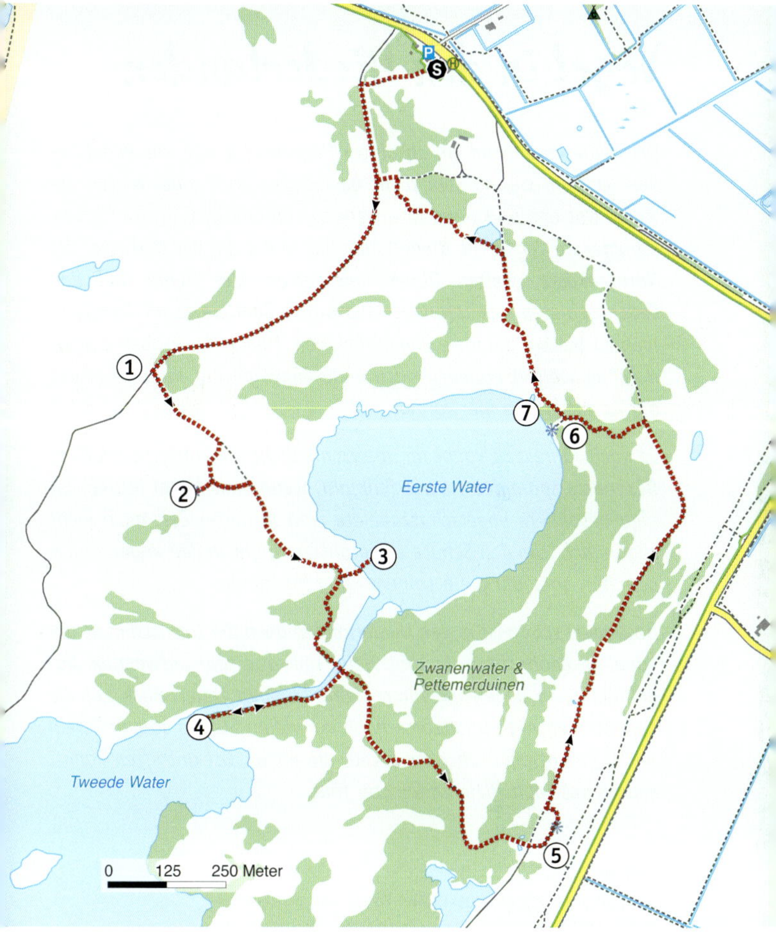

Schließlich kehren wir um und biegen an der Brücke rechts ab. Am Ende des Weges erklimmen wir eine **Anhöhe** ❺. Von der Bank oben auf dem Hügel reicht der Ausblick weit über die umliegenden Dünen.

Über Treppen steigen wir wieder hinunter und folgen unten dem Weg nach rechts. Wir umrunden den See, biegen am unteren Seezipfel links ab und halten aufs Wasser zu. Auch dieser Weg ist mit dem braunen Punkt markiert. Hinter einem kleinen Tor auf der linken Seite liegt eine weitere **Vogelbeobachtungshütte** ❻, ein Stück weiter steht eine **vierte Hütte** ❼ direkt am Weg.

An der nächsten **Gabelung** halten wir uns links und spazieren an einem weiteren kleinen See vorbei. Am Ende des Weges geht es für uns links und direkt danach wieder rechts auf den bekannten Weg zum Parkplatz. Hier müssen wir noch einmal rechts abbiegen, bis wir wieder am Ausgangspunkt ankommen.

Vögel in den Niederlanden

Die Niederlande sind ein absolutes Paradies für alle, die Vögel lieben. Obwohl sie ein sehr dicht besiedeltes Land sind, bieten die vielen Nationalparks und Naturschutzgebiete Rückzugsorte für verschiedenste Vögel. Die Niederlande haben mit der Wattenküste, der Nordseeküste, weiten Dünenlandschaften, der Heide und den Feuchtgebieten des Inlandes eine große Bandbreite an Ökosystemen zu bieten, die viele Vögel anziehen. Neben der großen einheimischen Vielfalt kommen auch viele Zugvögel auf ihrer Reise auf der Atlantikroute hier vorbei.

Je nach Jahreszeit könnt ihr unterschiedliche Vogelarten antreffen. Besonders spannend ist das Frühjahr, wenn viele Vögel brüten. Einige besondere Vogelschutzgebiete sind in dieser Zeit auch nicht zugänglich. Um den Schutz zu garantieren, gilt in den Vogelschutzgebieten ganzjährig ein Leinenzwang für Hunde.

Besonders schön ist in den Niederlanden auch die Infrastruktur, um Vögel zu beobachten. Es gibt viele, teilweise sehr aufwendige Vogelhütten, in denen ihr durch kleine Klappen freien Blick auf die beliebtesten Aufenthaltsorte habt. An vielen Stellen stehen Tafeln mit Informationen über die Arten, die ihr vor Ort antreffen könnt, sodass das Identifizieren leichter fällt.

Löffler

Der Löffler ist ein eindrucksvoller Vogel, den man an der Wattenküste und auf den westfriesischen Inseln im Sommer antreffen kann. Er überwintert weiter südlich. Löffler haben weiße Federn und sind ungefähr so groß wie ein Reiher. Sie haben einen breiten Schnabel, mit dem sie das Wasser filtern, um nach Nahrung zu suchen.

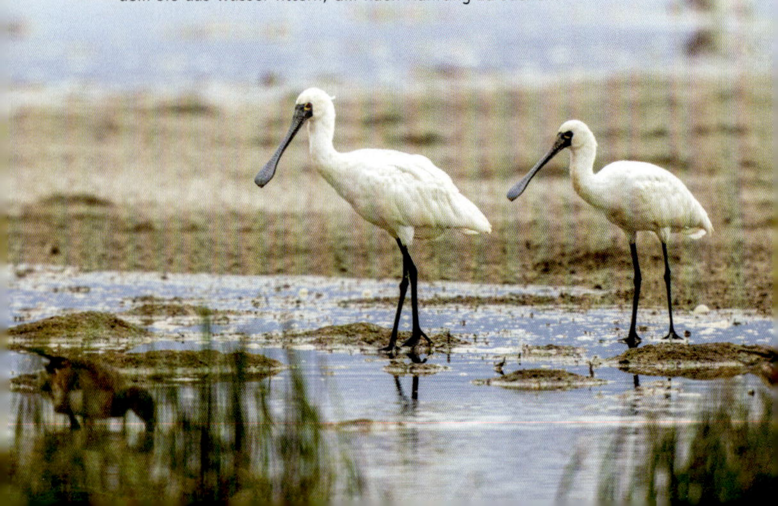

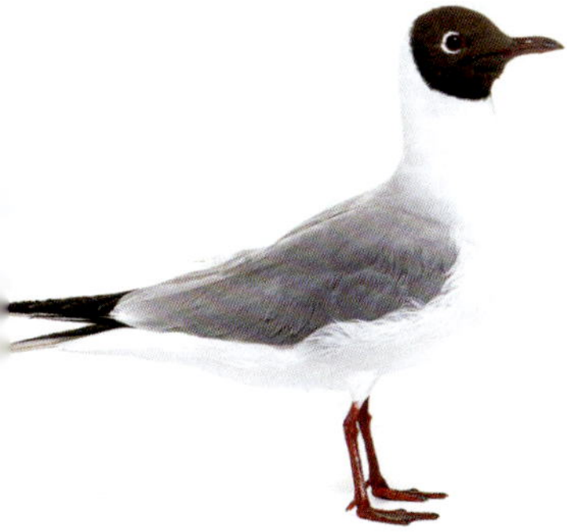

Möwen

Es gibt etwa zehn Möwenarten in den Niederlanden, einige kommen auch als Gäste vorbei. Die am weitesten verbreitete Möwenart ist die Lachmöwe, die durch ihren markanten Ruf ihren Namen bekommen hat. Aber auch die Silbermöwe und die Heringsmöwe sieht man sehr oft.

Austernfischer

Der Austernfischer ist vor allem im Watt zu finden und leicht zu identifizieren. Er hat schwarz-weißes Gefieder, rote Beine, einen langen, roten Schnabel und auch rote Augen. Er macht häufig durch seinen Ruf auf sich aufmerksam, der wie »kiwiep« klingt.

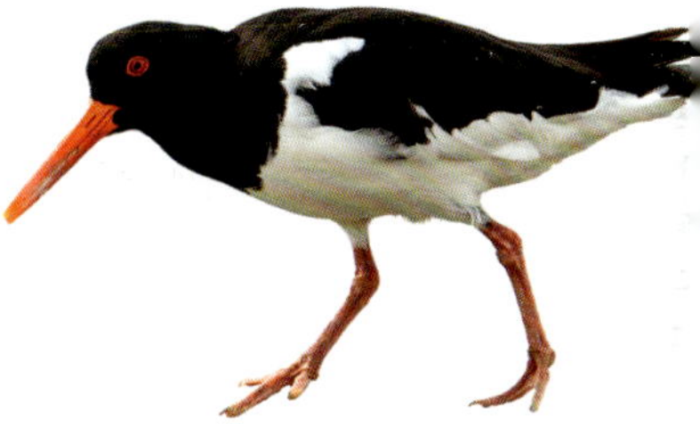

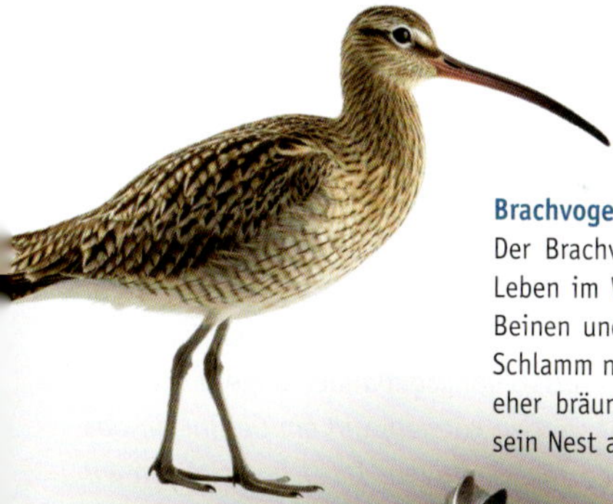

Brachvogel

Der Brachvogel ist ebenfalls perfekt auf das Leben im Watt eingestellt. Mit seinen langen Beinen und dem langen Schnabel kann er im Schlamm nach Futter suchen. Sein Gefieder ist eher bräunlich. Er ist Bodenbrüter und baut sein Nest auf Wiesen und im Feuchtland.

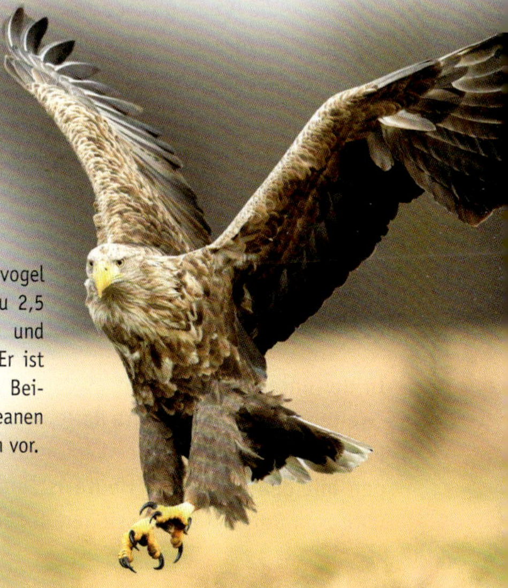

Seeadler

Der Seeadler ist der größte Raubvogel der Niederlande. Er kann bis zu 2,5 Meter Flügelspannweite haben und ist damit leicht zu erkennen. Er ist relativ selten und kommt zum Beispiel im Nationalpark De Alde Feanen und auf dem Oostvaardersplassen vor.

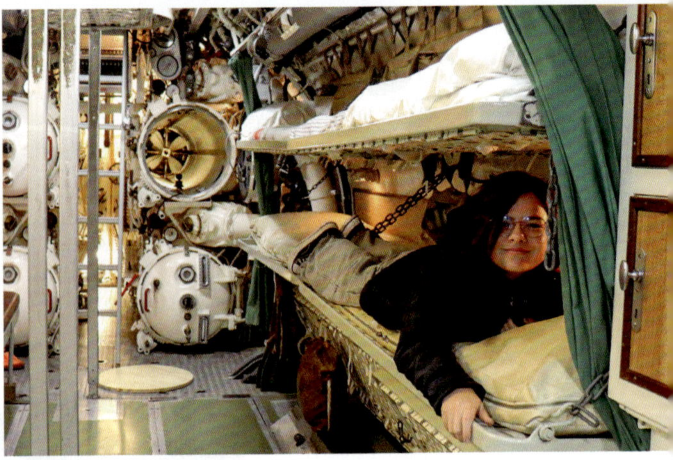

4h

ab 6

13 Marinemuseum Den Helder

Ein besonderes Highlight für Landratten und Seebären

Das Museum in Den Helder präsentiert die Tradition der niederländischen Marine – mit Schwerpunkt auf der Geschichte seit 1815. Die Ausstellung befindet sich in historischen Gebäuden an den ehemaligen Docks. Direkt gegenüber fährt die Fähre nach Texel ab. Allein schon dieser Standort trägt mit seiner urigen Hafenatmosphäre zum Erlebnis bei. Neben den Ausstellungsgebäuden ankern drei Museumsschiffe, die besichtigt werden können, um ein Gefühl für das Leben und die Arbeit auf See zu bekommen. Im U-Boot dürfen wir uns sogar in eines der Betten legen, um die beengten Zustände hier unten am eigenen Leib zu spüren.

Wir starten unseren Besuch am Haupteingang des Museums. Das spannende U-Boot ist schon von außen zu sehen, wir beginnen jedoch auf der anderen Seite des Gebäudes in der **Dauerausstellung**. Hier ist auf zwei Etagen anschaulich die Geschichte der niederländischen Marine dargestellt, von den Anfängen bis heute. Auch die Rolle der Marine in den niederländischen Kolonien in Asien wird beleuchtet.

In der unteren Etage geht es dann vor allem um die Marine im Zweiten Weltkrieg und ihre Rolle in der heutigen Zeit. Sowohl in Europa als auch in Übersee kämpften die niederländischen Truppen mit den Alliierten. Heute ist die Marine sehr modern und wird zum Beispiel auf Missionen gegen Piraten eingesetzt.

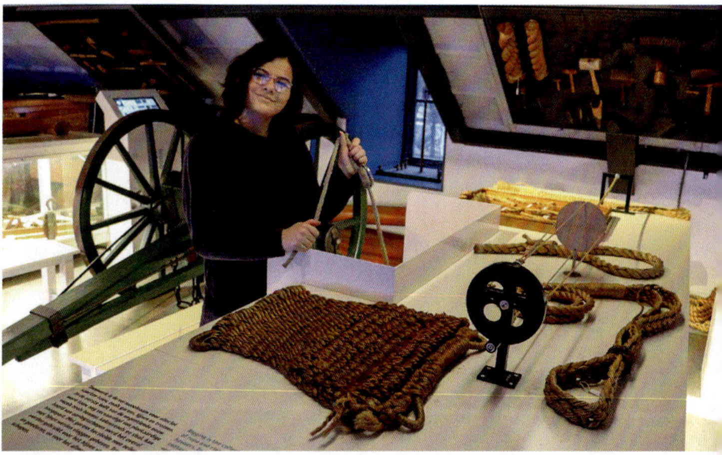

Dann geht es über eine Treppe wieder nach oben, und es ist Zeit, uns das **U-Boot Tonijn** näher anzusehen. Da es im U-Boot wirklich eng ist, dürfen hier keine großen Rucksäcke mitgenommen werden. Am Eingang sieht man eine Tafel, die anzeigt, wie viele Menschen gerade im Boot sind – es dürfen maximal 50 sein. Über Metallstufen geht es nach oben. Dann klettern wir über eine Leiter und durch eine schmale Luke in den Bauch des U-Bootes hinein.

Highlights

Die Niederlande waren schon früh eine Seefahrernation und unterhielten nicht nur Handelsschiffe, sondern auch eine Marine. Das Museum in Den Helder macht das Leben auf hoher See auch für Landratten erlebbar.

Sofort merkt man, wie beengt die Verhältnisse dort sind. In dem Teil, in dem wir jetzt stehen, waren Betten für die Matrosen – in das untere darf man sich sogar hineinlegen. Hat man Glück, so trifft man hier auch einen Museumsmitarbeiter, der früher wirklich Marinesoldat war und aus eigener Erfahrung berichten kann,

TOUREN-STECKBRIEF

Anfahrt: Wir parken auf dem kostenlosen Parkplatz am Marinemuseum bei **N 52°57′48″, E 4°46′18″**. Das Marinemuseum ist in Den Helder ausgeschildert.

Museum: Di bis So 10 – 17 Uhr geöffnet. €12, Kinder 4 bis 12 Jahre €7,50. Bei Online-Reservierung gibt es einen Rabatt von 50 Cent.

Anspruch und Charakter: Spannende Ausstellung mit drei Booten, die besichtigt werden können.

Einkehr: An den Docks gibt es verschiedene Möglichkeiten für eine Einkehr. Im Museum steht nur ein Kaffeeautomat.

Mit Kindern: Das Museum ist sehr spannend auch für Kinder – vor allem die Museumsschiffe. Die Dauerausstellung in der Geschützwerkstatt ist für Kinder wohl interessanter als die im Turmgebäude, denn hier geht es vor allem um die Technik hinter der Marine und es gibt viele Möglichkeiten, Dinge auszuprobieren.

In der Nähe: Nationales Rettungsmuseum Dorus Rijkers.

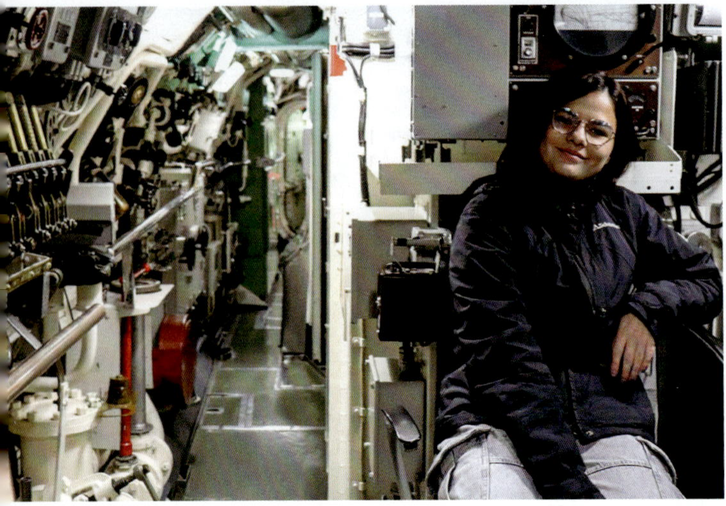

wie der Alltag in so einem U-Boot aussah. Die Tonijn ging 1966 in den militärischen Einsatz in der niederländischen Marine und wurde 1991 ausgemustert.

Wir laufen nun durch die engen Gänge im U-Boot an verschiedenen Räumen vorbei – Kommunikation und Sonar, Unterkunft für den Kapitän und einen kleinen Aufenthaltsraum für die Offiziere. In der Mitte befindet sich der Ausguck – es ist immer noch möglich, durch das Fernglas zu schauen und dieses zu bewegen. Bei gutem Wetter kann man so bis nach Texel sehen. Weiter geht es durch die Küche in einen zweiten Schlaf- bzw. Essraum. Hier gibt es auch einen kleinen Fernseher, auf dem Videos des U-Boots im Einsatz gezeigt werden. Von hier klettern wir über eine Leiter wieder nach oben und aus dem U-Boot hinaus.

Jetzt besuchen wir die beiden anderen **Museumsschiffe** – das Minenräumschiff Abraham Crijnssen und das Rammschiff Schorpioen. Das Minenräumschiff ist das kleinere von beiden und hat eine sehr interessante Geschichte. Im Zweiten Weltkrieg war es in Kämpfen gegen Japan eingesetzt. Nachdem eine Schlacht verloren war und nur noch der Rückzug blieb, entschied sich der Kapitän, das Schiff mit Blättern und Ranken als tropische Insel zu tarnen, um nicht entdeckt zu werden. Die List gelang und damit auch die Flucht und die Abraham Crijnssen erreichte unversehrt Australien.

Das Rammschiff Schorpioen wurde bereits 1868 in Dienst gestellt, da sich in der Zeit aber die Technik so rasant weiterentwickelte, war es schnell nicht mehr im Einsatz. Ab 1906 wurde das Schiff zu einer schwimmenden Kaserne umgebaut, von 1951 bis

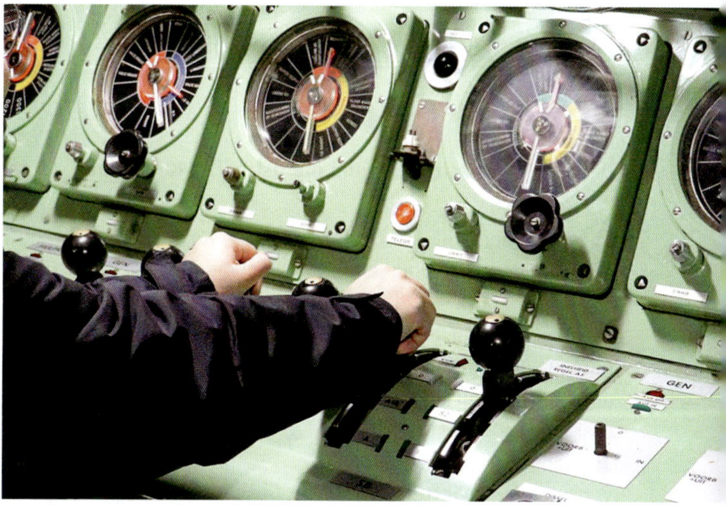

1971 beherbergte die Schorpioen die Marineabteilung für Frauen. Zumindest die Kabinen für das gehobene Personal sind in diesem Schiff schon deutlich größer und komfortabler.

Nach dem Besuch der Museumsschiffe laufen wir über den Parkplatz, auf dem wir noch eine Statue sowie das Brückenhaus und die Radarkugel der Lenkwaffenfregatte De Ruyter besichtigen können. In dem langgezogenen Gebäude dahinter befinden sich wechselnde Ausstellungen sowie eine **Dauerausstellung zum Thema Seefahrt**. Hier gibt es noch mal besonders viele interaktive Elemente. Man kann zum Beispiel üben, wie Segelknoten gebunden werden, selbst ein feindliches Schiff auf dem Sonar entdecken oder eine Spionage-Mission in einen fremden Hafen übernehmen.

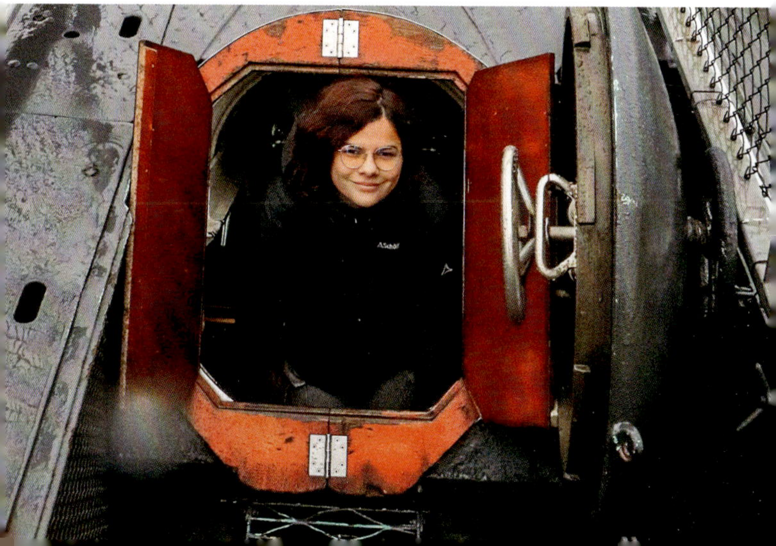

Die Niederlande als Seefahrernation

Das »Goldene Zeitalter« und die Ostindien-Kompanie

Die Menschen, die im Gebiet der heutigen Niederlande lebten, fingen früh an, die Wasserwege als Transportwege zu nutzen. Auch der Fischfang an der Küste spielte immer eine große Rolle. Als sich dann im 15. Jahrhundert die Hanse im Verfall befand, hatten Händler und Seemänner aus Amsterdam und den umliegenden Gebieten aufgrund der politischen und sozialen Situation die perfekte Gelegenheit, das sich ergebene Vakuum zu füllen. Kleinere und schnellere Schiffe als die ihrer Konkurrenten machten die Amsterdamer Händler zu den flexibelsten ihrer Zeit. Der Handel wandelte sich von einem, der sich an den Küsten orientierte, zu einem globalen Handel, der auch andere Kontinente einbezog.

Es begann das sogenannte »Goldene Zeitalter« der Niederlande. Im Jahr 1602 wurde die Niederländische Ostindien-Kompanie gegründet, die sich schnell zum größten Handelsunternehmen ihrer Zeit entwickelte. Im niederländischen Asienhandel hatte die Kompanie für zwei Jahrhunderte das Handelsmonopol. Gehandelt wurden Waren wie Gewürze, Pfeffer, Seide und Baumwollstoffe. Die Niederlande unterwarfen zu dieser Zeit Ge-

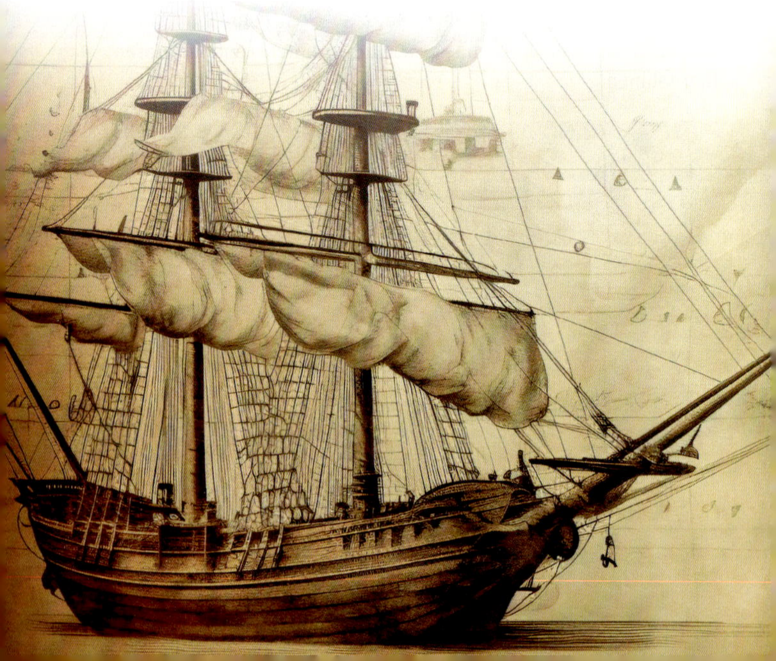

biete in Amerika, Afrika und Asien und machten sie zu ihren Kolonien. Die heutige Stadt New York wurde zum Beispiel als Nieuw Amsterdam gegründet. Um 1650 erreichte das niederländische Handelsimperium seine größte Ausdehnung. Etwa die Hälfte des Welthandels wurde damals von Niederländern umgeschlagen.

Der große Wohlstand, der sich aus dem Kolonialhandel für die Händler in Amsterdam und den ganzen nördlichen Niederlanden ergab, führte auch in anderen Bereichen zu einem Aufblühen – in dieser Zeit wurden sehr viele Häuser und Gebäude gebaut, die noch heute vom »Goldene Zeitalter« zeugen. Außerdem bekam die Kunst eine bedeutende Rolle, es entstanden in dieser Zeit mehr Bilder als in jeder anderen. Große Meister wie Rembrandt und Vermeer produzierten ein Bild nach dem anderen, und viele Reichgewordene konnten sich ihre Bilder leisten. Auch die Wissenschaft profitierte vom Wohlstand, die Universität Leiden war über die Landesgrenzen für ihre Innovationen bekannt.

Natürlich basierte der Erfolg der Niederlande auf der Ausbeutung der Kolonien – daher spricht man heute auch eher vom »sogenannten Goldenen Zeitalter«. In den Kolonien, zum Beispiel in Asien, gingen die Mitglieder der Ostindien-Kompanie sehr brutal vor und machten sich teilweise des

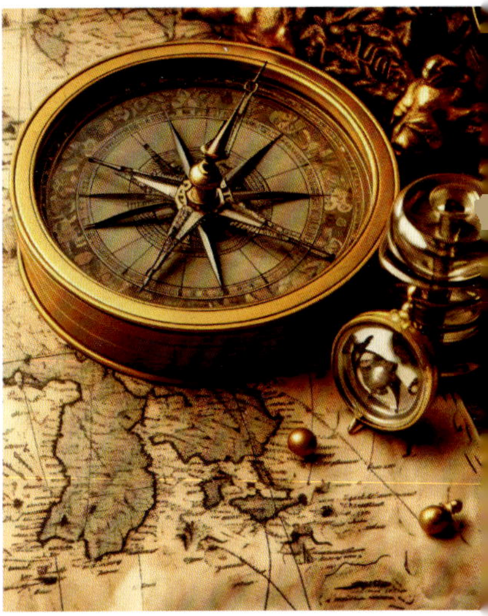

Völkermords schuldig. Über den Ableger der Westindien-Kompanie für den Atlantikhandel beteiligten sich die Niederlande am Sklavenhandel und verschleppten wohl über 600.000 Menschen über den Atlantik in Kolonien in Süd- und Mittelamerika.

Gegen Ende des 17. Jahrhunderts ging das sogenannte »Goldene Zeitalter« für die Niederlande zu Ende. Hier kamen mehrere Faktoren zusammen. Es gab mehrere Kriege mit England, die es für die Schiffe erschwerten, ihre Heimathäfen zu erreichen. Die Kundschaft verlangte nach neuen Handelswaren wie Tee und Porzellan, was die Konkurrenz wie die britische Ostindien-Kompanie zu besseren Konditionen erfüllen konnte. Zusätzlich kam es zu innenpolitischen Unruhen. Langsam mussten die Niederlande ihre Vormachtstellung im Seehandel an Großbritannien abtreten.

10 m

STRECKE 6,3 km

2 h 15

ab 6

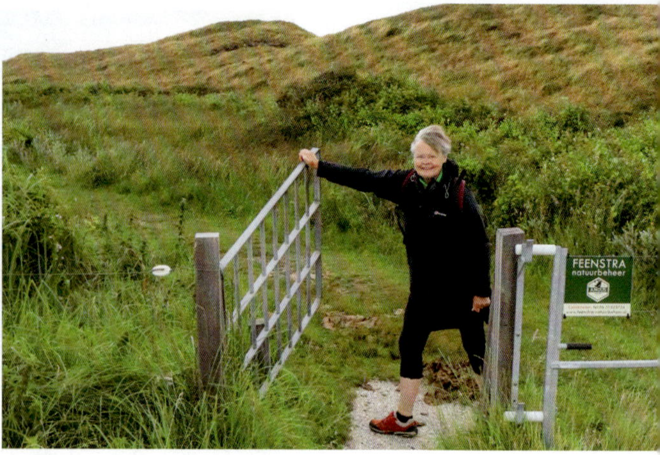

14 Die Dünen von De Bollekamer

Zu Besuch bei den Hochlandrindern

»De Bollekamer« ist eines der ältesten Dünentäler auf der Insel Texel. Da der Grundwasserspiegel hier relativ hoch ist und der Boden sauer, wachsen hier auch viele Torfmoose und andere Pflanzen, die von diesem Ökosystem profitieren. In den Dünen weiden zwei Herden, schottische Hochlandrinder und Exmoor-Ponys, um zu verhindern, dass Büsche und Bäume nachwachsen. Auf unserer Wanderung können wir die Tiere mit etwas Glück treffen. Insgesamt zeigt die Wanderung die wilde und herbe Seite von Texel – hier kann der Wind ganz schön heftig über die Dünen fegen und man ist oft alleine unterwegs.

Wanderung: Um in das Schutzgebiet hineinzukommen, müssen wir gegenüber dem Parkplatz durch ein Törchen laufen. Jetzt

TOUREN-STECKBRIEF

Anfahrt: Wir parken auf dem Wanderparkplatz links der Straße zum Strandrestaurant Paal 12 bei **GPS N 53°02'29", E 4°43'30".**
Anspruch und Charakter: Leichte Wanderung über Sandwege, kann sehr windig sein.
Markierung: Blaues Männchen.
Highlights: Heckrinder, Dünenseen, Befestigungen aus dem Zweiten Weltkrieg.
Einkehr: Direkt an der Route gibt es keine Möglichkeit, am Strand liegt das Strandrestaurant Paal 12.
Mit Kindern: Die Wanderung lässt sich abkürzen, indem wir einfach nur die nördliche Schleife laufen. Anstatt nach den kleinen Teichen ❶ nach rechts abzubiegen, laufen wir geradeaus und folgen dem weiteren Weg wie beschrieben. (3,2 km, 1 h 15)
In der Nähe: Ecomare.

führt uns ein sandiger Weg in leichten Kurven durch die Heidelandschaft. Wer Glück hat, kann schon hier eine Gruppe Hochlandrinder oder Ponys entdecken. Meistens sieht man die Herden aber nur aus der Ferne. Trifft man sie, so sollte man Abstand halten, besonders wenn die Tiere Nachwuchs dabei haben.

Highlights

Unterwegs Tiere zu beobachten, macht eine Wanderung besonders spannend. Rinder und Pferde leben in den Dünen von Bollekamer weitgehend ohne Eingriffe des Menschen und entwickeln so ein natürliches Herdenverhalten.

Der Weg führt uns an zwei kleinen **Teichen** ❶ vorbei, an denen Heidesorten stehen, die teilweise schon im Frühsommer blühen. Schließlich treffen wir auf einen **Abzweig** und folgen der blauen Markierung nach rechts. An der nächsten **Gabelung** ❷ laufen wir wieder nach links.

Wir wandern durch leicht hügeliges Terrain und schließlich durch einen kleinen Wald mit knorrigen, vom Wind gebeugten Bäumen. Kurz hinter dem Wäldchen gelangen wir an die **Straße**. Hier verlassen wir das Naturschutzgebiet durch ein **Tor** und laufen auf dem **Radweg** ❸ nach rechts.

Geradeaus führt der Radweg zum Strand, doch wir biegen bei der nächsten Gelegenheit wieder rechts ein und durchqueren das nächste **Törchen**. Hier führt uns der Weg entlang einer Hecke, in der unterschiedliche **Lilien** ❹ und andere blühende Pflanzen wachsen.

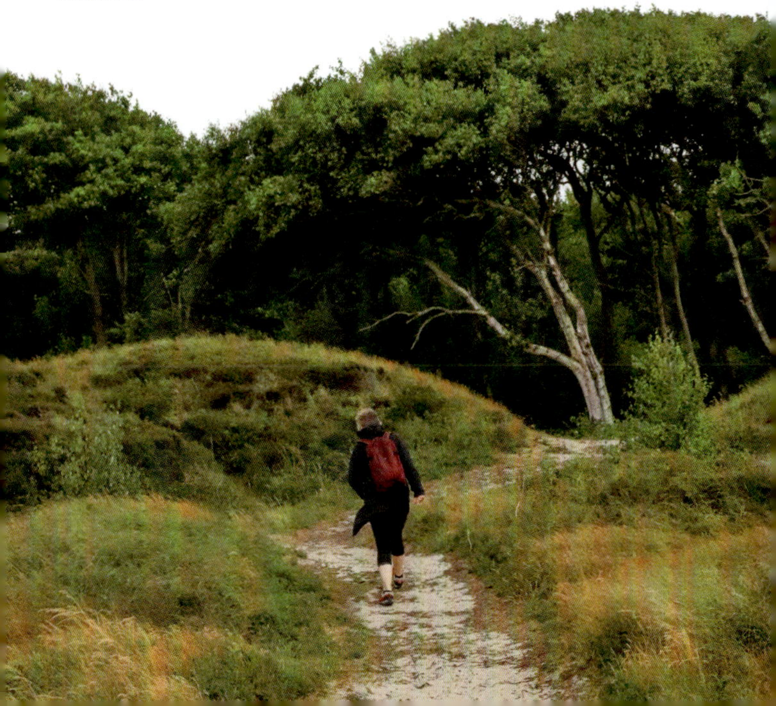

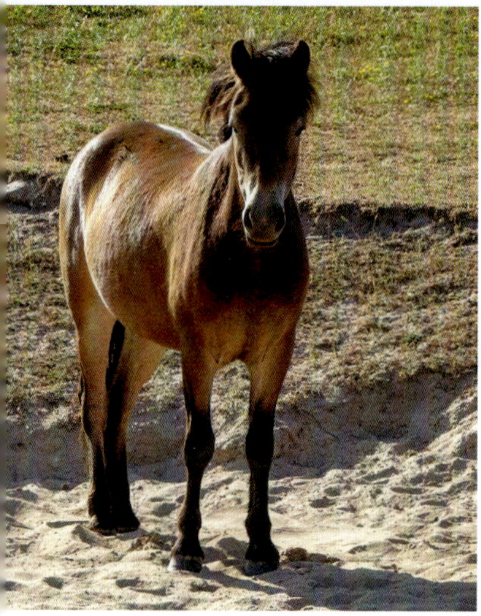

Bei der nächsten Gelegenheit biegen wir rechts ab – links geht es hier noch einmal zum Strand.

Der Weg führt in sanftem Auf und Ab über die Dünen und in die Heidelandschaft. Schließlich kommen wir an die bereits bekannte Abzweigung ❷, biegen links ab und wandern dann rechts über den sandigen Weg weiter. An der nächsten Gabelung laufen wir geradeaus weiter.

Schließlich sehen wir an der nächsten Dünenkette die Überreste von **Bunkern** ❺ und Stellungen aus dem Zweiten Weltkrieg. Zu dieser Zeit war Texel Teil des Verteidigungswalls, den die Deutsche Wehrmacht gegen die Truppen der Allierten aufgebaut hatte und es finden sich in den Dünen noch viele Überreste. Rechts und links des Weges können wir noch drei Strukturen erkennen, auf der ersten sieht es so aus, als wenn hier früher ein Geschütz stationiert gewesen wäre.

Wir halten uns links und laufen jetzt wieder durch Sanddünen – an vielen Stellen ist die Grasnarbe aufgerissen und man sieht den hellen Sand in den unteren Bodenschichten ❻. Wir laufen entlang der Sanddünen, bis wir vor uns einen kleinen Wald sehen. Wir halten uns weiter links, bis wir zum Zaun und einem Törchen kommen, das uns wieder zum Parkplatz führt.

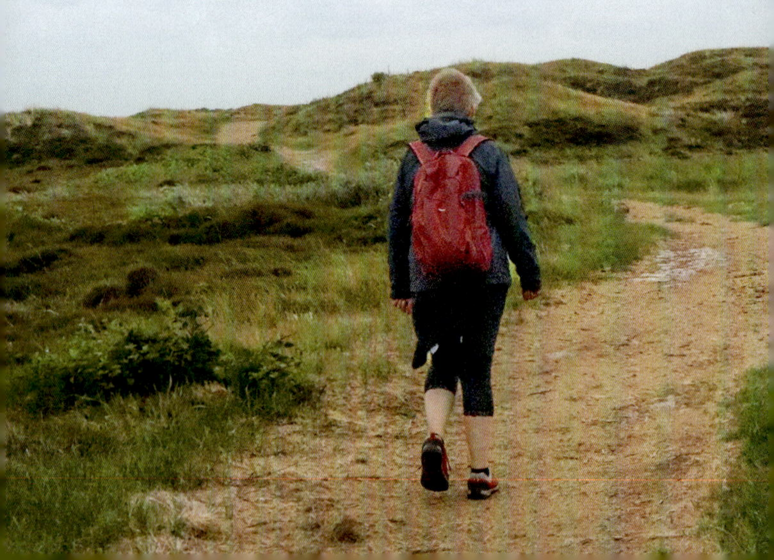

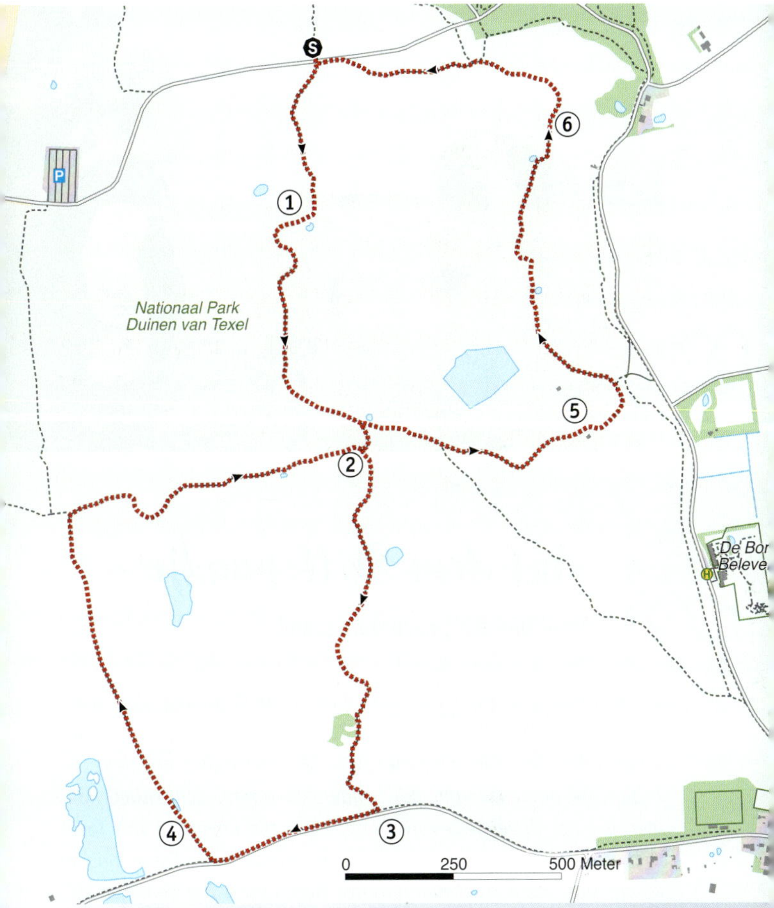
Nationaal Park
Duinen van Texel
S
P
1
2
3
4
5
6
De Bor
Beleve
0
250
500 Meter

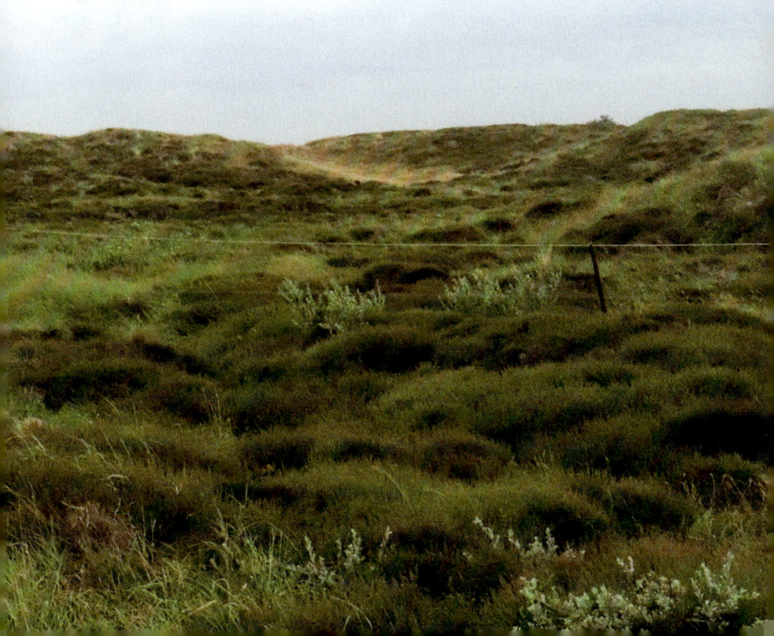

30 m

STRECKE 7,7 km

2 h 45

ab 6

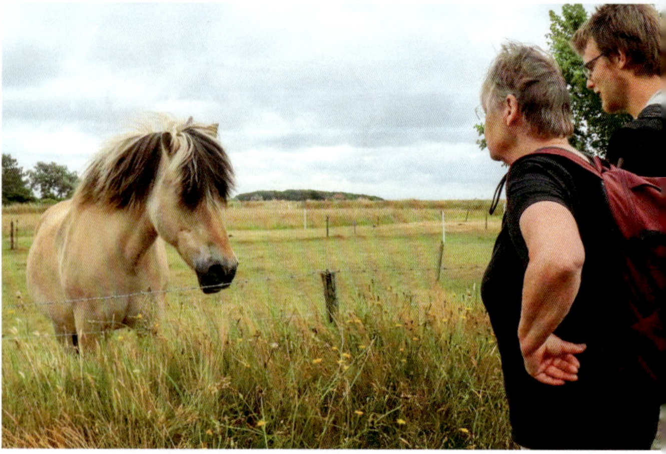

15 Auf dem Skillepaadje

Von Den Burg nach Oudeschild

Diese Wanderung zeigt uns eine ganz besondere Seite von Texel. Wir laufen in der Hauptstadt Den Burg los und durchqueren Felder und Weiden. Die Wege sind hier zwischen zwei Wällen angelegt, die früher die Begrenzungen der Ländereien waren. Schließlich kommen wir am Hoge Berg vorbei, der höchsten Erhebung von Texel. Hier steht eine Bank in Übergröße, auf der ihr tolle Fotos machen könnt. Das letzte Stückchen unseres Weges führt uns dann am Skillepaadje entlang, einem historischen Pfad, der schon im 17. Jahrhundert genutzt wurde. Hier wurde früher Wasser für die langen Schiffsreisen der Handelsschiffe gezapft, da dieses besonders eisenhaltig ist. Unser Ziel ist der lebhafte Hafen in Oudeschild, der uns einen Einblick in Texel als Fischereiinsel gibt.

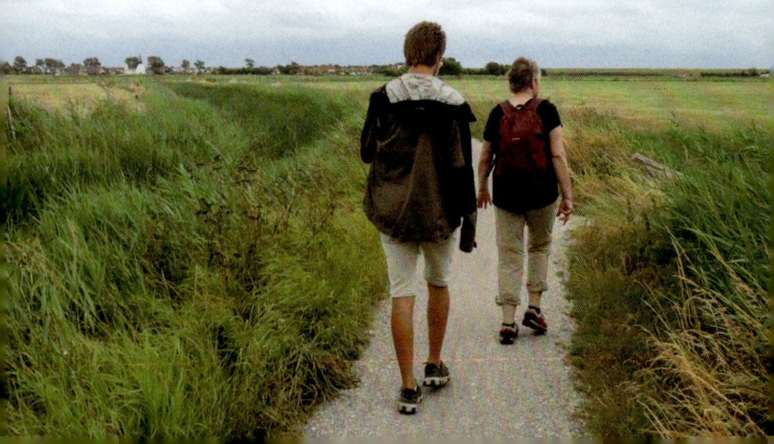

Wanderung: Wir starten am Parkplatz vor der Gemeindeverwaltung Texel, laufen am Gebäude vorbei, halten uns dahinter rechts und folgen dem Slingerweg. Am Ende der bebauten Zone wird aus der Straße ein schmaler Weg, auf dem wir durch Felder und Weiden wandern. Schließlich kommen wir an eine **Straße** ❶, die wir überqueren, um auf der anderen Seite geradeaus auf dem schmalen Weg weiterzulaufen. Rechts und links des Pfades sind kleine Wälle aufgeschüttet, die die Weiden begrenzen.

Highlights

Die Insel Texel ist mit ihrer abwechslungsreichen Landschaft und schönen Stränden ein besonders beliebtes Reiseziel der Niederlande. Malerische Wege führen uns von ihrem Hauptort Den Burg zum historischen Fischerhafen von Oudeschild.

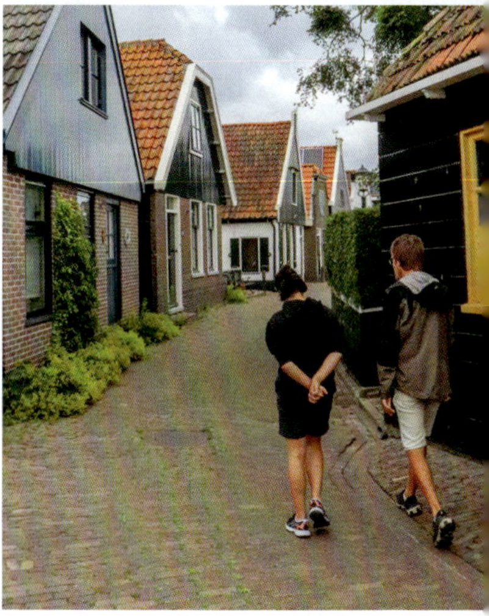

Wir folgen diesem Weg, bis wir zu einem **Parkplatz** kommen. Hier gibt es jetzt zwei interessante Orte – auf der linken Seite gibt es eine Gedenkstätte für die Georgier, die im Zweiten Weltkrieg als Kriegsgefangene auf Texel arbeiten mussten und bei einem Aufstand ums Leben kamen. Auf der linken Seite befindet sich ein **Friedhof** ❷ mit ungewöhnlich gestalteten Gräbern. Besonders in Erinnerung bleibt uns der Grabstein eines Musikers mit großer Gitarre und die Laufschuhe eines Joggers, die auf dem Grab Platz finden.

TOUREN-STECKBRIEF

Anfahrt: Wir parken auf dem Parkplatz der Gemeinde Texel in Den Burg bei **N 53°03'04", E 4°48'06"**. Mit der Texel-Vignette ist dieser Parkplatz umsonst, sonst kostet das Parken €5.

Transfer: Es gibt keinen Bus, der vom Ziel zum Anfangspunkt verkehrt. Entweder macht man die Wanderung mit zwei Fahrzeugen und platziert ein Auto oder Fahrrad am Ziel, oder man läuft die Strecke auch wieder zurück.

Anspruch und Charakter: Leichte Wanderung durch Felder und Wiesen.

Markierung: Keine.

Einkehr: In Oudeschild am Hafen gibt es mehrere Restaurants und Imbisse, bei denen man sehr guten Kibbeling (frittierten Fisch) bekommt.

Mit Kindern: Der Hafen in Oudeschild ist ein sehr spannender Ort für Kinder, denn hier tobt das Leben. Hier fahren nicht nur die Schiffe zu Robbentouren ab, sondern es kommen auch Fischerboote an, die ihre Fracht entladen. Im Hafen gibt es außerdem einen tollen Spielplatz mit einem 35 Meter großen Spielschiff. Die Wanderung selbst kann gekürzt werden, indem wir erst am Hoge Berg ❹ loslaufen und dann dem Weg bis Oudeschild folgen. (4,3 km, 1 h 30)

In der Nähe: Museum Kaap Skil, Robbentour.

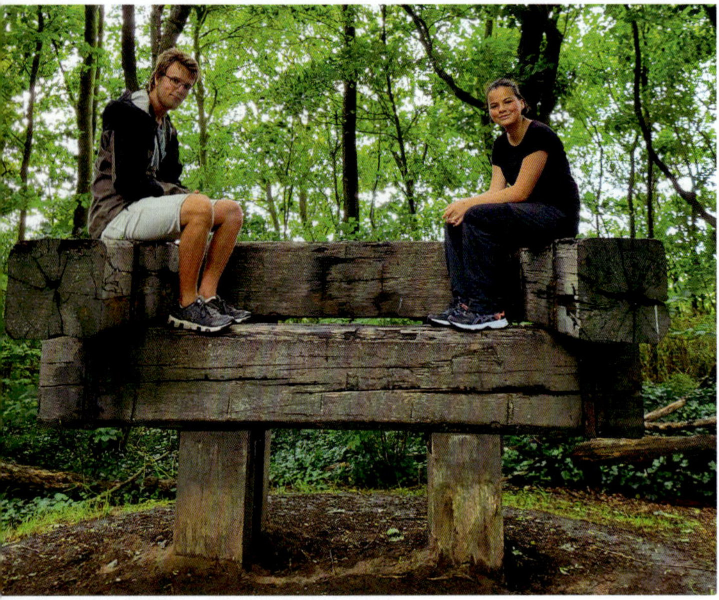

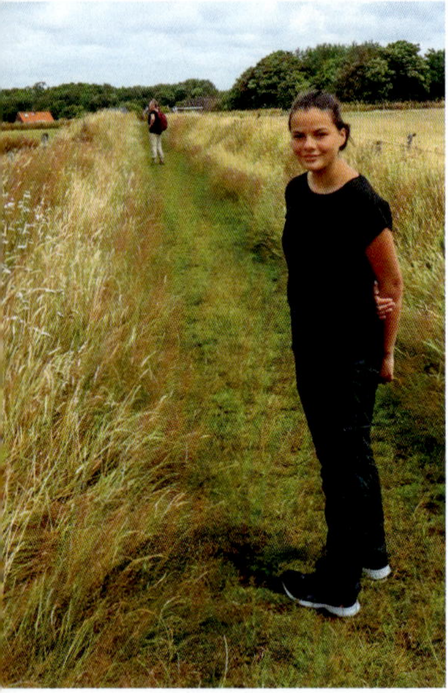

Nachdem wir uns umgesehen haben, biegen wir von unserem Ursprungsweg scharf links ab. Wir wandern weiter zwischen den Erdwällen durch Weideland - dieses Stückchen Weg ist besonders schön. Auf den Weiden stehen einige der traditionellen **Scheunen**, die aussehen, als hätte man sie in der Mitte durchgeschnitten und als würde ein Teil fehlen.

Wir folgen dem Weg bis zu einem Hof und einer **Straße**, hier biegen wir rechts ab. Vor einer Ansammlung von Büschen und niedrigen Bäumen führt ein schmaler Weg nach links, dem wir folgen. In der nächsten Rechtskurve steht eine besonders schöne **Bank mit Tisch** ❸, die sich ideal als Pausenplatz eignet.

Anschließend folgen wir dem Weg weiter, bis wir zu einem Schotterweg gelangen. Hier geht es rechts. An der nächsten Kreuzung biegen wir rechts in die Straße ein, um zum **Hoge Berg** zu gelangen, einem Naturgebiet, das in der Eiszeit entstanden ist. Wir laufen bis zu einem Haus auf der linken Seite und biegen

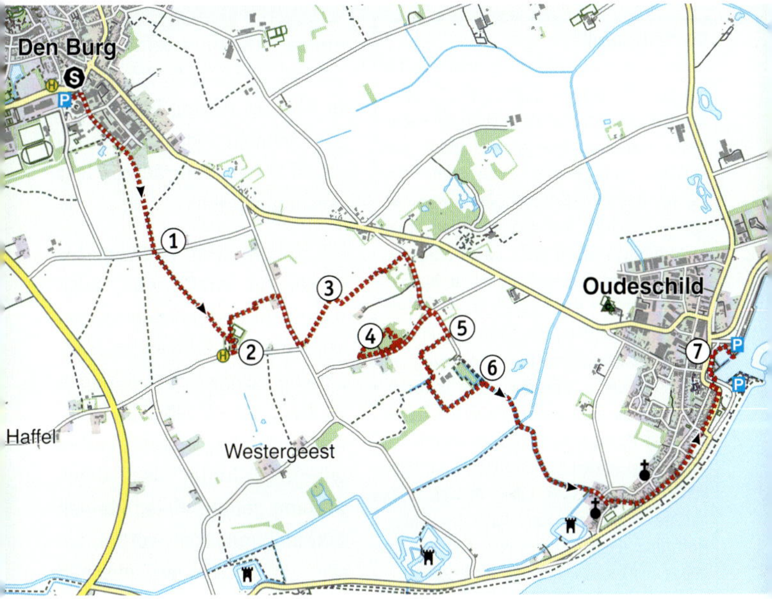

hier rechts in den Wald ein. Geradeaus können wir schon oben auf dem Berg die große Bank sehen, erst einmal laufen wir aber nach rechts. Wir folgen dem Rundweg durch das Naturgebiet und steigen über die Treppen nach links den Berg hinauf – er gehört zu den höchsten Erhebungen auf der Insel. Oben kommen wir an der **überdimensionierten Bank** ❹ an, die auf der höchsten Stelle steht.

Hinter der Bank laufen wir geradeaus weiter und folgen dem Weg nach links zurück zum Eingang des kleinen Parks. Hier stehen dann noch normal dimensionierte **Bänke mit einem Tisch**, sodass sich eine Pause anbietet. Anschließend verlassen wir den Park wieder und laufen den Weg nach links zurück.

Bei nächster Gelegenheit biegen wir nach rechts ab. Nach kurzer Zeit ist rechts ein **Törchen** ❺ zu sehen, durch welches wir auf einen schmalen Weg kommen, der uns durch Weiden und unter einem schönen, alten Baum hindurchführt. Diesem Weg folgen wir nach links und später noch mal nach links. Wir wandern jetzt an Kanälen entlang durch hohes Schilf. Zweimal müssen wir ein kleines Stück über eine Kuhweide laufen – auch hier können uns Tiere begegnen. Schließlich überqueren wir noch eine schmale **Holzbrücke,** treffen wieder auf den **Radweg** und laufen nach rechts weiter.

Jetzt sind wir auf dem **Skillepaadje** ❻, dem Weg entlang des Wasserlaufs, an dem früher für die langen Reisen der Segelschiffe nach Übersee Trinkwasser entnommen wurde. Hier stehen auch einige Erklärungstafeln, welche die Geschichte der Region in Kontext setzen. Der Weg ist sehr schmal, sodass wir an einigen Stellen Fahrrädern Platz machen müssen.

Wir folgen dem **Radweg,** bis dieser zur Straße wird, auch dann geht es geradeaus weiter. Wir treffen auf die ersten Häuser von Oudeschild und biegen in die zweite Straße links ein. Auf der De Ruyterstraat laufen wir jetzt hinter dem Deich entlang und an vielen kleinen Einfamilienhäusern vorbei, die im typisch niederländischen Stil erbaut sind. Wir folgen der Straße bis zum Hafen. Auf der linken Seite sehen wir jetzt die markante **Windmühle des Museums Kaap Skil** ⑦, rechts geht es mit Hilfe von Treppen über den Deich und in den Hafen. Hier endet unsere Wanderung.

Der Skillepaadje

Texel war ein wichtiger Zwischenstopp für die Schiffe, die vor allem im 17. Jahrhundert von den Niederlanden in die »neue Welt« starteten. Hier wurden noch mal Proviant und Wasser eingeladen. Das Wasser aus den Brunnen im Hinterland von Oudeschild war besonders geeignet für die lange Schifffahrt, da es aufgrund seines hohen Eisengehalts nicht brackig wurde. Man hat das Wasser hier in Tonnen gefüllt und entlang des Skillepaadje zum Hafen transportiert. Der Erlös ging an Waisenhäuser in Den Burg. Die Truhe, in der das Geld aufbewahrt wurde, ist heute noch im Museum Kaap Skil zu sehen. Ein Schiff, das in den Fernen Osten fuhr, bunkerte bis zu 8.000 Liter Wasser. Dies musste dann bis zum Kap der Guten Hoffnung reichen, denn erst dort konnte neues Trinkwasser nachgefüllt werden.

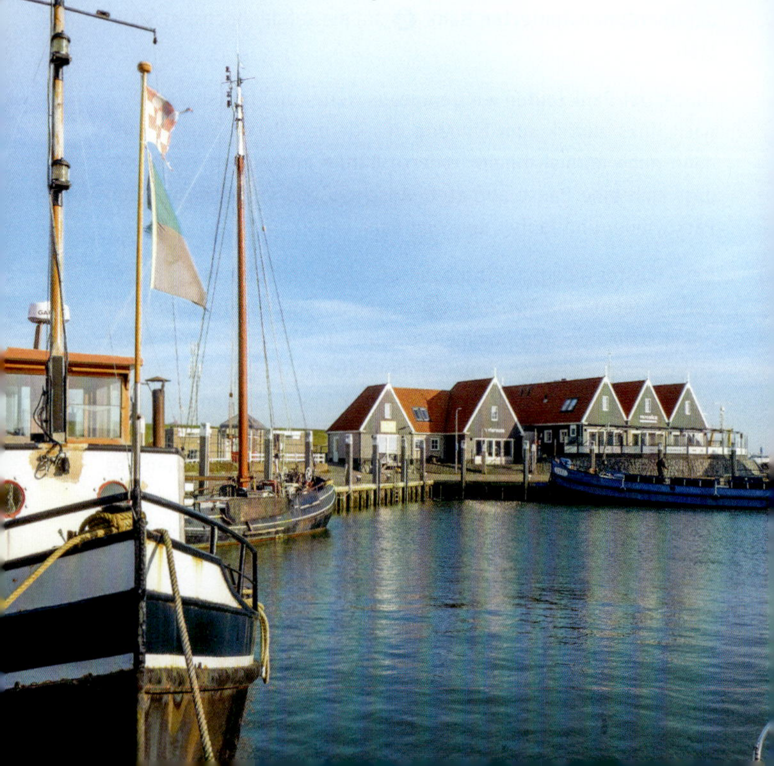

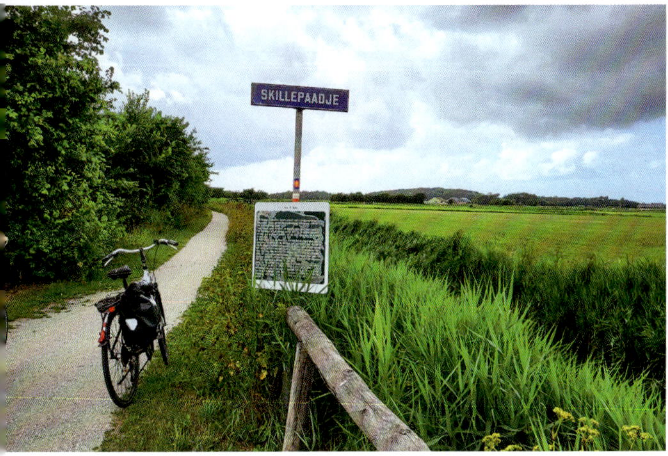

30 m

STRECKE 21,8 km

2 h 15

ab 8

Waalenburg und Oudeschild

16

Mit dem Rad auf dem Skillepaadje

Diese Radtour führt uns vom Naturschutzgebiet Waalenburg, in dem wir Vögel beobachten können, zur Küste und zum schönen Hafen von Oudeschild. Hier starten nicht nur Robbentouren, sondern wir können auch den Fischern zusehen, die hier ihren Fang an Land bringen. Wir fahren weiter über den schmalen Skillepaadje, einen Weg, der große historische Bedeutung hat. Hier wurde früher das Wasser für die Handelsschiffe abgefüllt, die im 17. Jahrhundert auf große Fahrt starteten. Schließlich kommen wir auch noch an der größten Stadt der Insel vorbei – an Den Burg. Anschließend geht es zurück in das ruhige Vogelparadies Waalenburg.

Radtour: Wir starten unsere Radtour am **Nationalparkzentrum Waalenburg**. Hier gibt es auch ein einladendes Café und viele Informationen zu den Vögeln im Nationalpark. Das Holzgebäude fügt sich schön in die Landschaft ein. Wir verlassen den Parkplatz über die Zufahrt und fahren dann rechts auf den Radweg. Diesem folgen wir um eine Links- und dann Rechtskurve, dann kommen wir zu einem **Aussichtspunkt** ❶ auf der rechten Seite. Hier steigen wir kurz vom Rad, um den Blick über die Naturflächen von einem erhöhten Standpunkt aus zu genießen.

Anschließend fahren wir auf dem Radweg weiter, überqueren den Kanal nach rechts und folgen dem Radweg um eine Rechtsbiegung. Hier steht auch eine **Steinbank** ❷, die zu einer Pause

TOUREN-STECKBRIEF

Anfahrt: Wir parken auf dem kostenlosen Parkplatz beim Infozentrum De Marel für das Naturschutzgebiet Waalenburg bei **N 53°05'35", E 4°47'58"**.
Fahrradverleih: Auf Texel können in allen größeren Orten Räder gemietet werden, zum Beispiel bei van der Linde mit Niederlassung in Den Burg. Kosten für ein Rad €11,50, Kinder €8,50. In der Nebensaison teilweise erst ab zwei Tagen möglich. www.fietsenoptexel.nl
Anspruch und Charakter: Schöne Radtour, bei Gegenwind anstrengend.
Markierung: Um Waalenburg keine, ab De Waal 52 – 54 – 38 – 39 – 42 – 51 – ab Den Burg keine.
Einkehr: Im Infozentrum De Marel gibt es ein Café, in Oudeschild und Den Burg weitere Gastronomie für eine Einkehr.
Mit Kindern: Am Infozentrum De Marel gibt es einen schönen Naturspielplatz, an dem Kinder sich so richtig austoben können. Die Radtour kann verkürzt werden, indem wir hinter der Durchfahrt durch den Ort De Waal nicht links abbiegen, sondern rechts. Dieser Radweg führt uns wieder in das Naturschutzgebiet Waalenburg und auf den beschriebenen Weg. (10 km, gut 1 h)
In der Nähe: Museum Kaap Skil, Robbentour, Ecomare, Juttersmuseum.

einlädt. Das nächste Stück des Weges führt schnurgerade durch das Schutzgebiet Waalenburg und rechts und links können wir immer wieder Vögel beobachten. Mit etwas Glück sehen wir hier auch den Löffler, der mit seinem breiten Schnabel im flachen Wasser nach Nahrung sucht.

Bei der ersten **Kreuzung** ❸ biegen wir nach links ab, direkt an der Kreuzung befindet sich eine schöne **Pausenstelle**, an der man sich auf breite Treppen setzen kann. Wieder fahren wir die schnurgerade Straße entlang, bis diese zu Ende ist. Dann biegen wir nach rechts ab und folgen dem Weg bis in das Örtchen **De Waal**.

Am **Friedhof** biegen wir nach links ab und halten uns dann wieder links, bis wir zu einem **Kreisverkehr** kommen. Diesen verlassen wir an der ersten Ausfahrt und fahren auf den Radweg auf der rechten Straßenseite. Bei zweiter Gelegenheit fahren wir nach links, anschließend wieder nach links auf den markierten Radweg.

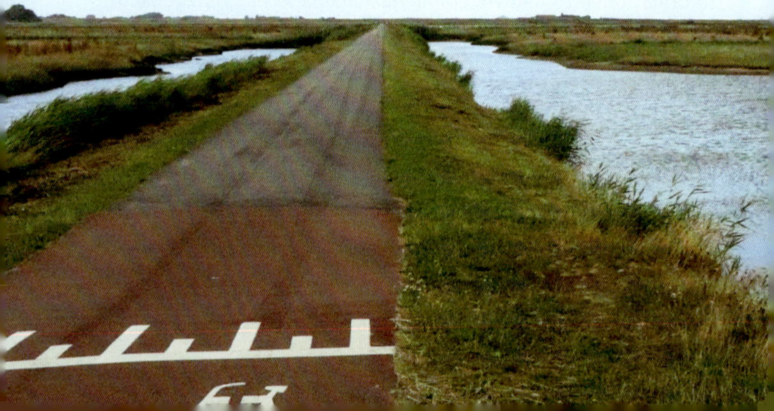

Diesem folgen wir um eine scharfe Links- und Rechtskurve und zwischen Wiesen und Weiden hindurch. Das Land ist hier ganz flach und der Blick reicht weit bis zum Horizont. Schließlich überqueren wir eine schmale **Straße** ❹ und fahren auf der anderen Seite geradeaus weiter, jetzt entlang eines Kanals. 800 Meter weiter treffen wir auf eine größere Straße, biegen in den Radweg nach rechts ab und folgen diesem, bis wir in den Ort **Oudeschild** kommen.

Highlights

Von den weiten, mit Wasserkanälen durchzogenen Feuchtwiesen im Vogelschutzgebiet Waalenburg bis zum malerischen Fischereihafen von Oudeschild – mit dem Fahrrad lernt ihr Texels abwechslungreiche Landschaft am besten kennen.

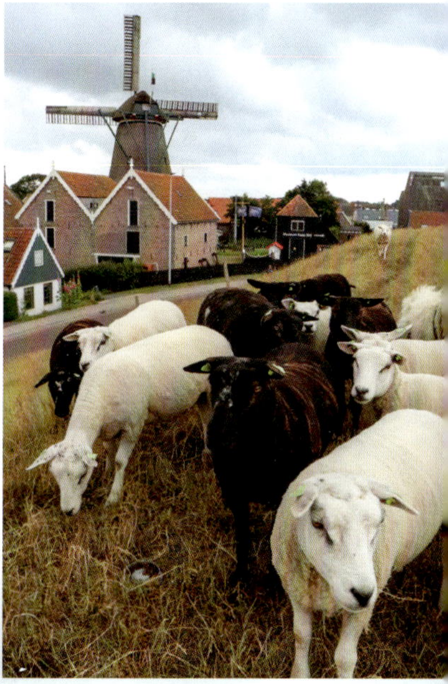

Hier kommen wir an einigen fischverarbeitenden Betrieben im Gewerbegebiet vorbei. Oudeschild war von jeher ein Fischerort und ist dies auch weiterhin. Schließlich führt die Straße über den Deich, dann biegen wir nach links zum Hafen ab. Unten halten wir uns rechts und fahren jetzt direkt am **Hafenbecken** ❺ entlang. Hier starten Kutterfahrten zum Krabbenfischen oder Robben beobachten, es liegen aber auch noch viele Fischerboote vor Anker. Es lohnt sich auf jeden Fall, im Hafen eine Pause einzulegen, entweder auf einer der vielen Bänke oder bei einem Teller Pommes Frites und Kibbeling in einem der Fischrestaurants.

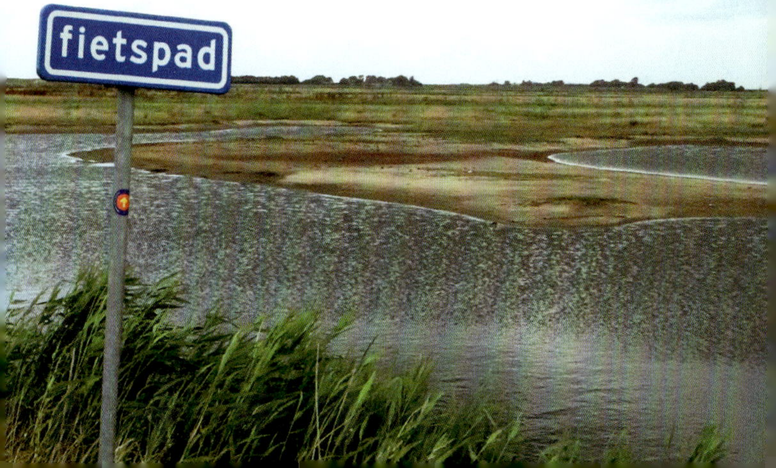

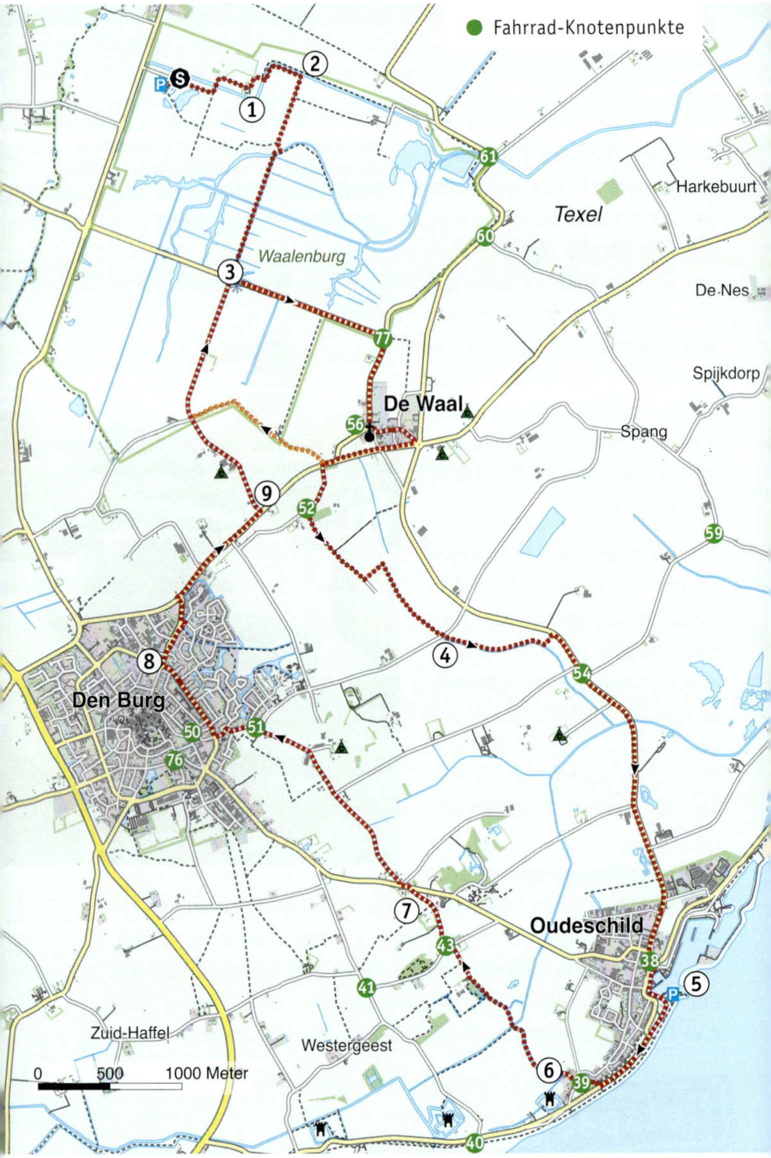

Wir folgen jetzt dem Weg weiter am Hafenbecken entlang und radeln nach einer Rechtskurve hinter dem Deich entlang. Dort wo die Häuserreihe auf der rechten Seite sich ein wenig in Richtung Inland zieht, biegen wir nach rechts ab und fahren an den Häusern entlang. Am Ende der Straße biegen wir nach rechts ab, hier ist auch schon der **Skillepaadje** ❻ ausgeschildert. Am Ende des Ortes folgen wir geradeaus dem schmalen Radweg, der uns zwischen Schilfhalmen den Kanal entlang führt. Hier wurde früher das Wasser für die langen Seefahrten entnommen, die von Texel aus starteten. Der Skilletpaadje führt uns jetzt wieder ins Inland und wir folgen dem Weg immer geradeaus an mehreren Höfen vorbei. Zeitweise fahren wir dabei auf Schotter.

An der **Straße** ❼ biegen wir kurz nach links und dann direkt wieder nach rechts auf den Radweg ab. Dieser führt uns jetzt bis nach **Den Burg**, in die Hauptstadt der Insel. Im Ort folgen wir der Straße nach rechts, am Ende dann nach links. An der nächsten **Kreuzung** biegen wir rechts in die Straße **Bernhardlaan** ab und folgen ihr bis zu einem **Kreisverkehr**. Hier gibt es jetzt die Möglichkeit, nach links abzubiegen, um einen Abstecher in die Innenstadt von Den Burg zu machen. Wir fahren aber direkt weiter und halten uns dazu am **Kreisverkehr** ❽ rechts.

Bei erster Gelegenheit fahren wir auf den Radweg, der rechts neben der Straße entlang führt. An der nächsten **Kreuzung** halten wir uns links, dann biegen wir nach rechts auf die Straße ab. Anschließend fahren wir links der Straße auf den Radweg. Wir überqueren die nächste Straße, die an einer **T-Kreuzung** vor uns liegt, und fahren dann auf dem Radweg nach rechts.

Diesem folgen wir durch den kleinen Weiler **Tienhoven** und biegen dann links in die Straße **Ongeren** ❾ ein. Diese ist von hohen Hecken gesäumt und fühlt sich fast an wie ein Tunnel. Nach einer langgezogenen Rechtskurve führt uns die Straße wieder in das Naturschutzgebiet Waalenburg.

Wir fahren jetzt wieder schnurgerade durch das Feuchtgebiet – vielleicht treffen wir noch ein weiteres Mal auf die Löffler. Wir kommen wieder an der **Pausenstelle mit den Stufen** ❸ vorbei, fahren hier auch geradeaus weiter. Am Ende folgen wir dem Radweg nach links, der uns wieder zum Infozentrum zurückführt.

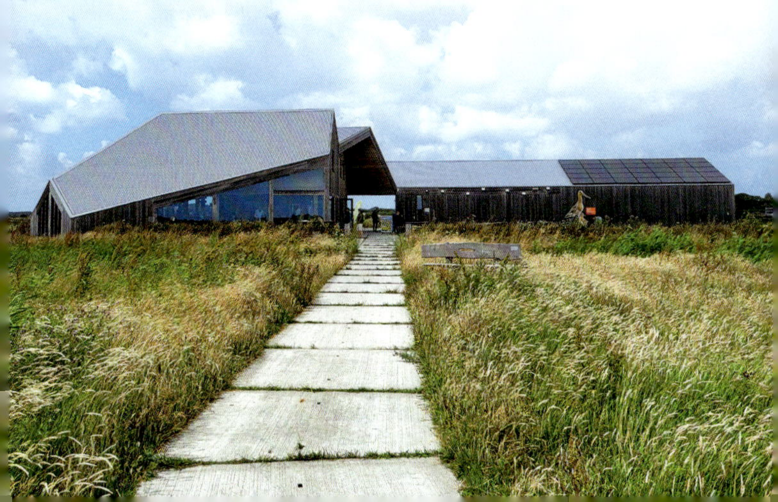

30 m

STRECKE 13 km

4 h 30

ab 8

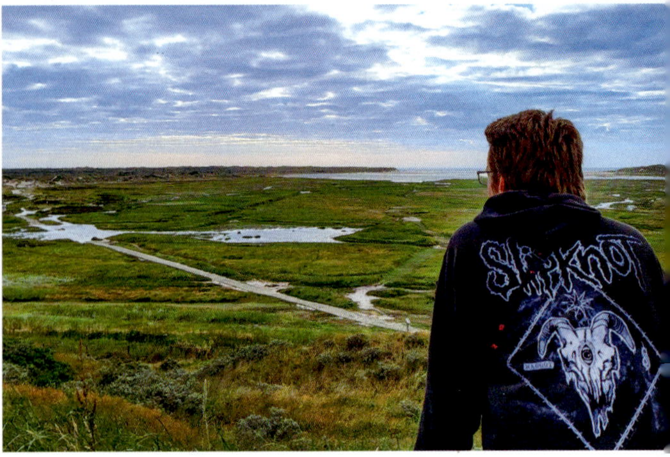

17 De Muy und De Slufter

Vogelparadies am gebrochenen Deich

Der Slufter ist ein ganz besonderes Gebiet auf Texel. Hier sind in Stürmen im 19. Jahrhundert Deiche gebrochen, die nicht mehr repariert wurden. So konnte Meerwasser in Form von Prielen bis hinter die Dünen fließen und tut dies noch immer jeden Tag im Rhythmus der Gezeiten. Im Slufter gedeien daher nur salzliebende Pflanzen und viele Vögel finden hier ihr Futter. Um die Vögel zu schützen, ist nur der südliche Teil des Slufters ganzjährig zugänglich, das Gebiet De Muy im Norden des Schutzgebietes darf nur außerhalb der Brutsaison betreten werden. Der Strand liegt hinter dem Slufter und ist nur zu Fuß zu erreichen – was dafür sorgt, dass wir hier auch im Sommer viel Platz für uns haben. Wer im Slufter auf den Wanderwegen laufen möchte, sollte wasserfeste Schuhe tragen.

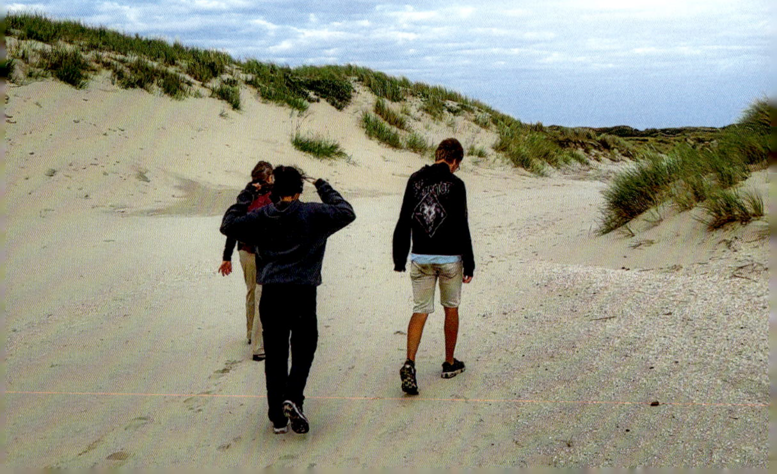

Highlights

Im Nationalpark »Dünen von Texel« erwartet uns ein besonders wilder, naturbelassener Abschnitt der Küste. Am breiten Sandstrand, der nur zu Fuß erreichbar ist, wird es auch im Hochsommer nicht voll.

Wanderung: Unsere Wanderung beginnt am Parkplatz am nördlichen Ortsrand von **De Koog**. Wir starten in Richtung Strand. Auf der linken Seite liegt der Campingplatz Kogerstrand. Vor der letzten Dünenreihe biegen wir rechts in einen schmalen Weg ab, der uns durch Büsche und Gras parallel zum Meer durch die Dünen führt. An der ersten **Kreuzung** ❶ mit einem anderen Wanderweg halten wir uns rechts. Geradeaus führt der Weg ins Vogelschutzgebiet De Muy, dieser Weg ist nur außerhalb der Brutzeit zugänglich.

Variante mit Durchquerung von De Muy
Das Vogelschutzgebiet De Muy ist während der Brutzeit vom 1.3. bis zum 1.8. gesperrt! Außerhalb dieser Zeit können Wandernde auch durch das Vogelschutzgebiet laufen. Bei dieser Variante biegt ihr vom Strand schon bei der ersten Gelegenheit nach links in die Dünen ab und lauft dann nach rechts durch das Vogelschutzgebiet.

Wir folgen dem Weg durch die Dünen auf und ab, bis wir links zu einem **Aussichtspunkt** ❷ hinaufsteigen können. Von hier oben hat man eine tolle Sicht über die Dünen und die Nordsee. Es stehen hier auch Bänke, sodass wir gut eine erste Pause einlegen können.

Anschließend steigen wir über die Treppen wieder hinunter und gehen nach links weiter, bis wir auf einen breiteren Weg treffen. Hier biegen wir links ab und wandern jetzt an Schafweiden und Feuchtgebieten entlang. Ungefähr auf der Hälfte des Weges kommen wir an einem kleinen Wäldchen vorbei. Hier steht an einladender Stelle eine **Bank** ❸, auf der wir verweilen können. Im Wald gibt es allerdings keinen Weg, auch wenn dies auf den ersten Blick so aussieht. Hier nisten Vögel, die viel Ruhe brauchen, sodass wir hier nicht weiterlaufen sollten. Wir folgen deshalb weiter dem breiten Weg.

TOUREN-STECKBRIEF

Anfahrt: Wir parken auf dem Parkplatz in De Koog auf dem Weg zum Paal 21 bei **N 53°06'26", E 4°46'06"**. Mit der Texel-Vignette ist das Parken hier kostenlos, ansonsten ist der Platz gebührenpflichtig.
Anspruch und Charakter: Ebene Wanderung mit langer Passage am Strand.
Markierung: Keine.
Einkehr: Am Slufter gibt es das schöne Restaurant De Slufter direkt hinter dem Deich, weitere Restaurants in De Koog.
Mit Kindern: Mit Kindern könnt ihr euch auch auf die Tour am Slufter beschränken. Neben dem Restaurant De Slufter gibt es einen Parkplatz, hier führt eine Treppe über den Deich. Im Slufter gibt es viel zu entdecken und den Weg bis zum Strand schaffen auch kleinere Kinder (hin und zurück sind es etwa 3,5 km).
In der Nähe: Robbentour, Marine- und Strandräubermuseum Flora, Ecomare.

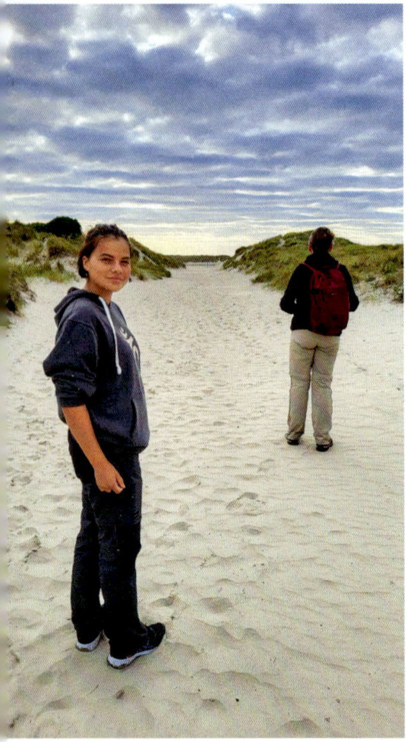

Hier treffen wir auch oft auf die Herde **Heckrinder**, die frei herumläuft. Wenn sie Kälbchen haben, sollte man ihnen nicht zu nahe kommen. Auch mit dem richtigen Respekt und Abstand sind die großen, behaarten Tiere mit den langen Hörnern sehr beeindruckend.

Wir folgen dem Weg weiter bis zu einer **T-Kreuzung** ❹, hier halten wir uns rechts und überqueren eine Brücke. Auf der anderen Seite laufen wir links weiter – jetzt sind wir direkt hinter dem Deich. An der nächsten Gabelung halten wir uns links, bis wir am **Slufter** ❺ ankommen. Hier gibt es ein kleines Tor, durch das wir hindurch müssen.

Dort wo der Deich am Slufter brach, zieht sich ein Priel bis tief ins Land hinein. Da der vordere Deich nicht repariert werden konnte, drang das Wasser immer weiter vor und hat hier eine einzigartige Landschaft geschaffen, die ein Paradies für Vögel ist. Zwischen den Salzwiesen gibt es auch immer wieder kleine Tümpel und Seen, die Gezeiten sorgen für auf- und ablaufendes Wasser, das auch Strömung in die vielen kleinen Priele bringt.

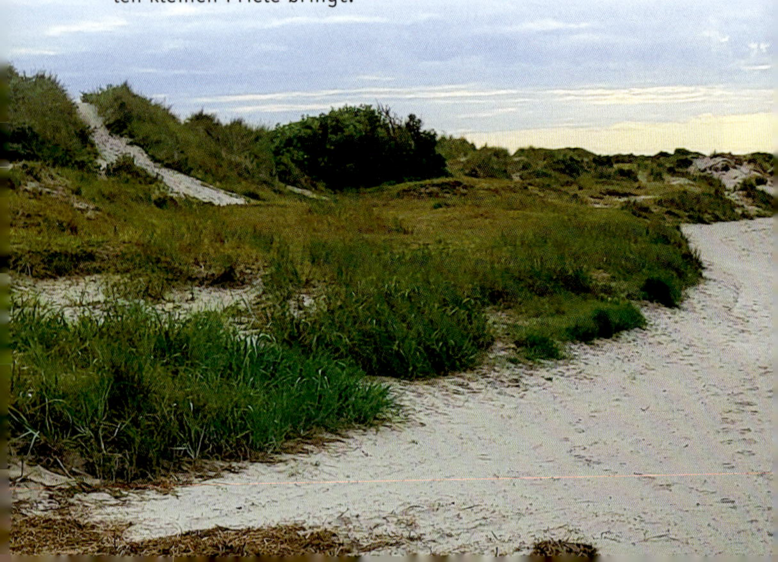

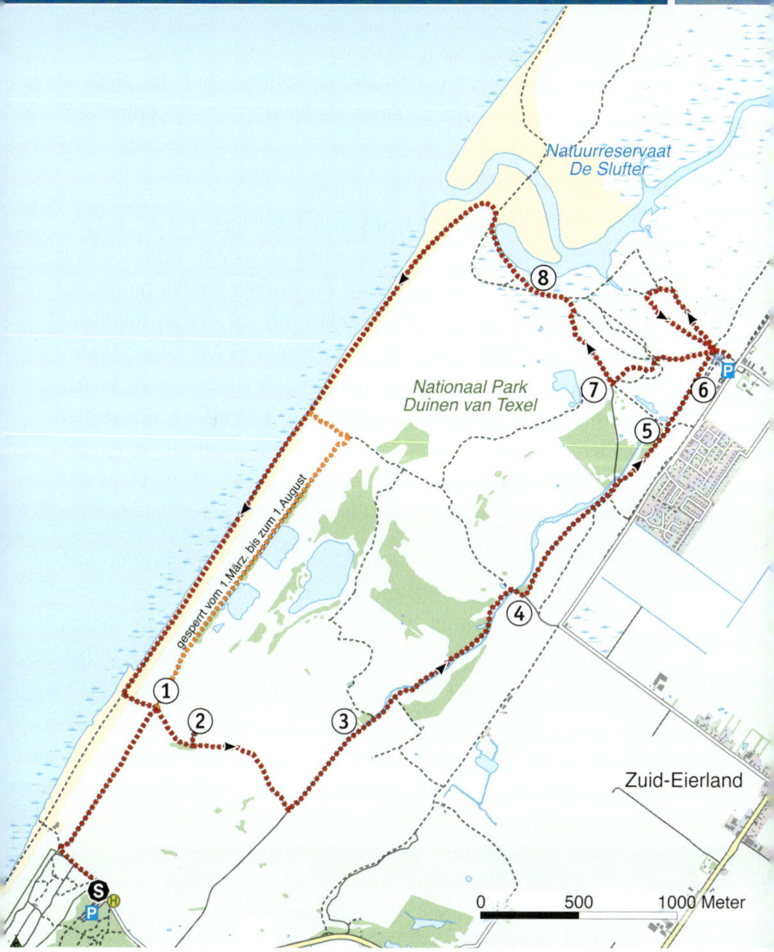

Wir laufen jetzt noch ein Stück geradeaus am Deich entlang, dann steigen wir nach rechts die Treppe hinauf. Hier gibt es eine **Aussichtsplattform auf dem Deich** ❻, von der aus wir den ganzen Slufter überblicken können. Von hier aus kann man auch

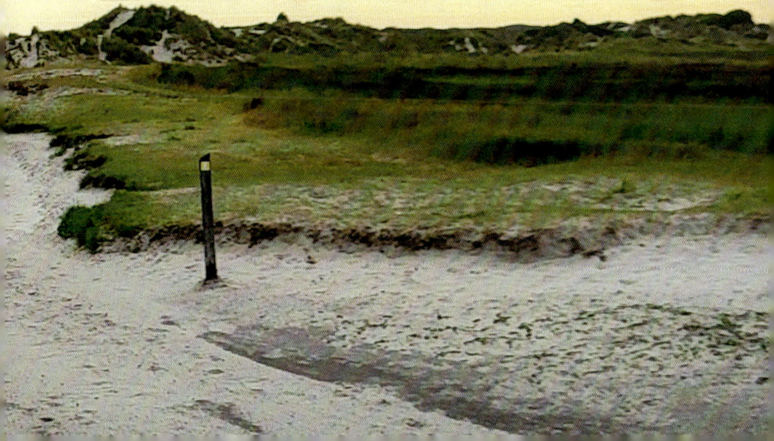

wunderbar den Sonnenuntergang genießen – auf der anderen Seite des Deiches gibt es einen Parkplatz und ein sehr gutes Restaurant.

Wir steigen die Treppen wieder hinunter und laufen geradeaus in den Slufter. Der Weg führt uns manchmal über Plastikmatten, die auf dem oftmals nassen Untergrund ausgelegt wurden, damit man keine nassen Füße bekommt. An einigen Stellen laufen wir auch über Betonplatten. Wir wandern bis zur ersten **Gabelung** und halten uns hier links, um dann wieder links um eine Schleife im Slufter zu laufen. Am Ende kommen wir wieder unten an den Treppen an. Die Wege sind allerdings nicht immer eindeutig zu erkennen, da sie sich jedes Jahr ein wenig ändern. Wer keine nassen Füße bekommen möchte, muss besonders gut auf den Weg achten und vielleicht auch umdrehen.

Anschließend drehen wir den Treppen den Rücken zu und wandern schräg links durch den Slufter in Richtung der Dünenreihe. An der ersten **Gabelung** halten wir uns links und dann rechts, der Weg ist jetzt sandig und häufig mit Stroh bedeckt. Schließlich kommen wir an einen etwas höheren **Damm** **7**, auf dem es

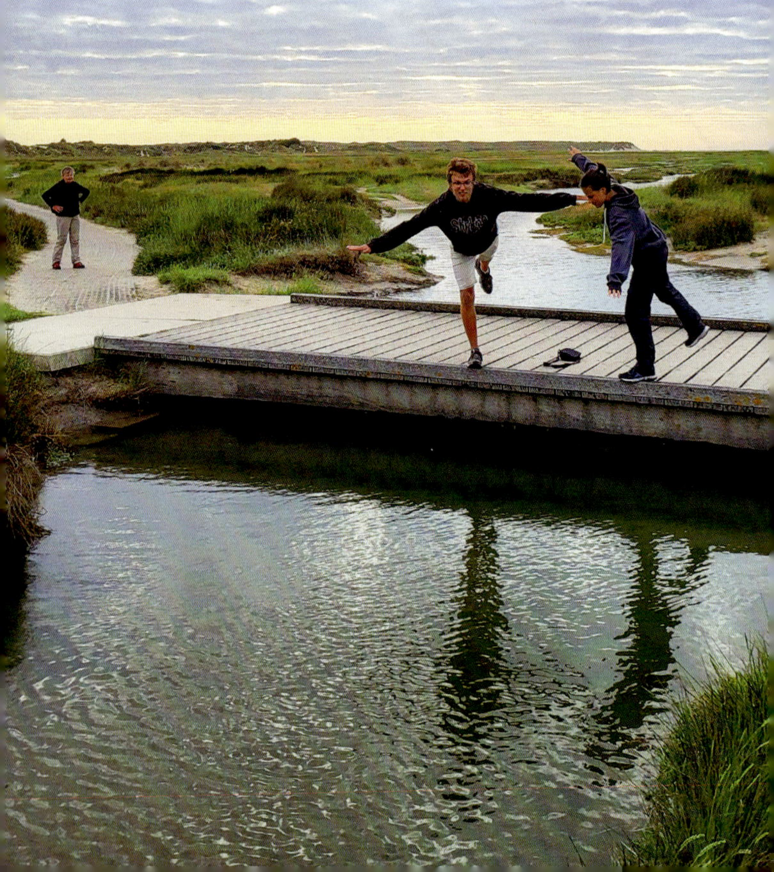

auch einen Betonweg gibt. Nun laufen wir nach rechts über den Sandweg in die Dünen.

Hier sieht man eindrucksvoll, wie jedes Jahr im Winter der Wind und die Wellen an der Landschaft arbeiten, denn jedes Jahr sehen die Dünen ein wenig anders aus. Wir laufen noch ein Stückchen hinter den Sandhügeln, dann führt uns der Weg rechts zwischen zwei hohen Dünen hindurch in eine Art **Korridor** **8**. Hier laufen wir nach links und folgen jetzt der Wasserkante, denn hier sehen wir schon den Priel, der sich durch die Stelle am Deich schiebt, die gebrochen ist. Der Priel ist abgesperrt und auch zu tief, um ihn zu durchqueren. Rechts in der Ferne sehen wir den Leuchtturm der Insel.

Wir folgen dem Priel zum **Strand** **9** und laufen dann links am Meer entlang. Hier liegt ein langer Sandstreifen vor uns, an dem es oftmals sehr einsam ist. Man kann hier nicht mit dem Auto parken, sodass nicht allzu viele Menschen hierher kommen. An warmen Tagen könnt ihr hier auch noch eine Pause zum Baden einlegen.

Etwa 1500 Meter geht es am Strand entlang bis zum Strandzugang **Paal 22**. Dann geht es durch die Dünen zu einem Querweg, dem wir nach rechts folgen. Bei nächster Gelegenheit biegen wir noch einmal nach links ab und stehen wieder am Parkplatz.

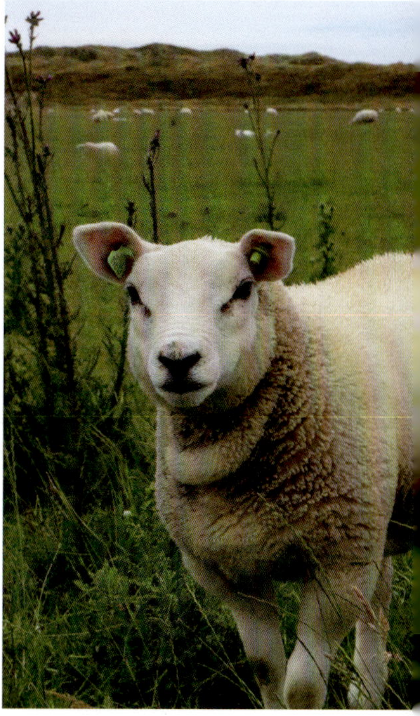

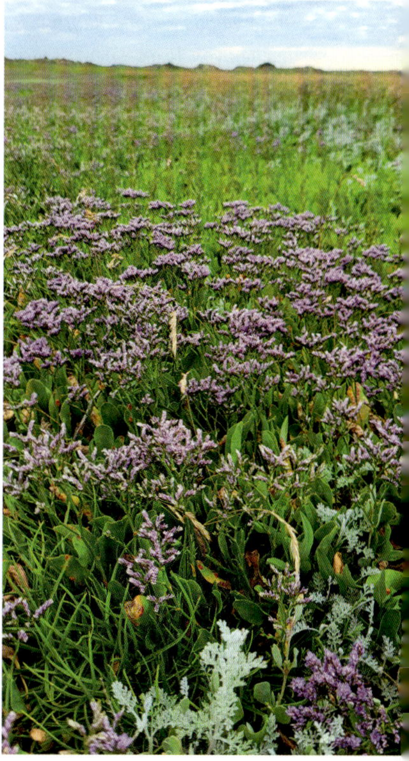

50 m

STRECKE

36,8 km

4 h

ab 10

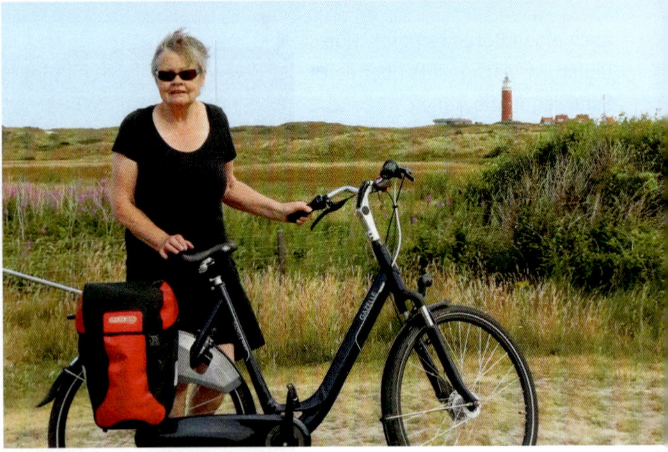

18 Um die Spitze von Texel

Fahrradtour von De Koog nach Oosterend und zum Leuchtturm

Diese wunderschöne Radtour führt uns durch die Dünen zum Wahrzeichen von Texel – dem großen, roten Leuchtturm an der Nord-Ostspitze der Insel. Im Anschluss radeln wir die Wattenküste entlang und genießen den weiten Blick. Schließlich kommen wir nach Oosterend – wir finden, es ist das schönste Dorf auf der ganzen Insel. In den engen Gassen kann man sich noch vorstellen, wie das Leben früher auf Texel ablief und bei einem Kaffee an einem Tisch in der Sonne die tolle Atmosphäre genießen. Zum Abschluss führt der Weg uns noch durch das Naturschutzgebiet Waalenburg. Wir müssen aber auf den Wind achten – wenn dieser uns auf dem Rückweg ins Gesicht bläst, kann die Tour sehr anstrengend werden.

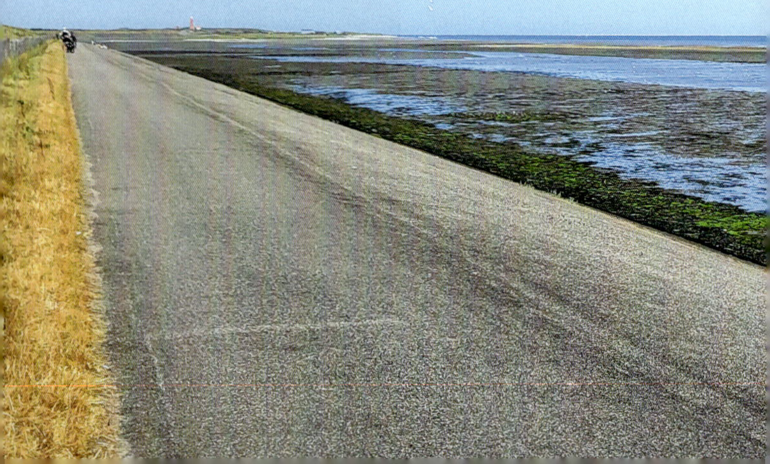

Radtour: Unsere Radtour beginnt in **De Koog** am Parkplatz. Von hier folgen wir der Straße in Richtung Strand. Bevor der Weg steil bergauf geht, biegen wir nach rechts auf den Radweg ein, der Wegweiser zeigt in Richtung Leuchtturm. Wir folgen dem Radweg durch De Koog, parallel zur Straße, und fahren unter Bäumen hindurch. Schließlich verlässt der Weg den Ort und wir fahren ein Stückchen neben der Straße entlang. Kurz bevor diese nach rechts abbiegt, halten wir uns links und biegen am Knotenpunkt 22 in den **Radweg durch die Dünen** ❶ ein.

Highlights

Der rote Leuchtturm auf Texel ist das viel fotografierte Wahrzeichen der Insel. Er ist fast 35 Meter hoch und steht auf einer Düne an Texels nördlichstem Punkt, wo die Nordsee auf das Wattenmeer trifft. Von seiner Spitze bietet sich ein atemberaubender Blick über die Insel und das Meer.

TOUREN-STECKBRIEF

Anfahrt: Wir parken auf dem Parkplatz vor der Kartbahn in De Koog bei **GPS N 53°05‘53“, E 4°45‘54“**. Mit der Texel-Vignette ist das Parken hier umsonst, ohne ist es kostenpflichtig.

Fahrradverleih: Auf Texel können in allen größeren Orten Räder gemietet werden, zum Beispiel bei Van der Linde mit Niederlassung in Den Burg. Kosten für ein Rad €11,50, Kinder €8,50. In der Nebensaison teilweise nur ab zwei Tagen möglich. www.fietsenoptexel.nl

Anspruch und Charakter: Lange Radtour durch Dünen und entlang des Wattenmeeres, bei Gegenwind anstrengend.

Markierung: 21 – 22 – 27 – 28 – 29 – 31 – 32 – 35 – 36 – 53 – 60 – dann Richtung 56, aber wir biegen vor dem Knotenpunkt rechts in das Naturschutzgebiet Waalenburg ein.

Einkehr: In De Koog und Oosterend gibt es viele Restaurants und Cafés. Direkt am Leuchtturm gibt es das Restaurant Oudeland mit schönem Blick durch die großen Fenster auf den Strand und den Leuchtturm.

Mit Kindern: Mit Kindern bietet es sich an, einfach nur bis zum Leuchtturm ❹ zu fahren und den gleichen Weg zurück zu wählen. Der weite Strand rund um den Leuchtturm ist sehr schön und ideal, um Drachen steigen zu lassen. (24,6 km, 3 h)

Leuchtturm: Der Leuchtturm ist in der Hauptsaison von 10–16 Uhr geöffnet. Karten kosten €5,75 für Personen über fünf Jahre. Es muss online ein Ticket mit Zeitfenster reserviert werden. www.vuurtorentexel.nl.

In der Nähe: Robbentour, Marine- und Strandräubermuseum Flora.

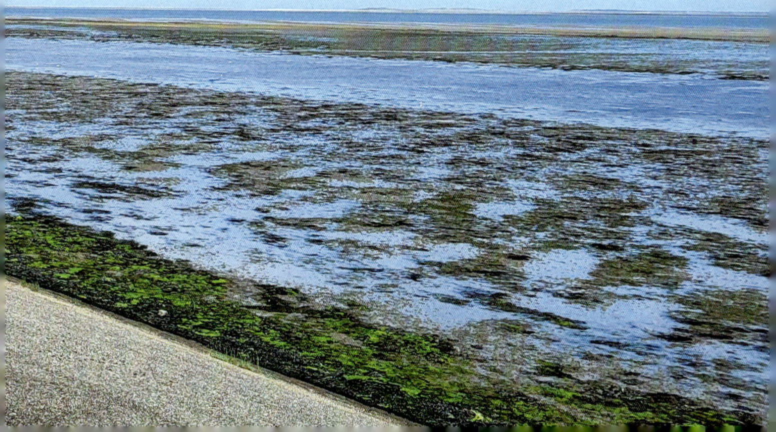

Leicht auf und ab geht es jetzt durch die Dünen in Richtung Norden. Links gäbe es mehrere Möglichkeiten, zum Strand zu kommen. Schließlich fahren wir an der **Feriensiedlung De Slufter** auf der rechten Seite vorbei. Wenn wir hier einmal auf den Deich auf der linken Seite steigen, haben wir einen schönen Blick über das Naturschutzgebiet **Slufter** ❷. Hier ist der vordere Deich bei einem Sturm gebrochen. Dadurch ist ein spannendes, gezeitenabhängiges Feuchtgebiet entstanden.

Der Weg führt jetzt wieder mitten in die Dünen und es geht leicht hoch und runter. Schließlich passieren wir auf der rechten Seite einen **Golfplatz**, kurz danach kommen wir an eine **Straße** ❸. Diese überqueren wir vorsichtig, denn diese Stelle ist von Autofahrenden schlecht einsehbar.

Auf der anderen Seite geht es geradeaus weiter, auf der rechten Seite liegen wieder eine Feriensiedlung und ein Campingplatz.

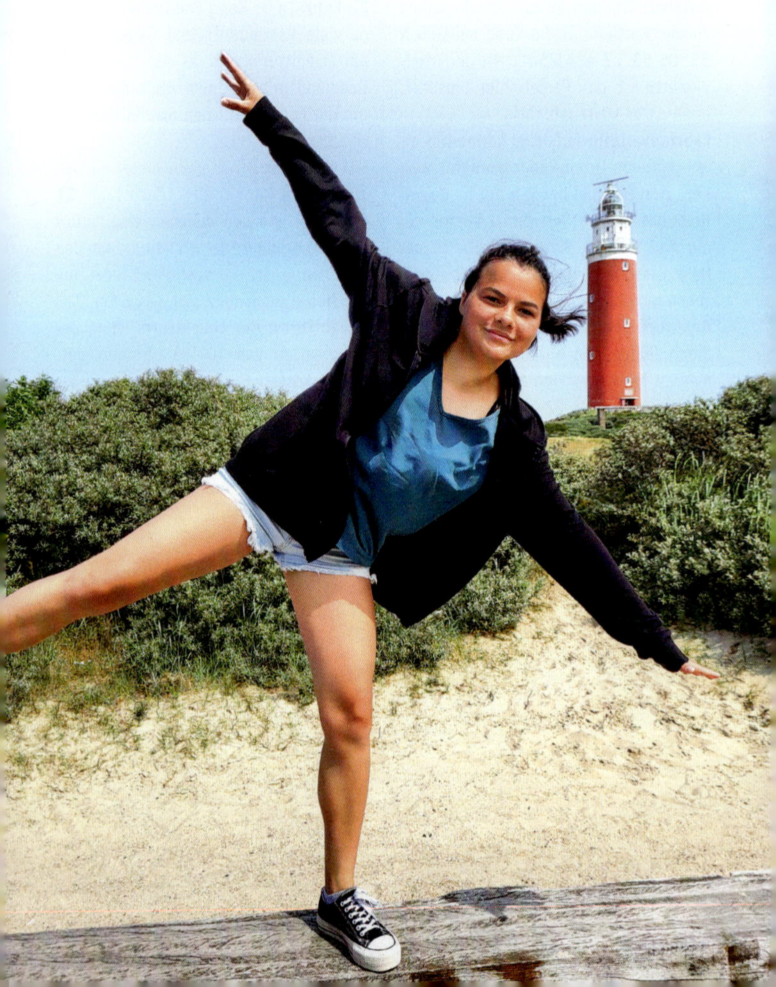

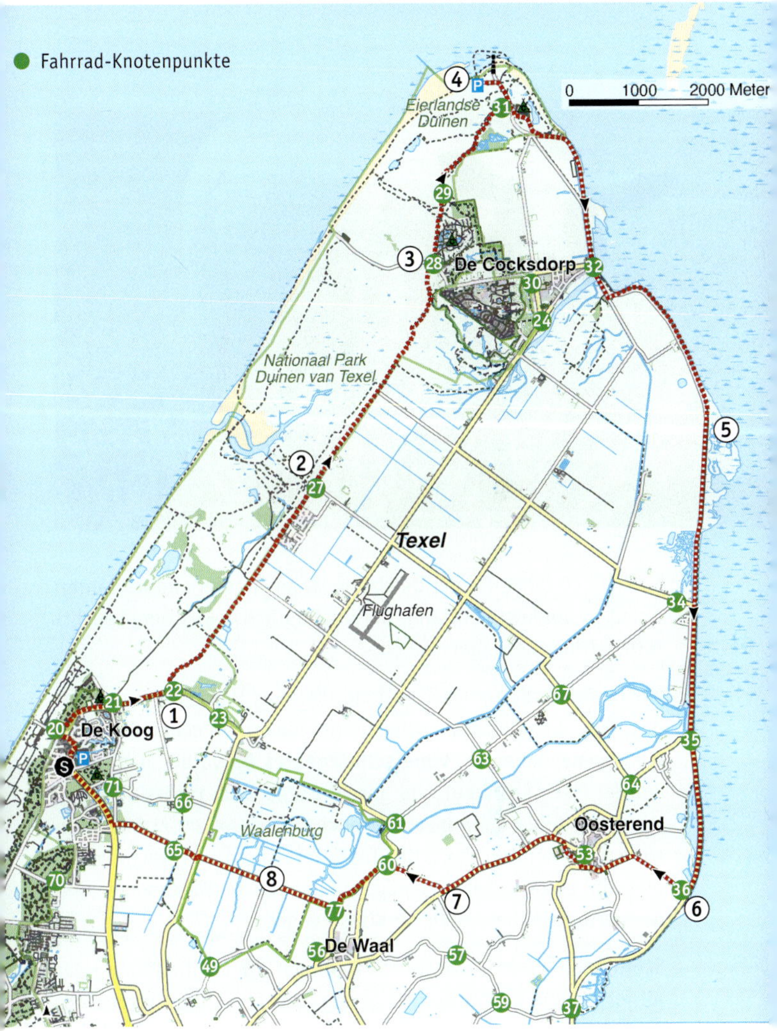

In der Ferne können wir jetzt schon ganz klein den roten Leuchtturm erkennen. Wir bleiben auf dem Radweg, bis wir schließlich eine **Straße** erreichen. Dieser folgen wir nach links und kommen dann schnell am **Leuchtturm** ❹ an. Es gibt hier direkt an der Straße einen Radparkplatz, von hier können wir zu Fuß zum Strand oder an den Leuchtturm gehen.

Im Anschluss fahren wir die Straße wieder hinunter und halten uns links, um über den roten Ziegelweg auf den Parkplatz zu radeln. Wir folgen dem Weg am linken Eck des Parkplatzes und lassen einen weiteren Campingplatz links liegen. Am **Ende der Straße** biegen wir nach links ab und kommen dann am **Anleger für das Boot nach Vlieland** und für Robbentouren vorbei.

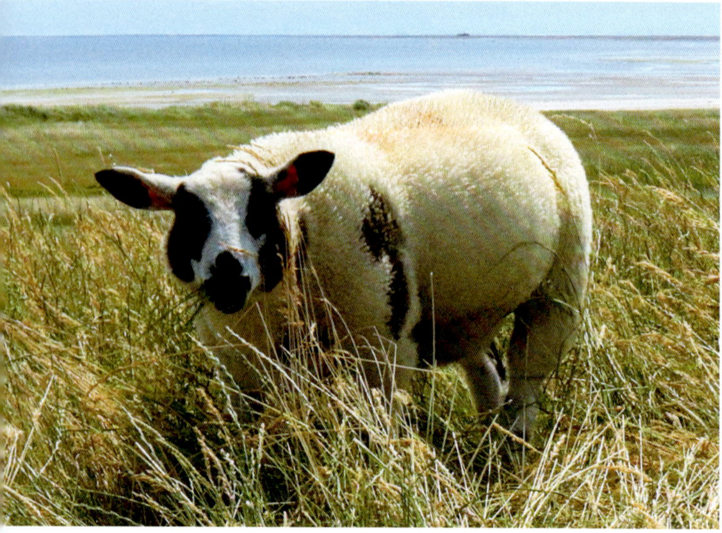

Schließlich führt uns der Deich wieder ans Wasser und wir fahren direkt an der Küste entlang. Der Blick zurück in Richtung Leuchtturm ist hier besonders schön.

Wir fahren jetzt am Meer entlang, der Weg führt uns manchmal oben über den Deich, manchmal über die Straße genau dahinter. Wir kommen an einem **Vogelschutzgebiet** 5 vorbei, das zuerst auf der Meerseite liegt und anschließend auch rechts von uns. Mit etwas Glück kann man hier auch Löffler sehen. Auf der dem Land zugewandten Seite der Insel Texel liegt das Wattenmeer, hier gibt es keine Sandstrände. Die Gebiete am Wattenmeer sind der perfekte Lebensraum für Wasservögel.

Schließlich kommen wir an ein **Denkmal** 6 für die Piloten der Alliierten, die im Zweiten Weltkrieg über Texel abgestürzt sind. Der verbeulte Propeller eines Flugzeugs erinnert an die Opfer. Hier stehen auch Bänke und die Gelegenheit, eine Pause zu machen, ist gut. 200 Meter weiter verlassen wir die Küste und biegen nach rechts in Richtung **Oosterend** ab.

An der nächsten **Gabelung** halten wir uns links und folgen der Straße bis in den Ort. Um in den **Ortskern von Oosterend** zu kommen, biegen wir rechts in die vierte Querstraße ein und halten dabei auf die Kirche zu. Wenn viel los ist, empfiehlt es sich hier zu schieben. Hinter der Kirche geht es nach links, am Ende der Straße wieder nach rechts. Im Ort, der sich noch viel ursprünglichen Charme bewahrt hat, können wir sehr schön einkehren und einen Kaffee trinken.

Anschließend folgen wir der Straße bis zur Hauptstraße und biegen hier links ab. **Am Ortsende** folgen wir der Straße nach links, bis wir einen knappen Kilometer weiter rechts in die **Straße Bargen ❼** einbiegen können. Diese ist jetzt wieder deutlich schmaler und endet nach einem Kilometer an einer T-Kreuzung. Hier überqueren wir die größere Straße und folgen dem parallel verlaufenden Fahrradweg nach links.

Kurz vor De Waal biegen wir dann rechts auf die schnurgerade Straße ab, die uns durch das **Naturschutzgebiet Waalenburg** führt. Auch hier gibt es wieder viele Vögel zu beobachten und wir sehen immer wieder Autos, aus denen Menschen mit Ferngläsern die Wiesen fixieren. Schließlich kommen wir an einen schönen **Pausenplatz im Feuchtgebiet ❽**, an dem man auf großen Stufen noch mal ein Picknick machen kann.

Jetzt folgen wir der Straße bis zur Hauptstraße und biegen hier rechts ein. Diese Straße führt uns dann zurück bis nach De Koog und zu unserem Ausgangspunkt.

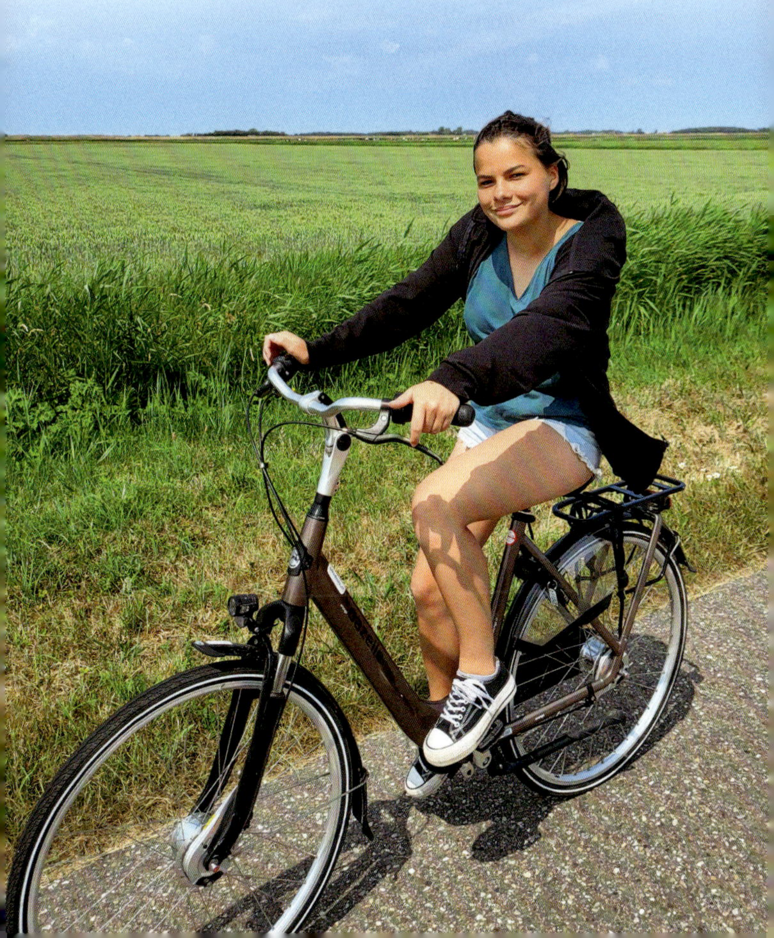

Am IJsselmeer und rund ums Watt
Die Provinz Friesland

Friesland ist eine Provinz in den Niederlanden, die sowohl an das IJsselmeer als auch an die Nordsee mit dem Wattenmeer grenzt. Zu Friesland gehören auch die Westfriesischen Inseln. Das sind alle bewohnten Inseln, die vor der Küste liegen, außer Texel. Friesland hat ein starkes Regionalbewusstsein und es gibt hier eine eigene Sprache, die sogar Amtssprache ist. Auf den Schildern am Ortseingang ist immer der Name des Ortes auf Niederländisch und auf Friesisch genannt.

Im Norden liegen die westfriesischen Inseln Vlieland, Terschelling, Ameland und Schiermonnikoog. Diese haben jeweils im Norden breite Sandstrände zur offenen Nordsee und auf der Landseite eine Küste am Wattenmeer. Auch wenn alle Inseln ähnlich entstanden sind, so hat doch jede ihren eigenen Charakter. Auf Vlieland gibt es zum Beispiel den Vliehors, eine riesige Sandfläche, die auch als die »Sahara des Nordens« bezeichnet wird. Auf Schiermonnikoog sind Süßwasserseen und Sümpfe ein wichtiges Brutgebiet für Enten, Gänse, Reiher und verschiedene Watvögel.

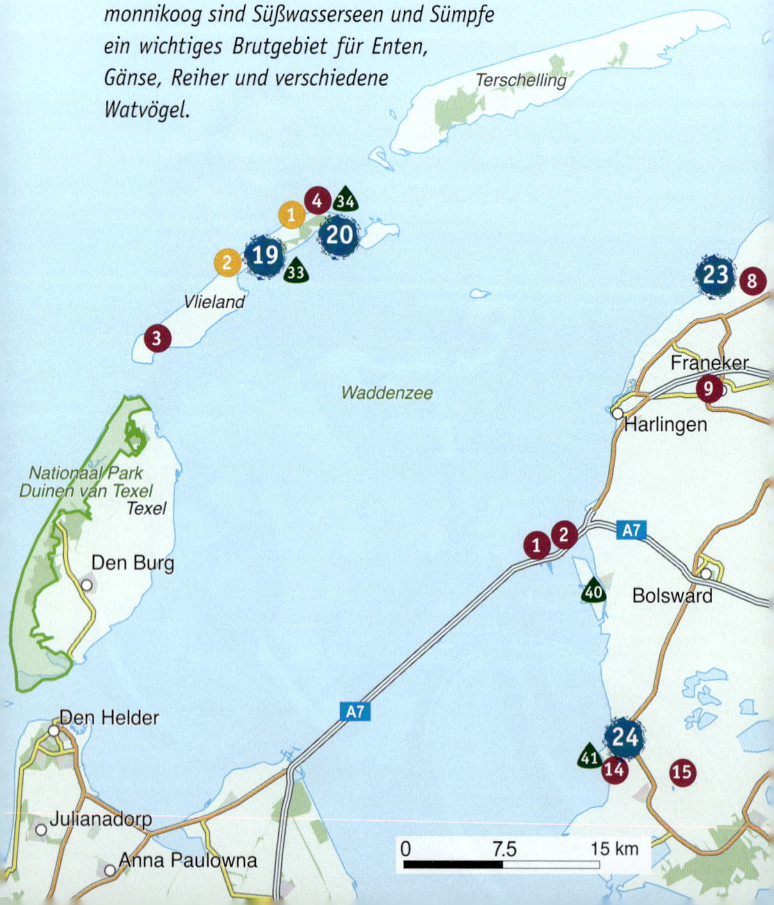

Um das IJsselmeer findet ihr schöne historische Städte, die vor dem Bau des Abschlussdamms wichtige Häfen an der Nordsee waren. Hier könnt ihr auch dem Wassersport frönen – das IJsselmeer ist beliebt zum Segeln, Kitesurfen und zum Strandurlaub. Wer Vögel beobachten möchte, ist am Wattenmeer richtig. Besonders während der Zugzeiten suchen im Watt große Schwärme von Vögeln nach Nahrung. Bei einer geführten Wanderung könnt ihr auch das Ökosystem Watt erkunden. Im Schlick des Meeresbodens sind viele spannende Spuren zu entdecken – beispielsweise die charakteristischen Löcher der Wattwürmer oder die Spuren von Krabben und kleinen Krebsen.

Im Inland findet ihr Seen und Wasserläufe sowie Feuchtgebiete und Polder. Hier wurde früher auch Torf abgebaut, was man heute immer noch an den vielen kleinen Kanälen und den eingedeichten Bereichen erkennen kann.

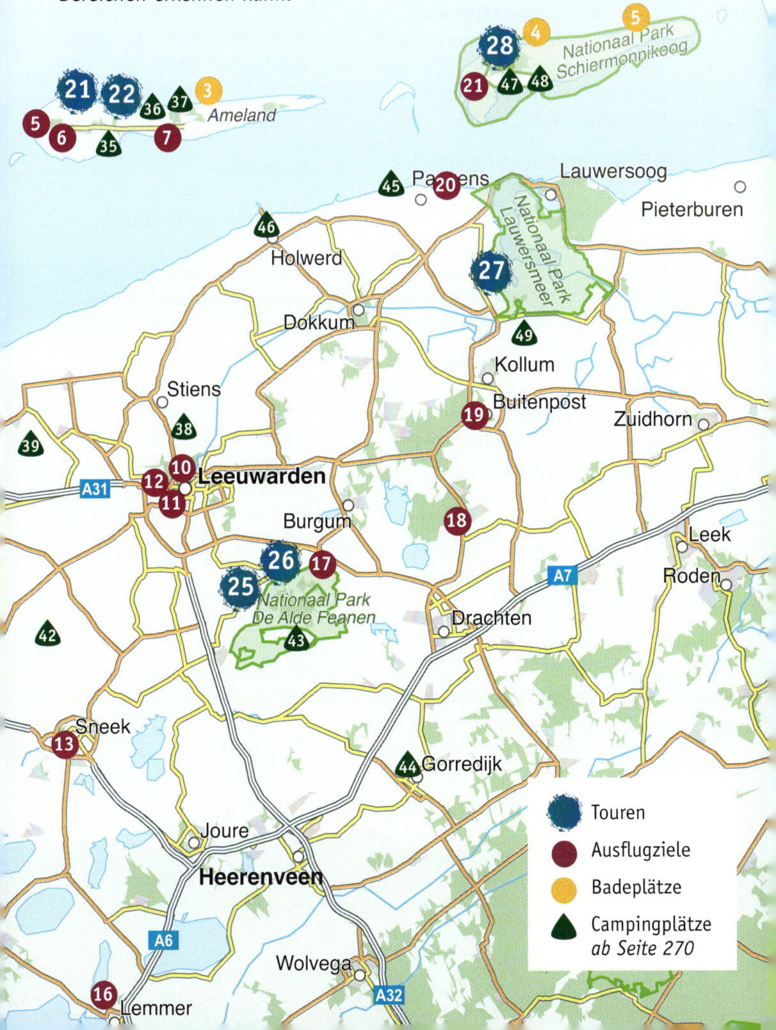

Strände Friesland

Wer in Friesland klassischen Strandurlaub machen möchte, muss auf die Westfriesischen Inseln fahren – die Nordseiten der Inseln haben breite Sandstrände, von denen viele überwacht werden. Weht hier eine rotgelbe Fahne, ist der Rettungsposten besetzt. Eine gelbe Flagge signalisiert schwierige Bedingungen, die rote bedeutet Badeverbot. Ist eine Flagge mit einem Fragezeichen gehisst, sucht ein Kind seine Eltern. In den Niederlanden gibt es auch viele FKK-Strände. Zwischen dem Festland und den Inseln liegt das Wattenmeer, hier gibt es keine klassischen Strände.

1 Badhuys Strand (Vlieland)

Der beliebteste Strand von Vlieland lockt mit feinem weißen Sand. Hier gibt es einen Strandpavillon und eine Kitesurfing-Schule.

2 Posthuys Strand (Vlieland)

Der ruhige Strand ist nur mit dem Rad erreichbar. Der Sand ist besonders fein und weiß und ihr findet hier noch recht einsame Abschnitte, selbst im Sommer. Vor allem bei Ebbe kann es aber starke Strömungen geben.

3 Strand von Buren (Ameland)

Auf Ameland gibt es einen 27 Kilometer langen Sandstrand, der zu den schönsten der Niederlande gehört. Besonders ansprechend ist der Abschnitt bei Buren mit einem Strandpavillon und gutem Zugang. Ruhigere Abschnitte findet ihr weiter östlich, wo der Zugang nur noch mit dem Fahrrad möglich ist.

4 Strand Schiermonnikoog

Auf Schiermonnikoog steht der nördlichste Strandpavillon der Niederlande. Der Strand ist besonders breit und beliebt bei Familien. Im Sommer wird er durch eine Rettungsstation überwacht. Hier gibt es auch die Möglichkeit, mit einem Strandbuggy über den Sand zu sausen oder das Kitesurfen zu lernen.

5 Strand De Balg (Schiermonnikoog)

Der Balg an der Ostspitze der Insel ist ein sehr wilder, ruhiger Strandabschnitt, der nur zu Fuß erreichbar ist. Hier sind nur wenige Menschen unterwegs und ihr könnt lange, einsame Strandspaziergänge machen. Es handelt sich um eine lange Sandbank, die sich durch die Gezeiten und den Wind jedes Jahr verändert. Bei stürmischem Wetter steht der Balg oft völlig unter Wasser. Hinterher könnt ihr viel Strandgut finden und besonders gut Muscheln suchen. Manchmal sind in der Nähe der Sandbank auch Seehunde zu beobachten.

Ausflugsziele

1 Afsluitdijk Wadden Center

N 53°04‘25.1“, E 5°20‘16.4“

Das Infozentrum befindet sich auf der friesländischen Seite des Afsluitdijk, des Abschlussdeiches, nahe der Stadt Kornwerderzand. Die Architektur des Gebäudes ist modern und darauf ausgelegt, sich harmonisch in die umgebende Landschaft einzufügen. In den Ausstellungen geht es um das Ökosystem am Wattenmeer und am IJsselmeer, den Deich selbst und verschiedene Wasserbauprojekte. Ebenso wird ein Blick auf die Zukunft im Zeichen des Klimawandels und des steigenden Meeresspiegels geworfen. Es gibt auch ein Restaurant mit Terrasse und schönem Blick über das IJsselmeer.

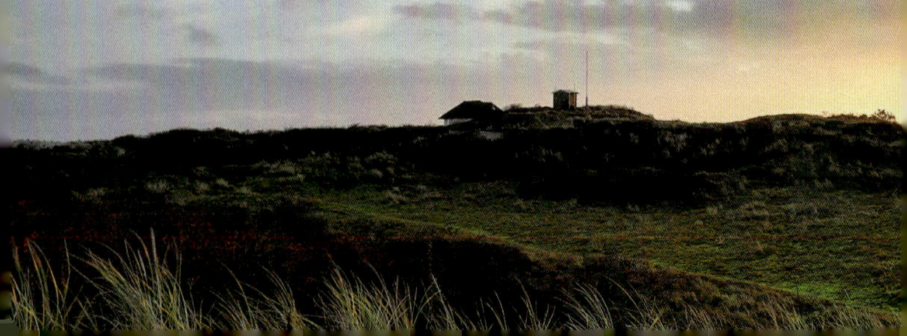

Geöffnet täglich 9–17.30 Uhr, Ausstellung ab 10 Uhr. €5, Kinder 4 bis 12 Jahre €3. www.afsluitdijkwaddencenter.nl

2 Kazematten Museum

N 53°04'24.1", E 5°20'01.7"
Kasematten sind Bunker und im weitläufigen Außenbereich des Museums können viele davon besichtigt werden. Hier bei Kornwerderzand konnten die niederländischen Truppen im Jahr 1940 beim Überfall der deutschen Wehrmacht erfolgreich ihre Stellungen verteidigen. Das Museum zeigt Waffen, Uniformen, Fotos und persönliche Gegenstände der Soldaten und zeigt, wie ihr Leben in den Bunkern während des Krieges aussah. Das Museum dient auch als Gedenkstätte für die Opfer und erinnert eindrücklich an die Schrecken des Krieges.
Geöffnet April bis November Mi bis Sa 10–17 Uhr, So 11–17 Uhr. €9,50, Kinder 4 bis 12 Jahre €4,75. www.kazemattenmuseum.nl

3 Ausflug mit dem Vliehors Expres

N 53°17'43.9", E 5°04'07.9"
Die Westseite der Insel Vlieland, der Vliehors, ist eine über zwanzig Quadratkilometer große Sandebene. Ihr könnt mit dem Vliehors Express, einem gelben Bus mit breiten Reifen, einen Ausflug in diese sogenannte Sahara des Nordens machen. An der Spitze der Insel sieht man oft Robben und es gibt einen Stopp am Strandräubermuseum, in dem Strandgut gesammelt wird.

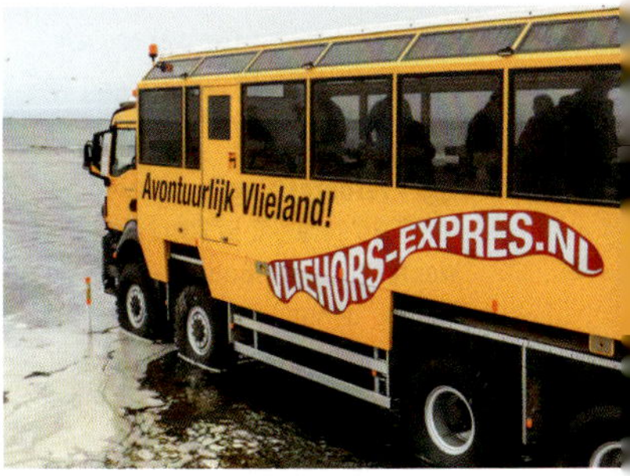

€25, Kinder €20, im Sommer tägliche Abfahrten, in der Nebensaison nur an ausgewählten Tagen, Reservierung empfohlen. www.vliehors-expres.nl

4 Bunkermuseum Vlieland

N 53°17'57.2", E 5°02'23.8"
Auch Vlieland war ein Teil des Atlantikwalls, den die Deutsche Wehrmacht als Verteidigungsstellung baute. Im Bunkermuseum gibt es eine Ausstellung über das Leben und die Ereignisse auf und um Vlieland während des Zweiten Weltkriegs sowie über den Aufbau der Befestigungsanlagen.
Geöffnet Di, Mi, Do und Sa, So 10.30–14.30 Uhr. €8, Kinder 6 bis 12 Jahre €5,50. www.bunkermuseumvlieland.nl

5 Bunkermuseum Ameland

N 53°26'52.0", E 5°37'02.5"
Das Bunkermuseum Ameland ist ein kleines Museum in einem ehemaligen Küchenbunker, der im Zweiten Weltkrieg durch die Deutschen gebaut wurde. Die Ausstellung ist sehr klein, es gibt aber mehrere kurze Filme und die authentischen Einblicke in die damalige Lebenssituation und das Leben auf Ameland während der Besatzung sind sehr spannend.

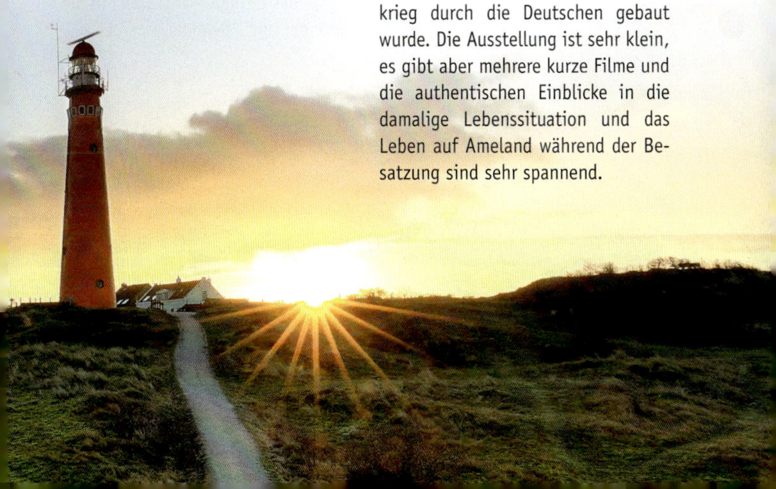

Geöffnet April bis Oktober täglich 10–20 Uhr. €3,30 zu bezahlen am Automaten (auch mit Karte).

6 Pferderettungsboot Ameland

N 53°26'34.9", E 5°38'12.9"

Wenn früher ein Boot vor Ameland in Seenot geriet, wurde das Rettungsboot von Pferden bis zum Meer gezogen. Heute wird dieses Schauspiel zu mehreren Terminen im Sommer immer noch vorgeführt. Los geht es am Oranjeweg 18 in Hollum. Das Spektakel ist sehr beliebt und immer gut besucht. Die Zeiten variieren jedes Jahr und sind hier einzusehen: www.vvvameland.de/programm/vorfuhrung-des-pferderettungsbootes.

7 Robbentour Ameland

N 53°26'10.3", E 5°46'30.4"

Fahrt ihr von Ameland aus mit einem Boot zu den Sandbänken, gibt es fast eine Garantie, Robben oder Seehunde beobachten zu können. Die Bootstour startet im Hafen von Nes. Am besten bringt ihr ein Fernglas mit, um die Robben auch aus der Nähe sehen zu können.

Expedetie Waddenzee, Robbentour in Kombination mit Schleppnetzfischen, auch Wattlaufen möglich, €20 pro Person, tägliche Abfahrten im Sommer. www.expeditiewaddenzee.de

MS Zeehond Ameland, Erwachsene €17, Kinder 4 bis 10 Jahre €10,50. www.robbentochten.com

8 Yeb Hettinga Museum & Zodenhuis

N 53°14'55.3", E 5°33'40.8"

Das Yeb Hettinga Museum befindet sich in der alten Schule von Firdgum. Das Museum konzentriert sich auf die lokale Geschichte und das kulturelle Erbes Frieslands. Es bietet einen Einblick in das ländliche Leben und die Bräuche der Vergangenheit. Unter anderem kann auch ein Nachbau eines frühmittelalterlichen Zodenhuis (Grasschollenhaus) besichtigt werden.

Geöffnet April bis August Sa und So 13–17 Uhr, Gruppen auch nach telefonischer Vereinbarung, +31 6-16523067. September bis März nur nach Vereinbarung. €4. www.yebhettingamuseum.nl

9 Eisinga-Planetarium

N 53°11'14.6", E 5°32'37.4"

Das Eisinga-Planetarium stammt aus dem Jahr 1781. Es ist ein mechanisches Modell des Sonnensystems und das älteste noch funktionierende Planetarium dieser Art auf der Welt. Gebaut und an der Decke seines Wohnhauses in Franeker montiert hat es der Wollkämmer Eise Eisinga. Das Modell zeigt die Bewegungen der Sonne, des Mondes und der sechs damals bekannten Planeten (Merkur, Venus, Erde, Mars, Jupiter und Saturn) in Echtzeit. Die Planeten bewegen sich entlang von kreisförmigen Bahnen, angetrieben von einem komplexen System aus Zahnrädern, das von einer Pendeluhr gesteuert wird. 2011 wurde das Eisinga-Planetarium in die Liste des UNESCO-Weltkulturerbes auf-

8

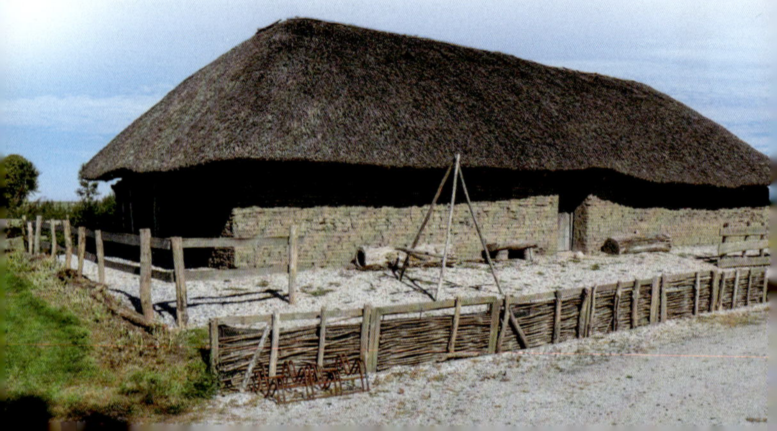

genommen. Außerdem sind hier astronomische Instrumente, ein Nachbau der alten Wollkämmerei von Eisinga und verschiedene Wechselausstellungen zu sehen.
Geöffnet Di bis Sa 10–17 Uhr, So 11–17 Uhr, April bis Oktober auch Mo 11–17 Uhr. €6, Kinder 4 bis 13 Jahre €5, eine Online-Reservierung wird empfohlen und gilt nur für das ausgewählte Zeitfenster.
www.eisinga-planetarium.nl

10 Naturmuseum Fryslan

N 53°12'14.9", E 5°47'45.3"
Die Ausstellung im Naturmuseum Friesland in Leeuwarden konzentriert sich auf die Naturgeschichte, die Flora und Fauna sowie die Umwelt der Region Friesland. Es gibt viele Skelette zu sehen, darunter auch die Knochen eines Pottwales. Mit vielen Spielen und Mitmachstationen ist das Museum auch für Kinder interessant. Viele der Filme und Informationen sind allerdings nur auf Niederländisch verfügbar. Für Kinder besonders spannend ist die UnterWasserSafari (zugänglich für Kinder ab vier Jahren), die durch die Unterwasserwelt der Niederlande führt. Sie erfordert ein zusätzliches Ticket und ist im Sommer schnell ausgebucht. Karten könnt ihr online reservieren.
Geöffnet Di bis So 10–17 Uhr, in den Ferien und Juli und August auch Mo, €13, Kinder 4 bis 17 Jahre €6,50, Unterwasser-Safari €4.
www.natuurmuseumfryslan.nl

11 Fries Museum

N 53°11'58.2", E 5°47'40.5"
Das Fries Museum in Leeuwarden ist das größte Museum der Provinz und widmet sich der Geschichte, Kultur und Kunst Frieslands. Es bietet eine umfassende Darstellung der friesischen Geschichte von der Frühzeit bis zur Gegenwart. Es werden die elf friesischen Städte vorgestellt und auch das gespaltene Verhältnis zum Meer ist ein wichtiges Thema: In Friesland war es schon immer Lebensquell und Bedrohung gleichermaßen.
Geöffnet Di bis So 11–17 Uhr. €15, Kinder bis 17 Jahre frei.
www.friesmuseum.nl

12 Friesisches Widerstandsmuseum

N 53°11'58.2", E 5°47'40.5"
In der Dauerausstellung wird das Leben in Friesland in den Jahren 1940 bis 45 dargestellt. Sie gibt mit persönlichen Geschichten einen Einblick in die Erfahrungen und Schicksale der Menschen, die sich gegen die deutsche Besatzung zwischen 1940 und 1945 zur Wehr setzten. Die Ausstellung regt zur Reflexion über Themen wie Freiheit, Demokratie und Menschenrechte an. Es gibt außerdem wechselnde Sonderausstellungen.
Geöffnet Di bis So 11–17 Uhr, €15, Kinder bis 17 Jahre frei.
www.friesverzetsmuseum.nl

13 Friesisches Schifffahrtsmuseum

N 53°01'56.1", E 5°39'47.8"
Ein besonderer Schwerpunkt des Schifffahrtsmuseums in Sneek liegt auf der Präsentation der traditionellen Bootstypen der Region wie Skûtsjes, Tjalken und anderen Plattbodenschiffen, die typischerweise auf den flachen Gewässern Frieslands zum Einsatz kamen. Ein weiterer Teil der Ausstellung beschäftigt sich mit dem kulturellen Erbe der Stadt, in der das Eislaufen eine große Rolle spielte. Schlittschuhe waren in harten Wintern oftmals die einzige Möglichkeit, sich schnell von Ort zu Ort fortzubewegen. Der größte Raum des Museums ist speziell für Kinder reserviert. Hier gibt es viele Möglichkeiten zum Spielen, Ausprobieren und um sich sich zu verkleiden. Außerdem werden Schatzsuchen im Museum angeboten.
Geöffnet Mo bis Sa 10–17 Uhr, So 12–17 Uhr. €11, Kinder 6 bis 18 Jahre €5,50.
www.friesscheepvaartmuseum.nl

14 Eislaufmuseum

N 52°56'30.7", E 5°24'02.8"
Das »Schaatsmuseum« in Hindeloopen ist dem Eisschnelllauf gewidmet, einem Sport, der in den Niederlanden

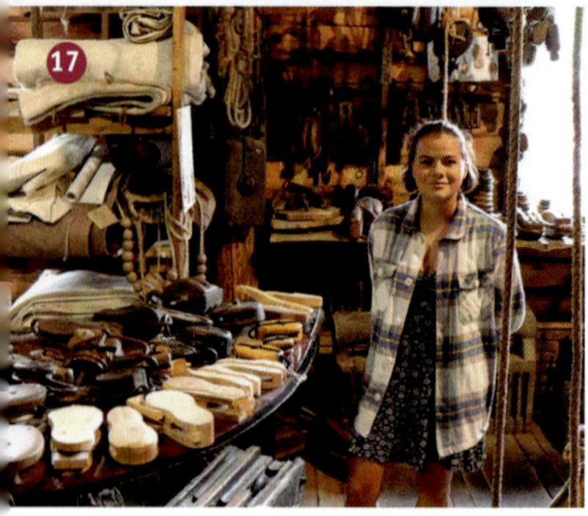

und besonders in Friesland auch eine kulturelle Bedeutung hat. Es zeigt, wie sich das Eislaufen von einer einfachen Form der Fortbewegung im Winter zu einem beliebten internationalen Wettkampfsport entwickelt hat und präsentiert eine umfangreiche Sammlung von Schlittschuhen. Diese reicht von sehr alten Exemplaren bis hin zu modernen Hochgeschwindigkeitsschlittschuhen und illustriert so auch die technologische Entwicklung im Laufe der Zeit. Im Museum sind außerdem einige historische Werkstätten zu sehen. In der Wechselausstellung wird jeweils ein Winterthema aufgegriffen. Es gibt außerdem ein Café und ein Restaurant mit einer sehr schönen Terrasse.

Geöffnet Mo bis Sa 10–18 Uhr, So 13–17 Uhr. €6, Kinder 6 bis 14 Jahre €5. www.schaatsmuseum.nl

15 Kurze Wanderung De Wolventinte

N 52°55'55.0", E 5°29'21.0"

Im Naturschutzgebiet De Wolventinte ist ein Rundweg mit 2,5 Kilometern Länge markiert. Wir folgen dazu den Wegweisern mit dem Wolf. Vom 1. März bis 1. Juli ist der Zugang nicht erlaubt, weil dann im Schutzgebiet die Vögel brüten. Aus dem See ragt der Giebel eines Hauses – ein Kunstwerk, das an einen Bauernhof erinnern soll, der hier im Jahr 1825 in einem Sturm untergegangen ist. An der Pension De Wolvetinte gibt es ein kleines privates Museum, in dem Scherben und Artefakte ausgestellt werden, die im Naturschutzgebiet gefunden wurden. Die Besitzerin ist auch sehr hilfsbereit und gibt Tipps für die Wanderung.

16 Dampfpumpstation Woudagemaal

N 52°50'48.0", E 5°40'47.0"

In Woudagemaal befindet sich die größte noch funktionierende Dampfpumpstation der Welt. Sie stammt aus dem Jahr 1920, wurde hier gebaut, um große Teile Frieslands vor Überschwemmungen zu schützen und gehört zum UNESCO-Weltkulturerbe. Das Infozentrum präsentiert die Technik und die Geschichte der alten Dampfpumpstation, aber auch der Klimawandel und das Wassermanagement in Friesland sind ein Thema.

Geöffnet April bis Oktober Di bis Sa 10–17 Uhr, So 13–17 Uhr, November bis März Do bis Sa 10–17 Uhr, So 13–17 Uhr. €9,50, Kinder 6 bis 17 Jahre €6. www.woudagemaal.nl

17 Skûtsjemuseum

N 53°08'10.3", E 5°56'56.8"

Skûtsjes sind etwa zehn bis 20 Meter lange Segelboote mit plattem Boden, die in den flachen Gewässern der niederländischen Kanäle und Seen als Transportboote eingesetzt wurden. Im 18. und 19. Jahrhundert nutzte man die wendigen Holzboote für den Transport von Torf, Dünger, Sand, Vieh und anderen landwirtschaftlichen Produkten. Im Skûtsjemuseum im Nationalpark de Alde Faenen könnt ihr nacherleben, wie das Leben einer

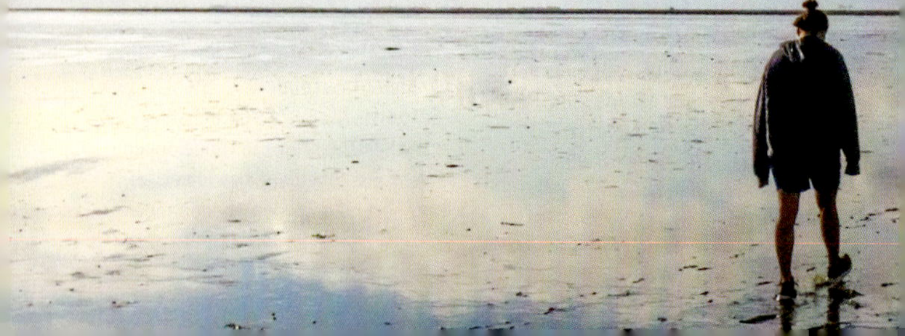

Skûtsje-Crew aussah. Vor dem Museum liegt ein historischer Skûtsje vor Anker, den ihr auch von innen anschauen könnt. Im oberen Bereich des Museums sind außerdem Kabinen verschiedener Boote nachgebaut. Heute werden Skûtsjes für touristische Fahrten und Segelregattas genutzt. Jährlich ausgetragen wird in Friesland zum Beispiel der Skûtsjesilen, bei der verschiedene Skûtsje-Teams gegeneinander antreten. Die Veranstaltung ist nicht nur ein Sportereignis, sondern auch ein Fest der friesischen Kultur und Tradition.
Geöffnet Juli und August Di bis So 13–17 Uhr, Ende April bis Anfang Oktober Sa und So 13–17 Uhr. €4,50, Kinder bis 12 Jahre €1. www.skutsjemuseum.nl

18 Freilichtmuseum De Spitkeet

N 53°10'47.0", E 6°07'07.1"
Im Freilichtmuseum De Spitkeet könnt ihr erleben, wie die Menschen früher in den Heidegebieten in den Niederlanden wohnten. Von kleinen Hütten bis zu größeren Steinhäusern ist hier alles zu besichtigen. Außerdem gibt es einen schönen Spielplatz.
Geöffnet April bis Oktober Di bis Sa 10–17 Uhr, So 13–17 Uhr. €6,50, Kinder 4 bis 12 Jahre €2,50, Führung bei Voranfrage für €15 möglich. www.despitkeet.nl

19 De Kruidhof

N 53°10'47.0", E 6°07'07.1"
Der Kruidhof ist ein botanischer Garten. Hier gibt es 17 Themengärten, jeder mit seiner einmaligen Pflanzensammlung. Insgesamt wachsen auf den 3,5 Hektar mehr als 2000 Pflanzenarten. Besonders spannend ist der Heilpflanzengarten. Reisende mit Kids freuen sich auch über den schönen Spielplatz.
Geöffnet April bis Oktober Di bis Sa 10–17 Uhr, So und Feiertag 12–17 Uhr, €7,50, Kinder 5 bis 12 Jahre €2,50. www.dekruidhof.nl

20 Wattwanderung

N 53°24'07.0", E 6°05'10.0"
Eine Wattwanderung ist der beste Weg, das einmalige Ökosystem kennenzulernen. Täglich startet der Wattführer Harm Jan von Moddergat auf mehrere Wattwanderungen. Es gibt sowohl kurze Touren für Familien als auch eine längere Wattwanderung über etwa sieben Kilometer. Die Uhrzeiten hängen von den Gezeiten ab und variieren. Im Sommer finden die Wanderungen täglich statt, im Winter auf Nachfrage.
Die normale Wattwanderung kostet für Erwachsene €12, für Kinder bis 12 Jahre €9. Schuhe können vor Ort für €2 ausgeliehen werden. Anmeldung und Zeiten erfragt ihr am besten telefonisch unter +31 6 466 339 89. www.wadlopen-moddergat.nl

21 Muschelmuseum Schiermonnikoog

N 53°28'43.7", E 6°09'08.0"
Im Museum sind mehr als 1500 verschiedene Muschelarten zu sehen, darunter lokal an der Nordsee vorkommende, aber auch Muscheln aus anderen Regionen. Außerdem sind in der Ausstellung interessante Strandfunde zu sehen – Bernstein, Kohlen aus alten Dampfschiffen, Reste von hölzernen Wracks, Seesterne und andere kleine Meerestiere. Alle Exponate wurden vom Besitzer Thijs de Boer und seiner Familie gesammelt.
Geöffnet täglich von 14–17 Uhr, Mai bis Oktober auch von 20–22 Uhr. €2, Kinder bis 12 Jahre €1. www.schelpenmuseum.nl

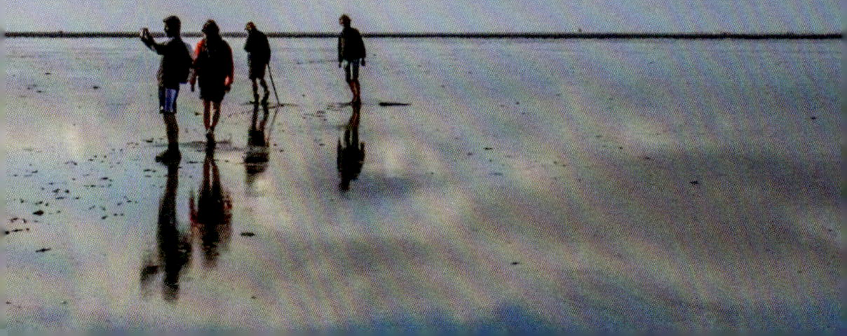

40 m

STRECKE 21,7 km

2 h

ab 8

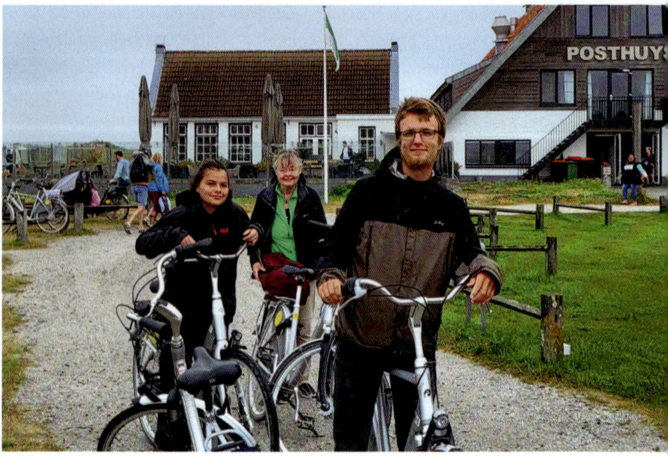

19 Rund um Vlieland

Die Insel mit dem Fahrrad erkunden

Ein Besuch auf der autofreien Nordseeinsel Vlieland ist ein wundervolles Erlebnis. Hier ist es oftmals deutlich ruhiger als auf den anderen Inseln und ihr könnt perfekt entschleunigen. Diese Radtour führt uns vom idyllischen Dorf Oost-Vlieland, dem einzigen Ort auf Vlieland, einmal rund um die Insel. Dabei können wir die einsamen, weißen Strände entdecken und bekommen auf einem langen Weg durch die Dünen viele Vögel zu sehen. Im Hafen beobachten wir aus exponierter Position die einlaufenden Schiffe und genießen den Wind im Gesicht.

Radtour: Wir starten unsere Radtour an der Tourismusinformation in Oost Vlieland gegenüber vom **Fähranleger**. Wir drehen der Information den Rücken zu und radeln dann nach rechts und über den Platz am Fähranleger. Auf der rechten Seite gibt es mehrere Cafés und Restaurants. Hinter den Treppen, die wie in einem

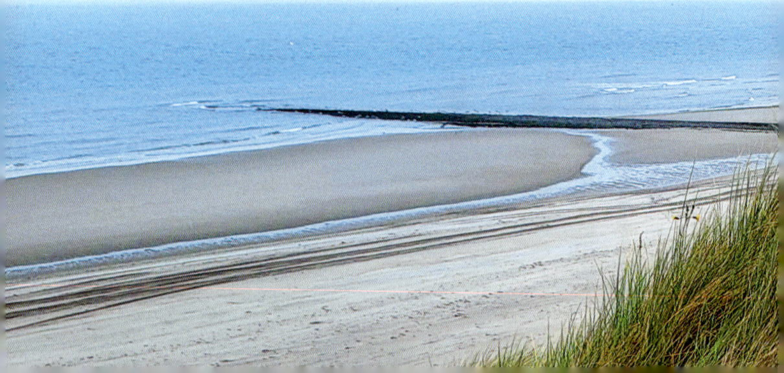

Amphitheater angeordnet sind, halten wir uns links und fahren auf den Deich. Wir folgen diesem bis ans Ende des Dorfes, an der Straße fahren wir dann nach links.

Highlights

Die autofreie Insel Vlieland ist mit dem hübschen Dorf Oost-Vlieland, ihren unberührten Stränden und dem ausgedehnten Naturschutzgebiet Vliehors – einer Sandwüste, die sich über 20 Quadratkilometer erstreckt – die urtümlichste und einsamste der fünf Westfriesischen Inseln.

Jetzt folgen wir der Straße fast acht Kilometer am Watt entlang. Abzweigungen ignorieren wir und halten uns immer geradeaus. Nach ungefähr der Hälfte des Weges kommen wir an einem **Straßenschild** vorbei, das uns anzeigt, dass hier gerne Enten die Straße überqueren – es ist also Rücksicht angebracht.

Schließlich kommen wir an das **Restaurant Posthuys** ❶. Hier kann man sehr gut eine Pause machen und einkehren. Anschließend verlassen wir die Watt-Seite der Insel und fahren rechts ins

TOUREN-STECKBRIEF

Anfahrt: Die Insel ist autofrei, man darf also ohne Sondergenehmigung nicht mit dem Auto anreisen. Die Fähre nach Vlieland fährt von Harlingen am Festland dreimal täglich (95 Minuten), es gibt auch einen Schnelldienst (50 Minuten). Ein Ticket kostet €33,54, Kinder 4 bis 11 Jahren €16,68, die Mitnahme eines Fahrrades €18,74.

Fahrradverleih: Vom normalen Fahrrad über Tandems bis zum Lastenrad reicht das Angebot der Verleihstationen auf Vlieland. Für ein Standardrad zahlt ihr etwa €10, € 24 für ein E-Bike und etwa €40 für ein Lastenrad mit Elektroantrieb. Diese beiden Verleihe unterhalten eine Station in Hafennähe: fietsverhuurvlieland.nl, janvanvlieland.nl.

Anspruch und Charakter: Der Radweg ist flach und führt über einsame Wege. Bei Gegenwind kann die Tour jedoch sehr anstrengend werden.

Markierung: Wegweiser mit Ortsbezeichnungen.

Einkehr: Restaurants in Oost-Vlieland an der Dorpstraat und am Fähranleger und am westlichsten Punkt der Radtour: im Restaurant Posthuys.

Mit Kindern: Wer die Tour kürzen möchte, fährt vom Radweg am Wattenmeer schon früher rechts und folgt einem der abbiegenden Radwege, die auf die andere Seite der Insel führen. Queren wir die Insel auf Höhe des Bunkermuseums ❹, so ist die Tour noch etwa 11 Kilometer lang (gut 1 h).
Besonders viel Spaß macht mit Kindern der Nordseestrand, an dem der weiße Sand zum Spielen einlädt.

In der Nähe: Vliehors-Express.

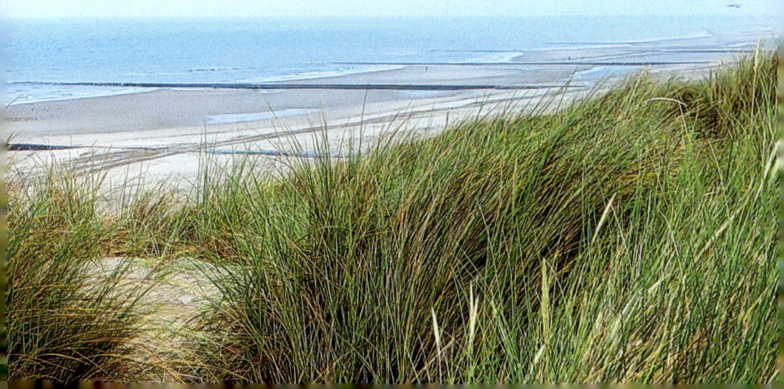

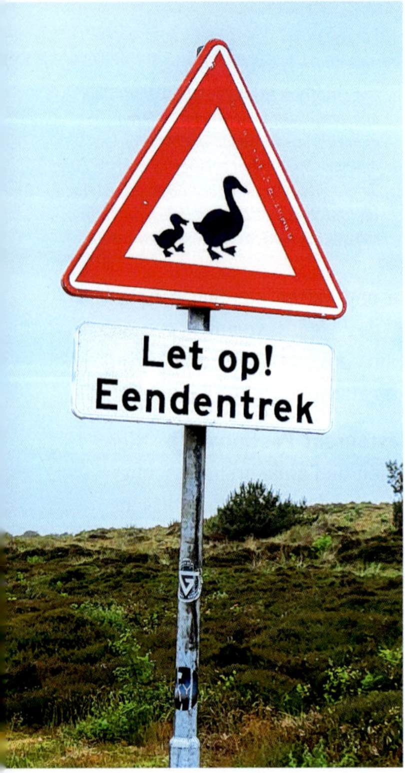

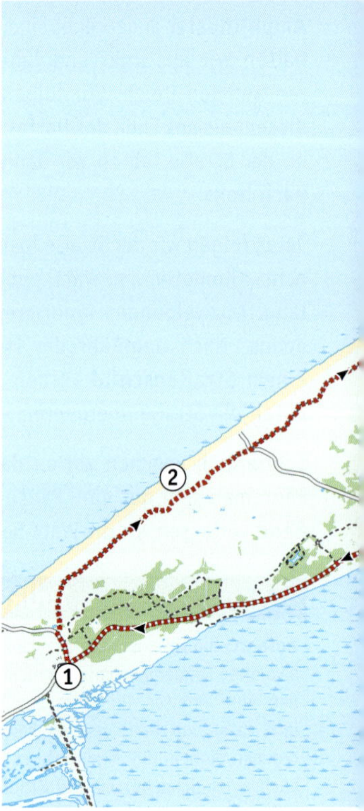

Landesinnere. Am nächsten Abzweig halten wir uns rechts und folgen jetzt dem schönen Radweg durch die Dünen. Die Trasse schlängelt sich in munterem Auf und Ab zwischen den Dünen hindurch – immer wieder eröffnen sich neue Perspektiven. Kennt man die anderen niederländischen Nordseeinseln, so fällt auf, dass hier andere Vogelarten leben – wir sehen vor allem bunte Gänse, die lautstark auf sich aufmerksam machen.

Links führen immer wieder Fußwege zum Strand hinter den Dünen. Hier lohnt es sich auf jeden Fall, eine Pause zu machen und über die Düne zu gucken. Die Strände von Vlieland sind vor allem für ihre helle Farbe bekannt, und hier weit im Westen hat man den **Strand** ❷ oftmals ganz für sich allein.

Wir folgen dem Radweg immer weiter, passieren einen Querweg und halten uns dann an der ersten **Gabelung** ❸ links.

An der nächsten Gabelung führt unser Weg wieder nach links weiter, hier befindet sich auch ein **Bunkermuseum** ❹, in dem man Stellungen des Verteidigungswalls besichtigen kann, die im Zweiten Weltkrieg durch die deutschen Besatzer gebaut wurden.

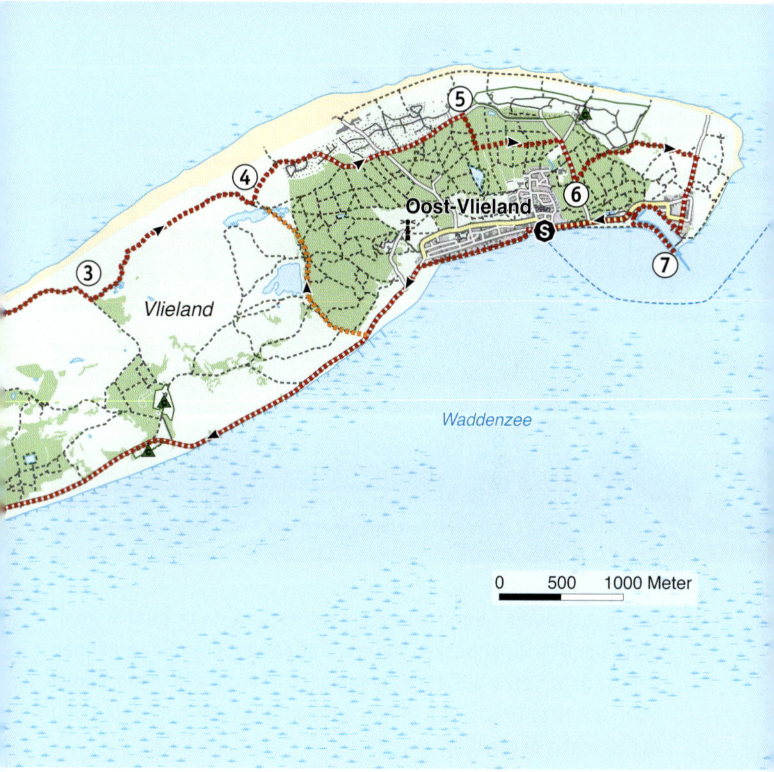

Wir folgen dem Radweg um eine **Rechtskurve**, dann halten wir uns links und fahren auf einen Asphaltweg, während wir bis jetzt in den Dünen vor allem auf klein gemahlenen Muscheln unterwegs waren. Hier radeln wir durch einen **Ferienpark** mit einzelnen Häusern. Wir folgen der Straße in den Wald und sind jetzt von niedrigen Nadelbäumen umgeben, die vom Wind klein gehalten werden. An der nächsten Straße halten wir uns leicht rechts und biegen dann sofort wieder links ab.

Wir fahren wieder an einer großen **Feriensiedlung** vorbei, die auf unserer linken Seite liegt. Am **Ende der Siedlung** ❺ biegen wir rechts in einen Radweg ab. Wieder fahren wir durch den Wald, unser Radweg zweigt jetzt nach links ab und wird sehr schmal. Wir folgen dem Radweg bis zum Ende und biegen dann rechts auf die asphaltierte Straße ein.

Dem nächsten abzweigenden **Radweg** ❻ folgen wir nach links. Bald verlassen wir den Wald und fahren durch Heide, das Gelände wird hier wieder offener. Am Ende des Weges radeln wir nach rechts auf einen Weg aus roten Ziegelsteinen. Wir fahren an einer Brauerei vorbei und kommen dann in einen kleinen **Hafen** ❼.

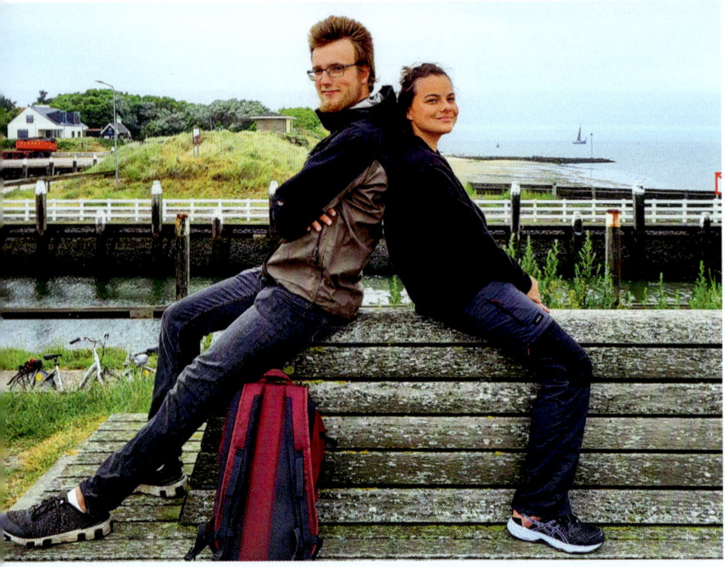

Vor dem Wasser fahren wir nach rechts und dann einmal komplett um das Hafenbecken herum. Auf der anderen Seite können wir bis ganz vorne auf die Hafenmauer fahren, hier stehen **Bänke** oben auf dem Deich, von denen wir den Blick auf den Hafen und die Nordsee genießen.

Anschließend fahren wir wieder am Hafenbecken entlang zurück und bei erster Gelegenheit nach links. Wir treffen auf die Straße, biegen wieder nach links ab und werden jetzt auf direktem Weg wieder zum Tourismusbüro geleitet.

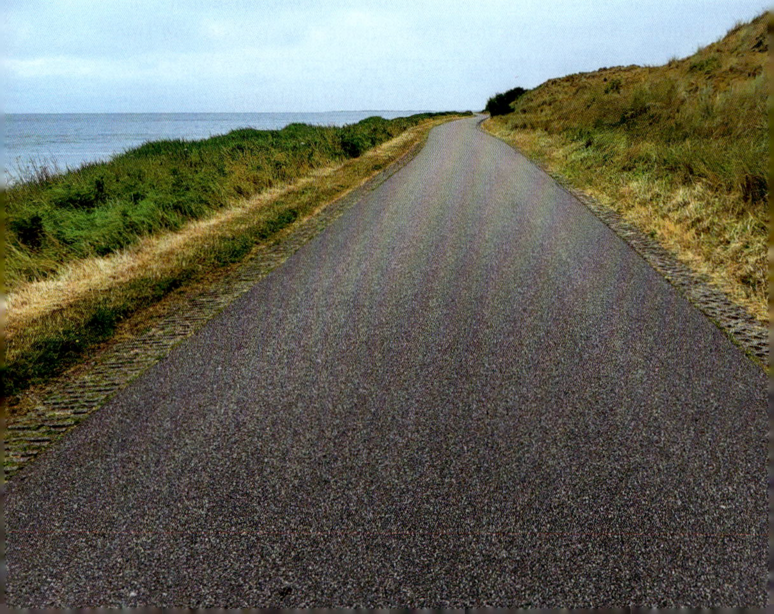

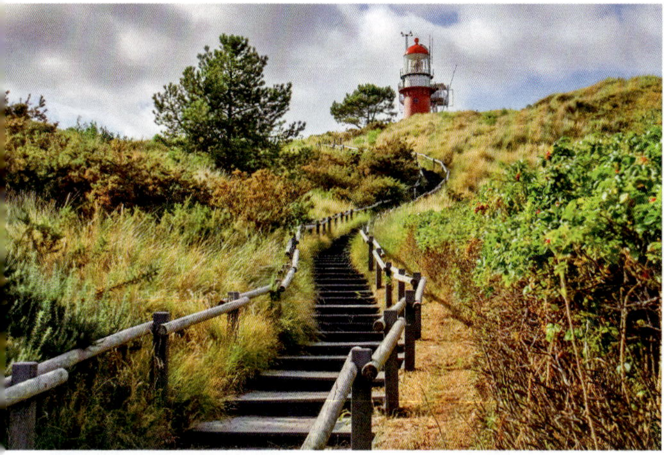

40 m

STRECKE 6,6 km

2 h 15

ab 6

20 Von Süd nach Nord

Wanderung von einer Küste zur anderen auf Vlieland

Vlieland ist nur zwei Kilometer breit und die am dünnsten besiedelte Gemeinde der Niederlande. Auf unserer Wanderung durchqueren wir die Insel von Süd nach Nord und laufen entlang der einsamen, weißen Strände, durch abwechslungsreiche Mischwälder und durch raue Dünenlandschaften. Ein Höhepunkt, nicht nur im wörtlichen Sinne, ist der Leuchtturm. Er thront auf der höchsten Erhebung der Insel und ist mit seinem leuchtenden Rot schon von Weitem zu sehen. Am Ende schlendern wir noch über die Dorfstraße mit den gemütlichen Cafés und genießen die Inselatmosphäre.

TOUREN-STECKBRIEF

Anfahrt: Die Insel ist autofrei, man darf also ohne Sondergenehmigung nicht mit dem Auto anreisen. Die Fähre nach Vlieland fährt von Harlingen am Festland dreimal täglich (95 Minuten), es gibt auch einen Schnelldienst (50 Minuten). Ein Ticket kostet € 33,54, Kinder 4 bis 11 Jahre zahlen € 16,68.

Anspruch und Charakter: Einfache Wanderung auf guten Wegen und am Strand entlang. Zum Leuchtturm geht es kurz bergauf.

Markierung: Keine.

Einkehr: Im Ort Oost-Vlieland gibt es auf der Dorpstraat und am Fähranleger eine Auswahl von Restaurants. Auf halber Strecke könnt ihr außerdem im Strandrestaurant einkehren.

Mit Kindern: Mit kleinen Kindern kann man auch einfach nur zum Leuchtturm hinaufsteigen. Von hier oben hat man einen guten Blick über die Insel und kann auch den Leuchtturm selbst besteigen. Dazu lauft ihr vom Hafen direkt zu zu Wegpunkt ❾. Alternativ ist natürlich auch der Strand ein tolles Ziel für Familien mit Kindern.

In der Nähe: Ausflug mit dem Vliehors-Express, Bunkermuseum.

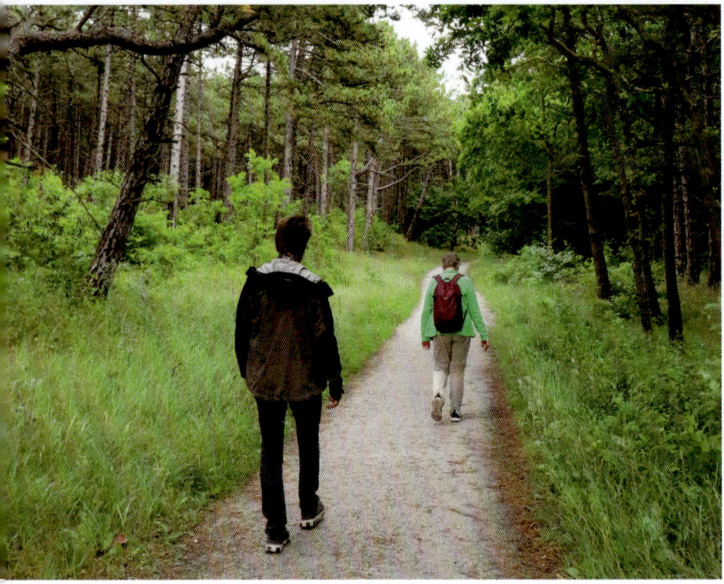

Wanderung: Wir beginnen unsere Wanderung an der **Tourismusinformation von Vlieland**. Hier könnt ihr auch Tipps für Unternehmungen auf der Insel und Karten der Umgebung bekommen. Wir laufen auf der Straße nach rechts und entfernen uns damit von der Wattenküste. Wir folgen der Straße, bis wir nach gut 300 Metern links ein großes Gebäude sehen. Das ist die **Bibliothek** ❶. Hier biegen wir links ab. Dort wo die Straße eine Linkskurve macht, wechseln wir auf den rechts abzweigenden Radweg und halten uns dann links.

An der nächsten Gabelung wandern wir links weiter, biegen gleich darauf wieder rechts ab und laufen jetzt auf einen kleinen **See** ❷ zu. Wir gehen am linken Seeufer entlang bis zur nördlichen Seespitze. Hier halten wir uns wieder links und folgen dann geradeaus einem Pfad durch den Wald. Wir überqueren eine kleine Straße und erreichen einen **Ferienpark** ❸. Vor einem Fahrradunterstand biegen wir nach links ab und laufen jetzt zwischen den Ferienhäusern hindurch. Bei nächster Gelegenheit biegen wir rechts ab, direkt danach wieder links. Jetzt haben wir einen Schotterweg unter unseren Füßen, der schließlich zu einem schmalen Pfad durch die Dünen wird.

Durch lockeren Sand geht es über den Dünenkamm und auf der anderen Seite öffnet sich der **Strand** ❹. Vlieland ist bekannt für seinen hellen Sand, und auf der Nordseite der Insel finden sich besonders schöne Sandstrände. Hier wenden wir uns nach links und laufen am Meer entlang. Bei schönem Wetter könnt ihr hier natürlich wunderbar baden und die Sonne genießen. Wir kommen zum **Strandrestaurant** ❺, es folgen ein paar Hütten, an denen im Sommer Surf- und Kitekurse angeboten werden. Wenn wir links oben auf der Düne ein orangefarbenes Schild sehen, ist das unser Zeichen, wieder in Richtung Inselmitte abzubiegen.

Highlights

Vuurduin, der rote Leuchtturm am Ortsrand von Oost-Vlieland, ist Vlielands Wahrzeichen und ein attraktiver Blickfang auf der Insel, die außerdem für ihre langen, vergleichsweise einsamen Strände mit leuchtend weißem Sand bekannt ist.

Wir klettern über die Düne und laufen auf der anderen Seite durch den Sand, bis wir an einen Weg kommen, dem wir nach rechts folgen. Er führt uns zum **Bunkermuseum** ❻ hinter den Dünen. Hier kann man noch die Verteidigungsanlagen der Deutschen Wehrmacht besichtigen, welche die Niederlande im Zweiten Weltkrieg besetzt hielt und hier einen Verteidigungswall gegen die Alliierten baute. Hinter dem Museum folgen wir dem Weg weiter bis zu einer **T-Kreuzung**, hier halten wir uns links.

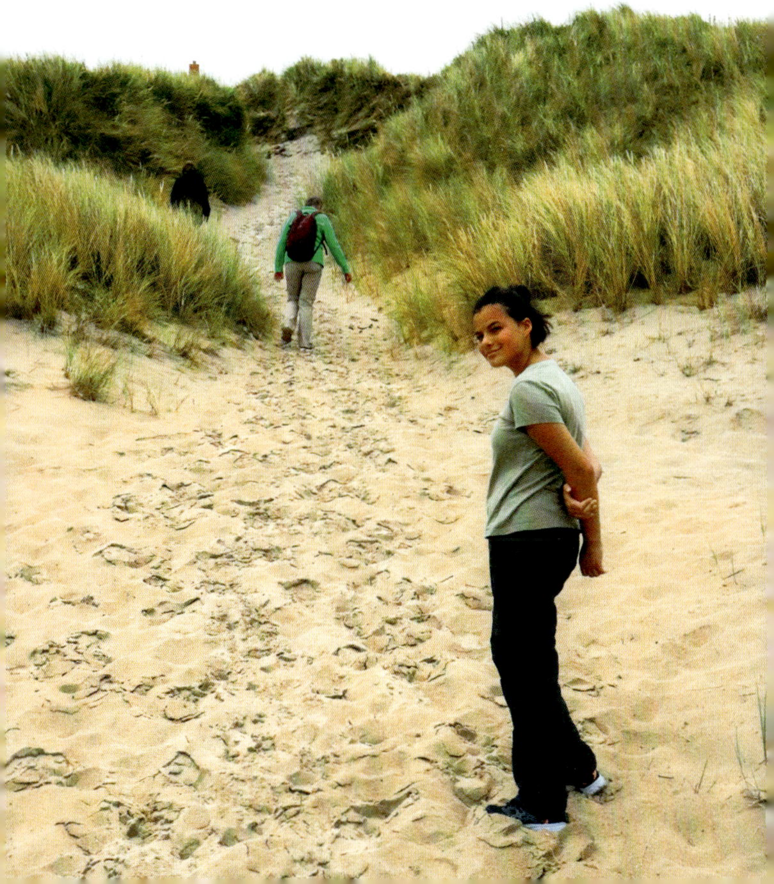

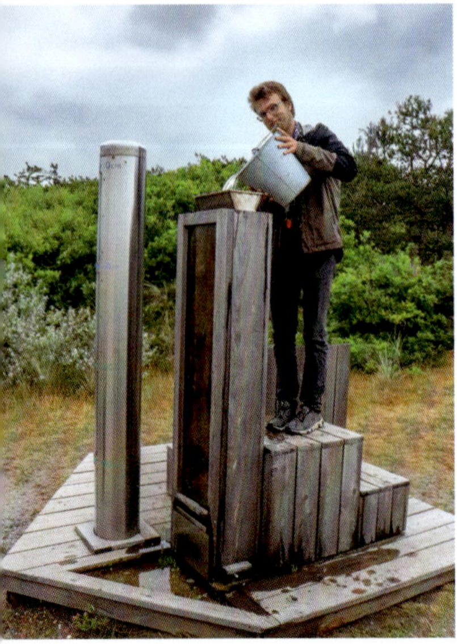

Nach einer Weile gibt es auf der rechten Seite eine **Station** ❼, an der anschaulich erklärt wird, wie Regenwasser durch die verschiedenen Bodenschichten gefiltert zu Grundwasser wird. Hier könnt ihr Wasser auf ein Bodenprofil gießen, welches vorne mit einer Plexiglasscheibe bedeckt ist. So könnt ihr genau beobachten, wie das Wasser versickert und welche Bodenschichten besonders durchlässig sind.

Wir folgen dem Weg weiter und kommen dann wieder in den Wald. Bei nächster Gelegenheit biegen wir rechts ab. Der Weg wird schnell zu einem schmalen Pfad. Diesem folgen wir durch den schönen Mischwald um einige Kurven bis zu einer **T-Kreuzung**. Hier halten wir uns rechts und direkt danach wieder links. Ein grünes Männchen auf einem Schild zeigt den richtigen Weg. Wir kommen an einen kleinen **See**, an dem wir an der rechten Seite vorbei wandern. Hier gibt es besonders schöne Seerosen. Am anderen Seeufer stehen **Bänke mit einem Tisch** ❽, an denen man gut Pause machen kann.

An der nächsten Gabelung im Wald halten wir uns links, jetzt laufen wir in einer langgezogenen Rechtskurve bergauf. Oben angekommen halten wir uns an der Straße kurz rechts,

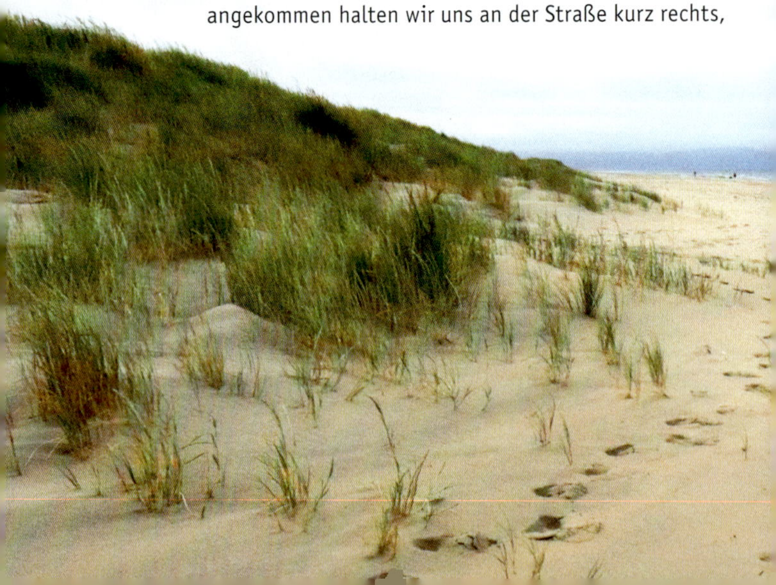

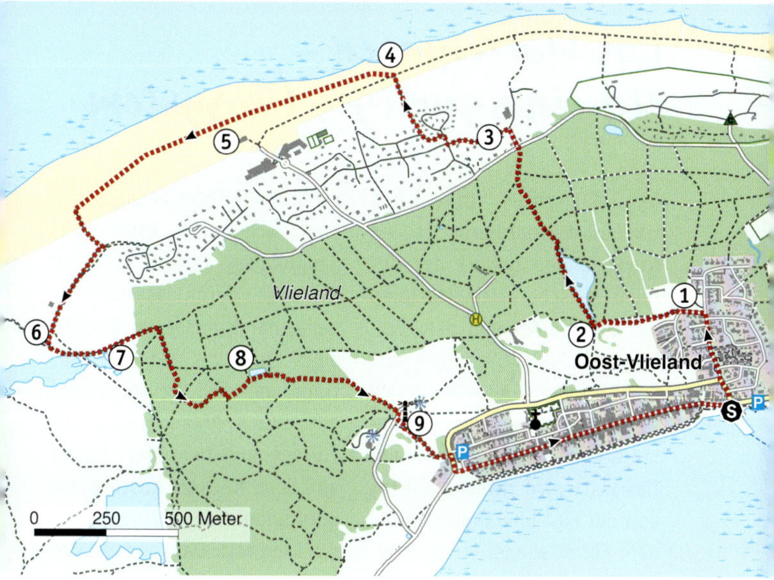

dann laufen wir wieder links, um zum **Leuchtturm** ⑨ zu kommen. Dieser steht exponiert auf dem höchsten Punkt der Insel, ist aber selbst relativ klein und gedrungen. Trotzdem reicht der Blick weit über die Insel. Man sieht den Ort Oost-Vlieland, den Fähranleger und das Meer. Es gibt auch die Möglichkeit, den Leuchtturm zu besteigen.

Anschließend steigen wir über die Treppen wieder hinunter und biegen rechts auf die Straße ab. Gleich am nächsten Abzweig geht es wieder links. Jetzt befinden wir uns auf der Dorpstraat, die uns einmal durch den Ort führt. Hier gibt es viele kleine Läden, Restaurants und Cafés. Wir bummeln gemütlich durch die Gassen, bis wir wieder an der Tourismusinformation und am Fähranleger stehen.

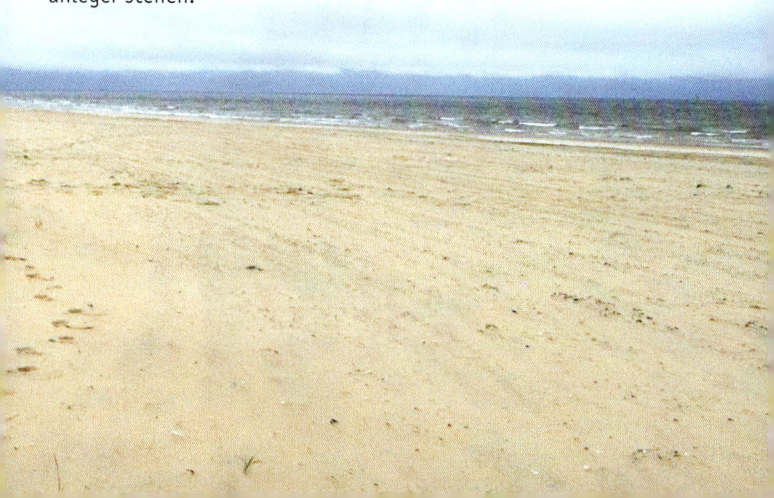

Das Wattenmeer – ein einzigartiges Ökosystem

Das Wattenmeer zählt zum UNESCO-Weltnaturerbe. In den Niederlanden gehört der Bereich zwischen dem Marsdiep bei Den Helder und dem Dollart östlich von Groningen zum Schutzgebiet. Dieses zieht sich weiter über die deutsche Küste bis nach Dänemark hinauf. Das Watt wird zweimal am Tag von der Flut überspült und bei der Ebbe wieder freigelegt. Die Fläche, die dabei trockenfällt, kann bis zu 40 Kilometer breit sein.

Das niederländische Wattenmeer entstand in der letzten Eiszeit. Vor der Küste liegen die bewohnten westfriesischen Inseln Texel, Vlieland, Terschelling, Ameland und Schiermonnikoog, als sogenannte Barriereinseln. Durch Gesteinsriffe wird die Strömung hier so abgelenkt, dass sich diese Inseln aus Sandbänken bilden konnten. Sie sorgen dafür, dass die Strömung der Nordsee im Wattenmeer nicht das Sediment abträgt, das sich hier abgesetzt hat. Durch Ablagerungen aus Flüssen und dem Meer selbst auf dem flachen Küstenprofil entstanden das Schlick- und das Sandwatt. Das Sandwatt besteht aus größeren Partikeln und man kann darauf gut laufen, im Schlick überwiegen feinste Tonpartikel und man sinkt oft ein.

Das Wattenmeer hat eine der höchsten Primärproduktionsraten der Welt. Dies bedeutet, dass besonders viel Biomasse durch Pflanzen, Algen und Bakterien entsteht. Dadurch wur-

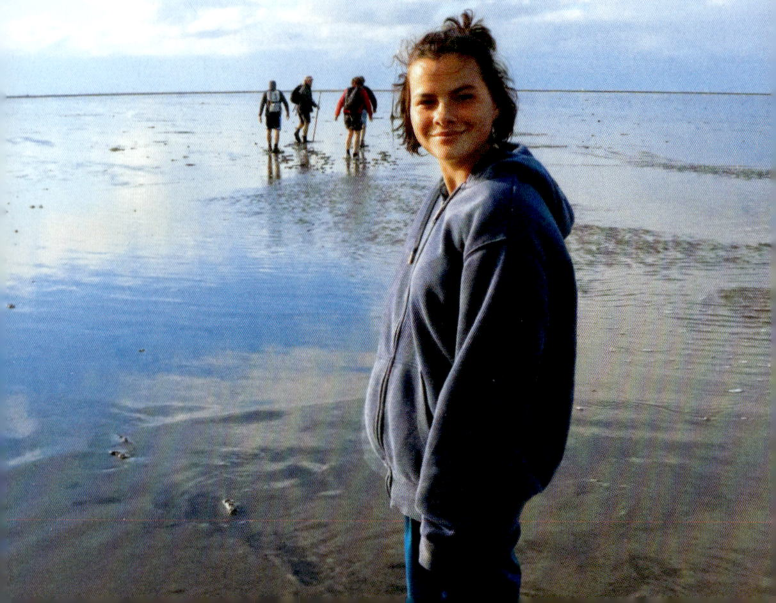

de das Wattenmeer zum Paradies für viele marine Lebewesen und Vögel, die hier ihre Nahrung und Schutz finden.

Die typischen Muscheln, die man im Wattenmeer finden kann, sind die Herzmuscheln und die Miesmuscheln. Auch die Strandkrabbe hat eine große Bedeutung, sie verzehrt allein zehn Prozent der Biomasse im Wattenmeer. Im Sommer könnt ihr auch Quallen entdecken. Von den Namensgebern des Watts, den Wattwürmern, sieht man dagegen meistens nur ihre Hinterlassenschaften – die Häufchen, die sich überall im Watt auftürmen. Viele Fischarten wie zum Beispiel die Heringe nutzen das Wattenmeer zum Laichen.

Im Wattenmeer leben ganzjährig viele einheimische Küstenvögel, aber auch für Zugvögel auf den Atlantikrouten ist die Region ein wichtiger Zwischenstopp. Zehn bis zwölf Millionen Vögel ziehen jährlich durch das Wattenmeer. Am weitesten verbreitet sind hier verschiedene Möwen- und Gänsearten. An vielen Aussichtspunkten im Wattenmeer gibt es Informationstafeln, die euch beim Identifizieren der Vögel helfen.

Ebenfalls im Wattenmeer zu Hause sind die Kegelrobbe und der Seehund. Waren die Bestände zeitweise sehr klein, haben sie sich inzwischen erholt. Man ging 2021 von einem Bestand von 40.000 Seehunden im ganzen Wattenmeer aus. Ebenfalls im Wattenmeer zu Hause ist der Gewöhnliche Schweinswal, den man aber selten zu Gesicht bekommt.

Das Wattenmeer entdecken könnt ihr am Besten auf einer Wattwanderung. Zu Fuß kann man kilometerweit ins Watt laufen, dabei viele Vögel beobachten und Muscheln und andere Lebewesen entdecken. Es ist sogar möglich, vom Festland auf einige der Inseln zu laufen – hier muss man allerdings tiefe Fahrrinnen durchqueren und steht teilweise bis zur Brust im Wasser. Auch bei einer normalen Wattwanderung sinkt man immer wieder mal ein – die Schuhe werden auf jeden Fall sehr dreckig.

Wattwanderungen sind nur mit einem ortskundigen Guide erlaubt. Dieser hat dann einen langen Stock dabei, mit dem auch die Tiefe von Prielen geprüft werden kann. Auch wenn das Wattenmeer harmlos aussieht – kennt man die Gezeiten nicht genau, kann man leicht von der Flut überrascht werden. Von der Küste aus ist es beeindruckend zu beobachten, wie das Wasser teilweise innerhalb von Minuten ansteigt und die ganze Landschaft verändert. Auch kann die Orientierung im Watt sehr schwer sein – vor allem im Nebel. Man fühlt sich ein wenig wie auf dem Mond, da es in der flachen, reflektierenden Landschaft kaum Orientierungspunkte gibt.

20 m

STRECKE 8,7 km

3 h

ab 8

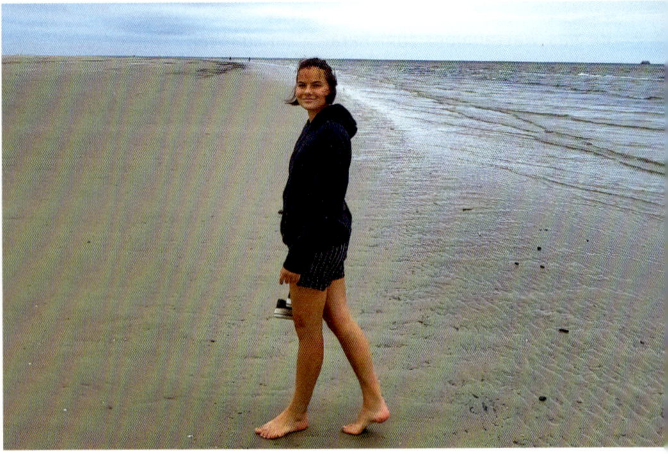

21 Strand, Wald und Leuchtturm

An der Spitze Amelands

Diese Wanderung führt uns durch viele unterschiedliche Landschaftsformen auf der Insel Ameland – wir laufen durch Dünen, Feuchtgebiete, den Wald und am Strand entlang. Das Highlight ist sicherlich der Leuchtturm, an dem unsere Wanderung startet und von dem aus man einen tollen Rundum-Blick hat. Bei schönem Wetter locken aber auch das Meer und der Strand. Allen Kindern werden außerdem die schönen Spielplätze am Rundweg gefallen. Genug Zeit für Pausen solltet ihr also auf jeden Fall einplanen.

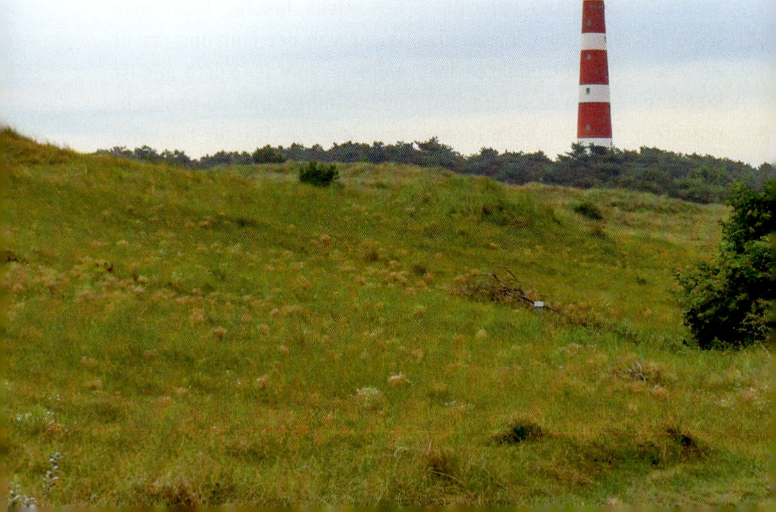

Wanderung: Die Wanderung beginnt am Leuchtturm. Hier starten verschiedene Wege, die mit farbigen Männchen gekennzeichnet sind – unsere Runde besteht aus der grünen und einem Teil der gelb markierten Wanderung. Wir starten mit den gelben Wanderzeichen, die uns in Richtung Strand führen. Hierzu laufen wir zuerst in Richtung Straße und halten uns dann links. An der nächsten Gelegenheit wandern wir nach rechts und folgen dem Wegweiser. Hier gibt es auch noch mal eine Karte, auf welcher der Weg eingezeichnet ist.

Highlights

Schon seit 1880 zeigt das Leuchtfeuer des rot-weiß geringelten Leuchtturms Bornrif vorbeifahrenden Schiffen, wo die Insel Ameland liegt. Heute ist der Turm außerdem ein beliebter Ausguck. 236 Stufen führen zur Plattform am Leuchtfeuer hinauf.

In leichtem Auf und Ab führt der Weg uns durch die Dünen in Richtung Meer. Noch in den Dünen biegen wir am **Fahrradständer** ❶ rechts ab und laufen jetzt hinter der ersten Dünenreihe parallel zum Meer weiter. Wir kommen an einigen kleinen Seen vorbei, dann führt der Weg nach links zum Strand und die Dünen ziehen sich ein wenig zurück. Im Sommer 2023 wurde hier Sand

TOUREN-STECKBRIEF

Anfahrt: Wir parken bei Hollum auf dem Parkplatz am Leuchtturm bei **GPS N 53°26'58", E 5°37'29"**.
Leuchtturm: Eintritt €6,80, Kinder 5 bis 12 Jahre €5,30, aktuelle Öffnungszeiten unter www.amelandermusea.nl.
Anspruch und Charakter: Einfache Wanderung durch flaches Terrain.
Markierung: Gelbe Wegweiser, grüne Wegweiser.
Einkehr: Direkt an der Route gibt es keine Möglichkeit. Am Strand etwas nördlich liegt der Beachclub The Sunset, weitere Restaurants und Cafés gibt es in Hollum.
Mit Kindern: Um die Wanderung zu kürzen, könnt ihr euch auf eine der Schleifen beschränken. Attraktiver für Kinder ist dann der grüne Weg durch den Wald, hier kommt man am Strand vorbei und es gibt zwei schöne Spielplätze (3,6 km, 1 h15).
In der Nähe: Bunkermuseum Ameland.

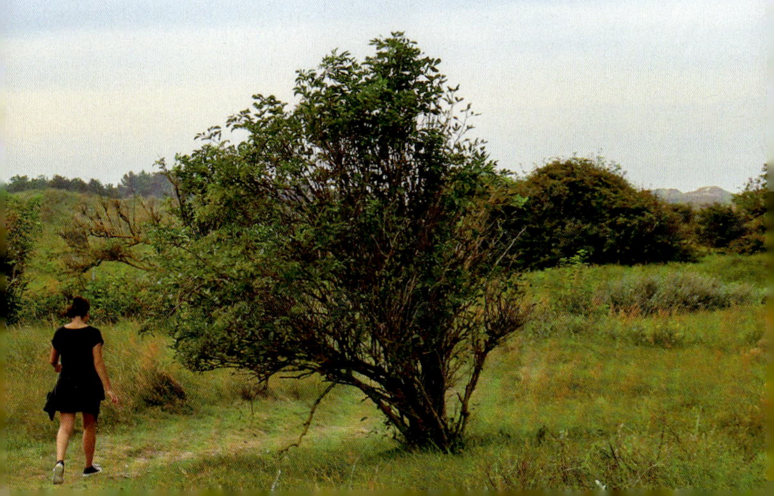

Schrumpfende Insel
Ameland schrumpft jedes Jahr um ungefähr einen Meter, da der Wind, die Strömung und die Wellen an der Westküste Sand abtragen. Um dem entgegenzuwirken, wird in regelmäßigen Abständen Sand an der Küste aufgefüllt. 2023 waren es mehr als drei Millionen Kubikmeter Sand aus der Nordsee, die man an den Strand geschüttet hat, um die Küste zu schützen.

aufgeschüttet, um den Strand breiter zu machen – denn die Nordsee nagt an Ameland und ohne die Aufschüttungen würde die Insel immer kleiner werden.

Wenn die erste Reihe der Dünen wieder höher wird, laufen wir hinter den Sandbergen weiter. Unser Pfad führt jetzt durch Büsche und hohes Gras. Schließlich treffen wir auf einen breiteren, sandigen Weg und folgen diesem nach rechts. 200 Meter weiter biegen wir an einer **Kreuzung** ❷ mit Bank rechts auf den Rietpad ab. Jetzt haben wir den gelben Weg verlassen, der einen weiteren Bogen zieht.

Wir folgen dem **Rietpad** durch Büsche und Grasland – hier kann es teilweise auch ein wenig feucht sein, vor allem wenn es viel geregnet hat. Beim **Zeilstrapad** biegen wir nach links ab, dann wieder nach rechts in den **Ruyghepad** ❸. Jetzt sehen wir auch schon wieder den Leuchtturm, an dem wir zu unserer Wanderung gestartet sind. Wenn dieser direkt links neben uns liegt, biegen wir links ab und wandern auf ihn zu, bis wir wieder an der Straße ankommen. Hier halten wir uns kurz rechts und dann wieder links, um bis zum Fuß des **Leuchtturms** zu laufen.

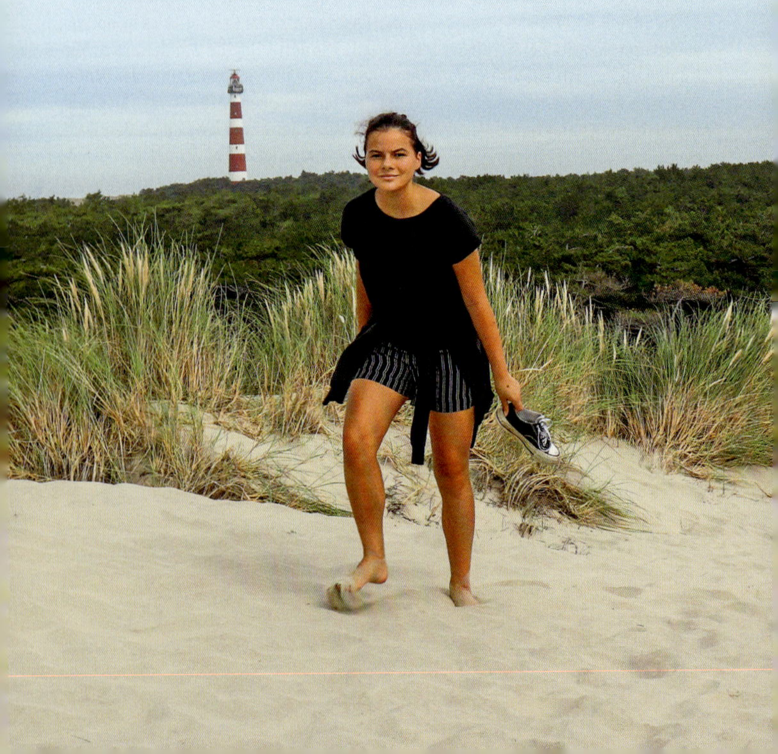

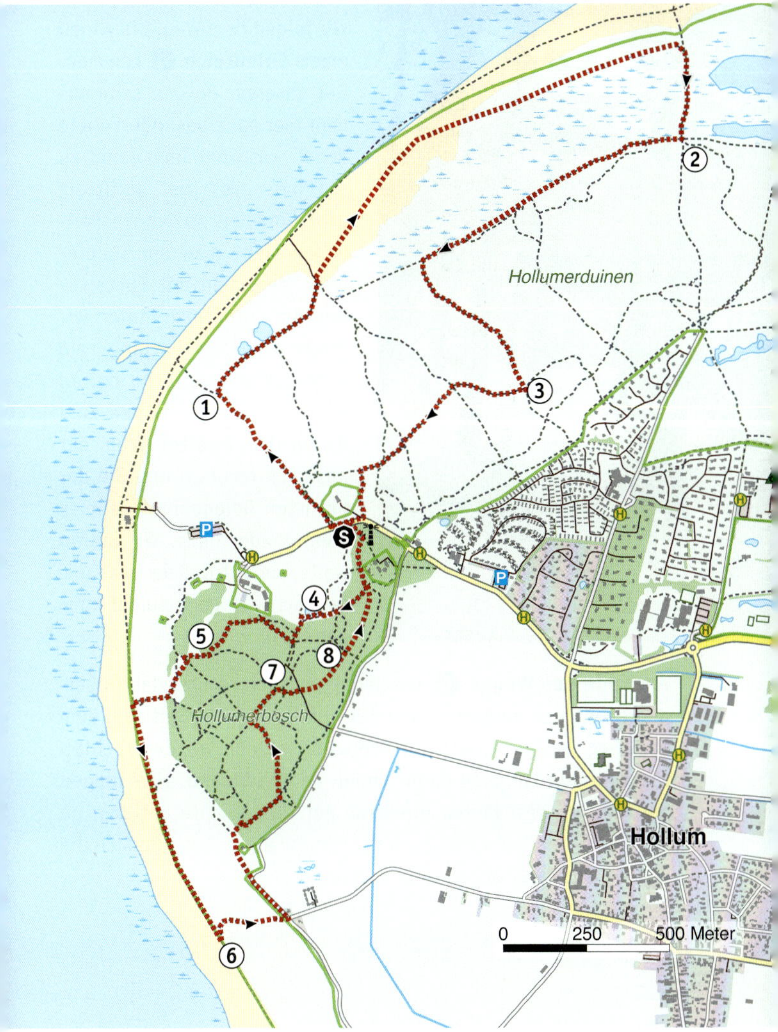

Den Leuchtturm kann man auch besteigen, von oben hat man einen schönen Blick auf die Umgebung und auf das Meer. Nach diesem Überblick machen wir uns auf den Weg, um auf dem grünen Rundweg zum Strand zu wandern. Dieser startet schräg gegenüber der Eingangstür zum Leuchtturm auf der linken Seite eines Unterstellhäuschens.

Wir durchqueren den Zaun rund um den Leuchtturm und folgen dem grünen Wander-Männchen bergab in den Wald. Wir folgen dem hügeligen Weg bis zum zweiten Abzweig nach rechts und biegen hier ab. Jetzt wandern wir durch einen Nadelwald. Der üppig wuchernde hohe Farn unter den Fichten und Kiefern sorgt für eine besonders schöne Atmosphäre.

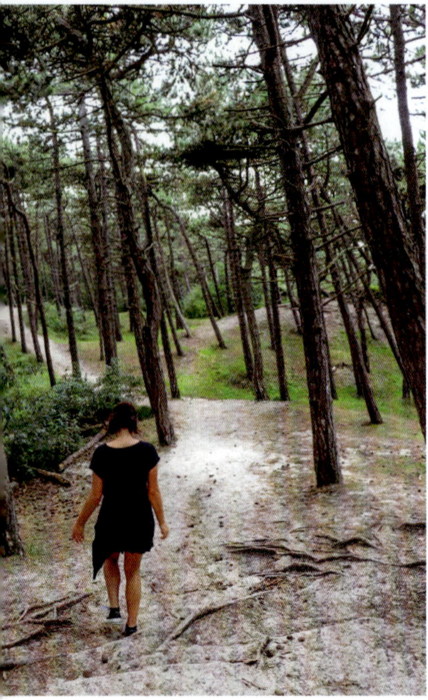

Wir folgen dem Weg, bis wir zu einem **Ententeich** ❹ kommen. Bei unserem Besuch schwammen hier ganz besonders viele Vögel, was wohl auch damit zu tun hat, dass hier gefüttert wird. Vor allem an den Wochenenden sieht man am Seeufer viele Menschen mit Futtertüten. Am Ententeich laufen wir direkt am Ufer entlang, am Ende der Wasserfläche halten wir uns links und folgen kurz darauf dem **zweiten Weg**, der uns nach rechts führt. Bei der nächsten Gelegenheit geht es dann wieder links. Wir laufen weiterhin auf Nadeln, was unsere Schritte ganz dumpf klingen lässt.

Am **Ende des Weges** ❺ spazieren wir nach rechts, dann überqueren wir den Radweg und laufen auf der anderen Seite auf dem Sandweg weiter. An einer **T-Kreuzung** wählen wir den rechten Abzweig und kommen dann schnell an den **Strand**. Hier biegen wir links ab. Wir laufen direkt an der Wasserkante entlang, an warmen Tagen kann man auch die Schuhe ausziehen und sich die Wellen um die Knöchel spülen lassen.

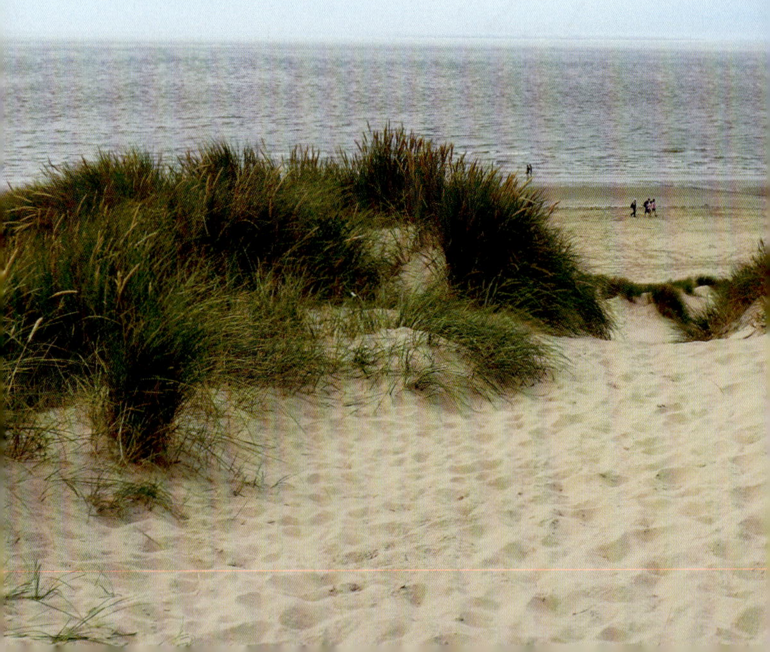

Wir folgen dem Strand, bis wir in den Dünen ein **Schild** ❻ sehen, auf dem **Sierdsmoaispad** steht – hier lassen wir das Meer hinter uns und wandern wieder in die Dünen. Wir folgen dem Sandweg bis zu einem kleinen **Parkplatz** an einer Straße. Hier stehen auch Bänke – es gibt also eine gute Möglichkeit, sich zu setzen, die Füße vom Sand zu befreien und die Schuhe wieder anzuziehen.

Jetzt laufen wir links die Straße entlang und in der ersten Rechtskurve geradeaus auf den **Radweg**. Diesem folgen wir, bis uns das grüne Männchen wieder den Weg nach rechts in den Wald weist – hier stehen anfangs noch niedrige Laubbäume. An der nächsten Kreuzung halten wir uns links, an der darauf folgenden rechts. Jetzt kommen wir zu einem großen **Spielplatz** ❼ im Wald.

Hinter der Schaukel geht unser Pfad weiter und führt durch kleine Hügel in den Wald. Wir folgen dem grünen Männchen und überqueren einen größeren Weg. Jetzt sind wir wieder im Nadelwald. Links am Weg liegt eine **Sandkuhle mit Spielplatz** ❽, hier halten wir uns leicht rechts. Es geht immer wieder ein wenig hoch und runter und über viele dicke Wurzeln. Schließlich kommen wir wieder auf unseren bekannten Weg und biegen nach links ab. Jetzt ist es nicht mehr weit bis zum Leuchtturm und wir sind zurück.

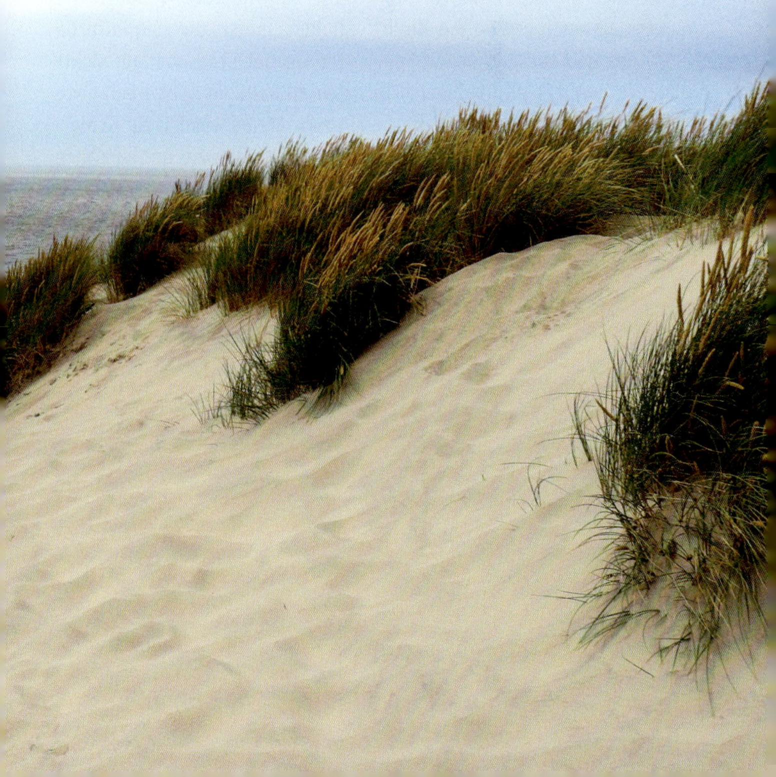

Licht an der Küste

Die schönsten Leuchttürme der Niederlande

Leuchttürme in den Niederlanden haben eine lange Geschichte. Die Sandbänke in der Nordsee stellten von je her eine große Gefahr für die Schiffe dar, sodass Signale für die hindernisfreie Durchfahrt schon früh den Unterschied zwischen einer sicheren Landung und einer Katastrophe machten.

Schon im 13. Jahrhundert begannen die Menschen an der Küste der Niederlande, die Schifffahrt mit Leuchtfeuern zu sichern. Anfangs wurden oftmals auch die hohen Kirchtürme als Landmarken für Seeleute genutzt und teilweise in Leuchttürme umgewandelt.

An der Nordsee dienen die Leuchttürme auch heute noch ihrem Zweck. Anders sieht dies am IJsselmeer aus. Seitdem dieses durch den Abschlussdeich von der offenen Nordsee abgetrennt wurde, sind sie nicht mehr im gleichen Maße notwendig und wirken daher an dem seichten Binnenmeer teilweise etwas fehl am Platze. Gleichzeitig sind sie aber eine stetige Erinnerung daran, dass die Zuiderzee früher wirklich ein wildes Meer war, bis es vom Menschen gezähmt wurde.

Viele der Leuchttürme, die heute noch stehen, wurden im 19. Jahrhundert gebaut. Sie haben meist die Signalfarbe rot, um auch tagsüber gut sichtbar zu sein. Es gibt bemannte Leuchttürme wie den auf Schiermonnikoog sowie unbemannte mit automatisch gesteuertem Leuchtfeuer wie den auf Texel. Einige dürfen heute bestiegen werden, wie zum Beispiel der Leuchtturm auf Ameland. Von

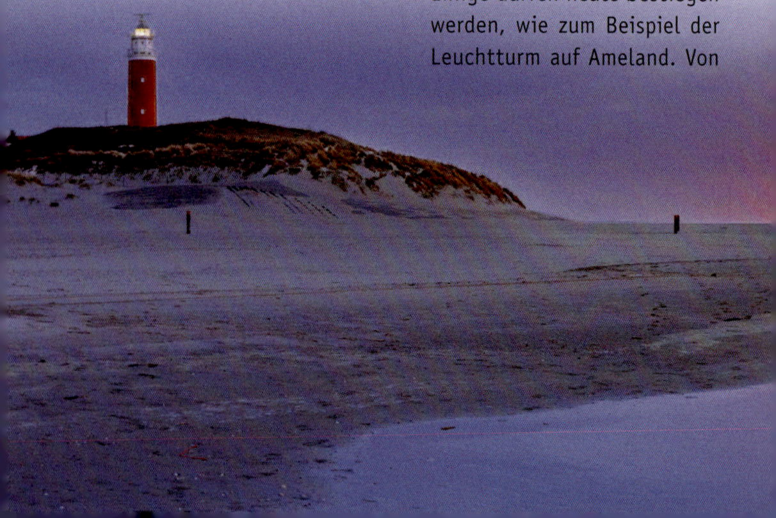

oben hat man eine tolle Aussicht über die Inseln, die Küste und die Nordsee – ein Leuchtturm ist eben ein wirklich exponierter Punkt. Das rotierende Licht des Leuchtfeuers von Ameland ist nachts bis zu 30 Seemeilen sichtbar. Moderne Leuchttürme sind außerdem mit Radar ausgerüstet, sodass zum Beispiel bei Nebel die Schiffe bei der Durchfahrt durch die engen Fahrrinnen zusätzlich unterstützt werden können.

Die meisten der Türme werden nachts angestrahlt. Das sieht schön aus, was aber nicht der Grund dafür ist. Das Licht hilft Vögeln, den Leuchtturm zu orten. Vor allem Zugvögel sind früher oft in großen Zahlen gegen die Türme geflogen und dabei gestorben.

Viele der Leuchttürme stammen aus dem 19. Jahrhundert. Gleich drei der Türme auf den Westfriesischen Inseln – die von Texel, Schiermonnikoog und Vlieland – wurden nach den Plänen des niederländischen Architekten Quirinus Harder (1801 – 1880) gebaut. Seine Entwürfe zeichnen sich durch Funktionalität und eine markante Ästhetik aus. Sie sind nicht nur Navigationshilfen, sondern auch Kulturerbe und viel geliebte Wahrzeichen der niederländischen Küstenlandschaft.

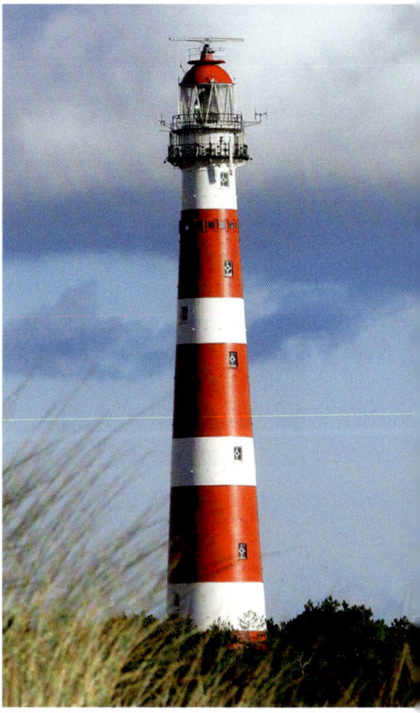

Der Leuchtturm von Ameland besticht durch sein klassisches rot-weißes Ringeldesign.

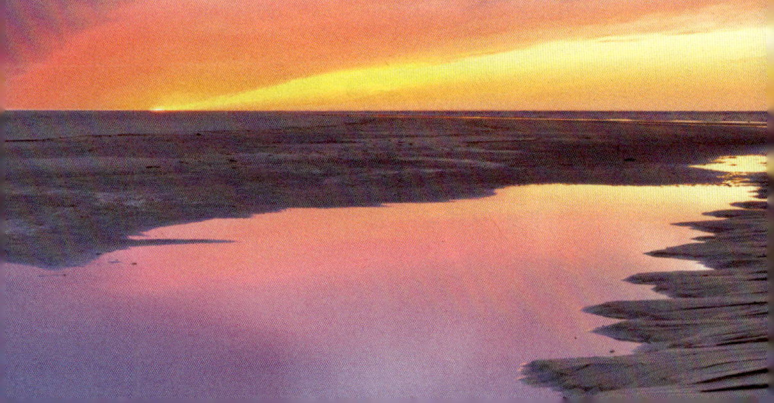

Der Vuurtoren van Texel gehört zu den Bauwerken Quirnius Harders und wurde von 1863 bis 1864 erbaut.

60 m

STRECKE 41 km

4 h

ab 10

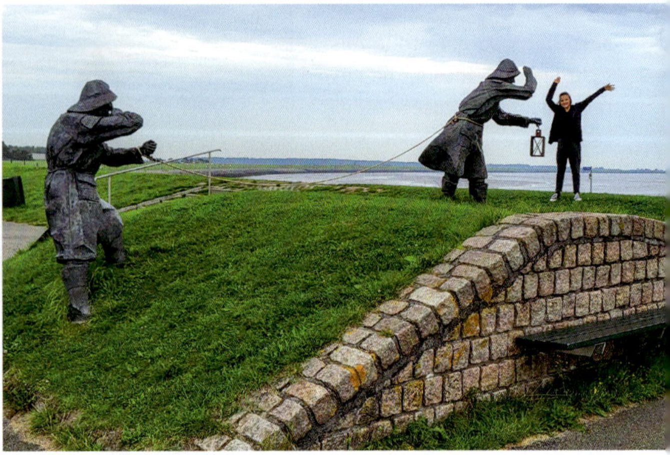

22 Die Amelandroute

Um Ameland mit dem Fahrrad

Die Amelandroute ist eine tolle Gelegenheit, Ameland mit dem Rad kennenzulernen. Die Tour führt uns entlang des Wattenmeers und durch die Dünen genauso wie durch das Inland mit seinen Weiden und Wiesen. Wir lernen die historischen Dörfer der Insel kennen und bekommen vom Leuchtturm auch einen Überblick von oben. Bei starkem Wind kann diese Tour sehr anstrengend sein, sodass die Windrichtung in die Planung einbezogen werden sollte.

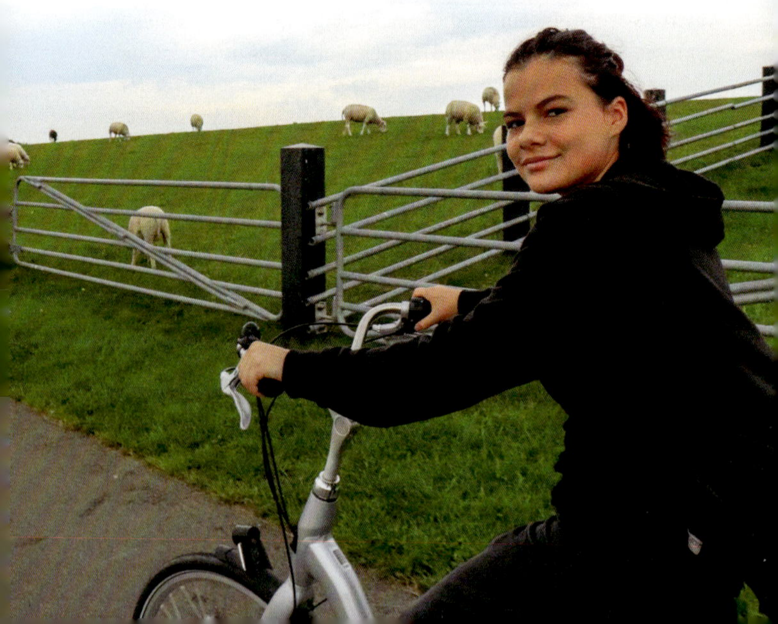

Radtour: Wir starten am Parkplatz in Hollum und folgen der Straße nach rechts in Richtung Süden. An der ersten **Kreuzung** geht es nach links. An einem großen Gebäude, in dem eine Einrichtung für betreutes Wohnen untergebracht ist, biegen wir leicht rechts ab und folgen dann der zweiten Straße nach links. Jetzt machen wir eine kleine **Rundfahrt durch das schöne Dorf**, in dem es auch viele Gelegenheiten zum Einkehren gibt. Wir folgen der ersten Straße nach rechts, dann fahren wir direkt wieder nach rechts.

Highlights

Mit weitläufigen Stränden, Dünen, Wäldern und Wattflächen ist Ameland ein echtes Naturidyll. Hollum, Ballum, Nes und Buren – so heißen die vier Dörfer auf der Insel. Jedes Dorf hat seinen eigenen Charme und lockt mit malerischem Gassen und gemütlichen Cafés.

Am Ende der Straße biegen wir nach links ab, direkt danach wieder nach rechts. Hier ist auch das **Museum Sorgdrager** ❶ ausgeschildert, welches wir jetzt links liegen lassen. Hinter dem Museum biegen wir nach rechts ein und fahren bis zur **Kirche mit Friedhof**. Wir überqueren eine **Straße** und fahren geradeaus weiter. Der Weg führt uns endgültig aus dem Ort hinaus und um eine Linkskurve. An den Dünen biegen wir rechts ab und folgen der Straße, bis wir geradeaus auf dem Radweg weiterfahren können.

Jetzt fahren wir durch bewachsene Dünen und einen niedrigen Wald, der sich mit Büschen abwechselt. Schließlich werden die Bäume höher und wir radeln durch einen lichten Nadelwald. Wir biegen an der nächsten Gelegenheit links in einen **Radweg** ein, den Zeichen der Amelandroute folgend. Dieser führt uns in einer langen Rechtskurve wieder in die Dünen. Auf der linken Seite kommen wir an einem **Bunkermuseum** ❷ vorbei, in dem man in einen Bunker hinuntersteigen kann. Auch auf Ameland wurden

TOUREN-STECKBRIEF

Anfahrt: Wir parken auf dem kostenlosen Parkplatz in Hollum bei **N 53°26'29", E 5°38'04"**.
Anspruch und Charakter: Lange Radtour, mit Gegenwind anstrengend.
Fahrradverleih: Es gibt eine Vielzahl von Verleihstationen auf Ameland. Räder können auch zur Fähre bestellt werden. Eine Möglichkeit ist der Radverleih Metz mit mehreren Stationen auf der Insel. Leihgebühr für ein normales Rad etwa €9. www.fietsverhuur-ameland.nl
Markierung: Hinweisschilder der Amelandroute.
Einkehr: Entlang der Route gibt es in allen Orten viele Möglichkeiten, einzukehren. Schönes Restaurant am Nordseestrand mit Imbiss, an dem man auch günstig Snacks wie Pommes oder Eis bekommen kann.
Mit Kindern: Die Radtour kann abgekürzt werden, indem man auf der Höhe des Flughafens bereits auf die andere Seite fährt. Das gleiche ist auch auf Höhe von Nes nochmal möglich (Flughafen 15 km, 1 h 30 / Nes 30 km, 3 h).
In der Nähe: Bunkermuseum Ameland, Museum Sorgdrager.

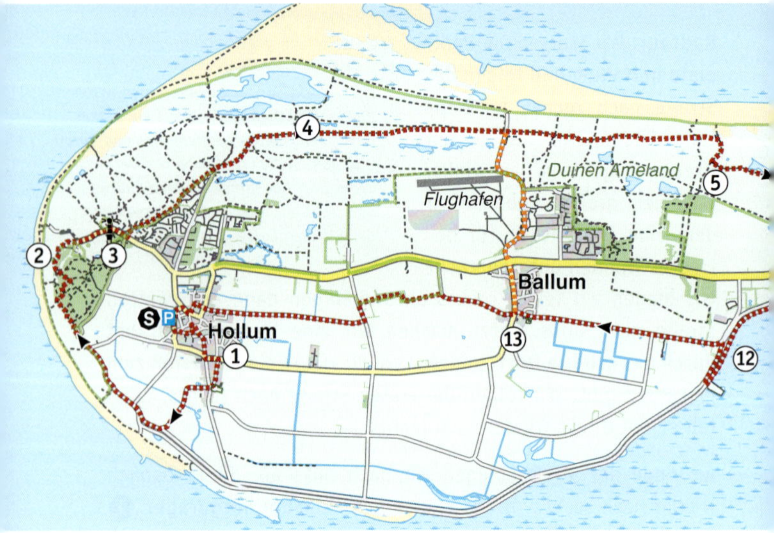

> **Walfang auf Ameland**
> Im 17. und 18. Jahrhundert kam Ameland durch den Walfang zu großem Wohlstand. Noch heute sieht man viele Häuser, die in dieser Zeit entstanden. Diese haben teilweise immer noch Walknochen als Grundstücksbegrenzungen. Auf dem Friedhof erinnern besondere Grabsteine an die Kapitäne dieser Zeit.

im Zweiten Weltkrieg Verteidigungsanlagen von den deutschen Nazis gebaut.

Schließlich kommen wir zu einer Straße und dann direkt zum **Leuchtturm ❸**. Hier kann man gut eine Pause machen, es gibt viele Bänke mit Tischen. Auf den Leuchtturm könnt ihr auch hinauf, von oben habt ihr einen tollen Blick über das Dorf und die Nordsee.

Anschließend folgen wir dem Radweg neben der Straße weiter und biegen dann direkt vor einer Ansiedlung nach links ab. Jetzt sind wir wieder auf einem **Radweg in den Dünen**. Zuerst liegen rechts noch Ferienhäuser neben dem Radweg, dann geht es in eine einsame Dünen- und Heidelandschaft. Links zeigt ein Schild den Weg zu einer **Vogelbeobachtungshütte ❹**, wer Lust auf einen kleinen Spaziergang hat, kann hier das Rad stehenlassen und zu einem See hinter den Dünen laufen.

Der Weg führt dann über gut befahrbare Betonplatten ein bisschen hoch und runter. An der nächsten **Gabelung ❺** halten wir uns links und der Weg bringt uns weiter durch Feuchtgebiete und vorbei an kleinen Seen hinter den Dünen. Hier kann man sehr gut Vögel beobachten. Wir kommen an einer weiteren **Vogelbeobachtungshütte** auf der rechten Seite vorbei und überqueren dann einen Weg. Schließlich fahren wir an einem **Campingplatz ❻** auf der rechten Seite vorbei und kommen dann an eine Straße.

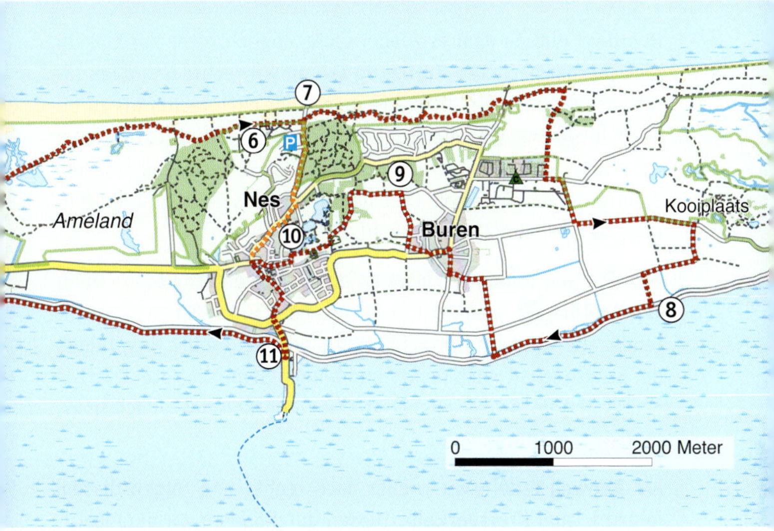

Links finden wir einen **Zugang zum Strand** ❼, hier gibt es auch ein **Restaurant** am Strand mit einem Imbiss.

Nach einer Pause am schönen Sandstrand geht es dann weiter. Kurz vor dem Parkplatz biegen wir links ab in die Dünen. Wir überqueren den Reitweg und halten uns an der nächsten **Gabelung** links. Nachdem wir die Straße überquert haben, die zum Strand führt, radeln wir an der nächsten **Kreuzung** links weiter. Am nächsten Radweg biegen wir nach rechts ab und verabschieden uns damit von der offenen Nordseeküste.

Wir folgen diesem Weg, bis wir rechts an einer **Feriensiedlung** vorbeikommen, danach biegen wir links ab. Auf der nächsten Straße geht es wieder nach rechts, dann wieder links. Jetzt folgen wir bis in den Weiler **Kooiplaats**, hier biegen wir nach rechts ab. Jetzt sind wir am östlichsten Zipfel unserer Tour angelangt, von hier geht es wieder zurück in Richtung Ausgangspunkt.

Wir nehmen die zweite Abzweigung nach rechts und fahren jetzt über Pflastersteine. Bei der nächsten Gelegenheit biegen wir links ab und radeln dann nach rechts auf den **Deich** ❽. Hier liegt das Wattenmeer vor uns, das vor allem bei Ebbe spannend ist, da wir hier viele Vögel beobachten können, die auf Nahrungssuche sind. Wir folgen dem Weg bis zu einer **Bank** und einer verbreiterten Stelle. Hier ist noch mal die Gelegenheit für eine Pause. Anschließend biegen wir rechts ab in Richtung Buren.

Wir folgen dem Weg bis zu einer **T-Kreuzung**, dann fahren wir nach links. An der nächsten T-Kreuzung geht es nach rechts in den **Ortskern von Buren** hinein. Hier biegen wir links in den

Noordwal ein, an dem es wieder viele Möglichkeiten zur Einkehr gibt. An der nächsten **Kreuzung** fahren wir rechts und dann direkt wieder links. Am Ortsrand radeln wir nach rechts bis zu einer **T-Kreuzung** ❾. Hier geht es nach links, die nächste wieder nach links. Wir überqueren noch mal den Reitweg und kommen dann an einen Friedhof. Hier halten wir uns links und am Eingang des Friedhofs wieder rechts.

Dem Radweg folgen wir jetzt an einem **See** entlang bis zu einer **Windmühle** ❿. Hier geht es für uns nach links und an der zweiten Straße wieder nach rechts. Wir sind jetzt im Ort **Nes**, folgen der Straße leicht nach rechts und biegen dann am Hotel Overzee nach links ab. An der nächsten Kreuzung fahren wir nach links, in Richtung Fähranleger.

Am **Reeweg** radeln wir wieder nach rechts und folgen diesem jetzt bis zum **Kreisverkehr**. Diesen durchqueren wir geradeaus, vorbei an der Tourismusinformation auf der linken Seite. Geradeaus geht es jetzt weiter zum **Fähranleger** ⓫. Kurz hinter einem Radverleih auf der linken Seite biegen wir rechts ab und fahren auf den Deich.

Wir folgen dem Deich auf der Wattenmeerseite zu einer **Mole**, die links ins Meer ragt. Hier biegen wir rechts ab und fahren ein Stückchen oben auf dem Deich zurück bis zum Smitteweg – genau an dieser Stelle steht auch ein **Skulptur** ⓬, die zwei Menschen bei einer Suchaktion im Watt darstellt. Die erste Person mit der Laterne ist mit einem Seil an die zweite festgebunden – bei gutem Wetter ist nur schwer vorstellbar, wie schnell sich Menschen im Watt verlaufen können, wenn es nebelig oder stürmisch ist.

Der Smitteweg führt uns zum vierten Inseldorf **Ballum**, dem kleinsten der vier Dörfer. Kurz hinter dem Ortseingang kommen wir auf der linken Seite an einem **Friedhof** ⓭vorbei, auf dem auch viele Walfänger beerdigt sind – die alten Grabsteine stehen

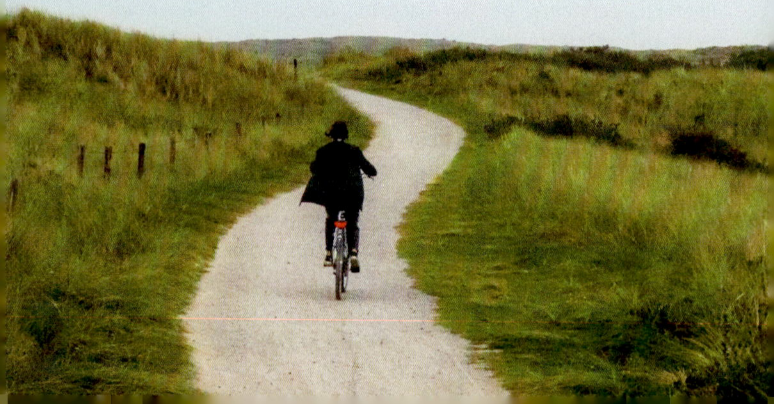

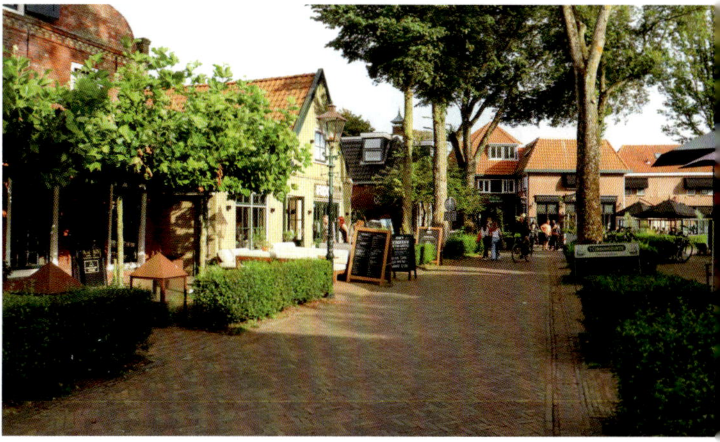

hier bis heute. Wer auch den Ort Ballum sehen will, macht hier einen Abstecher nach rechts.

An der Hauptstraße fahren wir kurz nach links und dann direkt wieder rechts. In einer **Rechtskurve** biegen wir nach links in den Radweg ein. An der Straße geht es ein kleines Stück nach links, dann direkt wieder nach rechts. Wir sind jetzt auf dem Trapweg und diesem folgen wir bis nach **Hollum**. Bereits im Ort biegen wir an einem Spielplatz auf der rechten Seite links ab. Am Ende der Straße geht es nach rechts, dann direkt wieder nach rechts. Hinter dem Komplex von Läden und Einkaufsgelegenheiten biegen wir links ab, dann die zweite wieder links. Jetzt sind wir zurück am Parkplatz.

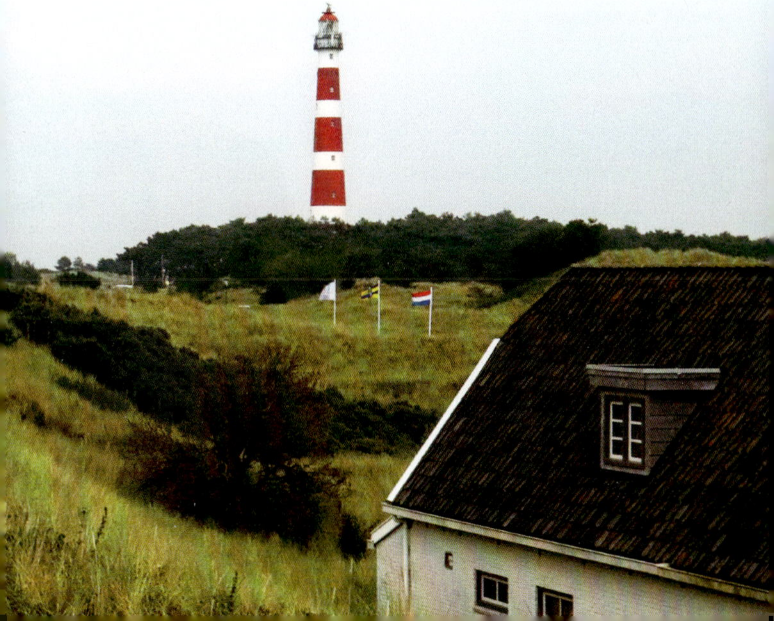

Der Atlantikwall

Die Niederlande im Zweiten Weltkrieg

An vielen Stellen an der Küste in den nördlichen Niederlanden treffen wir auf Bunker und Betonanlagen, die Überreste des Atlantikwalls sind, den die deutsche Wehrmacht im Zweiten Weltkrieg erbaute. Der Atlantikwall war eine 2685 Kilometer lange Verteidigungslinie entlang der Küsten des Atlantiks, Ärmelkanals und der Nordsee mit insgesamt 8119 größeren und kleineren Bunkeranlagen. Er zog sich von Norwegen durch Dänemark, die Niederlande, Belgien und Frankreich und sollte vor einer Invasion vom Meer aus schützen.

Im Zweiten Weltkrieg waren die Niederlande von Deutschland besetzt. Nach einem fünftägigen Kampf nach dem Überfall am 10. Mai 1940 flohen die Regierung und die Königin nach England und die Niederlande wurden von der Besatzungsmacht regiert. Es wurde ein Reichskommissar eingesetzt, der für die Verwaltung der Niederlande zuständig war.

Die Nazis bemühten sich zunächst um ein gutes Verhältnis zur niederländischen Bevölkerung, da die Niederlande langfristig in das Deutsche Reich eingegliedert werden sollten. Durch die zunehmende Verfolgung der jüdischen Bevölke-

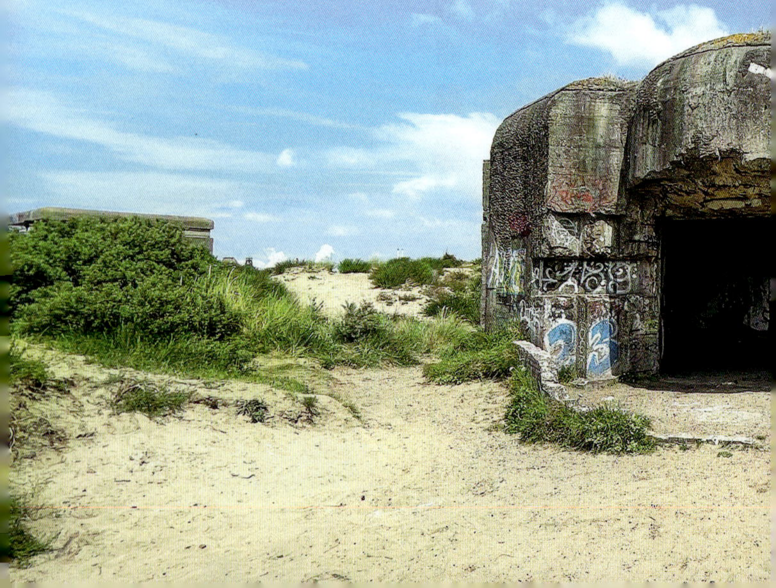

Bunker am Strand von IJmuiden westlich von Amsterdam

rung und dem Einsatz der Einheimischen zur Zwangsarbeit in Deutschland drehte sich die Stimmung jedoch bald und es kam zu vielen Protesten und dann auch zum organisierten Widerstand. Trotzdem überlebten über 70 Prozent der jüdischen Bevölkerung der Niederlande den Holocaust nicht. Prominentes Beispiel ist hier Anne Frank.

Die deutsche Besatzungsmacht ordnete dann ab 1941 den Bau des Atlantikwalls an. Im April 1942 wurden der Strand und die Dünen an der gesamten niederländischen Küste zum Sperrgebiet erklärt. An vielen Stellen kam es bei Häusern an der Küste zu Enteignungen, wie zum Beispiel auf Ameland. Die Bevölkerung der Niederlande wurde auch zur Zwangsarbeit verpflichtet, um den Atlantikwall zu errichten.

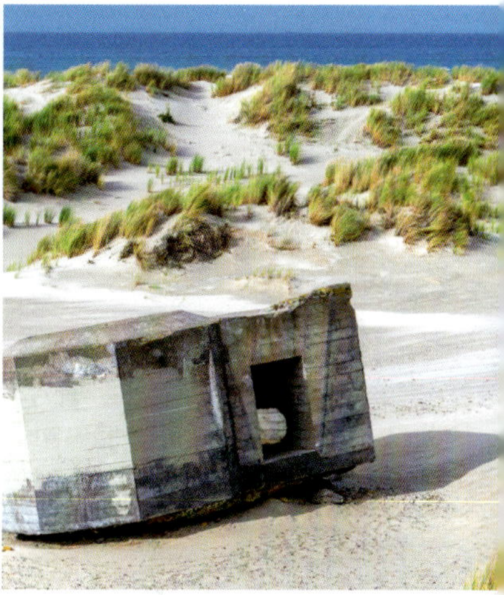

Bunker in den Dünen von Terschelling

Heute kann man Reste des Atlantikwalls und der Bunkeranlagen in den nördlichen Niederlanden vor allem noch auf den Westfriesischen Inseln finden. Hier wurden sie teilweise in Form von Bunkermuseen zugänglich gemacht (so zum Beispiel auf Ameland, Vlieland). Auch am Abschlussdeich finden sich noch gut erhaltene Reste der Bunker sowie eine weitläufige Museumsanlage (Kornwerderzand).

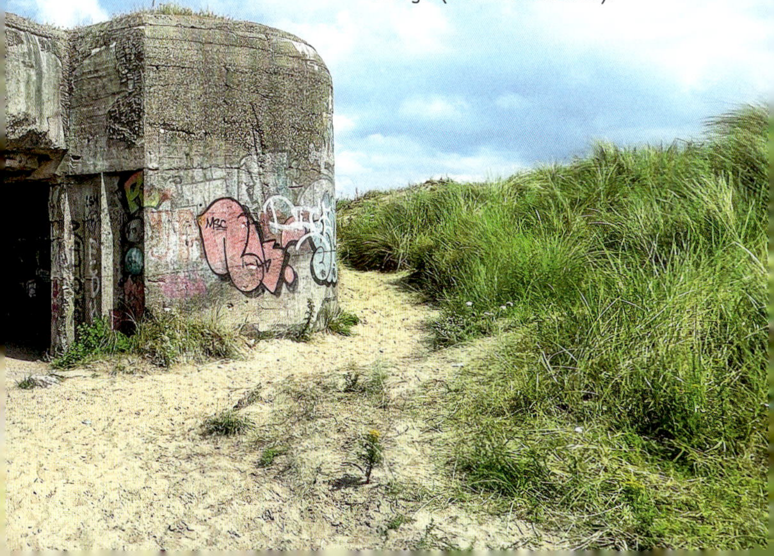

10 m

STRECKE 14,2 km

4 h 45

ab 10

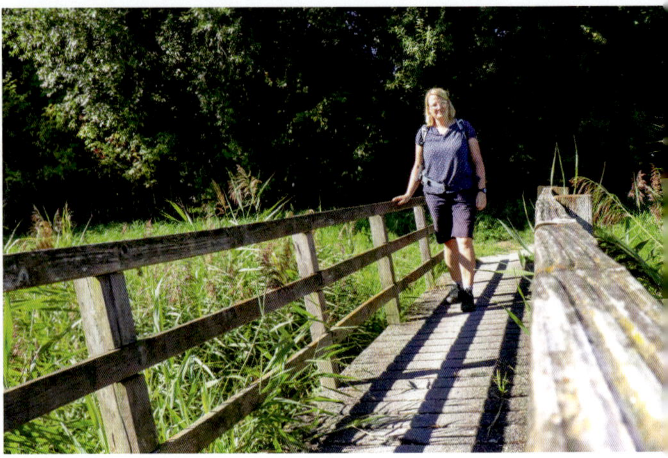

23 Kloster Claercamp Pad

Auf den Spuren der alten Mönche

Die Wanderung ist Teil des Kloster Claercamp Pad, eines Weitwanderwegs mit 13 Etappen. In der Region gab es früher viele Klöster und sowohl die Landwirtschaft als auch die Deichpflege fielen in die Verantwortlichkeit der Mönche. Kloster Claercamp, nach dem der Weg benannt ist, war eines der ältesten Klöster der Zisterzienser in den Niederlanden. Es liegt aber nicht an diesem Rundweg, sondern etwas weiter östlich bei Dokkum. Unser Weg führt uns durch Felder, Wiesen und Polder. Wir laufen auch am Wattenmeer entlang, wo wir gute Chancen auf Vogelbeobachtungen haben. Ein weiteres Highlight ist der markante Kirchturm von Firdgum, der wie ein Finger in den Himmel zeigt. Diese Wanderung gibt einen tollen Einblick in die Kulturlandschaft Frieslands. Allerdings führt sie fast komplett über Asphalt. Es kann also auch eine Alternative sein, diese Tour mit dem Fahrrad zu machen.

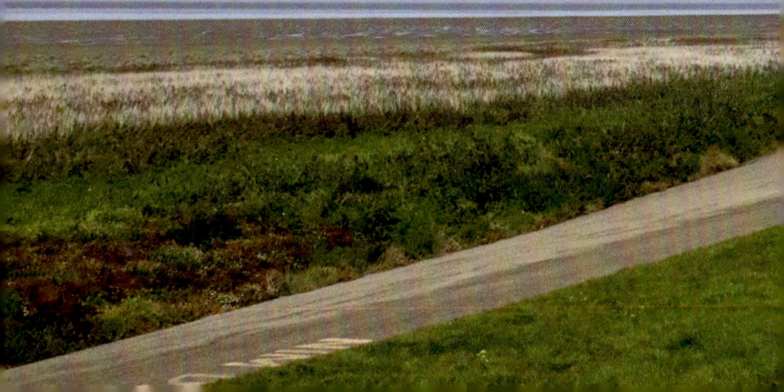

Wanderung: Wir starten unsere Wanderung am Museum in Firdgum – hier könnt ihr den Nachbau eines Grassodenhauses besichtigen und erfahren, wie die Menschen im Mittelalter lebten.

> *Highlights*
>
> ***Der Weitwanderweg Kloster Claercamp Pad führt von Dokkum durch typisch friesische Landschaft mit Feldern, Wäldern und vielen Wasserwegen und informiert über die historische Bedeutung der Klöster in der Region.***

Wir folgen der geraden, wenig befahrenen Straße in Richtung Deich. Am Ende halten wir uns rechts und laufen ein wenig nach oben auf den nächsten Deich. Man erwartet jetzt, das Meer zu sehen – hier gibt es allerdings erst einmal nur einen weiteren **Polder mit Feldern** ❶. Das Meer ist hinter einem zweiten Deich versteckt, der noch ein bisschen weiter entfernt liegt.

Wir folgen dem Deich bis zu einer **Gaststätte** ❷, dann biegen wir links ab. Jetzt laufen wir zu einem Parkplatz und steigen dort auf den **Deich** ❸. Von hier können wir auch endlich das Meer sehen.

Wir wandern jetzt auf dem Deich. Dies ist auf dem unteren, befestigten Teil möglich, immer entlang des Zauns und mit freiem Blick auf das Wattenmeer. Mit Glück und bei der richtigen Gezei-

TOUREN-STECKBRIEF

Anfahrt: Wir parken auf dem kostenlosen Parkplatz am Yeb Hettinga Museum in Firdgum. **N 53°14'56", E 5°33'41"**
Fahrradverleih: Rienks Tweewieler Center in Tzummarum, € 10 pro Tag, für Kinder € 7,50.
Anspruch und Charakter: Lange Wanderung auf Asphalt.
Einkehr: Am Wattenmeer im Restaurant The Friezinn, in der Nebensaison nur Fr bis So geöffnet, mehrere Möglichkeiten in Tzummarum.
Mit Kindern: Es ist auch möglich, direkt am Deich zu parken und nur am Wattenmeer entlang bis zum Wattenfischer zu laufen (hin und zurück 6 km, 2 h).
In der Nähe: Yeb Hettinga Museum & Zodenhuis, Eisinga-Planetarium.

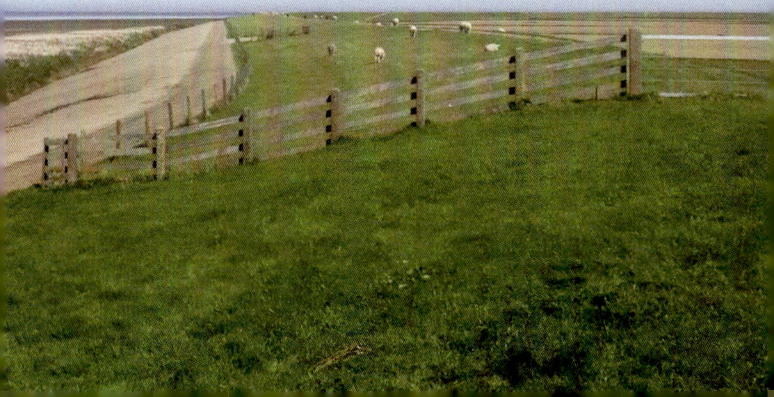

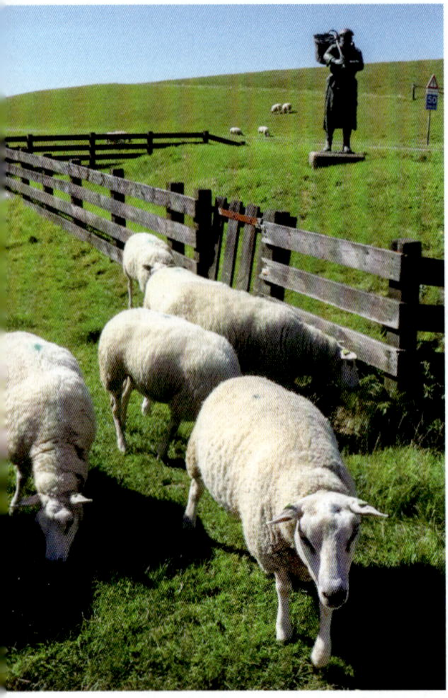

tenlage können wir auch viele Vögel beobachten.

Wir laufen immer am Deich entlang, bis wir links eine Schranke sehen. Hier führt uns der Weg nach oben auf die Kuppe des Deichs, wo auch eine **Bank** ❹ steht.

An der Bank wenden wir uns scharf nach links und steigen wieder zur Straße hinunter. Unten steht ein **Denkmal für die Heringsfischer** ❺, denn wie überall am Wattenmeer haben die Menschen hier früher vor allem vom Fischfang gelebt.

Am Denkmal wählen wir den mittleren Weg und laufen auf eine Reihe von kleinen, hübschen **Häusern** zu, die hier hinter dem Deich stehen. Man kann sich gut vorstellen, dass hier früher einmal die Heringsfischer gelebt und nach ihrer Arbeit auf dem Meer einen Platz am warmen Ofen genossen haben.

Am **Ende des Weges** biegen wir rechts ab, überqueren ein Viehgitter und laufen links am Deich weiter. Bei nächster Gelegenheit geht es nach links, dafür müssen wir einen **Bauernhof** ❻ durchqueren und bekommen Einblick in die Wirtschaftsgebäude links und rechts. Wir folgen der Straße bis zu ihrem Ende, dann biegen wir nach links ab und sofort danach wieder rechts. Wieder haben wir eine lange Gerade vor uns, die uns durch Felder und an Höfen vorbeiführt.

Einen guten Kilometer weiter treffen wir auf die **Hauptstraße**, überqueren sie und laufen auf der anderen Seite geradeaus weiter. Die Straße macht eine Linkskurve und führt uns dann in den Ort **Tzummarum**. Wir überqueren eine Brücke und laufen dann erst einmal geradeaus auf der roten Straße in den Ort hinein. Auf der linken Seite steht eine schöne alte **Kirche** ❼, in die wir einen Blick werfen können.

Anschließend laufen wir zur **Hauptstraße** zurück, folgen ihr nach rechts, durch eine Linkskurve und biegen dann an einem Haus mit der Aufschrift »Het Friese Land« rechts ab. Am Ende der Straße wird der Weg zum Pfad und wir folgen ihm durch eine

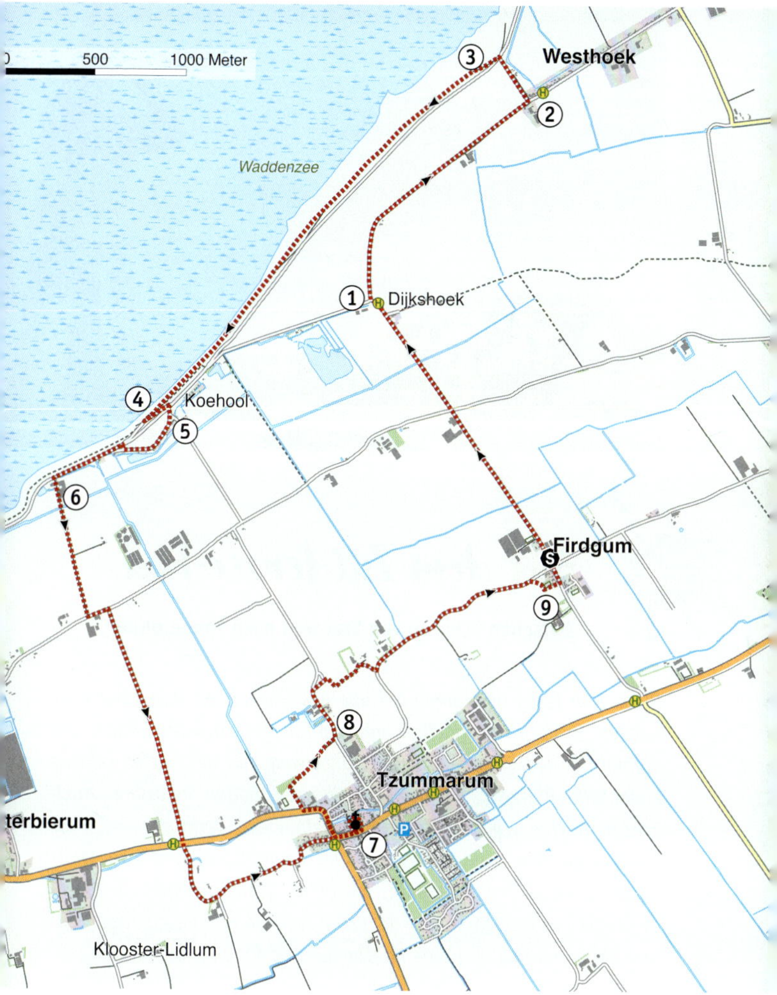

Rechtskurve, über eine kleine Brücke und entlang einer Baumreihe bis zu einer **T-Kreuzung** ❽. Hier gehen wir links auf der schmalen Straße weiter und wandern zwischen Feldern und Wiesen bis zu einem **Wendeplatz**. Nun biegen wir rechts ab und folgen dann dem Radweg.

Am Ende des Radweges halten wir uns rechts, bei nächster Gelegenheit wieder links. Jetzt laufen wir wieder schnurgerade auf **Firdgum** zu, den Kirchturm sehen wir schon von weitem. Dieser wurde auf einer Warft gebaut, den Rest der Kirche hat man abgerissen. Kurz vor der Kirche folgen wir einem Hinweisschild entlang der Hecke um den **Friedhof** ❾ und den Turm herum. Auf der anderen Seite sehen wir schon wieder das Museum, an dem wir unsere Wanderung gestartet haben.

10 m

STRECKE

12,5 km

4 h 15

ab 10

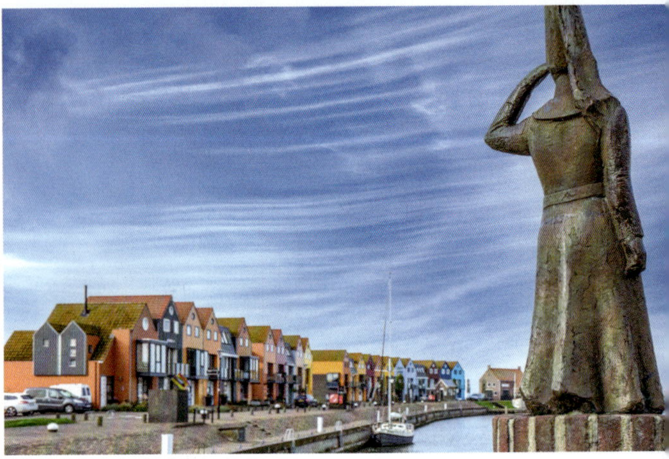

24 Auf dem Zuiderzee Pad

Zwischen Schafen von Stavoren nach Hindeloopen

Diese Tour führt uns immer entlang des IJsselmeers von einer friesischen Stadt in die nächste und ist Teil des Zuiderzee Pads, der einmal um das IJsselmeer führt. Unterwegs auf dem Deich gibt es viele tolle Plätze für Pausen am Wasser, Baden inklusive. Auch Schafe treffen wir auf dieser Tour sehr viele, denn der Deich ist gleichzeitig ihre Weide. Stavoren und Hindeloopen sind zwei wunderschöne alte Handelsstädte, die einen Besuch lohnen. Auf dem Deich gibt es jedoch keinen Schatten, sodass an heißen Tagen genug Sonnencreme und eine Kopfbedeckung ins Gepäck müssen.

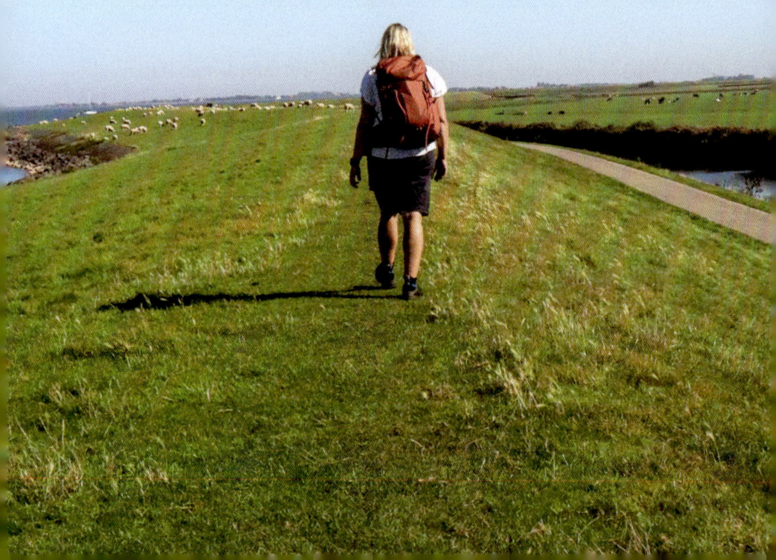

Wanderung: Wir starten in Stavoren am Bahnhof und wenden uns zuerst nach rechts in Richtung Hafen. Hier ist der Fisch von Stavoren zu sehen, ein Brunnen, bei dem das Wasser aus dem Maul eines großen, bunten Fischs sprudelt. Links vor dem Schleusentor steht die Statue einer Frau, die in die Ferne sieht. Dargestellt ist die **Frau von Stavoren**, die auf die Rückkehr ihrer Schiffe wartet – eine Figur aus einer niederländischen Sage. Neben dem Fisch befindet sich auch noch die Tourismusinformation.

Von hier aus laufen wir vor bis zur **Landspitze** und dann nach rechts auf der anderen Seite am Wasser zurück. Wir folgen dem Weg entlang des Hafenbeckens bis zu seinem Ende. Hier biegen wir links ab. An dieser Stelle stehen auch **Informationstafeln zur Geschichte des Hafens** und zur Schifffahrt. An der Straße halten wir uns links, dann gleich noch einmal links in Richtung IJsselmeer und gehen am **Leuchtturm von Stavoren** ❶ vorbei. Über eine Treppe steigen wir dann auf den Deich. Von hier hat man einen schönen Blick zurück auf den Ort.

Highlights

Das IJsselmeer ist wohl das bekannteste Gewässer der Niederlande. Es entstand 1932 durch den Bau eines langen Deiches aus der Zuiderzee, einer flachen Meeresbucht, und ist ein beliebtes Freizeitziel zum Baden, Angeln und Segeln. Als riesiges Süßwasserreservoir spielt das IJsselmeer aber auch eine wichtige Rolle in der niederländischen Wasserwirtschaft.

Die Frau von Stavoren

Die Frau von Stavoren ist eine kleine Statue, die am Schleusentor am Hafeneingang steht. Laut der Sage war sie eine reiche Kaufmannswitwe, die eigentlich alles hatte. Sie war aber nicht zufrieden und sandte ein Schiff aus, um den kostbarsten Besitz auf Erden zu finden. Nach langer Zeit kam der Kapitän mit einer Ladung Getreide zurück – überzeugt, dass dies wertvoller als Gold sei. Die Frau wurde aber wütend und ließ das Getreide vor dem Hafen ins Meer kippen. Zuschauende sagten ihr, dass sei ein schlechtes Omen, sie warf aber noch ihren Ring hinterher und sagte dabei: »Ebenso wenig, wie man jemals wieder diesen goldenen Ring finden wird, werde ich dem Bettelstab anheimfallen«. Einige Zeit später wurde ihr ein Fisch serviert, der den Ring im Magen hatte – und anschließend verarmte sowohl die Kaufmannsfrau als auch der Ort, da sich eine Sandbank vor dem Hafen bildete – genau dort, wo das Getreide ins Meer geschüttet worden war.

TOUREN-STECKBRIEF

Anfahrt: Diese Tour führt uns von Stavoren nach Hindeloopen. Für den Rückweg könnt ihr ein Auto in Hindeloopen platzieren oder eine Strecke mit dem Zug fahren. Am Bahnhof in Hindeloopen bei **N 52°56'47", E 5°25'22"** kann man kostenlos parken. Von hier fährt einmal in der Stunde ein Zug.

Anspruch und Charakter: Einfache Wanderung auf dem Deich, kein Schatten.

Markierung: Schilder mit Bezeichnung Zuidezee Pad, weiß-rotes Wanderzeichen.

Einkehr: In den Orten Stavoren und Hindeloopen gibt es viele Möglichkeiten für eine Einkehr.

Mit Kindern: Neben dem Deich führt eine Straße entlang, an der ein Auto oder Fahrrad platziert werden kann. So kann die Tour leicht abgekürzt werden.

In der Nähe: Eislaufmuseum Hindeloopen.

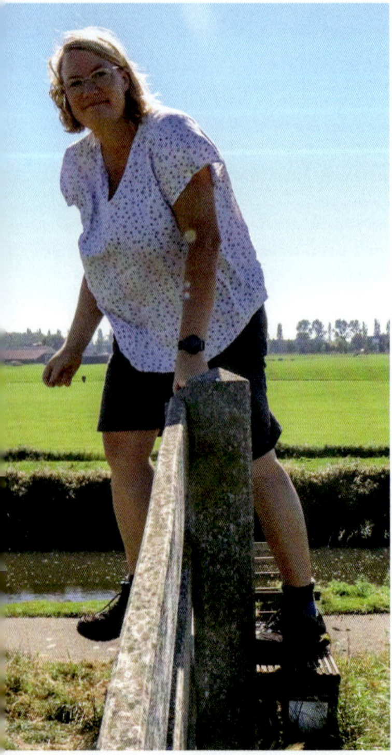

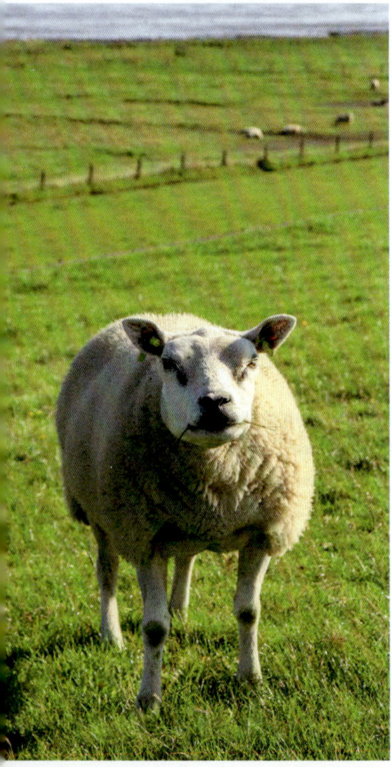

Eigentlich geht es jetzt bis Hindeloopen nur noch oben auf dem Deich entlang. Zwischendurch müssen wir immer wieder über Zäune klettern, die die Schafweiden trennen, hier gibt es aber jeweils Holzstufen zur Hilfe. Wir können natürlich auch auf Schafe treffen, die jedoch meistens gleichgültig gegenüber Wandernden sind – oder schnell aus dem Weg gehen.

Es führen in gleichmäßigen Abständen Buhnen ins Meer, dazwischen haben sich an einigen Stellen kleine **Strände** ❷ gebildet, an denen gebadet wird. Hier gibt es auch einen FKK-Strand. Wir kommen an den Ruinen von Stellungen und Bunkern vorbei, die noch aus dem Zweiten Weltkrieg übriggeblieben sind. Links auf dem IJsselmeer können wir die Windräder eines Offshore-Windparks sehen.

In einer Rechtskurve treffen wir kurz auf einen Radweg, dann laufen wir wieder auf Gras. Auf der Höhe des Dorfes Molkwerum kommen wir an einem **Denkmal** ❸ vorbei. Hier ragt ein einzelner Flugzeugflügel aus dem Wasser und erinnert die Besatzungen der Flugzeuge, die im Zweiten Weltkrieg abgestürzt und im IJsselmeer versunken sind.

Wir wandern immer weiter auf dem Deich, bis links von uns ein Meer aus Schilfhalmen zu sehen ist. Ungefähr in der Mitte führt ein Weg nach links zu einer **Vogelbeobachtungshütte** ❹, von der wir unglaublich viele Schwäne beobachten konnten, die in der vorgelagerten Bucht leben.

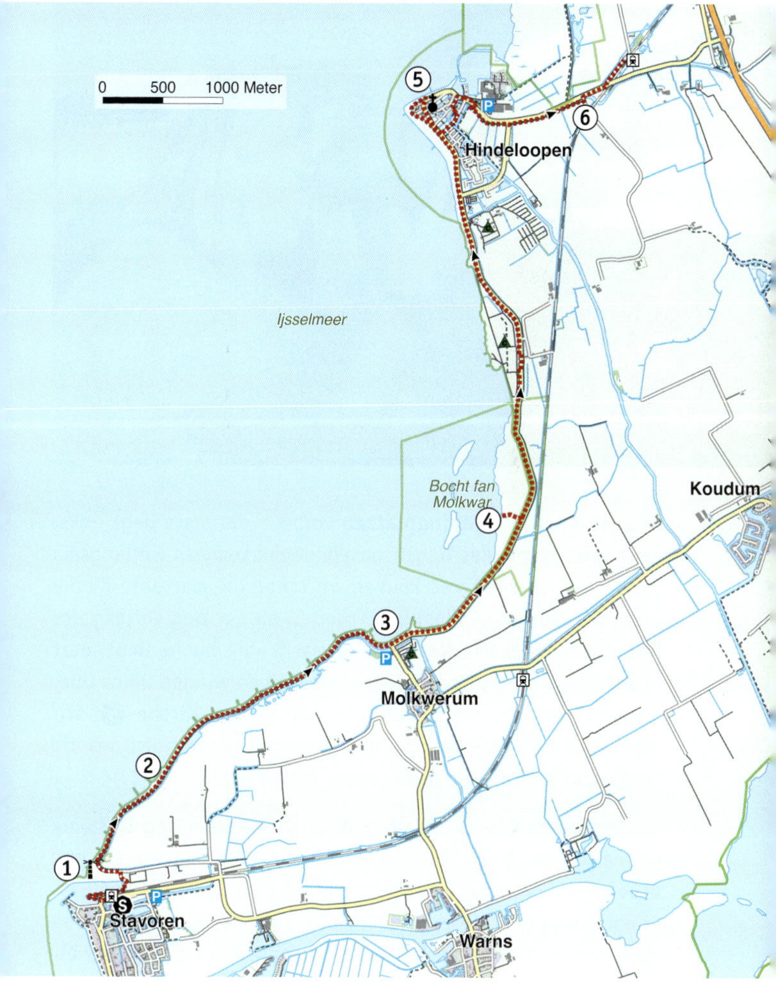

Wir laufen zurück zum Deich und dann nach links weiter. Wenn das Gras hier zu hoch steht, ist es auch möglich, unten auf der Straße weiterzulaufen. Schließlich kommen wir an eine **Feriensiedlung** auf der linken Seite – hier dürfen wir für ein kurzes Stück nicht auf dem Deich laufen. Über Treppen geht es also rechts runter zur Straße, nach wenigen Metern und hinter einigen Häusern dann wieder links hoch. Jetzt werden die Strände breiter und auch voller – wir nähern uns Hindeloopen.

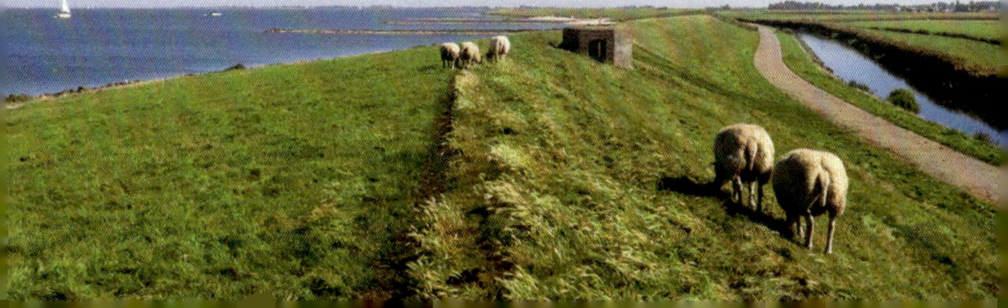

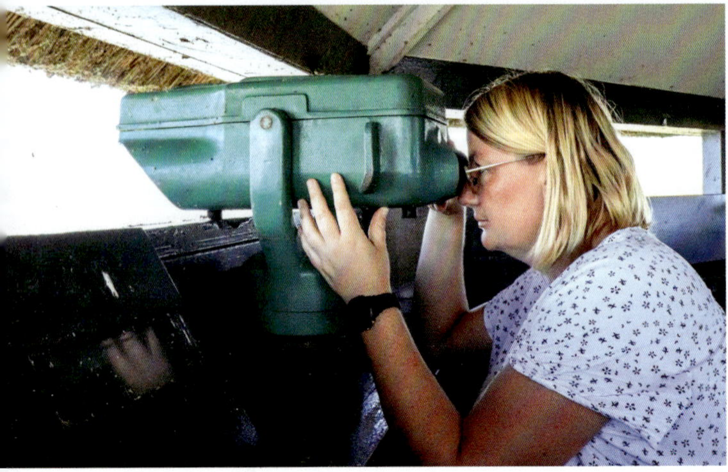

Es geht an zwei **Campingplätzen** vorbei – der erste liegt links, der zweite rechts des Weges, anschließend kommen wir langsam in den Ort. In der Ferne können wir schon die markante Kirche erkennen. Wir folgen dem Deich weiter, bis der Weg entlang des Wassers eine scharfe Rechtskurve macht, die Kirche liegt jetzt neben uns. Bei nächster Gelegenheit steigen wir den Deich über Treppen hinunter und stehen jetzt fast vor der **Kirche** ❺. Wir laufen auf sie zu und nach einem Blick ins Innere führt uns die Straße auf der rechten Seite weiter in den Ort.

An dem großen Haus mit der Aufschrift »Skipshelling I. Blom« halten wir uns links. Wir folgen dem Weg und überqueren eine **Brücke**, bei nächster Gelegenheit biegen wir in eine kleine Gasse nach links ein. Dieser folgen wir bis zum Wasser, dann geht es nach rechts. Die nächste **Brücke** mit einem Geländer aus wei-

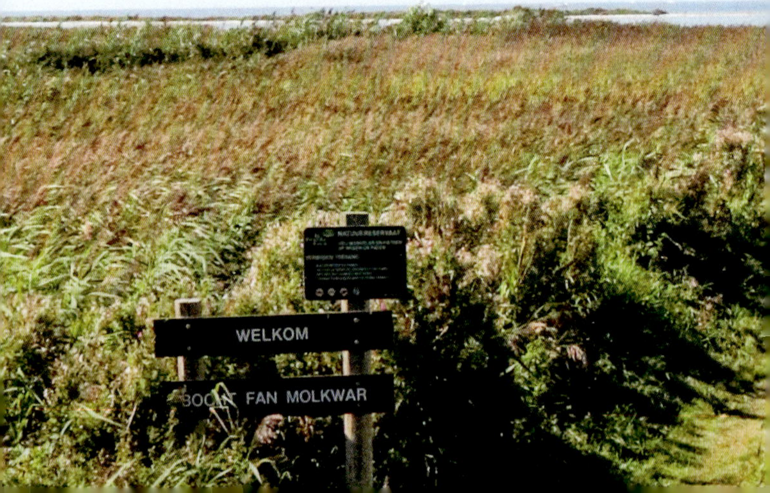

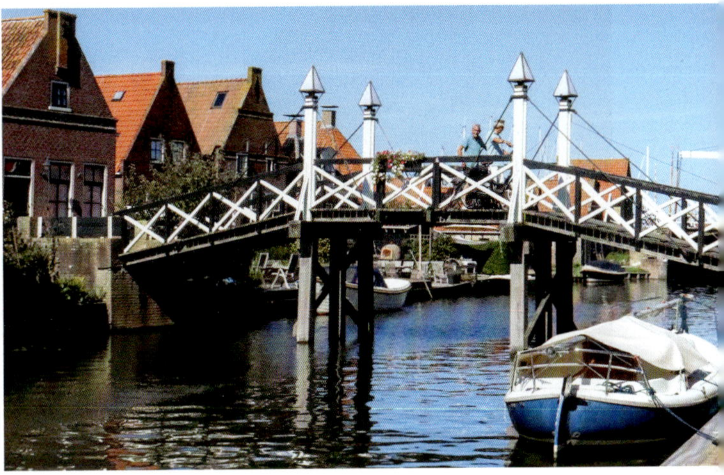

ßem Holz überqueren wir nach links. Auf der anderen Seite biegen wir in die nächste Straße rechts ein und wandern bis zu deren Ende. Hier halten wir uns rechts und überqueren erneut eine Brücke. Diese überspannt die die **Schleuse an der Hafeneinfahrt**.

Wir folgen der gepflasterten Straße bis zu einem **schwarzen Holzhaus**, direkt dahinter geht es rechts und wieder über eine Brücke auf die andere Seite.

Jetzt folgen wir dem **Radweg** nach links und verlassen den Ort. Wir gehen auf dem Radweg bis zum Ende, laufen dann links über eine **Brücke** ❻ und direkt dahinter rechts weiter auf dem Radweg. Kurz vor den Bahnschienen biegen wir nach links ein und kommen so zum Bahnhof.

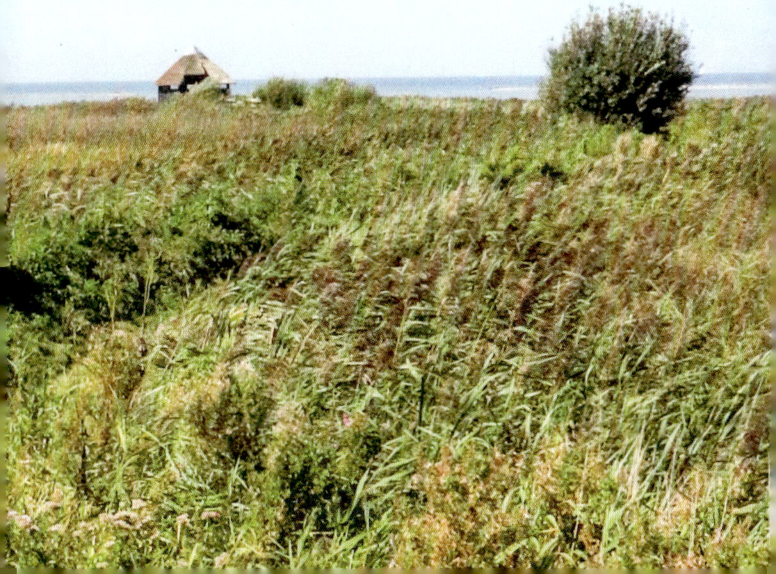

STRECKE
8,9 km

2 h 30

ab 8

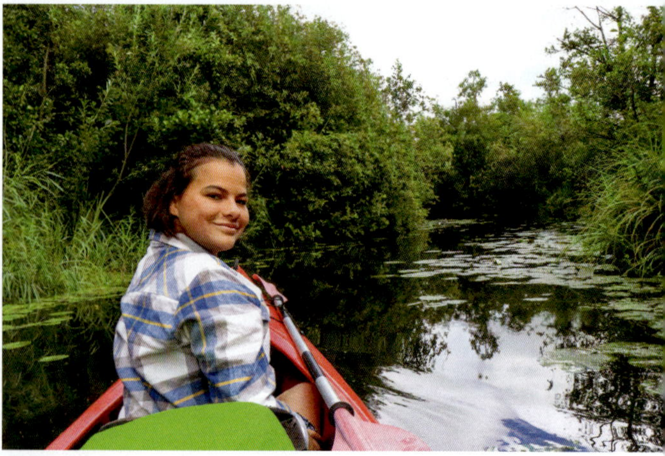

25 Wilde Wasserwelt

Kanutour im Nationalpark De Alde Feanen

Der Nationalpark De Alde Feanen wurde 2006 gegründet und schützt eine abwechslungsreiche Landschaft mit Mooren, Heidegebieten und offenen Wasserflächen. Diese Kanutour ist eine besonders spannende Art, seine wilde Natur zu erkunden. Mit dem Boot erleben wir den Nationalpark aus einer ganz anderen Perspektive. So gleiten wir zwischen Seerosen hindurch und paddeln durch ein regelrechtes Labyrinth von engen Kanälen – ein echtes Abenteuer.

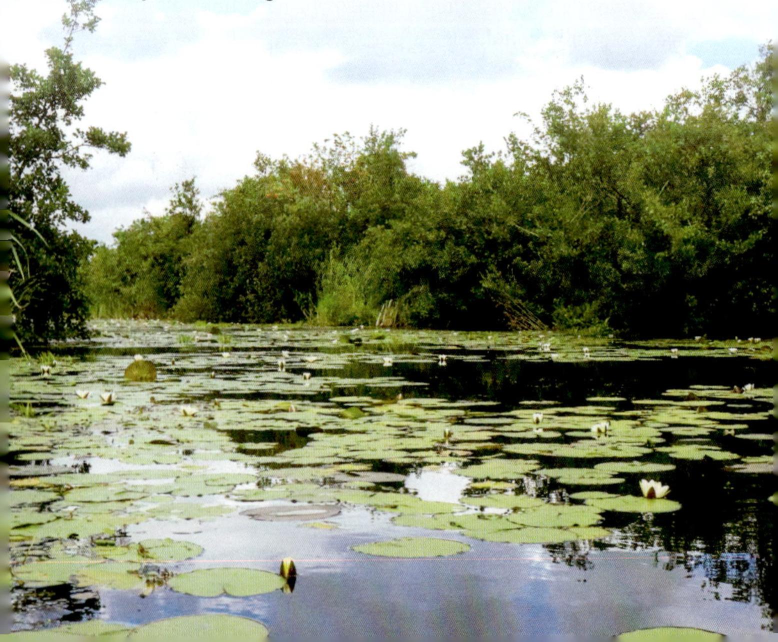

Kanutour: Unsere Kanutour beginnt am **Bootsverleih Hollema**, wo wir mit Kanu oder Kajak losfahren. Wir starten nach rechts und paddeln am Hafen entlang. Hier quert eine **Personenfähre** ❶ den Kanal und wir müssen aufpassen – denn diese hat immer Vorfahrt. Bald kommen wir an einen **größeren Kanal**, auf der rechten Seite steht hier ein Apartmentgebäude mit weißen Balkonen. Hier halten wir uns rechts und überqueren die Wasserstraße, müssen aber sehr gut aufpassen, denn auf dem breiten Kanal sind auch wirklich große Schiffe unterwegs.

Highlights

Die mit Kanälen durchzogene Landschaft des Nationalparks Alde Feanen erlebt ihr vom Wasser aus noch einmal ganz anders. Ein Kanu bringt euch mitten hinein in die weglose Wasserwelt und an Plätze, die ihr nicht einmal zu Fuß erreichen könnt.

Auf der gegenüberliegenden Kanalseite liegt eine **Insel** und wir halten uns an deren Ufer bis zur **Inselspitze** ❷. Anschließend überqueren wir eine größere Wasserfläche und fahren auf der anderen Seite geradeaus zwischen zwei Inseln hindurch. Auf fast allen Inseln stehen einzelne Ferienhäuser, die man nur mit dem Boot erreichen kann.

Jetzt verengt sich das Wasser wieder zu einem Kanal. Bei der ersten Gelegenheit biegen wir nach rechts ab – jetzt ist der Kanal nicht mehr viel breiter als unser Boot und rechts und links stehen Bäume und Schilf bis ins Wasser. Bei erster Gelegenheit biegen wir nach rechts ab und kommen in **mehrere kleine Seen** ❸, die mit Seerosen bewachsen sind.

Bei der Durchfahrt durch den ersten See halten wir uns am linken Ufer und biegen danach links ab. Jetzt fahren wir durch **vier weitere Seen**, die teilweise nur wenige Quadratmeter groß sind. Die Verbindungen sind sehr schmal und etwas zugewachsen – man fühlt sich wirklich ein bisschen wie im Dschungel. Hier brüten auch einige Wasservögel. Bei unserer Tour sind uns mehrere

TOUREN-STECKBRIEF

Anfahrt: Wir parken am Bootsverleih Hollema in Earnewâld **bei N 3°07′54″, E 5°56′34″**. Dazu fahren wir direkt am Ortseingang nach links.

Kanuverleih: Ein Zweierkanu oder Kanadier kostet pro Stunde €7, pro Tag €22,50. Es können auch Fahrräder gemietet werden. www.hollema.nl

Anspruch und Charakter: Leichte Kanutour auf stillem Wasser. Auf den größeren Wasserflächen ist Gegenwind anstrengend.

Markierung: Keine.

Einkehr: An der Route gibt es keine Möglichkeiten einzukehren. Am Startpunkt in Earnewâld habt ihr aber mehrere Restaurants und Cafés zur Wahl.

Mit Kindern: Kinder sollten für Kanutouren bereits sicher schwimmen und eine ihrer Größe angepasste Schwimmweste tragen. Die Kanutour kann abgekürzt werden, indem man im Seen-Labyrinth am Steg wieder umkehrt, anstatt auf der anderen Seite weiterzufahren.

In der Nähe: Skûtsjemuseum.

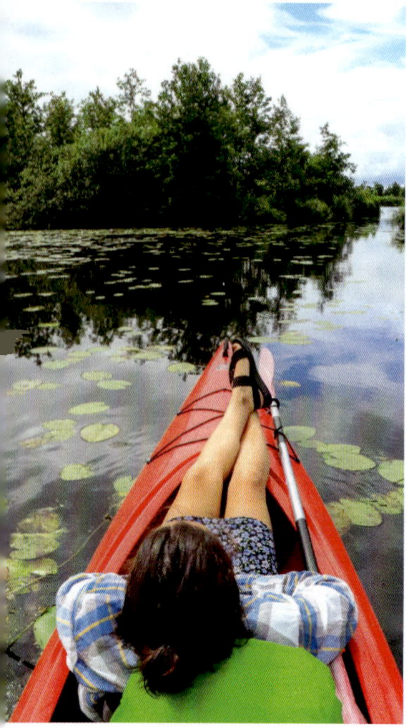

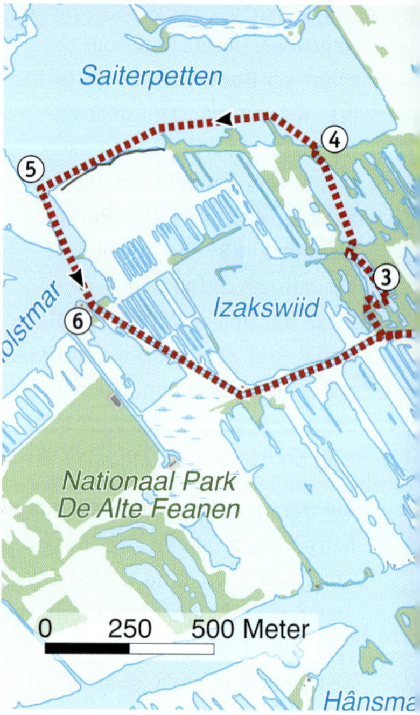

Schwäne mit Nachwuchs begegnet. Wenn ihr auch welche seht, haltet unbedingt Abstand. Schwäne mit Küken entwickeln sehr große Beschützerinstinkte und können recht aggressiv werden.

Die letzte Durchfahrt ist besonders eng, mit dem Kanu kann man sich fast nur noch stakend vorwärts bewegen. Dann wird es wieder breiter und wir sehen vor uns einen **Steg** ❹ – hier geht es nicht weiter. Wir müssen umtragen und das Boot einmal über eine niedrige Mauer heben. Auf dem Steg könnt ihr auch sehr gut eine Pause einlegen, die Bretter werden in der Sonne angenehm warm.

Auf der anderen Seite geht es dann nach links weiter. Hier liegt die große Wasserfläche **Saiterpetten** vor uns, auf der auch viele Segelboote und kleine Motorboote unterwegs sind. Bei Gegenwind kann dieses Stück ganz schön anstrengend sein. Links gibt es mehrere Möglichkeiten zum Anlegen. Wir paddeln am linken Ufer entlang, bis wir vor uns ein kleines, **blaues Häuschen** ❺ sehen. Hier biegen wir wieder links in einen Kanal ab.

Dieser Kanal führt uns bald wieder in einen See, hier halten wir uns an der linken Seite und biegen an einem **Haus mit Reetdach** ❻ wieder in einen engeren Kanal ein. Diesem folgen wir nun um eine Linkskurve und an dem Eingang in das Seen-Labyrinth vorbei, durch das wir vorher gefahren sind. Hinter einem Steg

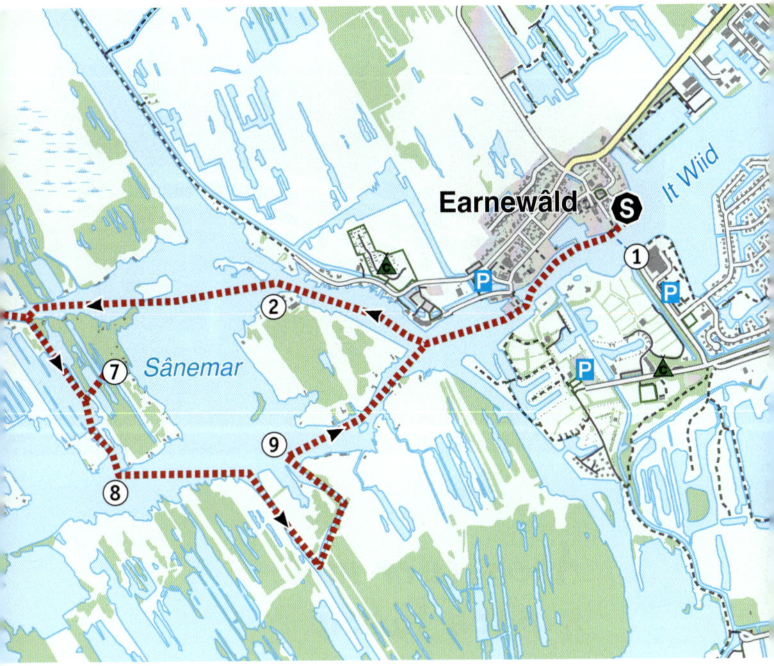

auf der rechten Seite fahren wir rechts zwischen **zwei Eisenträgern** hindurch, die die Einfahrt in den Kanal für größere Boote verhindern.

Wir paddeln den Kanal entlang, bis dieser wieder breiter wird. Hinter einer langgezogenen Schilfinsel biegen wir links ab. Dies ist eine Sackgasse, aber hier wachsen besonders **viele Seerosen** ❼ und wir können Blicke nach links und rechts in die toten Arme werfen, die teilweise komplett von den Blättern und den schönen Blüten bedeckt sind. Anschließend fahren wir wieder aus der Sackgasse hinaus, halten uns links und paddeln weiter durch einen Kanal, der uns wieder zu einem **größeren Wasserweg** ❽ führt.

Hier paddeln wir linksherum und bei nächster Gelegenheit nach rechts, um noch eine Schleife in den schmalen Kanälen zu ziehen. Am linken Ufer gibt es hier auch eine **Bank mit Tischen**, wo wir eine Pause machen können. Wir fahren weiter, biegen bei erster Gelegenheit nach links ab und durchpaddeln einen Bogen, der uns zum **breiten Wasserweg** ❾ zurückbringt, in den wir nach rechts einbiegen. Jetzt geht es auf der anderen Seite der großen Insel zurück. Dann überqueren wir wieder die Wasserstraße, auf der die großen Boote fahren. Wir fahren geradeaus am Hafen und der Fähre vorbei bis zum Anleger von Hollema.

10 m

STRECKE 8,6 km

3 h

ab 6

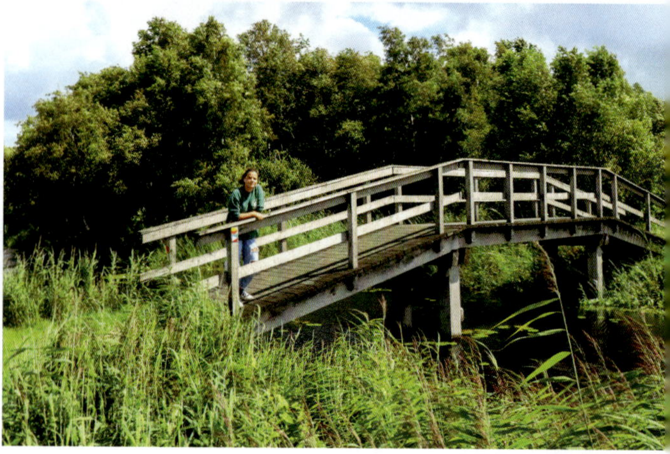

26 Abenteuer mit nassen Füßen

Durch den Nationalpark De Alde Feanen

Seit dem Mittelalter wurde im Gebiet des Nationalparks De Alde Feanen – was übrigens auf Friesisch das alte Venn bedeutet – Torf abgebaut. Dies hat bis heute die Landschaft geprägt, viele der Kanäle wurden angelegt, um den Torf transportieren zu können. Unsere Wanderung führt uns durch Feuchtgebiete und entlang von Kanälen und Seen. Dominierend sind die verschiedenen Grüntöne von Schilf, Gras und Seerosen. Der Nationalpark ist auch ein Paradies für Vögel, sodass es sich auf jeden Fall lohnt, ein Fernglas für die Beobachtung mitzunehmen. Ein besonderes Highlight sind die vielen Störche, die man auf dieser Wanderung sehen kann. Diese kommen immer wieder zu ihren Nistplätzen zurück und zu den entsprechenden Jahreszeiten kann man die Balz oder die Jungen in den Nestern beobachten.

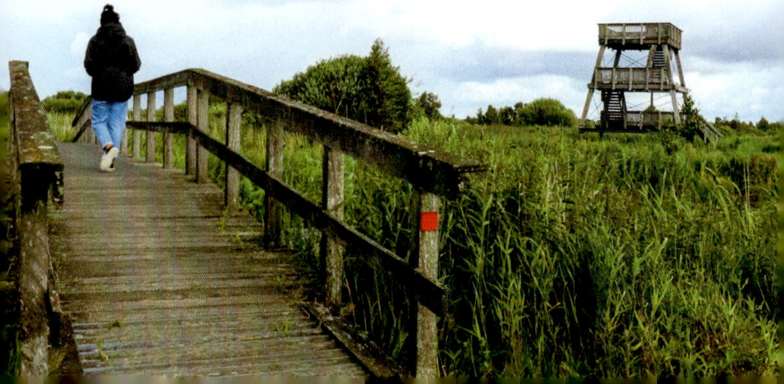

Wanderung: Vom Parkplatz laufen auf wir auf der Straße Smidspaed ortsauswärts und lassen die Bebauung hinter uns. Nach rechts haben wir bereits einen guten Blick in das Feuchtgebiet mit viel Schilf und Gras. Schließlich ist auch links von uns Wasser zu sehen. Wir laufen noch eine Weile an einem breiten Kanal entlang, an dem es mehrere Anlegestellen für Boote gibt. Schließlich zeigt uns ein Pfahl mit **Wanderzeichen** ❶ unsere Abzweigung nach rechts an – wir folgen dem **Pfeil in gelb-orange**.

Highlights

Die Storchenkolonie im Nationalpark De Alde Feanen ist eine besondere Attraktion. Hier könnt ihr die großen Zugvögel gut beobachten und weil es so viele sind, gibt es dort auch den ganzen Sommer was zu sehen. Erst im August, wenn die Vögel in den Süden fliegen, kehrt Ruhe ein in der Kolonie.

Der schmale Weg führt uns zwischen hohem Schilf rechts und links über ein schmales Stück Land zwischen zwei Kanälen hindurch in das Naturschutzgebiet. Man fühlt sich hier wie verschluckt und die Geräusche vom Kanal bleiben schnell zurück im Rauschen des Schilfes. Nach einem knappen Kilometer knickt der Weg nach rechts ab. Wir folgen ihm immer weiter, bis wir zu einer **Holzbrücke** ❷ kommen. Hier laufen wir nach rechts über den Kanal und dann wieder geradeaus. An der nächsten Gabelung halten wir uns links und folgen dem türkis-roten Schild mit weißem Dreieck.

Der Weg ist jetzt mit Rinde bedeckt und die Schritte federn leicht. Beim Laufen merkt man an vielen Stellen, dass der Boden mit Wasser vollgesogen ist und vor allem nach Regenfällen ist es an vielen Stellen matschig. Wir folgen dem Weg nach links über einen **langen Holzsteg** ❸ bis zu einem Törchen, das wir durchqueren. Am Ende des Weges laufen wir auf der kleinen Straße nach rechts bis zum **Campingplatz**, direkt hinter diesem biegen wir nach links ab und durchqueren ein weiteres kleines Tor. Wir sehen hier schon in der Umgebung viele Storchennester, die auf hohen Plattformen thronen.

TOUREN-STECKBRIEF

Anfahrt: Wir parken auf dem kostenlosen Parkplatz in Earnewâld neben dem Hafen. **N 53°07′45″, E 5°56′13″**
Anspruch und Charakter: Einfache Wanderung, nach Regen können die Wege jedoch sehr feucht sein.
Markierung: Keine durchgehende Markierung.
Einkehr: Restaurants und Cafés in Earnewâld.

Mit Kindern: Die Wanderung lässt sich abkürzen, indem wir nur die obere Schleife laufen. Hierfür parken wir auf dem Wanderparkplatz bei **N 53°08′05″, E 5°56′17″** und folgen der Straße weiter bis zum Campingplatz in der Nähe von Wegpunkt ❹. Hier steigen wir in den oberen Teil der Route ein (4,8 km, 1 h 45).
In der Nähe: Skûtsjemuseum.

Bei nächster Gelegenheit folgen wir unseren Wanderzeichen nach links und kommen an einer Bank vorbei, die sich ideal zur Beobachtung der Störche eignet. 2023 gab es hier zwanzig bewohnte **Storchennester** ❹: ein toller Anblick, vor allem wenn die Nester gerade bezogen werden und wenn der Nachwuchs bereits geschlüpft ist. Da Störche jedes Jahr im Frühling zu ihrem vertrauten Nest zurückkommen, könnt ihr sie an dieser Stelle sehr zuverlässig beobachten.

Wir wandern geradeaus bis zu einer **T-Kreuzung** im Wald. Hier biegen wir rechts und gleich wieder links ab, immer den Wanderzeichen folgend. Am Ende des Weges geht es am Kanal nach links und an der nächsten Abzweigung noch einmal nach links. Auf dem Wanderzeichen steht jetzt die Nummer 63. Der mit Rinde bedeckte Weg führt uns durch einen Birkenwald. Hinter einer Rechtskurve biegen wir nach links ab und halten uns dann wieder rechts.

Der Weg ist hier mit Gras bedeckt, rechts und links steht Schilf und rauscht im Wind. Ein Hinweisschild zeigt den Stichweg zu einer **Vogelbeobachtungshütte** ❺, dem wir nach links folgen. Infotafeln erklären, welche Vögel hier leben. Mit etwas Glück

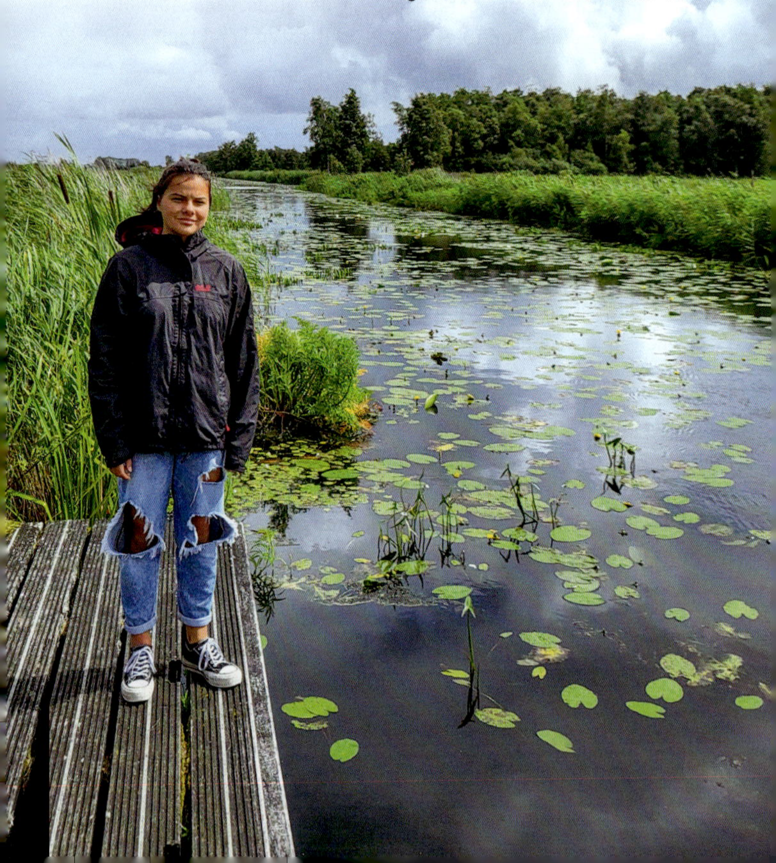

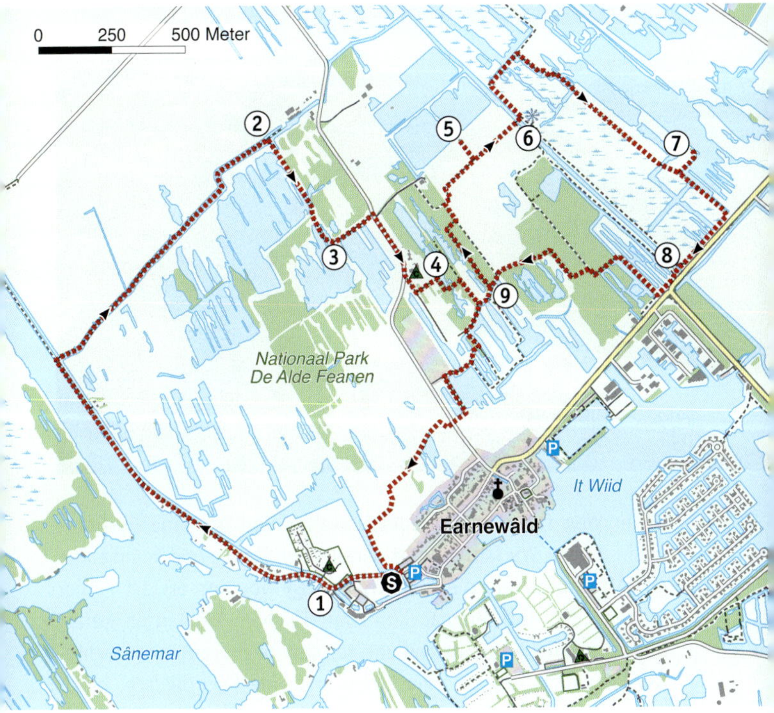

könnt ihr diese durch die Gucklöcher in der Hüttenwand auf dem See beobachten.

Anschließend laufen wir wieder zurück zum Weg und halten uns dann links. Wir folgen diesem geradeaus und sehen schon bald auf der rechten Seite hinter einer Brücke einen **Aussichtsturm** ❻. Von hier oben hat man einen tollen Blick auf die Umgebung und sieht auch, wie viele Wasserflächen es hier gibt – läuft man im hohen Schilf, fällt das manchmal gar nicht so auf. Hier stehen auch Bänke mit Tisch – perfekt für eine Mittagspause.

Anschließend laufen wir auf das weithin sichtbare **Windrad** zu. Windräder stehen in den Feuchtgebieten zur Entwässerung und um zu verhindern, dass der Boden versauert. Am Windrad laufen wir durch eine Rechtskurve, an der nächsten Gelegenheit wieder nach rechts – hier steht die Nummer 65 auf unserem Wanderschild. Jetzt wird der Weg noch mal richtig nass, vor allem wenn es am Tag vorher geregnet hat – statt Wanderschuhen würde man sich jetzt Gummistiefel wünschen. An warmen Tagen könnt ihr natürlich auch einfach die Schuhe ausziehen.

Wir laufen über eine kleine Brücke, kurz dahinter gibt es links die Möglichkeit, eine weitere **Vogelbeobachtungshütte** ❼ zu besuchen.

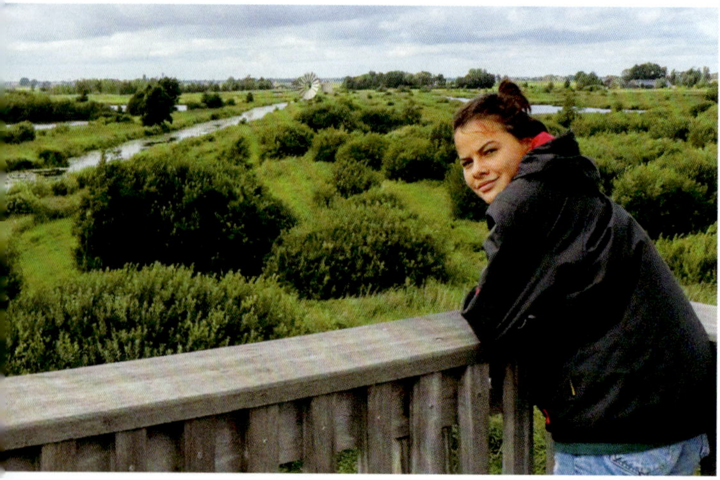

Unser Weg führt uns geradeaus weiter und um eine 90-Grad-Rechtskurve. Wir laufen jetzt parallel zur Straße und kommen an eine Infotafel, die die **Fischtreppe** **8** vor uns erklärt – hier stehen auch noch einmal Bänke mit Tischen. Wir laufen weiter über die **Brücke** und halten uns vor dem nächsten Kanal rechts. Der Weg führt uns um eine Links- und eine Rechtskurve, bevor wir wieder ein kleines Stück über Rinde laufen. Bei erster Gelegenheit biegen wir links in Richtung 44 ab. Bald kommen wir auf einen **langen Steg**, der dafür sorgt, dass wir im feuchten Wald keine nassen Füße bekommen.

Wir folgen unserem Weg weiter um einige Kurven und laufen bald wieder auf Gras. An der nächsten Gabelung halten wir uns

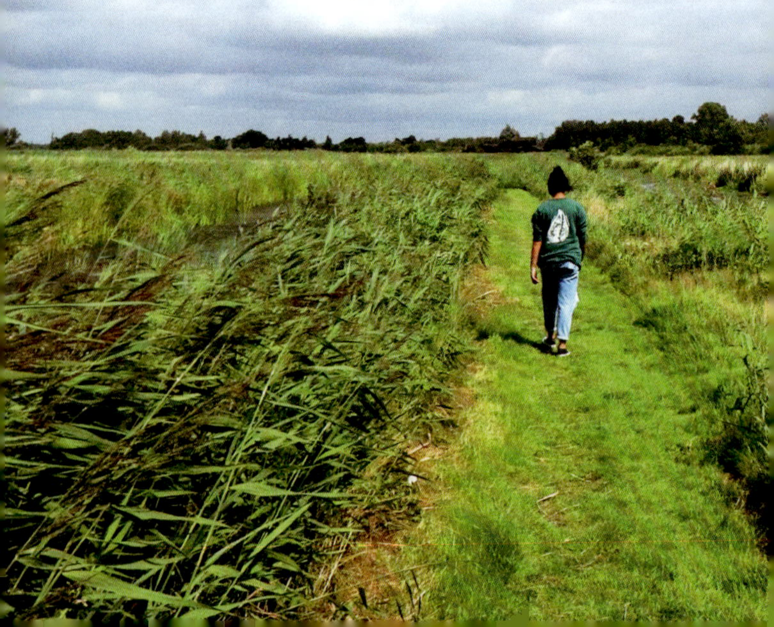

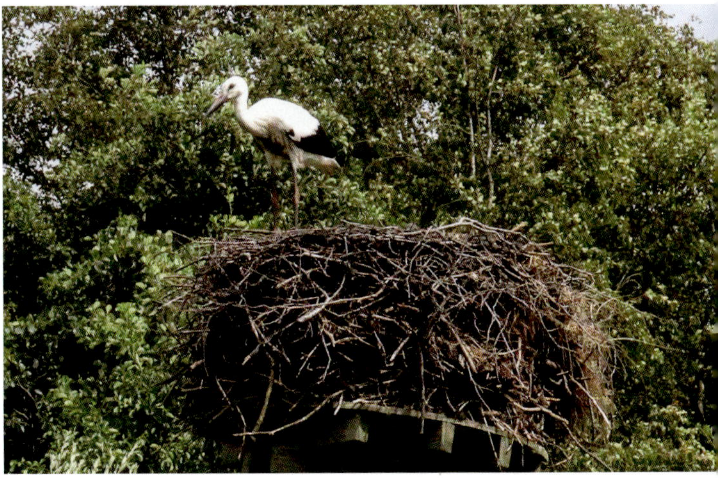

links, anschließend geht es geradeaus weiter. An der uns bereits bekannten **Kreuzung** ⑨ laufen wir jetzt nach links, der Nummer 75 hinterher. Der Weg führt uns links über eine **Brücke** und dann zum **Knotenpunkt 75**. Jetzt geht es für uns nach rechts in Richtung 66. Vor dem Parkplatz halten wir uns links und folgen dem Weg über die feuchten Wiesen.

Das Gelände ist jetzt wieder offen und wir können bis in den Ort sehen. Wir überqueren die Straße und folgen dem Weg jetzt durch ein letztes Feuchtgebiet. Er führt uns direkt wieder zurück zum Parkplatz.

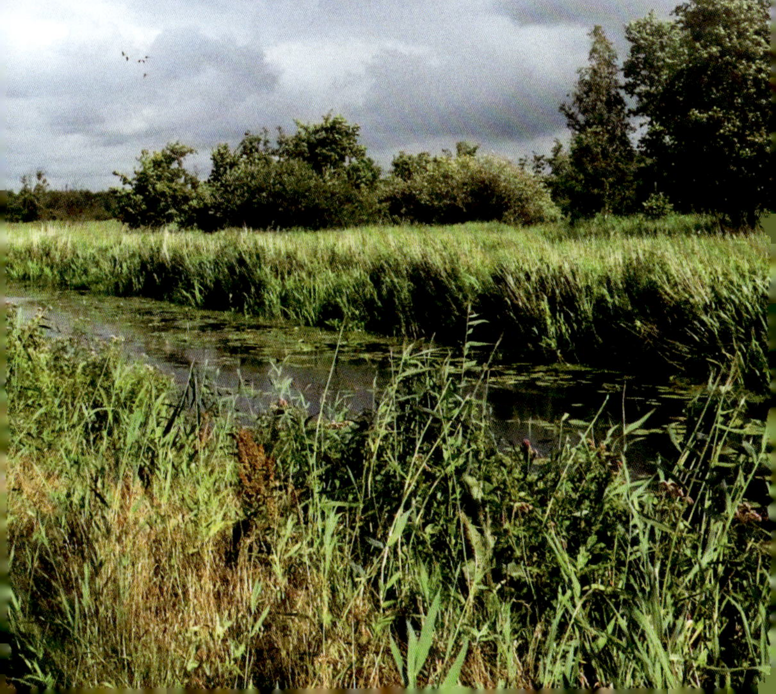

10 m

STRECKE 12,5 km

4 h 15

ab 8

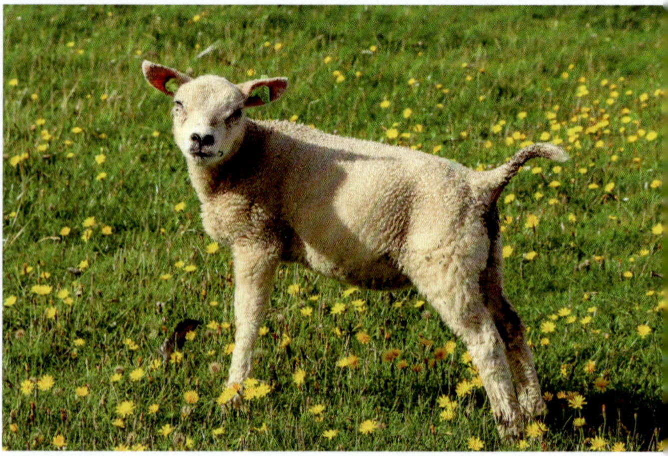

27 Über den Steg ins Watt

Von Moddergat nach Wierum

Das Wattenmeer gehört als einzigartige Naturlandschaft zum UNESCO-Weltnaturerbe. Bei Ebbe zieht sich das Meer weit zurück und legt kilometerbreite Abschnitte frei, die von Schlick und Sand bedeckt sind. Hier finden Vögel ein Paradies vor – kleine Würmer und Krebse kommen jetzt an die Oberfläche und bieten eine Nahrungsgrundlage. Vor Peazens-Moddergat bietet der lange Steg eine fantastische Gelegenheit, das Watt kennenzulernen, ohne eine echte Wattwanderung zu machen – hierfür benötigt man nämlich einen Guide. Auf dem Betonsteg läuft man weit in die Wattlandschaft und kommt sich vor wie auf dem Mond. Doch auch der Weg entlang des Deiches nach Wierum mit der hoch aufragenden Kirche bietet eine gute Gelegenheit, das Watt zu erleben.

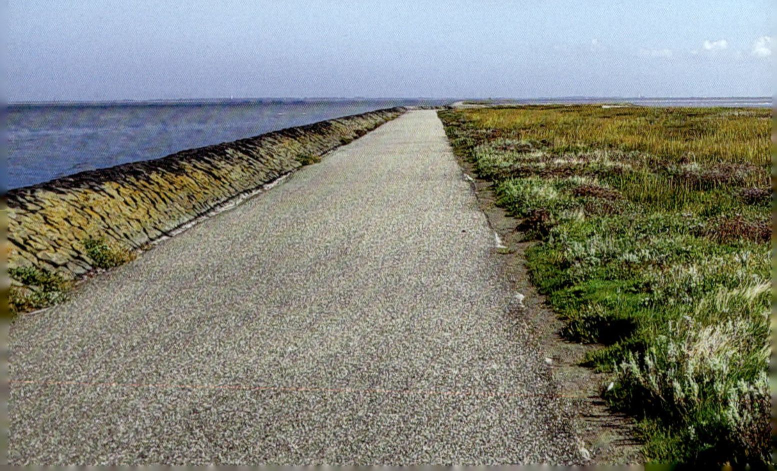

Wanderung: Wir starten in Peazens-Moddergat am Parkplatz an der Durchgangsstraße und laufen in Richtung **Kirche** nach rechts. Bei erster Gelegenheit biegen wir nach links in eine schmale Gasse und treten durch ein Eisentor in den Friedhof ein. Diesen überqueren wir, am Ausgang wenden wir uns nach links und dann an der Hauptstraße nach rechts. Noch vor dem Ortskern biegen wir an der zweiten Möglichkeit nach links ab und folgen der Straße nun, bis wir rechts auf den **Radweg** ❶ einbiegen können.

Highlights

Im Jahr 1973 brach das tosende Wasser während eines heftigen Sturmes ein Loch in den Sommerdeich von Moddergat. Die Reparatur war zu teuer und so hat das Wattenmeer bis heute im nördlichen Teil des Polders freie Bahn. Hier entstand das Naturschutzgebiet »Peazemerlannen«, in dessen Salzwiesen besonders viele Vögel zu Hause sind.

Der Radweg führt uns an einem Kanal entlang mit freiem Blick über die Felder. An der nächsten Biegung halten wir uns rechts, hier steht auch eine lange **Bank an einem Steg**. Wir folgen dem Radweg weiter und kommen noch an weiteren schön platzierten Bänken vorbei. Am **Radknotenpunkt 36** ❷ biegen wir nach rechts ab und überqueren über die kleine Holzbrücke den Kanal.

TOUREN-STECKBRIEF

Anfahrt: Wir parken auf dem kostenlosen Parkplatz in Peazens, direkt am Ortseingang auf der rechten Seite. Sind hier die Plätze belegt, so gibt es noch weitere in der Straße rechts: **N 53°24'05", E 6°05'11".**

Anspruch und Charakter: Lange Tour über den Deich. Kein Schatten, im Sommer Sonnenschutz nicht vergessen!

Markierung: Keine.

Einkehr: Café De Kalkman in Wierum, geöffnet ab 16 Uhr, Mo und Di Ruhetag.

Mit Kindern: Es ist auch möglich, nur den Steg und die umgebende Landschaft vor Peazens zu erkunden – hier allein gibt es genug zu sehen. Rechts von dem langen Steg gibt es einen weiteren Weg, der in die Salzwiesen führt. Hier laufen auch viele Schafe herum und es gibt einige Infotafeln. Bei Springflut sind nicht alle Wege zugänglich.

In der Nähe: Geführte Wattwanderung von Peazens.

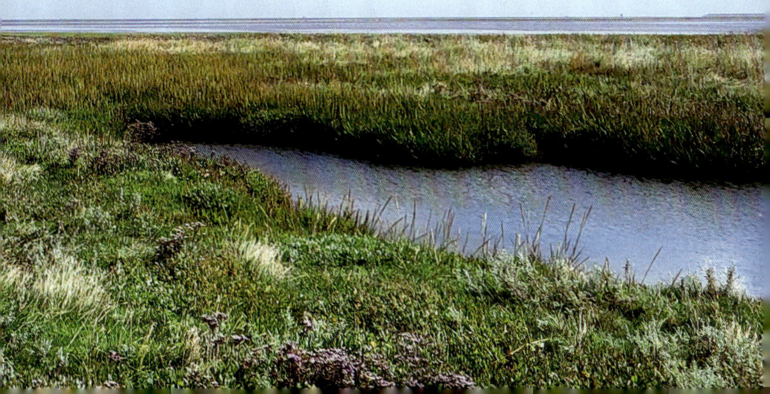

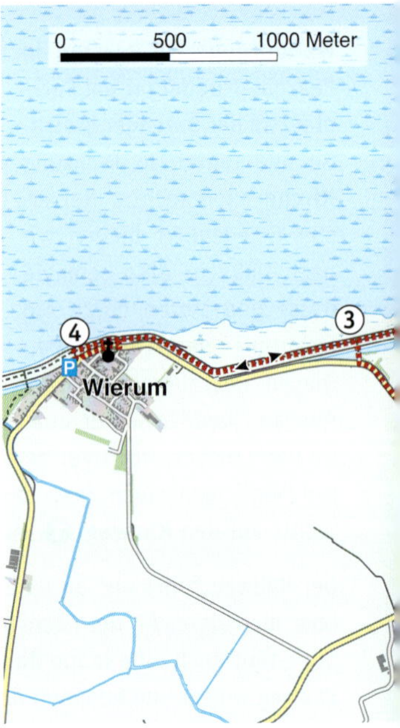

Wir laufen geradeaus in den Ort **Nes** und um eine Linkskurve. Im Ortskern vor der Kirche biegen wir nach rechts ab und folgen der Straße in Richtung Deich. Kurz hinter einem Parkplatz auf der rechten Seite biegen wir nach rechts ab und durchqueren ein kleines Tor. Wir können schon dahinter die Treppen sehen, die auf den **Deich ❸** führen. Hier steigen wir hoch und wenden uns auf dem Deich nach links. In der Ferne sehen wir schon die Kirche von Wierum – unser nächstes Ziel.

Wir folgen dem Deich bis ins Dorf, je nach Tide ist auf unserer rechten Seite Wasser oder eine weite Wattlandschaft zu sehen. Im Watt sind fast immer Austernfischer, Silbermöwen, Löffler und andere Stelzenläufer unterwegs, die nach einer Mahlzeit suchen. Vor allem im Frühjahr und im Herbst, wenn auch noch die Zugvögel im Wattenmeer Station machen, gibt es hier viel zu sehen.

Wenn wir den Ort erreichen, steigen wir vor der Kirche vom Deich hinunter. Die **Kirche** ist meistens geöffnet und wir können einen Blick hineinwerfen. Außerdem gibt es in Wierum auch noch ein Café, auf dessen Speisekarte Schnitzel, Pommes und Co. zur Wahl

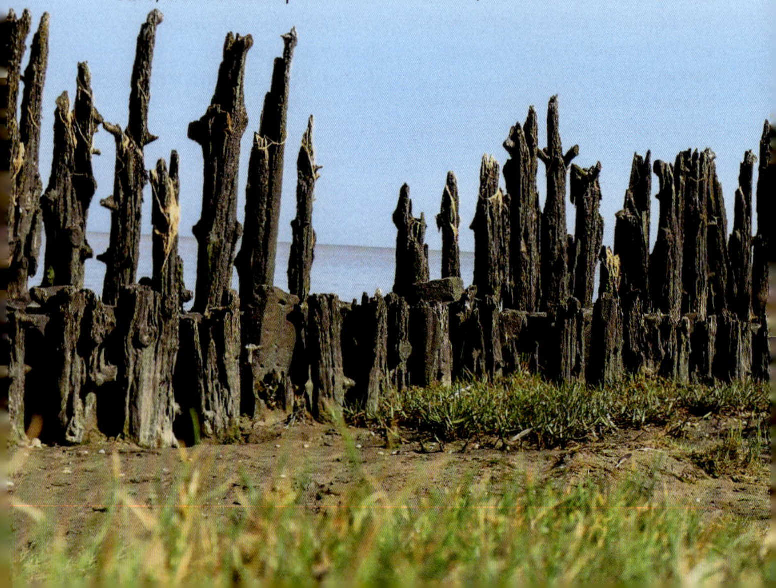

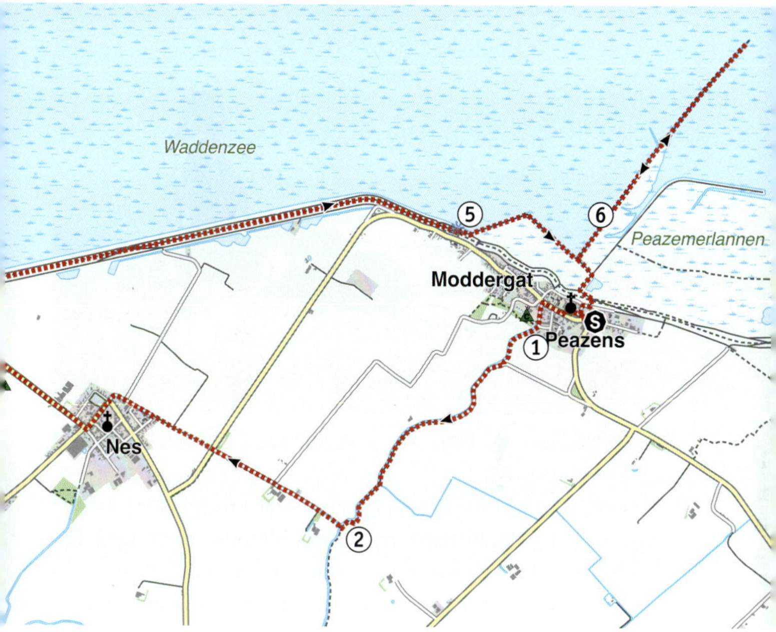

stehen. Im Ortszentrum steigen wir wieder auf den Deich. Hier erinnert ein **Denkmal 4** an die Fischer, die in einem besonders schweren Sturm im Jahr 1893 ums Leben gekommen sind.

Dann drehen wir um und wandern immer oben auf dem Deich zurück in Richtung Moddergat. Bei Ebbe können wir im Watt auf der linken Seite sogar ein Schiffswrack entdecken, das hier einmal gesunken ist – mittlerweile ist aber nicht mehr viel davon übrig. Auf dem Deich müssen wir einige Male über Zäune klettern, dies ist jedoch durch die dort angebrachten Holztritte kein Problem.

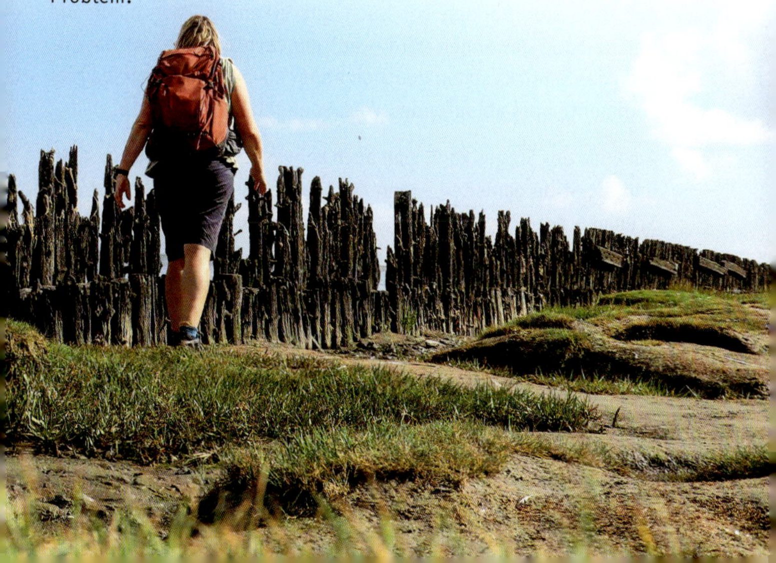

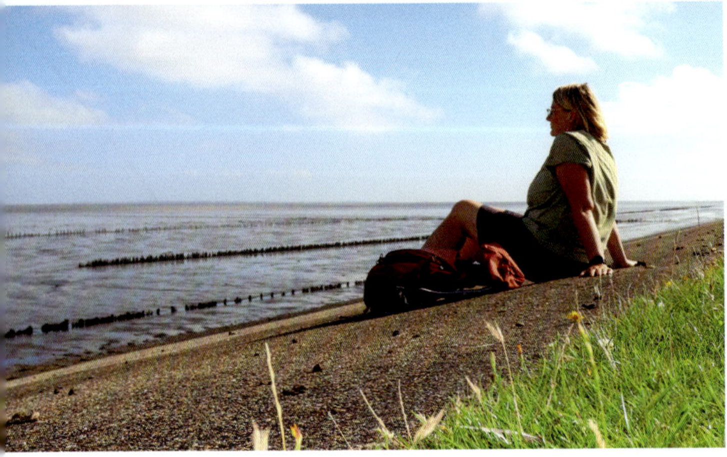

Schließlich macht der Deich eine Kurve nach rechts. Kurz danach haben wir die **Möglichkeit, nach links hinunter zu steigen** ❺. Wir folgen dem Weg immer an der Wasser- bzw. Wattkante entlang und biegen nach rechts ab. Am Ende des Weges geht es nach links auf den **Wattdeich** ❻, einen Betonweg, der uns geradeaus ins Watt führt. Bei Springflug kann dieser auch überflutet sein, doch dies kommt sehr selten vor.

Wir folgen dem Steg bis ans Ende. Über dem Wasser auf der anderen Seite der Fahrrinne können wir jetzt Schiermonnikoog sehen. Mitten im Watt fühlt man sich ein wenig wie auf dem Mond, die Landschaft in der Umgebung ist eintönig, aber doch unglaublich faszinierend. Den Steg dürfen wir allerdings nicht verlassen, es sei denn, man ist mit einem Guide unterwegs. Wattwanderungen ohne professionelle Führung sind nicht erlaubt.

Auf dem Steg können wir auch gut erkennen, wie durch die Deiche Land gewonnen wird – auf der rechten Seite ist das Niveau des Schlicks schon deutlich höher als auf der linken, da hier Sedimente vom ablaufenden Wasser abgelagert werden.

Am Ende des Steges kann man auch sehr schön eine Pause machen und die Stille genießen – man hört kaum ein Geräusch außer den Stimmen der Vögel, die hier unterwegs sind. Schließlich kehren wir um und laufen zurück zum Festland. Am Ende des Weges geht es jetzt links und dann wieder rechts. Wir folgen dem Weg weiter links den Deich hoch, bis wir zu einer Informationstafel gelangen, die noch mal die Entstehung des Gebiets unten erklärt. Über die Treppen steigen wir dann auf der anderen Seite vom Deich ab, gehen ein Stückchen nach rechts und dann an einem Haus, vor dem oft sehr viele Schuhe stehen, nach links. Von hier aus kann man Wattwanderungen mit Führung starten.

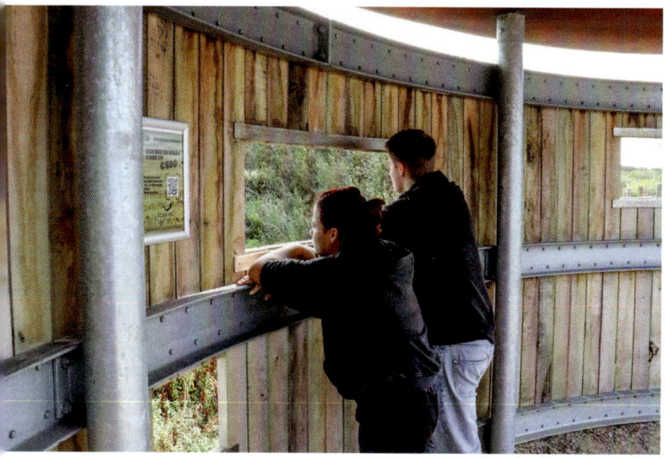

30 m

STRECKE 17,3 km

6 h

ab 10

Schiermonnikoog

28

Einmal um die Insel

Schiermonnikoog ist eine der autofreien Inseln in der niederländischen Nordsee. Sie unterscheidet sich im Charakter von den anderen Nordseeinseln, der Osten ist geprägt von einer spannenden Moorlandschaft, die in der Form einzigartig ist. Unsere Wanderung führt uns einmal um die Insel herum, sie ist also auch vom Fähranleger aus in einer Tagestour möglich. Wir kommen durch verschiedene Landschaftsformen: von Seen und Feuchtgebieten, in denen sich Vögeln tummeln, über die offene Nordseeküste mit breitem Strand bis zu Dünen und Moor. Natürlich gibt es auch die Wattenmeerküste zum Festland hin. Wer einen Tagesausflug macht, sollte sich vorher über die Abfahrtszeiten der Fähren informieren – der Abstand zwischen den letzten zwei Fähren kann vor allem in der Nebensaison sehr lang sein.

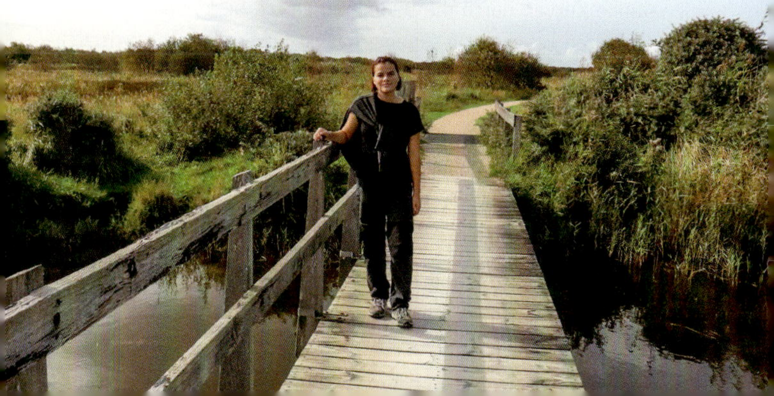

TOUREN-STECKBRIEF

Anfahrt: Schiermonnikoog ist eine autofreie Insel, ohne Sondergenehmigung ist es also nicht möglich, das Auto mit auf die Insel zu nehmen. Fähren fahren von Lauwersoog mit dem Passagierdienst Wagenborg. Hier kann das Auto auf dem kostenpflichtigen Landzeitparkplatz stehen bleiben. Die Überfahrt dauert 45 Minuten, mit dem Schnelldienst 20 Minuten. Im Sommer fährt die Fähre mehrmals täglich, ein Ticket kostet € 18,10, für Kinder von 4 bis 11 Jahren € 10,10.

Anspruch und Charakter: Relativ lange Wanderung, die entsprechende Kondition erfordert. Auf dem östlichen Teil der Runde kann es nach viel Regen zu Überflutungen kommen.

Markierung: Keine.

Einkehr: Im Ort Schiermonnikoog gibt es viele Restaurants und Cafés, unterwegs kommen wir an zwei Strandpavillons vorbei.

Mit Kindern: Die Tour lässt sich verkürzen, indem man vom Leuchtturm direkt zurück in den Ort läuft. Dafür gehen wir ein kurzes Stück den Weg zurück, den wir gekommen sind, und biegen dann am Ende der Feriensiedlung nach links ab. Jetzt können wir dem Wanderweg zurück in den Ort folgen (6,3 km, 2 h).

In der Nähe: Muschelmuseum.

Wanderung: Wir starten an der Tourismusinformation in Schiermonnikoog. Von hier laufen wir die Straße in Richtung Wattenmeer hinunter. Am **Deich** ❶ angekommen steigen wir die Treppen hoch – hier stehen viele Bänke und man hat eine tolle Aussicht auf das Wattenmeer. Bei Ebbe tummeln sich viele Vögel im Watt und es lohnt sich, ein Fernglas mitzubringen. Wir gehen jetzt nach rechts weiter und an der nächsten Gabelung links und halten auf den vor uns liegenden **See** zu. Um diesen wandern wir am linken Ufer in einem Bogen herum.

Eine Abzweigung nach rechts führt uns zu einer **Vogelhütte** ❷, von der aus wir auf dem See viele verschiedene Arten beobachten können – eine Informationstafel hilft uns beim Identifizieren der Vögel. Anschließend laufen wir über den Steg wieder zurück und folgen dem Weg nach rechts. Kurz darauf führt der nächste Stichweg nach rechts zu einer zweiten **Vogelbeobachtungshütte** ❸. Anschließend folgen wir dem Weg weiter nach rechts und dann nach links auf den Radweg.

Der Radweg führt uns immer wieder hoch und runter und um sanfte Kurven durch die Dünen. In der Ferne können wir schon den roten Leuchtturm sehen – das ist unser nächstes Zwischenziel. Die letzten Meter auf dem Radweg laufen wir durch eine Feriensiedlung, hier biegen wir dann nach links in einen sehr engen, gepflasterten Pfad ein. Dieser führt uns direkt zum **Leuchtturm** ❹, der vor allem an Tagen mit gutem Wetter in strahlendem Rot aus den Dünen leuchtet.

Am Leuchtturm wandern wir geradeaus weiter, wieder ein wenig auf und ab in Richtung Meer. Am **Strand** angekommen wenden wir uns nach rechts. Auf dem Sand auf Schiermonnikoog kann man viel besser laufen als auf den anderen Nordseeinseln, denn er ist nicht so weich und man sinkt nicht ein. Wir kommen an einem **Strandrestaurant 5** vorbei und an einer Strandbuggy-Schule – hier kann man die kleinen Wagen mit Segel oft über den Sand sausen sehen.

Highlights

Die kleinste der niederländischen Nordseeinseln ist ein einzigartiger Ort mit besonders bemerkenswerter Naturvielfalt. Statt mit dem Auto fährt man hier mit dem Fahrrad oder geht einfach zu Fuß, was wirkungsvoll entschleunigt und für ein ganz spezielles Urlaubsfeeling sorgt.

Wir laufen jetzt gute drei Kilometer am Strand entlang und genießen die Sonne und den Wind. Dort wo sich dann zwischen den Dünen ein breiter Durchgang öffnet, verlassen wir das Meer und wandern zurück ins Inselinnere. Direkt hinter den Dünen gibt es ein **Restaurant 6**, davor stehen auch einige Bänke, auf denen wir die Schuhe wieder anziehen können – falls wir uns fürs Barfußlaufen am Strand entschieden hatten.

Hinter dem Restaurant biegen wir links in den Radweg ab, direkt am großen **Fahrradparkplatz**. Dem Radweg folgen wir jetzt durch eine ganz andere Landschaft – hier gibt es nur wenige Büsche und viel Heidekraut, aber auch immer wieder kleine Tümpel und Priele, durch die Wasser fließt. Die ganze Zeit laufen wir auf eine Holzkonstruktion in der Ferne zu, kurz davor biegen wir rechts ab. Wir überqueren einen breiten Priel auf einer **Holzbrücke 7** und laufen jetzt durch eine sumpfige Landschaft.

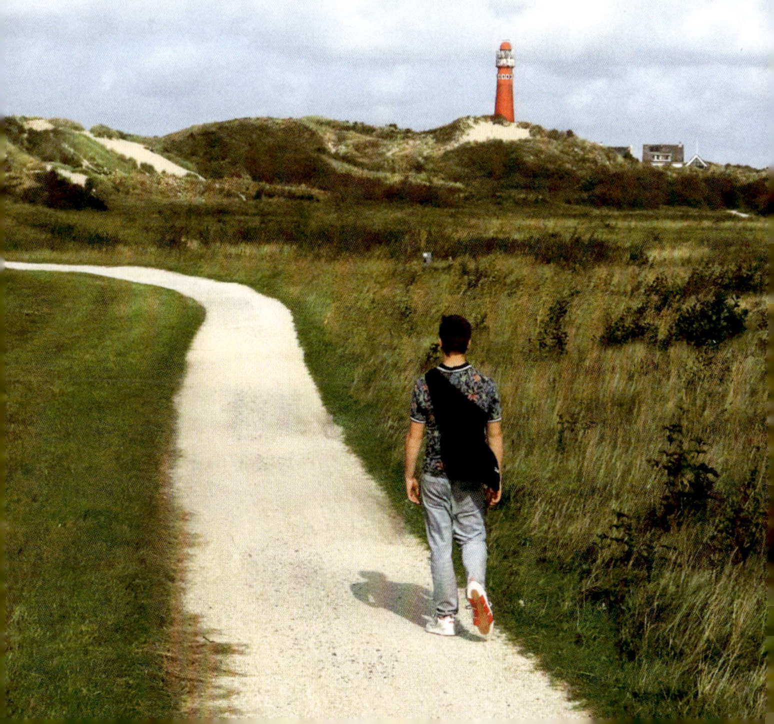

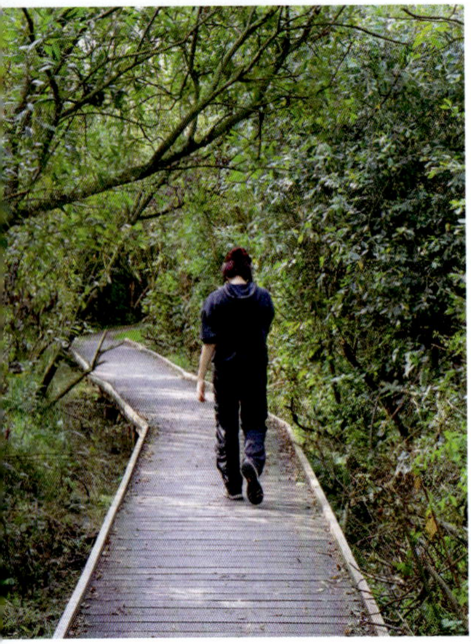

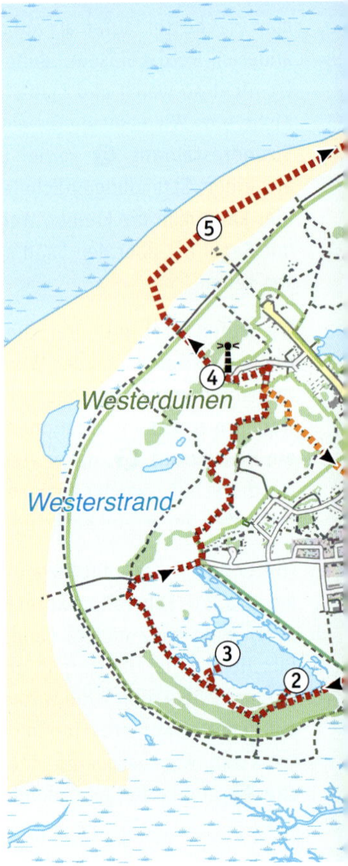

Nach einer Rechtskurve wählen wir an der nächsten **Gabelung** den leicht ansteigenden Abzweig nach links. Rechts von uns liegt eine Schafweide und wir kommen jetzt wieder zum Deich. An einer langen **Bank** **8** am Beginn des Deiches bietet sich eine Pause mit schönem Blick in Richtung Wattenmeer an. Vom Kunstwerk hinter der Bank reicht der Blick in die andere Richtung weit über das Feuchtgebiet, welches wir gerade durchquert haben.

Ab hier können wir einfach dem Deich folgen, der uns zurück zum Schiffsanleger bringt. Unterwegs begegnen wir sicher noch einigen Schafen. Auf der rechten Seite neben dem Deich steht ein großes Gebäude – die **Forschungsstation »De Herdershut«**

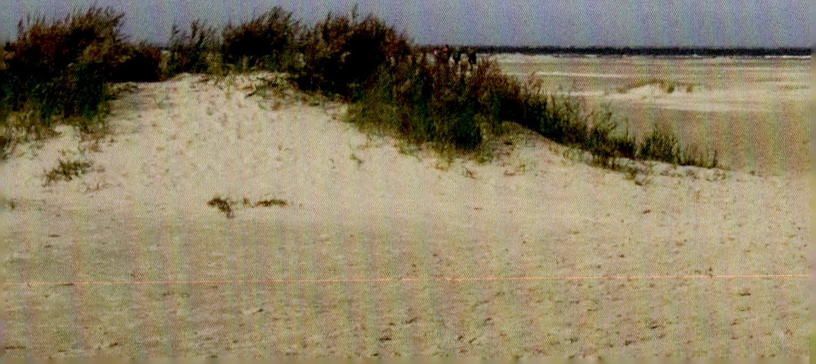

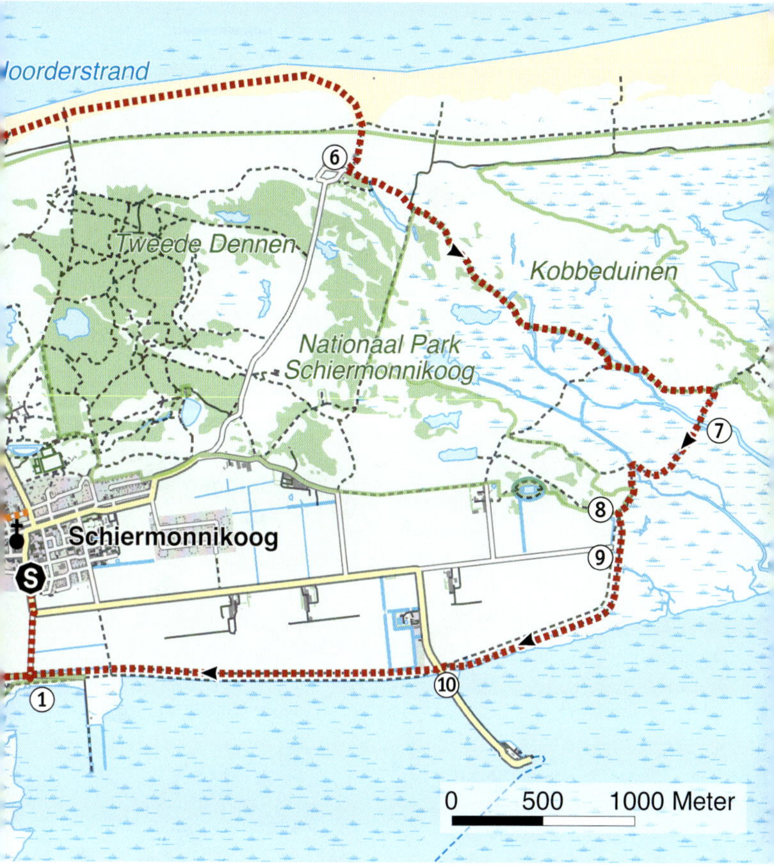

9. Sie gehört zur biologischen Fakultät der Universität Groningen, die hier über die Beobachtung der Vegetation in den Salzwiesen, der heimischen Arten sowie der Zugvögel zu Themen wie Wattökologie und Klimawandel forscht und ausbildet.

Wir folgen dem Weg vor dem Deich bis zum Fähranleger 10. Von hier laufen wir oben auf dem Deich weiter, bis wir wieder an die Stelle kommen, an der wir rechts ins Dorf abbiegen können.

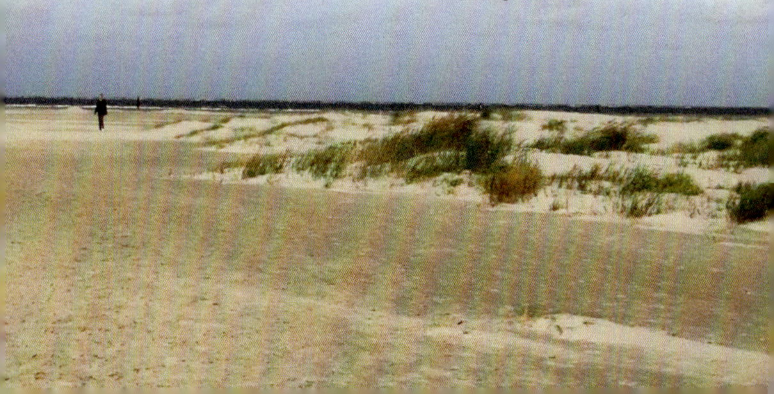

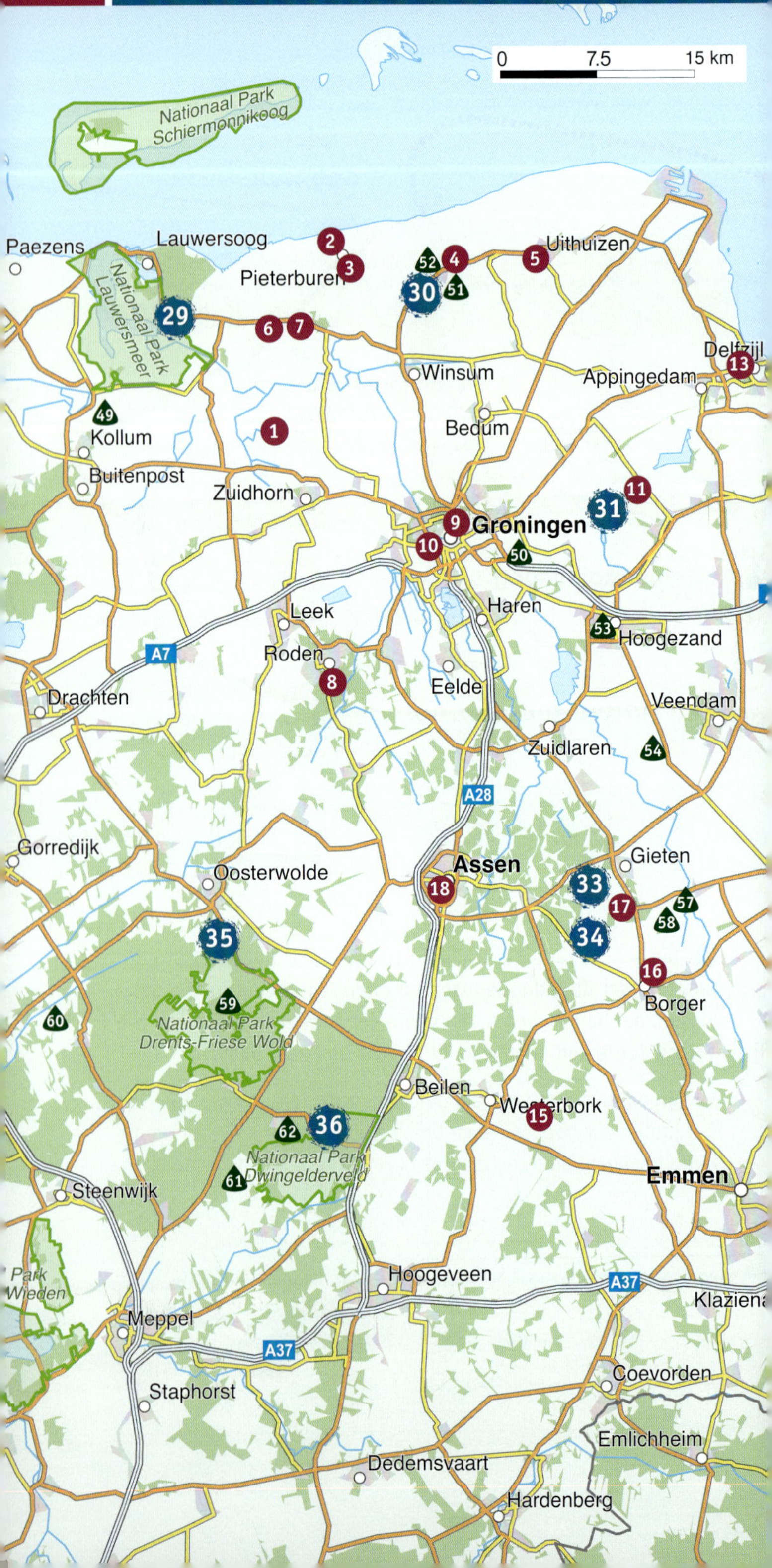
0
7.5
15 km
Nationaal Park Schiermonnikoog
Paezens
Lauwersoog
Nationaal Park Lauwersmeer
Pieterburen
Uithuizen
Delfzijl
Winsum
Appingedam
Bedum
Kollum
Buitenpost
Zuidhorn
Groningen
Haren
Leek
Hoogezand
A7
Roden
Eelde
Drachten
Veendam
Zuidlaren
A28
Gorredijk
Oosterwolde
Assen
Gieten
Borger
Nationaal Park Drents-Friese Wold
Beilen
Westerbork
Nationaal Park Dwingelderveld
Emmen
Steenwijk
Park Wieden
Hoogeveen
A37
Klaziena
Meppel
A37
Coevorden
Staphorst
Emlichheim
Dedemsvaart
Hardenberg

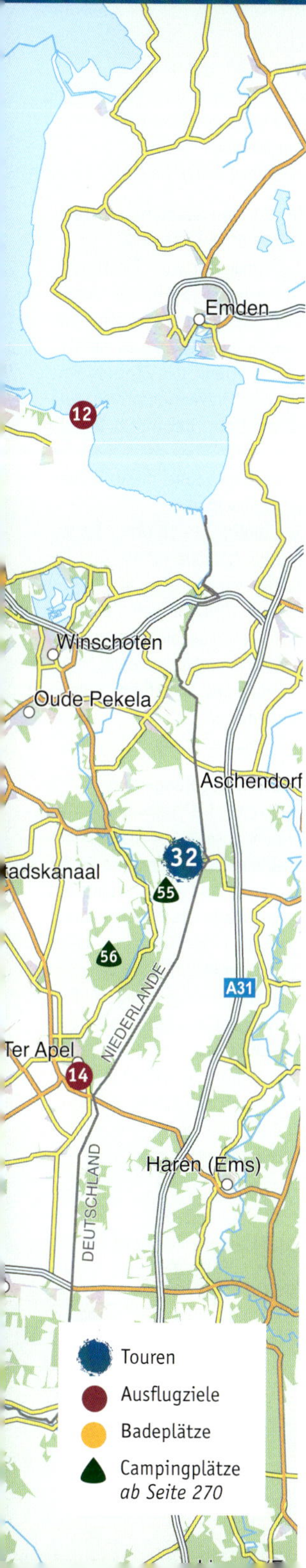

Im Nordosten Groningen und Drenthe

Groningen und Drenthe sind die beiden Provinzen aus diesem Buch, die eine Grenze zu Deutschland haben. Außer dieser Gemeinsamkeit haben die beiden Provinzen einen sehr unterschiedlichen Hintergrund.

Groningen ist geprägt durch den Einfluss des Wattenmeeres auf seine Ansiedlungen. Hier sind schon in der Frühgeschichte Warften entstanden, künstliche Hügel, auf die die Menschen sich flüchteten, um dem Wasser zu entkommen. Diese sind bis heute in der Landschaft sichtbar. Wichtiges Zentrum für Wirtschaft und Kultur war die Stadt Groningen, die aber lange Jahre im Unfrieden mit dem Umland lebte. In der Grenzregion zum heutigen Deutschland entstanden Festungen wie Bourtange **[› Tour 32]***, um die Wege von und nach Groningen zu kontrollieren.*

In Drenthe dominieren Heide und Sumpfgebiete – durchzogen von einem künstlich geschaffenen Netz von Kanälen, das den Transport von Gütern möglich machte. Auch hier finden sich mit den Hünengräbern Siedlungsspuren aus der Vergangenheit. Auf den weiten Heideflächen werden bis heute Schafherden gehalten, damit sie nicht verbuschen. In Drenthe gibt es aber auch große Waldgebiete, in denen Laub- und Nadelbäume zu beeindruckender Größe herangewachsen sind.

1 Warftendorf Niehove

N 53°17'24.0", E 6°21'59.0"

Das Warftendorf Niehove ist ein sehr gutes Beispiel für die historische Bauweise der Dörfer in der Provinz Groningen. Zum Schutz vor Wasser wurden Orte auf kleine Hügel, sogenannte Warften, gebaut. Die Kirche in der Mitte ist eine romanogotische Kirche aus dem 13. Jahrhundert. Bis ins 16. Jahrhundert war sie das einzige Gebäude aus Stein im Dorf. Heute sind die Häuser um die Kirche wie auf einem Spinnennetz angeordnet und durch schmale Gassen verbunden.

2 Wattwanderung Pieterburen

N 53°23'59.0", E 6°27'12.0"

Von Pieterburen oder von Lauwersoog kann man zu einer geführten Wanderung ins Watt starten. Es gibt verschiedene Touren zur Auswahl – zum Beispiel eine kurze Tour mit Kindern, eine Wattwanderung von zwei Stunden oder sogar eine Wanderung bis nach Ameland oder Schiermonnikoog, bei denen ihr bis zu sechs Stunden unterwegs seid. Mit ortskundiger Führung kommt ihr nicht nur sicher durch den Schlick und durch Priele, sondern entdeckt auch die vielen kleinen Lebewesen im Watt und lernt die hier heimischen Vogelarten kennen.

Wattwanderungen werden das ganze Jahr über durchgeführt, im Winter gibt es aber weniger Termine. Die Zeiten ändern sich mit den Gezeiten. Die langen Wanderungen zu den Inseln werden nur zu ausgewählten Terminen durchgeführt. Kosten für eine 2,5-stündige Wanderung € 17,50, Wattschuhe können für € 7,50 geliehen werden.
www.wadlopen-pieterburen.nl

3 Pieterburen Seehundezentrum

N 53°23'55.0", E 6°27'14.0"

Im Seehundezentrum Pieterburen werden verletzte Seehunde aufgenommen und gesund gepflegt, um dann wieder ausgewildert zu werden. Außerdem betreibt das Zentrum Forschung und Präventionsarbeit zum Schutz der Tiere. Bei einem Besuch lernt ihr vieles über das Leben der Seehunde und könnt diese in den Becken beobachten.

Geöffnet täglich 11–16 Uhr. € 10,50, Kinder 3 bis 12 Jahre € 8,50, Kombiticket mit dem DoeZoo möglich. Das Zentrum bietet auch Ausflüge und Exkursionen an, zum Beispiel die Teilnahme an einer Auswilderung und Bootsfahrten auf dem Wattenmeer.
www.zeehondencentrum.nl

4 Museum Het Hoogeland

N 53°23'32.0", E 6°33'44.0"

Im Freilichtmuseum hat man die unterschiedlichen Gebäude eines Dorfes im Groninger Land wieder aufgebaut und nachgebaut. Hier stehen unter anderem eine Schule, eine kleine Mühle und die Wohnhäuser verschiedener Bevölkerungsgruppen. Außerdem gibt es ein sehr schönes Restaurant mit Terrasse.

Geöffnet April bis November Di bis Sa 10–17 Uhr, So 13–17 Uhr. €8,50, Kinder 6 bis 17 Jahre €3,50.
www.hethoogeland.com

1

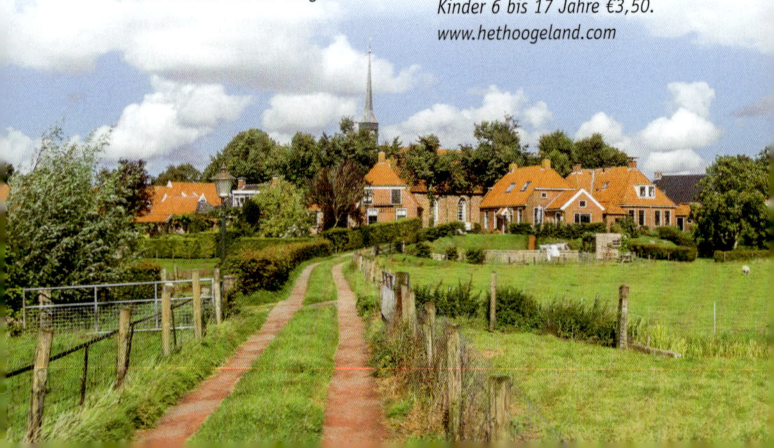

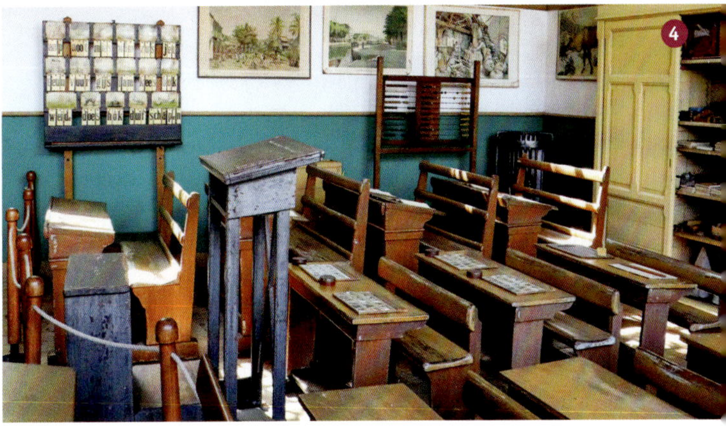

5 Schlossmuseum Menkemaborg

N 53°24'23.0", E 6°40'56.0"

Die Menkemaborg ist ein Haus aus dem 14. Jahrhundert, das immer wieder erweitert wurde und heute das Schlossmuseum beherbergt. Unter anderem können noch die große Halle, das Herrenzimmer, das Arbeitszimmer, das Schlafzimmer, die Küche und der Keller besichtigt werden. Um das Gebäude herum gibt es schön angelegte Gärten in unterschiedlichen Stilen.

Geöffnet März bis September Di bis So 10–17 Uhr, Oktober bis Dezember Di bis So 10–16 Uhr, Januar und Februar geschlossen. €9, Kinder 6 bis 12 Jahre €2,50, Kinder unter 6 Jahren €1, Audioguide €2.
www.menkemaborg.nl

6 DoeZoo Insektenwelt Leens

N 53°21'37.0", E 6°23'18.0"

Der kleine Zoo zeigt vor allem einheimische Tierarten und Insekten. Man kann einige Tiere anfassen und es wird am Wochenende und mittwochs einmal am Tag eine Führung auf Niederländisch angeboten. Es gibt auch einen schönen Spielplatz.

Geöffnet täglich 10–17 Uhr, Mo ist die Gastronomie geschlossen. Personen ab 3 Jahre €9,50, Kombitickets mit der Seehundauffangstation Pieterburen möglich.
www.doezoo.nl

7 Burgmuseum Verhildersum

N 53°21'41.0", E 6°23'36.0"

Das Herzstück des Museums ist die Burg Verhildersum, eine gut erhaltene Burg aus dem 14. Jahrhundert. Die Innenräume sind mit historischen Möbeln, Kunstwerken und anderen Gegenständen ausgestattet, die das Leben und die Kultur des niederländischen Adels im 19. Jahrhundert greifbar machen. Im Außengelände sind mehrere Nebengebäude und der Garten zu besichtigen.

Geöffnet April bis Oktober Di bis So 10.30–17 Uhr, jeden dritten Samstag im Monat gibt es einen Regionalmarkt auf dem Gelände. €8, Jugend 13 bis 18 Jahre €5, Kinder 6 bis 12 Jahre €3.
www.verhildersum.nl

8 Landsitz Mensinge

N 53°08'07.0", E 6°26'07.0"

Der Landsitz Mensinge ist ein ehemaliges Rittergut, das zum Landsitz umgebaut wurde. Das Gebäude aus dem 14. Jahrhundert kann man heute noch besichtigen, viele der Räume sind originalgetreu eingerichtet.

Geöffnet Mi bis So 13–17 Uhr, Führungen sind auf Anfrage auch zu anderen Zeiten möglich. €7,50, Kinder bis 17 Jahre kostenlos.
www.mensinge.nl

9 Forum Groningen

N 53°13'08.0", E 6°34'14.0"

Das Forum Groningen ist ein großes,

ungewöhnlich geformtes Gebäude im Zentrum der Stadt. Hier sind unter anderem die Stadtbibliothek und das Storyworld-Museum untergebracht. In der ungewöhnlichen Ausstellung geht es um die Erzählstruktur und um die Technik, mit der die Figuren in Comics, Animationen und Spielen zum Leben erweckt werden. Im Fokus stehen die Kunst des Geschichtenerzählens und visuelle Kreativität. Außerdem gibt es im Forum weitere, wechselnde Ausstellungen. Von der Dachterrasse hat man einen schönen Blick über die ganze Stadt und im Gebäude stehen viele ungewöhnliche Plätze zum Lernen und Arbeiten zur Verfügung. Ein Ort, der die modernen Niederlande erlebbar und sichtbar macht.

Täglich geöffnet, die verschiedenen Läden und Einrichtungen haben unterschiedliche Öffnungszeiten.
www.forum.nl

10 Groninger Museum

N 53°12'44.0", E 6°33'57.0"

Das Gebäude des Groninger Museums zeigt nicht nur Moderne Kunst, es sieht auch von außen aus wie ein modernes Kunstwerk. Das Gebäude mit seinen knallbunten Elementen wurde extra für das Museum entworfen. Es steht direkt an einem Teich und spiegelt sich im Wasser. Die Dauerausstellung zeigt moderne Kunst vom Gemälde bis zu Multimedia und auch unterschiedliche Designobjekte.
11 Außerdem gibt es hier spannende Sonderausstellungen zu wechselnden Themen.

Geöffnet Di bis So 10–17 Uhr, in den Schulferien auch Mo. Eintritt für Sonderausstellunggen €25, Personen bis 18 Jahre frei. Der Eintritt zur Dauerausstellung ist ebenfalls frei.
www.groningermuseum.nl

11 Knuppelpad T`Roegwold

N 53°14'30.0", E 6°47'07.0"

Der 1,8 Kilometer lange Knuppelpad ist ein kurzer Wanderweg im Landschaftsschutzgebiet T`Roegwold. Er führt mit Hilfe eines langen Holzstegs über einen See und ist ideal geeignet für einen kurzen Spaziergang und zur Vogelbeobachtung, denn ihr kommt hier nahe an eine kleine Insel heran, die viele Vögel zum Brüten und Rasten nutzen. Hier steht eine besonders schön platzierte Bank, von der aus man das Treiben auf dem See beobachten kann.

12 Seehundbeobachtung in Termunten

N 53°17'51.0", E 7°04'30.0"

Vom Frühjahr bis Herbst ist auf dem Seedeich in Termunten eine Schutzwand aufgestellt, durch deren Lücken man die Seehunde beobachten kann. Auf der Sandbank vor der Wand sammeln sich vor allem bei Flut viele Weibchen mit ihren Kälbern. Durch die Wand ist sichergestellt, dass ihr die Tiere nicht stört. Die besten Chancen Seehunde zu sehen hat man von Anfang Juni bis August, jeweils bei Flut. Die Schutzwand steht ungefähr zehn Minuten Fußweg durch den Polder Breebaard vom Infozentrum Dollard entfernt.

Geöffnet Sa und So 10–16 Uhr, Juni bis August Mi und Fr 12–17 Uhr, die Schutzwand ist frei zugänglich und wird von April bis September aufgestellt.
www.groningerlandschap.nl

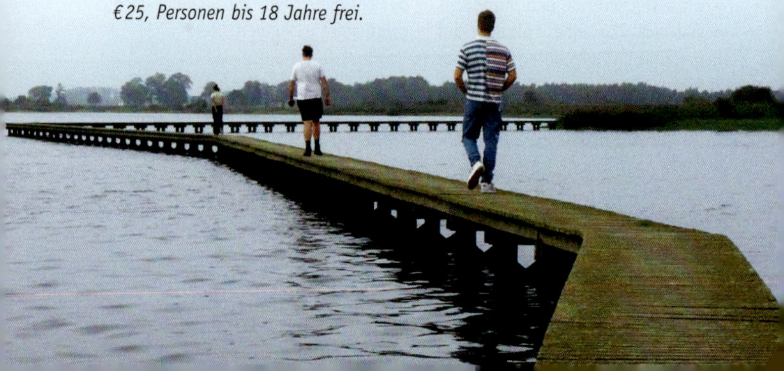

13 MuzeeAquarium Delfzijl

N 53°20'10.0", E 6°55'38.0"

Das Muzeeaquarium in Delfzijl ist eine Kombination aus Museum und Aquarium. In verschiedenen Dauerausstellungen geht es um den Naturraum in der Provinz Groningen und das Leben an der Küste in den letzten 500 Jahren. In Aquarien könnt ihr außerdem Fische und andere Meerestiere aus dem Wattenmeer und der Nordsee beobachten.

Geöffnet täglich 10–17 Uhr. €9, Kinder 4 bis 17 Jahre €5, Kinder 2 bis 3 Jahre €1.
www.muzeeaquarium.nl

14 Museum Kloster Ter Apel

N 52°52'34.0", E 7°04'35.0"

Das Kloster Ter Apel entstand um 1465 an der wichtigen Handelsroute von Münster nach Groningen. Im Museum kann man nicht nur die tolle Architektur des Klosters mit Innenhof und Kreuzgang bestaunen, es gibt auch Kunstausstellungen und Ausstellungen zur Klostergeschichte.

Geöffnet Di bis So 10–17 Uhr, Juli und August auch Mo. €9, Kinder 4 bis 12 Jahre €4.
www.kloosterterapel.nl

15 Museumsdorf Orvelte

N 52°50'39.0", E 6°39'48.0"

Orvelte ist ein Museumsdorf in der Provinz Drenthe. Hier stehen Bauernhöfe mit Reetdächern und alte Backsteinhäuser aus verschiedenen Zeitepochen an schmalen Straßen mit Kopfsteinpflaster. Innerhalb des Dorfes sind alte Handwerkswerkstätten eingerichtet, die immer noch in Betrieb sind. In der Holzschuhwerkstatt, der Schmiede und der Tischlerei gibt es Vorführungen. Ihr könnt eine Tour auf dem Pferdewagen durch den Ort machen oder auf einem der angelegten Wege das Dorf erkunden. Außerdem gibt es Gastronomie und Läden.

Das Museumsdorf Orvelte ist ganzjährig frei zugänglich, außer bei besonderen Veranstaltungen. Die Tourismusinformation ist von April bis Oktober Di bis So 10–17 Uhr geöffnet. November bis März nur Sa, So. Die einzelnen Museen und Attraktionen haben individuelle Öffnungszeiten und Preise, die auf der Homepage eingesehen werden können. www.orvelte.net

16 Museum Hunebed Centrum

N 52°55'52.0", E 6°47'51.0.0"

Im Museum Hunebed Centrum lernen wir alles über die Hünengräber, die hier vor über 4000 Jahren von Menschen aus der Trichterbecherkultur gebaut wurden. Ihr könnt das größte Hünengrab der Niederlande besichtigen sowie Nachbauten der damaligen Häuser.

Geöffnet Do bis Fr 10–17 Uhr, Sa, So 11–17 Uhr. €13,50, Kinder €7.
www.hunebedcentrum.eu

17 DX Adventurepark

N 52°58'25.0", E 6°45'11.0"

Der DX Adventurepark ist der größte Freiwasserpark in den Niederlanden. Die größten Attraktionen sind der Aquapark mit luftgefüllten Hindernissen auf dem Wasser und die langen Wasserrutschen. Außerdem gibt es einen großen Spielplatz und man kann mit dem SUP oder Kajak über den See schippern.

Geöffnet Mai bis September Mi und Sa, So 12–16 Uhr, weitere Tage möglich, vor allem in den Ferien. Eintritt ohne Wasseraktivität für Personen ab 3 Jahren €4,50, Wasserpark €11, Preise für weitere Aktivitäten sind auf Homepage einsehbar. Es gibt auch Paketpreise.
www.dxadventurepark.nl

18 Drents Museum

N 52°59'35.0", E 6°33'50.0"

Im Drents Museum gibt es Dauerausstellungen zum Thema Archäologie, zur Geschichte von Drenthe sowie einen Fokus auf Kunst von 1885-1935. Es finden auch immer wieder Wechselausstellungen statt. Vor allem für Kinder spannend ist das größte Puppenhaus der Niederlande, in dem auch viel selbst ausprobiert werden kann.

Geöffnet Di bis So 10–17 Uhr. €15, Kinder bis 18 Jahre frei.
www.drentsmuseum.nl

20 m

STRECKE 9,4 km

3 h

ab 6

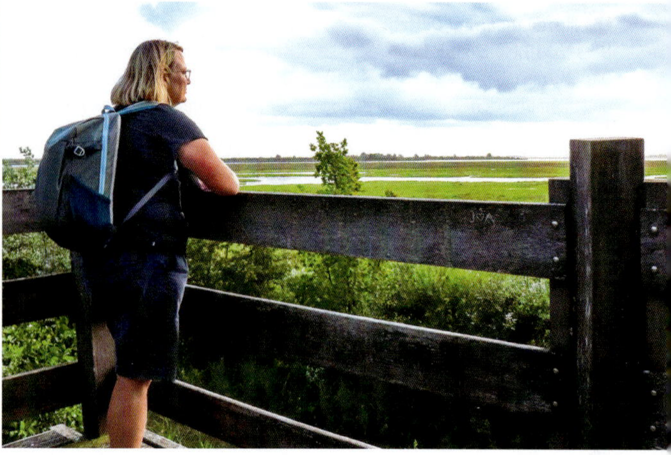

29 Nationalpark Lauwersmeer

Durch Feuchtgebiete und Wälder im Vogelparadies

Das Lauwersmeer ist – wie das IJsselmeer – durch einen Abschlussdeich von der Nordsee getrennt worden und seitdem ein ganz besonderer Naturraum. Es ist eines der wichtigsten Vogelschutzgebiete Westeuropas. Unsere Wanderung führt uns vom Aktivitätenzentrum Lauwersnest durch weite Feuchtgebiete und lichte Wälder. Wir kommen an zwei hohen Aussichtstürmen vorbei, von denen man nicht nur tagsüber eine tolle Sicht hat – nachts kann man im Dark Sky Park Lauwersmeer die Schönheit des Sternenhimmels bewundern. Nach viel Regen können die Wege nass sein, sodass Stiefel oder wasserdichtes Schuhwerk notwendig sind. Ein besonderes Highlight für Kinder ist sicherlich der tolle Spielplatz am Aktivitätenzentrum. Von hier werden auch Themenwanderungen und andere Aktionen organisiert.

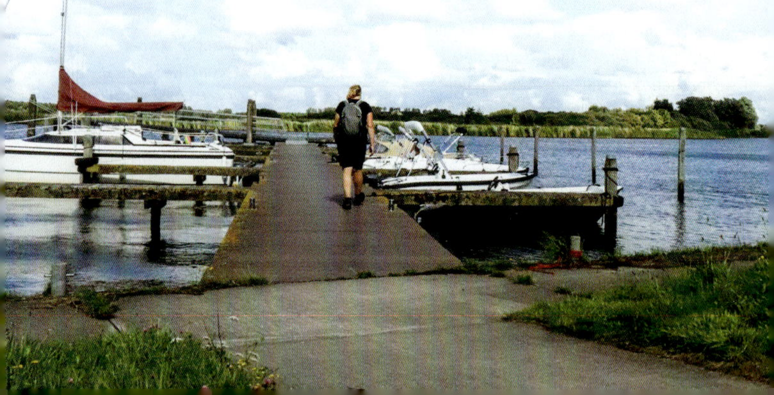

Highlights

Das Wildnisgebiet an der Grenze von Groningen und Friesland besteht aus großen Wasserflächen mit Inseln, Wäldern, ausgedehnten Schilffeldern und struppigen Wiesen. Das Lauwersmeer ist ein Vogelparadies. Nicht nur während des Vogelzugs kann man hier viele seltene Arten beobachten. Im Sommer brüten Seeadler im Park und im Winter sind tausende von Gänsen zu sehen.

Wanderung: Wir starten unsere Wanderung am Aktivitätenzentrum Lauwersnest. Wir drehen dem Gebäude den Rücken zu und starten über den Parkplatz in Richtung Straße. Hier biegen wir nach links ab und folgen dem Wegweiser mit der orangefarbenen Markierung. Jetzt laufen wir über eine Art **Deich**. Schnell kommen wir an einen Abzweig nach links, hier können wir sowohl geradeaus laufen als auch den netten kleinen Bogen links um die Baumgruppe wählen. Wenn es viel geregnet hat, ist es hier unten allerdings nass und wir müssen über Pfützen springen.

Es geht jetzt oben auf dem Deich an einem Kanal entlang bis zu einer **T-Kreuzung** ❶. Hier biegen wir rechts ab, überqueren dann die Straße und wandern nach links weiter. Wir laufen nun auf einem etwas erhöhten Grasweg neben der Straße. Diesem folgen, wir bis wir zu einem Steg kommen, an dem einige Bänke in Hufeisenform stehen. Hier befinden sich auch ein **Restaurant** ❷ und ein Parkplatz.

Hier folgen wir dem Grasweg am Wasser entlang und durch eine Schranke. Rechts stehen jetzt hohes Gras und Schilf. Den zweiten kleinen Pfad, der ans Wasser führt, nehmen wir nach rechts und biegen anschließend wieder links ab, um an der Wasserkante zu laufen. Unterwegs kommen wir an einigen kleinen Stegen vorbei. Wir folgen dem Weg bis zum Ende und durch eine Linkskurve und treffen wieder auf einen breiteren Weg an einem Kanal. Hier biegen wir links ab, um 200 Meter weiter den Wasserlauf nach rechts über eine schmale Metallbrücke zu überqueren.

TOUREN-STECKBRIEF

Anfahrt: Wir parken auf dem kostenlosen Parkplatz am Aktivitätencentrum Lauwersnest bei **N 53°23'06", E 6°14'07"**. Dieses ist auf der Straße nach Lauwersoog von Osten ausgeschildert.
Infozentrum: April bis November Mi bis So 11–17 Uhr, November bis April Mi, Sa, So 11–16 Uhr. Hier erhält man Informationen zu Wanderungen und Touren. Es gibt einen kleinen Laden für Bücher und Souvenirs und eine Ausstellung zum Gebiet.
Anspruch und Charakter: Abwechslungsreiche Wanderung am Wasser und durch den Wald.
Markierung: Orange, dann blau, dann grün – nicht durchgehend.
Einkehr: Restaurant Suyderoogh.
Mit Kindern: Am Aktivitätencentrum gibt es einen sehr schönen Spielplatz mit vielen Wasser-Elementen. Vom Infozentrum aus kann auch der kürzere gelbe Weg gelaufen werden – dieser ist mit den entsprechenden Wegweisern gekennzeichnet (1,5 km, 30 Minuten).
In der Nähe: Wattwanderung Pieterburen, Seehundzentrum Pieterburen.

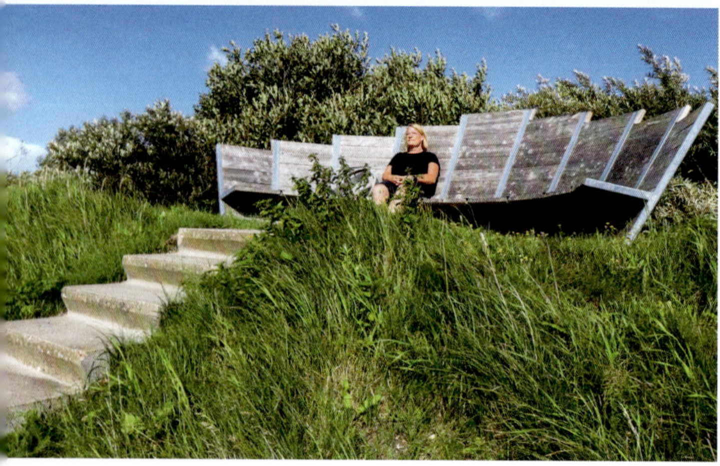

Auf der anderen Seite biegen wir wieder nach rechts ab und vollenden damit unseren Zick-Zack-Kurs. Wir folgen dem Weg um eine 90-Grad Linkskurve, immer am schmalen Kanal entlang. An vielen Stellen ist dieser von Bäumen und Büschen verdeckt und nicht sichtbar. Wir laufen zwischen halbhohen Birken, Eichen und anderen Laubbäumen und folgen dem Weg um eine scharfe Linkskurve. An der nächsten **T-Kreuzung** ❸ halten wir uns rechts und durchqueren ein Holztörchen.

Vor uns liegt jetzt ein See, den wir rechts herum umrunden. Dabei kommen an einer großen **halbkreisförmigen Bank** ❹

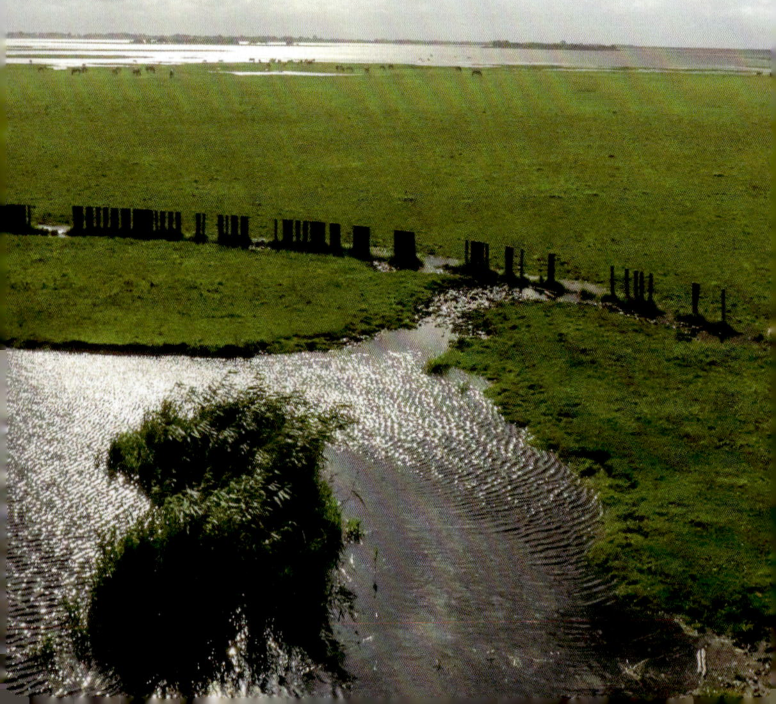

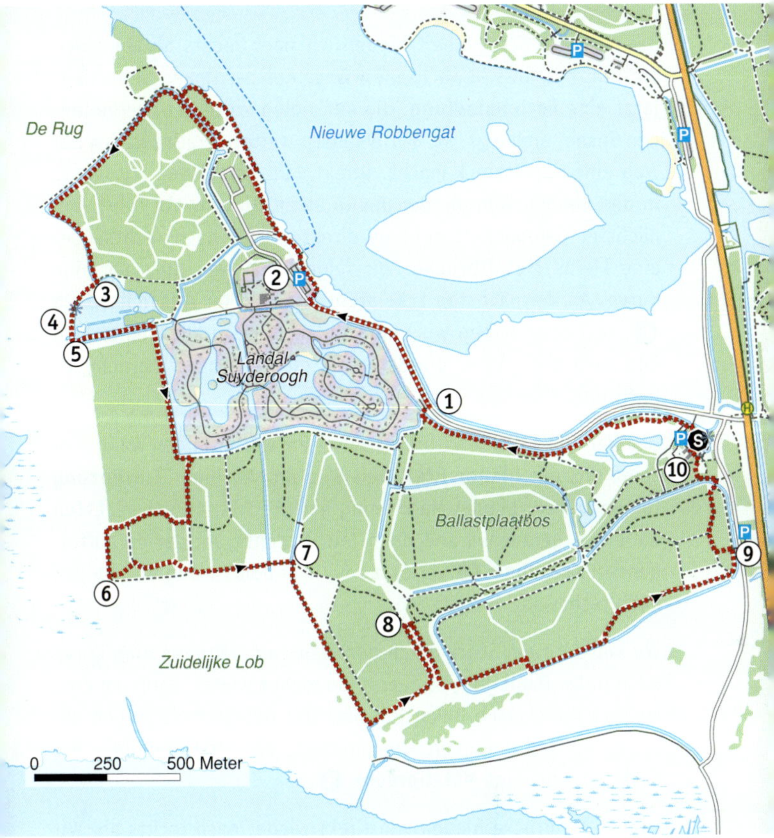

vorbei, von der wir die Weiden gut überblicken können. Hinter den Weiden liegt ein größerer See, am Nachmittag glitzert dieser wunderbar in der Sonne.

Schließlich folgen wir dem Weg weiter und wieder um eine 90-Grad-Kurve nach links. Hier steht ein **Aussichtsturm** ❺, von oben können wir jetzt auch die in hinter den Bäumen versteckten kleineren Seen hinter uns sehen. Im Nationalpark Lauwersmeer gibt es nur wenig Lichtverschmutzung, sodass man hier besonders schön den Sternenhimmel beobachten kann. Unser Aussichtsturm gehört zum **Dark Sky Park Lauwersmeer** und auf seiner Plattform sind Klappliegen angebracht, auf denen ihr die ideale Position zur Sternenbeobachtung habt.

Dark Sky Park

Der Nationalpark Lauwersmeer wurde im Oktober 2016 von der International Dark Sky Association offiziell zum Dark Sky Park erklärt. Dies bedeutet, dass hier in der Nacht besondere Dunkelheit herrscht und Gäste auch nachts willkommen sind, um den Sternenhimmel zu erleben. Das ist hier auch deshalb etwas Besonderes, weil die Niederlande eines der Länder mit der größten Lichtverschmutzung der Welt sind. Vom Aktivitätenzentrum werden auch Nacht-Führungen organisiert.

Bei nächster Gelegenheit biegen wir nach rechts ab auf einen breiten, mit Gras bewachsenen Weg. Auf der linken Seite liegt jetzt eine **Feriensiedlung**, die auf vielen einzelnen, verbundenen Inseln angelegt ist. Wir wandern weiter geradeaus, bis der Weg einen Linksknick macht. Direkt dahinter biegen wir rechts in den kleinen Weg ab, der uns in einen **Birkenwald** führt. Bei nächster Gelegenheit geht es direkt wieder nach rechts über eine kleine **Metallbrücke**. Wir folgen dem Weg links um eine Kurve. An der nächsten Ecke steht ein weiterer **Aussichtsturm** **6**. Von oben haben wir einen tollen Blick in alle Richtungen und auch hier gibt es die Bänke für die nächtliche Sternenbeobachtung.

Der Weg führt uns jetzt hinter dem Turm weiter in den Wald, hier zeigt uns ein **blauer Pfeil** den Weg an. An einer **T-Kreuzung** folgen wir der blauen Markierung nach rechts, an der nächsten Gabelung geradeaus und dann leicht rechts. An der darauffolgenden **Kreuzung** **7** verlassen wir den blauen Weg und biegen nach rechts ab.

Wir wandern ein Stück durch den Wald und dann um eine Kurve nach links. Dann geht es zuerst geradeaus weiter, dann um eine weitere Kurve nach links. Bei nächster Gelegenheit biegen wir rechts ab und überqueren einen Kanal, der mit Entengrütze bedeckt ist, über eine **Metallbrücke** **8**.

Hinter der Brücke biegen wir direkt wieder nach rechts ab. Wir folgen dem Weg auf der anderen Seite des Wassers zurück, laufen dann um eine Linkskurve und überqueren den nächsten Kanal auf einer Brücke. Jetzt geht es geradeaus weiter, am Ende führt der Weg kurz nach rechts und dann direkt nach links – hier zeigt uns ein **grüner Pfeil den Weg**.

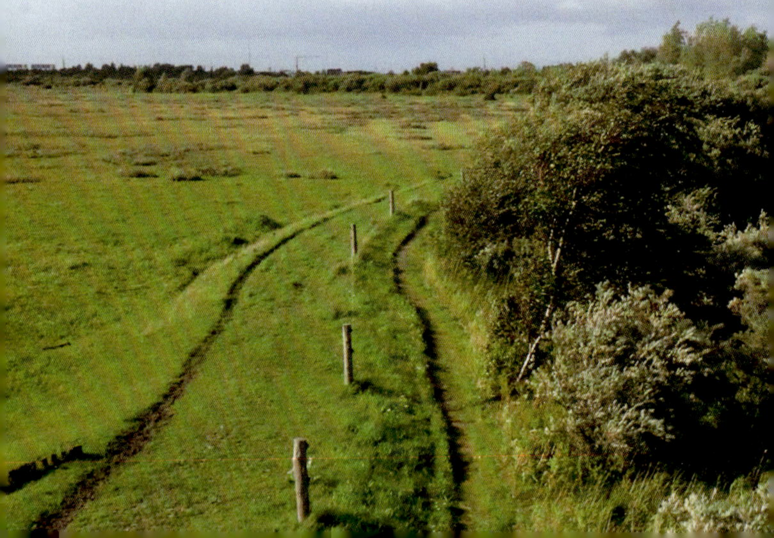

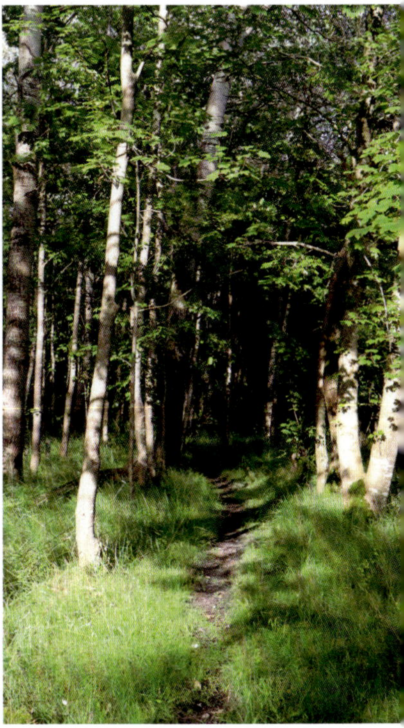

Der Weg ist jetzt teilweise eng und führt durch den Wald, dann ist die Landschaft wieder offen und grasbedeckt. Wir folgen dem grünen Pfeil leicht nach links und um eine Linkskurve. Jetzt kommen wir an ein **Tor** ⑨, das nach rechts an die Straße führt – wir laufen aber links und anschließend direkt wieder rechts. Wir folgen dem Weg nach rechts, der uns an mehreren **Holz-Zwergen** vorbeiführt, die Teil des Zwergenweges für Kinder sind. Jetzt kommen wir dem Aktivitätenzentrum wieder näher.

An der nächsten Abzweigung halten wir uns rechts, gehen dann durch ein Holztor und direkt dahinter über eine Brücke. Auf der anderen Seite laufen wir auf dem Radweg nach links und dann nach rechts. Über den schönen **Spielplatz** ⑩ kommen wir jetzt wieder zurück zum Aktivitätenzentrum.

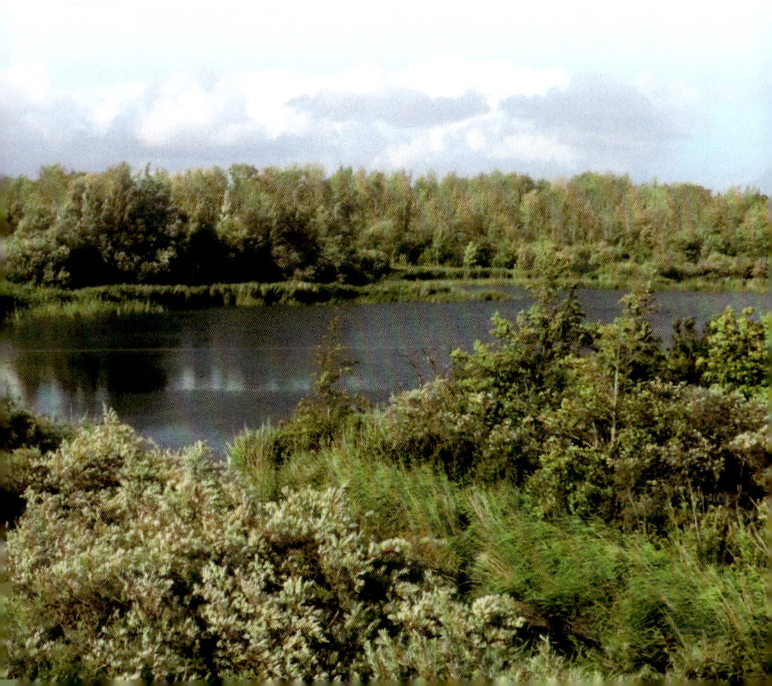

50 m

STRECKE 27,6 km

2 h 30

ab 8

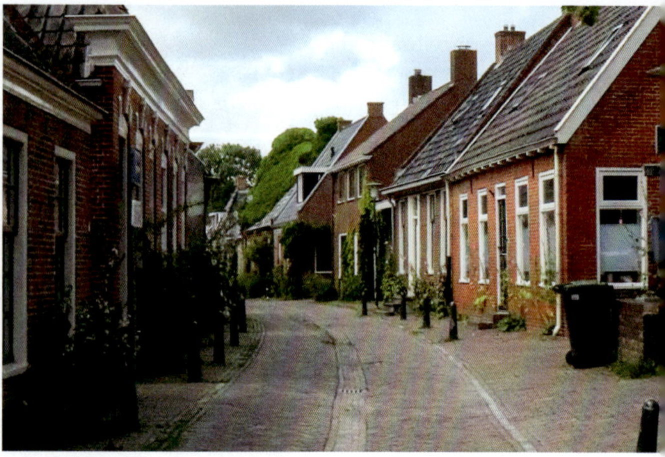

30 Dörfer und Warften

Fahrradtour durch Groningen

Die Provinz Groningen ist geprägt von mittelalterlichen Orten, die auf Siedlungshügeln gebaut wurden – auf sogenannten Warften. Da es früher kaum ein Entkommen vor den Sturmfluten der Nordsee gab, versuchten sich die Menschen so gegen das Wasser zu schützen. Noch heute könnt ihr die alten Dorfstrukturen an vielen Stellen sehen und viele Höfe stehen etwas erhaben. Diese Radtour führt uns durch mehrere mittelalterliche Dörfer und auch nach Winsum, das 2020 zum schönsten Dorf der Niederlande gewählt wurde. An einer Stelle können wir sogar noch etwas vom alten Deich sehen und bekommen einen Einblick in den Kampf, den die Menschen hier früher gegen das Wasser geführt haben.

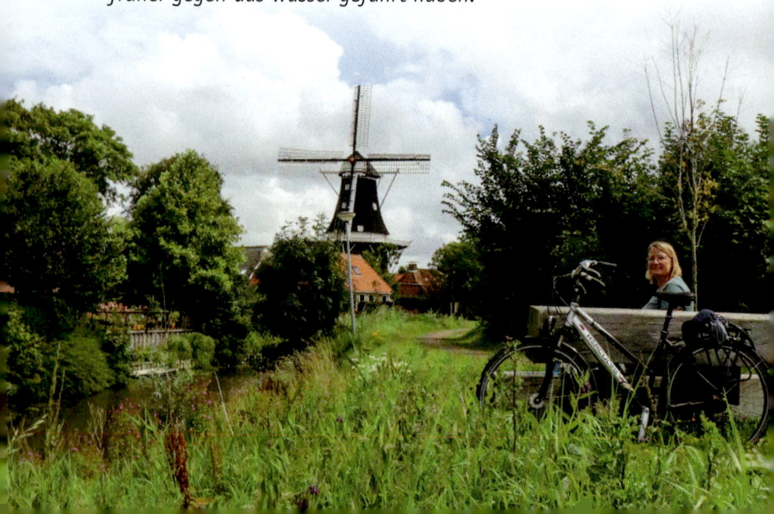

Radtour: Unsere Radtour beginnt am Freilichtmuseum Het Hoogeland in Warffum. Wir wenden dem Museum den Rücken zu, starten nach rechts und fahren dann sofort wieder nach rechts. Wir folgen der Straße bergab um eine Rechtskurve und dann leicht nach links. Jetzt sehen wir einen **kleinen Hafen** ❶ und fahren auf der rechten Seite am Hafenbecken vorbei – hier liegen meist einige Boote vor Anker. Wir folgen dem Wasser bis zu einer schmalen Brücke und überqueren einen **Kanal**. Auf der anderen Seite radeln wir nach links bis zur Bahnlinie.

Highlights

Die aus der flachen Umgebung deutlich hervorstechenden Warften prägen das Landschaftsbild in den nördlichen Niederlanden. Viele sind Standorte alter Siedlungen, teilweise datieren sie zurück bis in die Eisenzeit. So könnt ihr in Winsum eine der ältesten Tavernen der Niederlande besuchen. »De Gouden Karper«, der Goldene Karpfen, wird schon seit dem 16. Jahrhundert als Taverne geführt.

Vor der **Bahnlinie** biegen wir rechts in den Radweg ein und folgen diesem an einem kleinen See vorbei. Der Weg führt durch den Wald und dann um eine Kurve nach rechts. Schließlich wird er zu einer kleinen Straße, der wir folgen. An der T-Kreuzung fahren wir nach links – ein paar Meter nach rechts befindet sich das große **Herrenhaus Breedenborg** ❷, das von Kanälen umgeben ist.

Wir radeln jetzt auf einer kleinen Straße – zuerst an einem Kanal entlang, dann durch Felder und Wiesen. Schließlich kommen wir zum Ort **Rasquert**. Beim Ortseingangsschild biegen wir nach links ab und folgen dann der Straße durch den Ort. Hinter einem großen Hof fahren wir über eine Brücke und sind dann schon im nächsten Ort, nämlich in **Baflo** ❸. Wir überqueren eine Brücke und halten uns am nächsten Abzweig rechts.

Am Ortsausgang biegen wir vor der großen Straße nach links ab. Nun folgen wir dem Radweg parallel zur größeren Straße mit einigen Kurven, bis wir nach **Winsum** kommen. Hinter dem

TOUREN-STECKBRIEF

Anfahrt: Wir parken auf dem kostenlosen Parkplatz am Freilichtmuseum Het Hoogeland bei **N 53°23'32", E 6°33'44"**. Das Museum ist in Warffum ausgeschildert.

Fahrradverleih: Fahrräder können in Winsum bei Tweewielerhuis Poort geliehen werden. Ein Rad kostet €10 pro Tag, für Kinder €6,50. www.poortwinsum.nl

Anspruch und Charakter: Schöne Tour von Dorf zu Dorf.

Markierung: 53 – 44 – 30 – 29 – 71 – 49 – 25 – 26 – 97 – 98 – 34 – 31 – 43 – 57 – 53.

Einkehr: Am Museum gibt es ein schönes Café, weitere Gastronomie findet ihr in Baflo und Winsum.

Mit Kindern: Die Tour lässt sich kürzen, indem wir in Baflo ❸ am Knotenpunkt 29 nicht nach links abbiegen, sondern geradeaus weiterfahren. Am Knotenpunkt 97 ❼ geht es dann nach rechts und zurück auf unsere Route (18,4 km, 1h45).

In der Nähe: Freilichtmuseum Het Hoogeland.

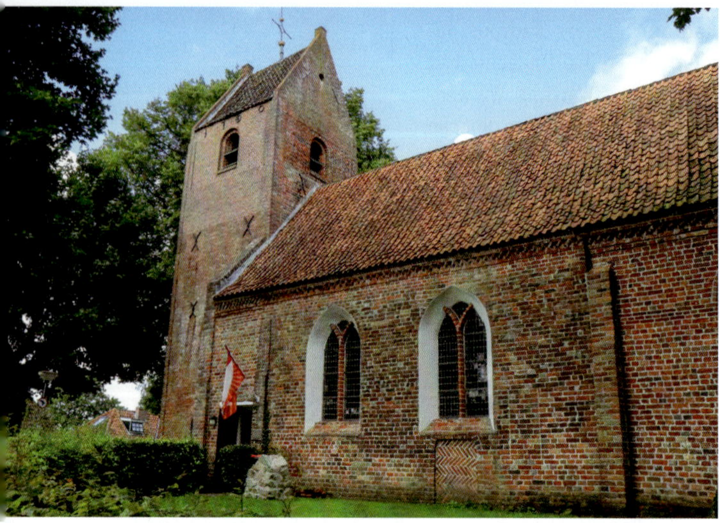

Friedhof überqueren wir eine Brücke und fahren dann geradeaus auf die **Kirche** ❹ zu. Den nächsten schmalen Pflasterweg nach rechts fahren wir hoch – hier müssen wir vielleicht auch schieben. Wir umrunden so einmal die schöne Kirche, die auf einer Anhöhe steht. Die Kirchentore sind üblicherweise geöffnet, die meisten Kirchen in den Niederlanden sind zugänglich. Allerdings sind sie oftmals nicht so üppig und pompös ausgestattet, wie wir das aus Deutschland oder Frankreich kennen.

An der Kirche fahren wir leicht nach rechts an einem Parkplatz vorbei. Unten führt unser Weg nach links, es ist jedoch sehr zu empfehlen, in **Winsum** eine Pause einzulegen und den Ort zu Fuß oder mit dem Rad zu erkunden. 2020 wurde Winsum zum schönsten Dorf der Niederlande gewählt, und der mittelalterliche Ortskern hat wirklich ganz besonders viel Charme. Es gibt viele schöne Cafés am Kanal, in denen man einen Kaffee oder Tee genießen kann.

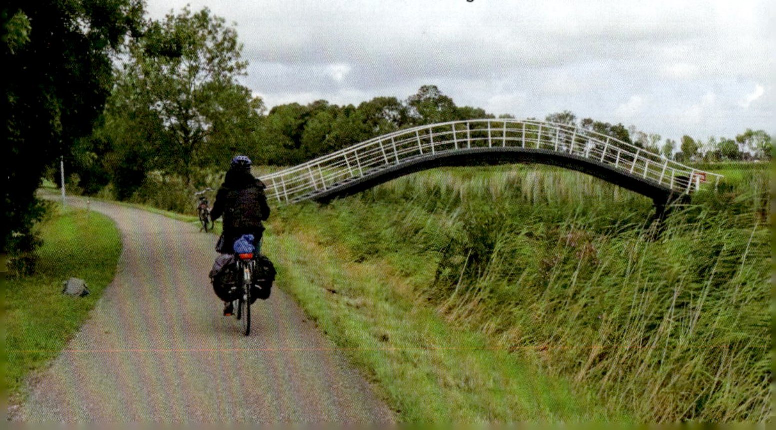

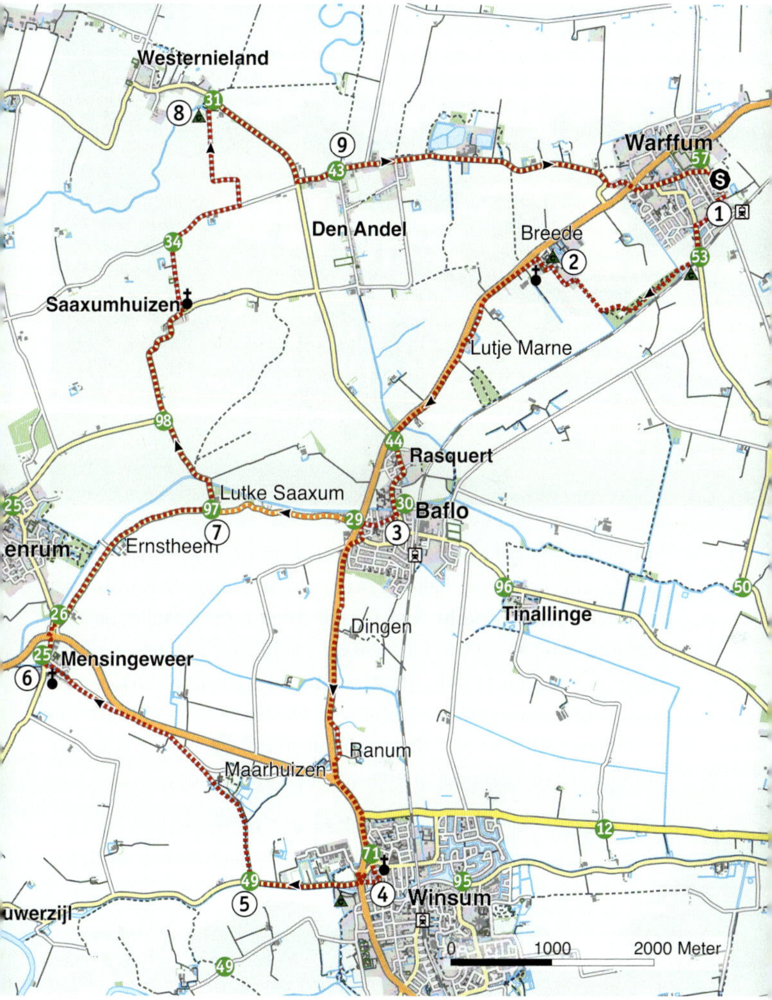

Schließlich folgen wir dem Radweg weiter aus dem Ort heraus. An der großen Straße fahren wir ein kleines Stückchen nach rechts und überqueren diese dann beim **Kreisverkehr**. Dann geht es wieder nach links und bei erster Möglichkeit nach rechts. Wir folgen jetzt einem Kanal mit Hausbooten und fahren auf der rechten Seite an den Abfallwirtschaftsbetrieben vorbei. Wir überqueren eine **Brücke** ❺, radeln dann nach rechts und folgen einem weiteren Kanal. Dieser führt uns direkt in den nächsten Ort – nach **Mensigeweer**. Wir folgen der Straße bis zum Ende und halten uns dann rechts.

Direkt vor der Brücke steht hier eine **Bank** ❻, von der wir eine wunderbare Sicht in den Ort und auf die Windmühle haben, die man schon von weitem sehen konnte.

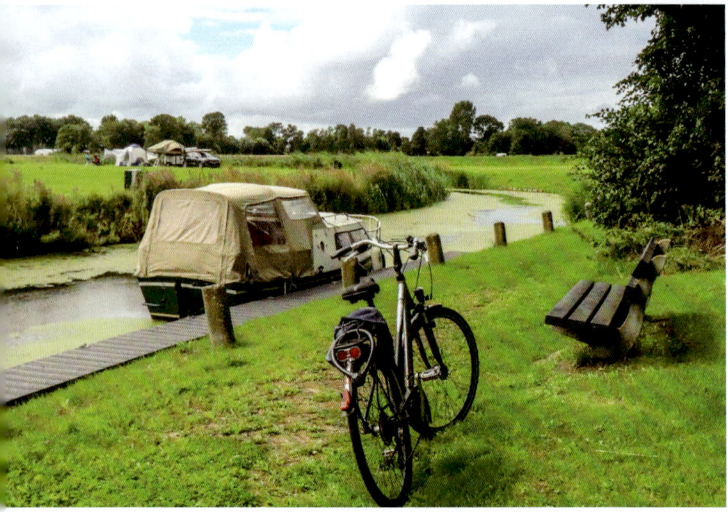

Anschließend geht es für uns weiter über die Brücke. Wir folgen der Straße und dann dem Radweg auf der linken Seite bis zum nächsten **Kreisverkehr**. Um diesen fahren wir linksherum und dann geradeaus weiter. Kurz darauf zweigt nach rechts ein Radweg ab, dem wir folgen. Jetzt radeln wir neben der Straße entlang und an zwei großen Höfen vorbei, der zweite ist sogar von Grachten umgeben. Am **dritten Bauernhof** **7** biegen wir links ab und radeln dann durch eine schöne Pappelallee.

Wir überqueren eine Brücke, halten uns an der Gabelung links und fahren weiter bis zum nächsten Ort, nach **Saaxumhuizen**.

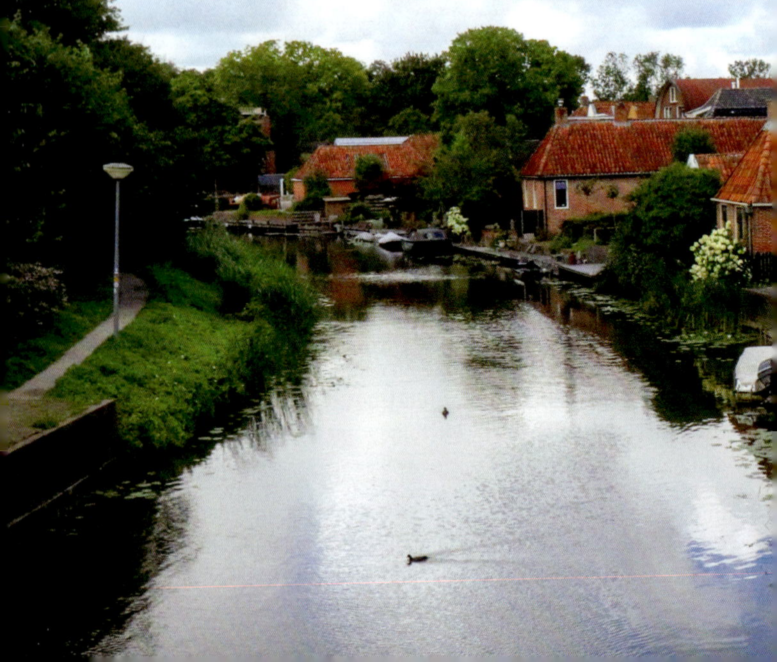

Hier biegen wir in der **Ortsmitte vor der Kirche** nach links ab. Am Ende der schmalen Straße fahren wir nach rechts, bei nächster Gelegenheit wieder nach links. Wir radeln um eine Links- und eine Rechtskurve und kommen dann an einem **Bauernhof** vorbei, an dem man auch campen kann. Direkt dahinter liegt links eine **Anlegestelle für Boote** **8** mit Bänken – ein perfekter Pausenplatz.

Schließlich fahren wir weiter und halten uns an der ersten **T-Kreuzung** rechts. Auf der rechten Seite sehen wir einen Rest des alten Deichs, der im Mittelalter angelegt wurde. Bei der nächsten Abzweigung radeln wir nach links und kommen wieder an einigen Höfen und Weilern vorbei. Auf der linken Seite steht schließlich auch ganz nah an der Straße eine **Windmühle** **9**.

Wir folgen weiter der Straße und kommen jetzt auch an einem großen Betrieb vorbei, der Kartoffeln verarbeitet. Schließlich nähern wir uns wieder **Warffum** und biegen kurz vor der großen Straße nach links in den Radweg mit roten Pflastersteinen ein. Wir überqueren die große Straße und folgen dann unserem Weg um eine Linkskurve und durch den Ort. Am Ende fahren wir nach rechts, die zweite Straße nach rechts führt uns dann wieder zu unserem Ausgangspunkt.

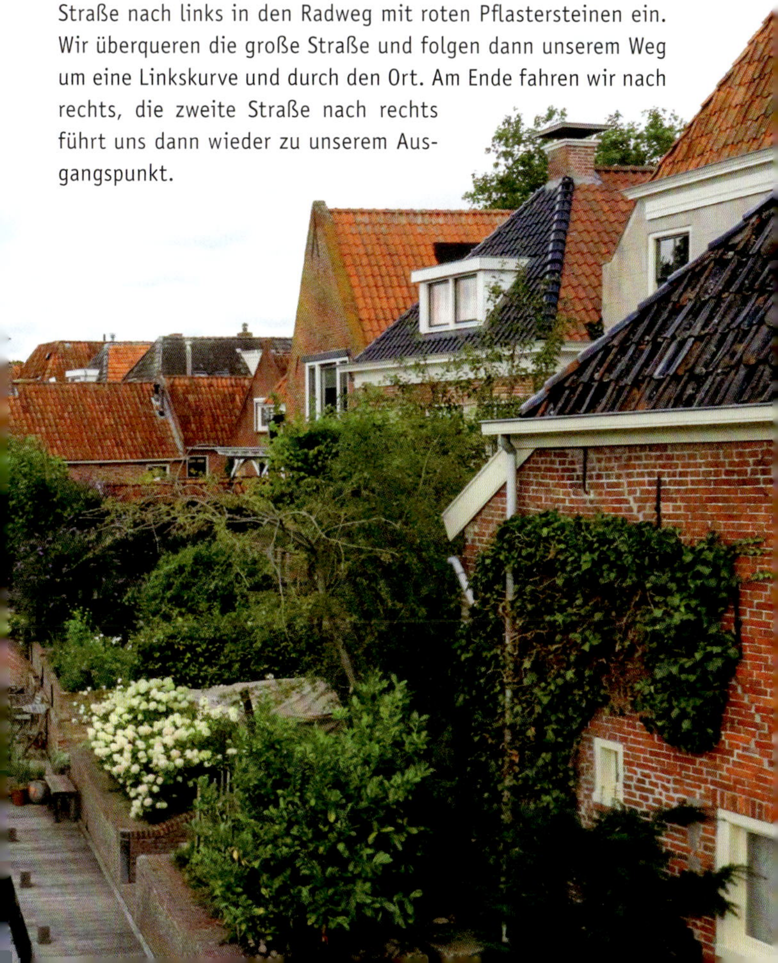

Der Mensch und das Wasser
Siedlungsgeschichte in den Niederlanden

»Gott erschuf die Welt, aber die Holländer erschufen Holland« – dieses niederländische Sprichwort hat durchaus Wahrheit in sich. Die Siedlungsgeschichte der Niederlande ist quasi ein einziger Kampf gegen das Wasser – sei es die offene Nordsee oder die Zuiderzee, die große Teile des Landes vor allem im Winter mit ihren Sturmfluten immer wieder bedrohten. 26 Prozent der Fläche der Niederlande liegen unter dem Meeresspiegel und wurden als Polder dem Meer abgetrotzt.

Schon seit dem Jahr 600 vor unserer Zeitrechnung versuchten die Menschen im Norden der Niederlande, ein Auskommen in den Küstenregionen der heutigen Provinzen Friesland und Groningen zu finden. Der lehmhaltige Boden war besonders fruchtbar und eignete sich für die Landwirtschaft, aber gleichzeitig war das Meer eine ständige Bedrohung. Siedlungen wurden daher auf künstlichen Hügeln, sogenannten Warften gebaut. Diese kann man heute noch sehen, häufig stehen jetzt die Kirchen der Orte auf den Erhebungen. Beispiele sind Orte wie Baflo, Warffum und Winsum [› Tour 30].

Ungefähr um das Jahr 1000 begann man Deiche zu bauen, um die Gebiete vor dem Wasser

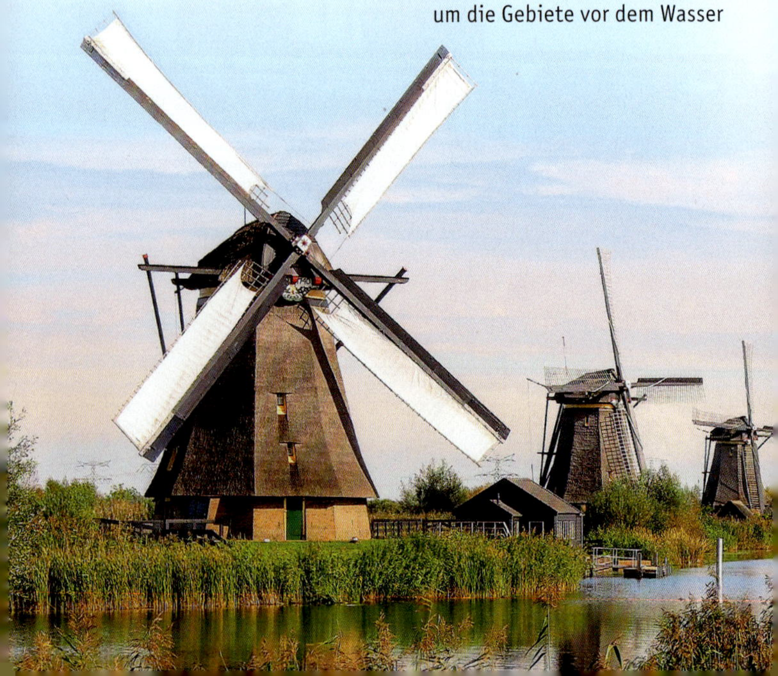

aus dem Meer und von Flüssen zu schützen. Anfangs waren es vor allem Regionen, in denen Torf abgebaut wurde, die man vor Wassereinbruch schütze. Ab dem 11. Jahrhundert wurden Sumpfgebiete vermehrt durch Kanäle trockengelegt, um den Torf abbauen zu können. Noch heute kann man in vielen Orten wie zum Beispiel Giethoorn **[› Tour 37 und 38]** und im Nationalpark De Alde Feanen **[› Tour 25 und 26]** diese Kanäle sehen. Die trockengelegten Flächen sackten dabei oft unter den Wasserspiegel der umliegenden Wasserflächen ab, sodass eine Eindeichung notwendig wurde.

Zum Ende des Mittelalters wurde der Bedarf an urbarem Land in den heutigen Niederlanden größer. Vor allem Amsterdam wuchs sehr schnell und es wurde nötig, neues Land zu erschließen. Große Gebiete (sogenannte Polder) wurden eingedeicht und anschließend entwässert. Da diese Polder aber meistens unter dem Wasserspiegel der Umgebung lagen, musste das Wasser hier aktiv abgepumpt werden. Hierfür baute man die Windmühlen, von denen bis heute noch einige stehen und die zusammen mit Holzschuhen, Tulpen und Käse zu Wahrzeichen der Niederlande geworden sind.

Heute gibt es über 3000 Polder in den Niederlanden. Die Provinz Flevoland besteht sogar ausschließlich aus Poldern. Ein Beispiel für einen Polder, der schon im 13. Jahrhundert angelegt wurde, ist der Eilandspolder **[› Tour 6]**. Ein Polder, der durch die Abtrennung des IJsselmeers entstanden ist, ist der Oostvaarderplassen **[› Tour 40]**.

Heute stehen die Niederlande durch den vom Klimawandel verursachten steigenden Meeresspiegel vor neuen Herausforderungen. Zur Zeit werden neue Techniken wie zum Beispiel flexible Flutbarrieren entwickelt. Der Abschlussdeich wurde renoviert und an einigen Stellen wird Sand aufgeschüttet, um die Strände zu verbreitern, die das dahinterliegende Land schützen.

2007 erarbeitete die niederländische Regierung einen Maßnahmenkatalog zum Umgang mit dem Klimawandel. In diesem Plan sind bis 2050 jährlich Investitionen von 1,2 bis 1,9 Milliarden Euro vorgesehen, um Deiche anzupassen und zu verbessern.

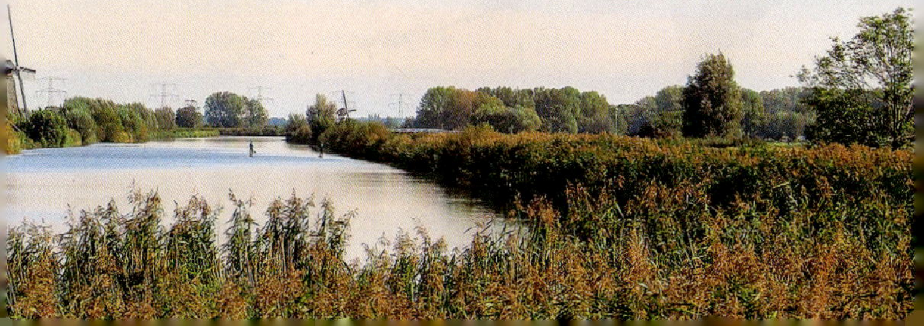

STRECKE 9 km

2–3 h

ab 6

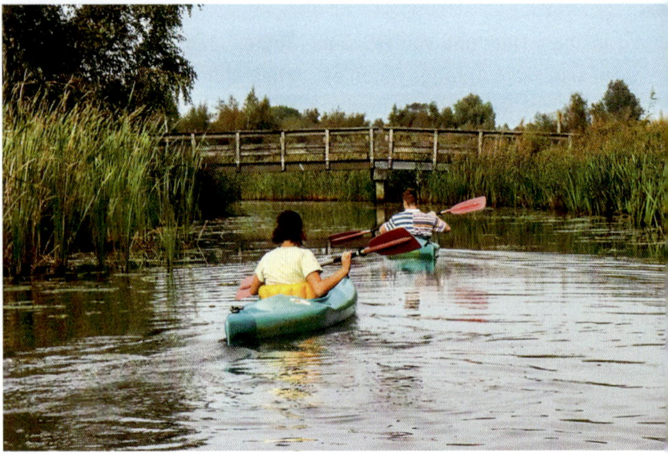

31 Rondje Woudbloem

Mit dem Kanu durch die Kanäle

Vom Wasser aus bekommt man immer noch mal einen anderen Eindruck von einer Landschaft, und dies ist auch hier der Fall. Durch Kanäle und Grachten fahren wird durch Felder, Wiesen und entlang von Wäldern. Wir bekommen spannende Einblicke in Gärten und in eine Schiffswerft, die direkt am Ufer steht. Nach starken Regenfällen kann das Wasser eine braune Farbe annehmen – schwimmen ist deshalb eher nicht angesagt.

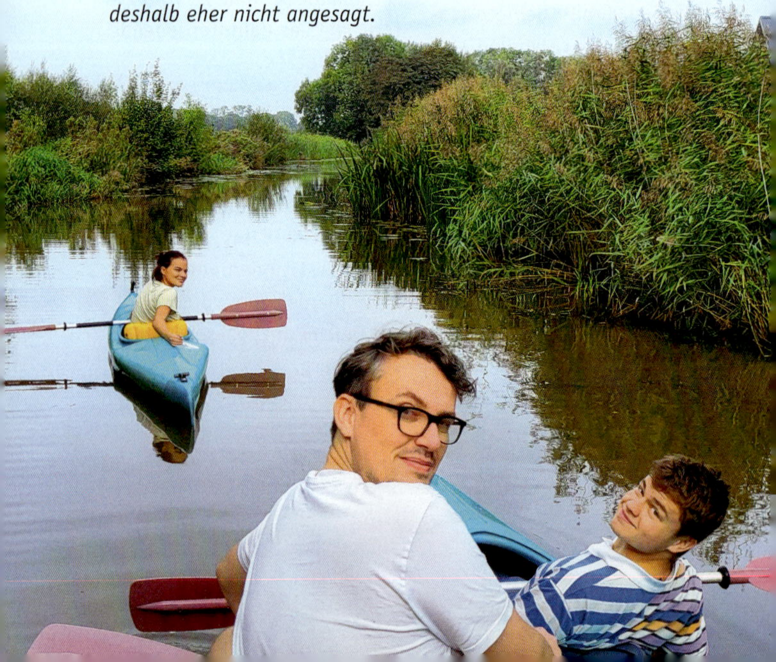

Highlights

Das Schutzgebiet des Naturparks t'Roegwold umfasst Schilfmoore, Wälder, Graslandschaften und große Wasserflächen.
Mit dem Kanu sind die Kanäle am Rand des Schutzgebietes zugänglich.

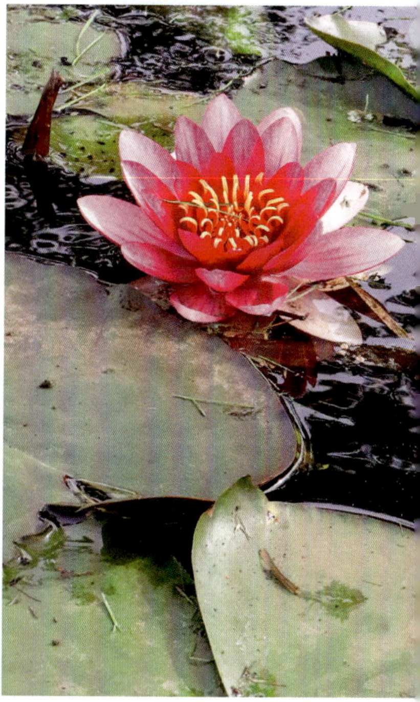

Kanutour: Wir starten am Café de IJzeren Klap, wo wir auch die Kanus ausleihen können. Nach einer kurzen Einführung geht es los und wir steigen in die Boote. Wir paddeln nach rechts den geraden **Slochterdiep Kanal** entlang und unterqueren direkt eine erste **Brücke**. Am Anfang begleitet uns noch die Straße auf der linken Seite, aber auf dem Wasser hört man die Autos nur leise. Der Kanal macht eine leichte Rechtsbiegung, wir fahren unter einer weiteren **Brücke** ❶ hindurch und halten uns dann direkt dahinter rechts. Hier stehen einige Häuser, in deren Gärten wir vom Wasser aus schauen können.

Wir paddeln jetzt auf dem Scharmer AE. Rechts von uns sind Felder zu sehen, links wachsen auf einem schmalen Landstück viele Birken. Wir kommen an zwei nach links abzweigenden Kanälen vorbei, die wir beide ignorieren, und folgen der Scharmer AE bis zur nächsten **Brücke**. Hier gibt es **zwei Stege** ❷, auf denen man eine Pause einlegen kann – allerdings sind sie beide nicht in allerbestem Zustand. Ist der Hunger nicht allzu groß, solltet ihr vielleicht besser bis zur nächsten Gelegenheit warten.

TOUREN-STECKBRIEF

Anfahrt: Wir parken auf dem kostenlosen Parkplatz am Café de IJzeren Klap bei **N 53°14'05", E 6°42'41"**.
Kanuverleih: Kanus oder Kajaks können bei Kano&Zo geliehen werden. Ein Kajak oder Kanadier für zwei Personen kostet €25 pro Tag. Die Boote sollten vorher reserviert werden. www.kanoenzo.nl
Anspruch und Charakter: Schöne Kanutour durch Kanäle.

Markierung: Keine.
Einkehr: Einkehren können wir am Ausgangspunkt im Café de IJzeren Klap. Montag ist Ruhetag.
Mit Kindern: Kleinere Kinder sollten für eine Kanutour bereits sicher schwimmen können und müssen eine gut sitzende Schwimmweste tragen.
In der Nähe: Knuppelpad.

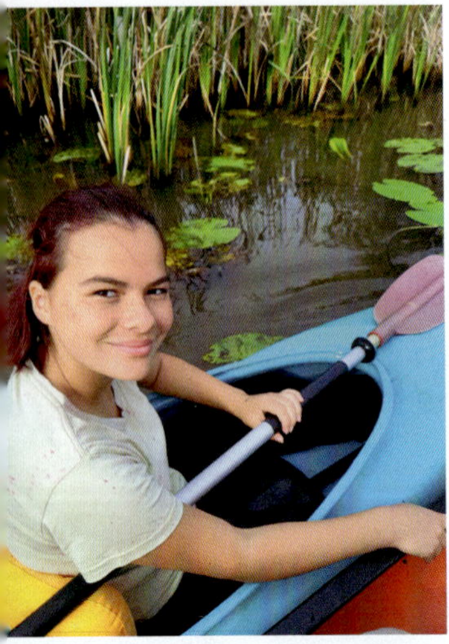

Wir fahren weiter, lassen eine Zeile typischer holländischer Reihenhäuser links liegen und biegen an der nächsten Abzweigung an der Schiffswerkstatt ❸ links in den Kanal ab. Geradeaus endet der Wasserlauf an einer Schleuse. Bei einem Blick in die Hallen haben wir vielleicht Glück und sehen ein aufgebocktes Boot, an dessen Bauch gerade gearbeitet wird. Die alten Hallen sind wirklich riesig und geben einen guten Eindruck davon, wie groß die Boote sein können, die hier repariert werden oder wurden.

Am Ende des Kanals biegen wir wieder links ab und fahren jetzt wieder in relativ gerader Linie parallel zu unserem Hinweg in Richtung Slochterdiep Kanal. Auf der Insel stehen Bäume, rechts

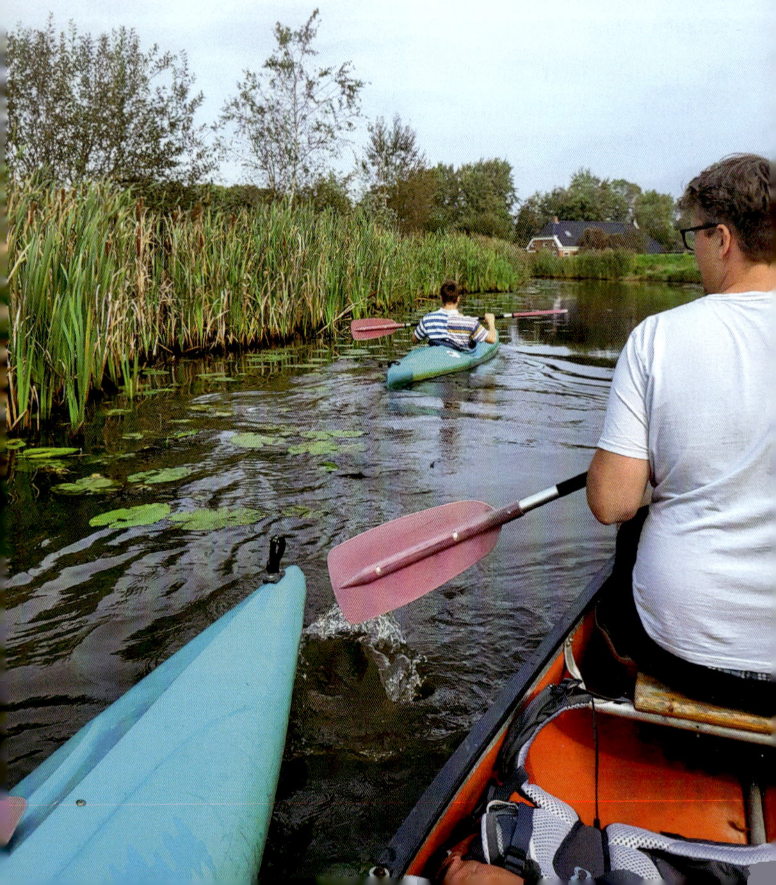

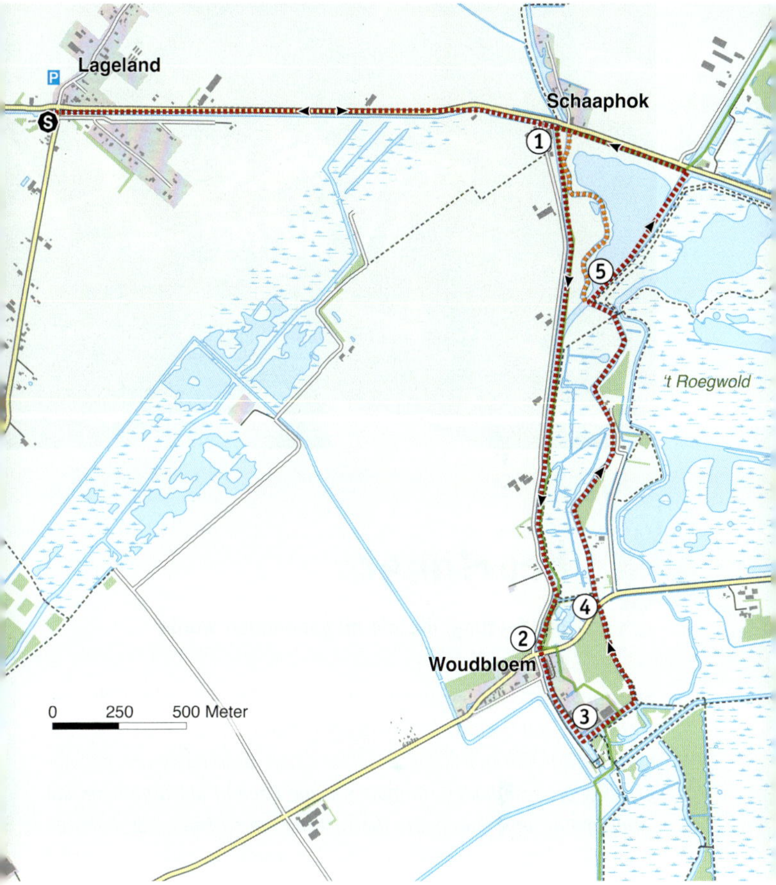

sausen hin und wieder auf dem Radweg neben dem Kanal Fahrräder vorbei. Hinter der nächsten **Brücke** liegt links ein schöner **Pausenplatz** ❹ mit einem gut nutzbaren Steg und Bänken – der perfekte Platz für ein Picknick.

Wir folgen dem Kanal in einer langgezogenen Zickzack-Linie. Immer wieder fällt der Blick in Gärten und auf Boote, die zu schwimmenden Terrassen umgebaut sind. Schließlich kommen wir an einen weiteren Kanal. Es gibt hier wohl die Möglichkeit, etwas links versetzt in einem kleinen Kanal (orange in der Karte eingezeichnet) weiter zu fahren, als wir hier waren, war dieser jedoch komplett von Schilf überwuchert. Wir biegen also stattdessen rechts ein und kommen schnell zu einem kleinen **See** ❺, den wir am rechten Ufer durchqueren.

Wir verlassen den See an der rechten Ecke durch einen Kanal und treffen kurz darauf auf den **Slochterdiep-Kanal**. Hier biegen wir links ab und paddeln zurück bis zum Ausgangspunkt.

2–3 h

ab 6

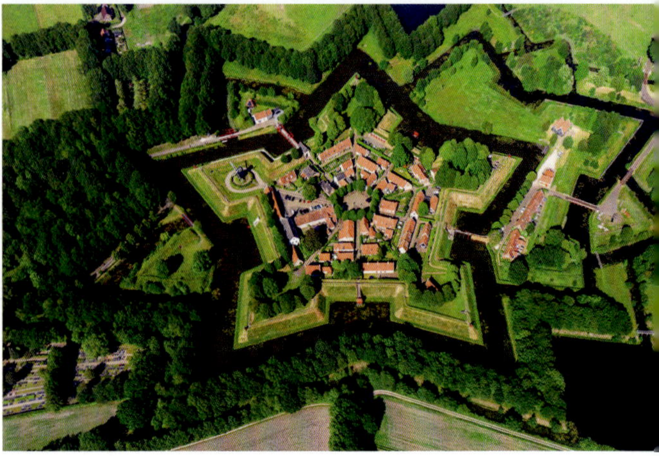

32 Bourtange

Die Festung, die nie eingenommen wurde

Bourtange ist eine Festungsstadt, deren Bau im Jahr 1580 von Wilhelm I. von Oranien in Auftrag gegeben wurde, um die von Spanien im 80-Jährigen Krieg besetzte Stadt Groningen von der Außenwelt abzuschneiden. Damals war die Gegend um Groningen ein Sumpfgebiet und man baute die Festung am einzigen passierbaren Weg. Das Projekt war erfolgreich. Bourtange konnte nie erobert werden und wird daher auch die »Festung, die nie eingenommen wurde«, genannt. Heute ist das sternförmige Dorf ein bewohnter Museumsort. In den 1960er Jahren begann man die Anlage zu restaurieren, sodass sie heute in gutem Zustand ist. Bei einem Besuch könnt ihr gut nachvollziehen, wie damals eine Festung aufgebaut war und wie die Verteidigungsanlagen funktionierten.

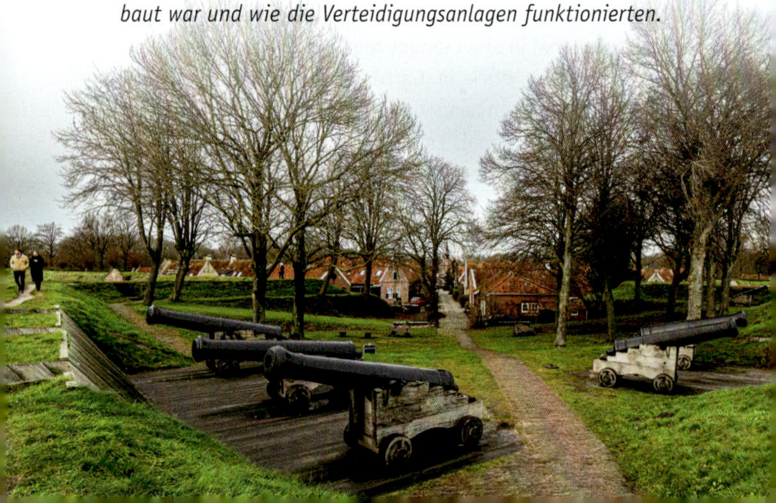

Der Grundriss der Festung ist der eines völlig regelmäßigen Fünfecks, an dessen Ecken sich fünf Bastionen befinden. Der Ort ist komplett von Kanälen umgeben, die der Festungsanlage die Form eines Sternes verleihen. Der Zugang ins Dorf ist nur über eine der beiden Brücken möglich.

Highlights

Von oben gesehen hat die ungewöhnliche Festung von Bourtange die Form eines Sternes mit fünf Spitzen. Ein Besuch im Museumsdorf ermöglicht euch den Einblick in militärische Strategien und den Alltag in einer Festung im 16. und 17. Jahrhundert.

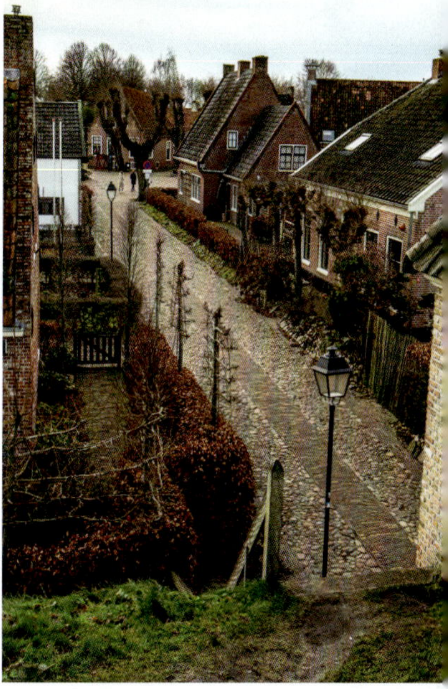

Wir starten unseren Besuch am Parkplatz vor der Festung. Hier befindet sich auch das Infozentrum, in dem wir mehr zur Geschichte der Festung lernen und Hintergrundinformationen erhalten können. Zuerst folgen wir dem Weg um den äußeren Ring bis zur **Brücke** und betreten die Festung.

Alle Straßen der Anlage enden in deren Mitte auf einem fünfeckigen Platz. Hier gibt es einige Cafés, Restaurants und kleine Läden. Außerdem steht hier ein Folterpferd. Es sieht auf den ersten Blick aus wie eines der Holzpferde, auf denen heute Kinder den richtigen Sitz fürs Reiten lernen oder wie ein Spielzeug – nur hat dieses Pferd einen spitzen Rücken. Um Geständnisse zu erzwingen, setzte man im Mittelalter Beschuldig-

TOUREN-STECKBRIEF

Anfahrt: Bourtange ist ausgeschildert, hier gibt es auch einen kostenlosen Parkplatz bei **N 53°00'32", E 7°11'22"**.
Öffnungszeiten: Das Museumsdorf ist frei zugänglich. Das Infozentrum ist von April bis Mitte November von 10–16.30 Uhr geöffnet, im Winter nur Mo bis Fr von 13–16 Uhr. Die Museen sind von April bis Ende Oktober täglich von 11–16.30 Uhr geöffnet, im November nur Sa und So 11–16.30 Uhr. Von Dezember bis Ende März sind die Museen geschlossen. Bei Veranstaltungen können die Öffnungszeiten variieren. Eintritt für die Museen (Kombiticket) €9,50, Kinder 6 bis 12 Jahre €5,50, Familie €26. www.bourtange.nl
Einkehr: Rund um den Marktplatz gibt es einige Restaurants und Cafés.
Mit Kindern: Die Festung ist gut instand gehalten und der Besuch ist ein tolles Abenteuer für Kinder. In viele der Gebäude kann man hinein, zum Beispiel in die Bastionen und die Secreten (die Toiletten).
In der Nähe: Museum Kloster Ter Apel.

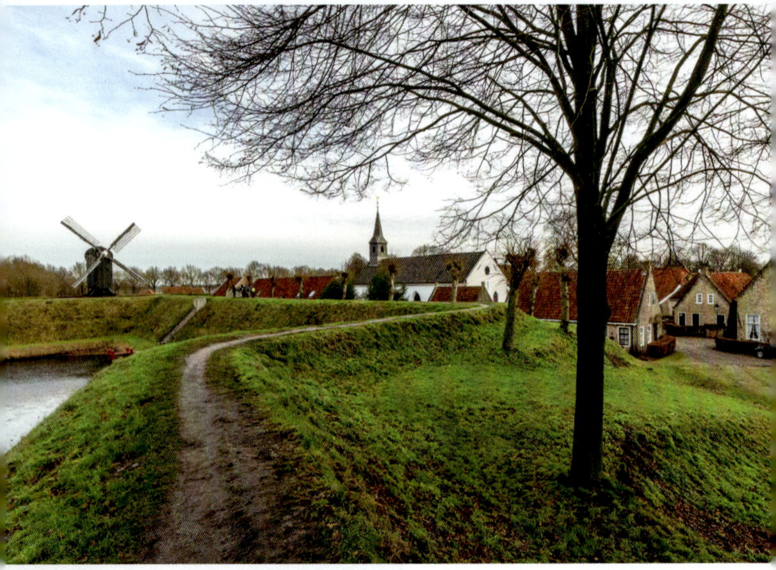

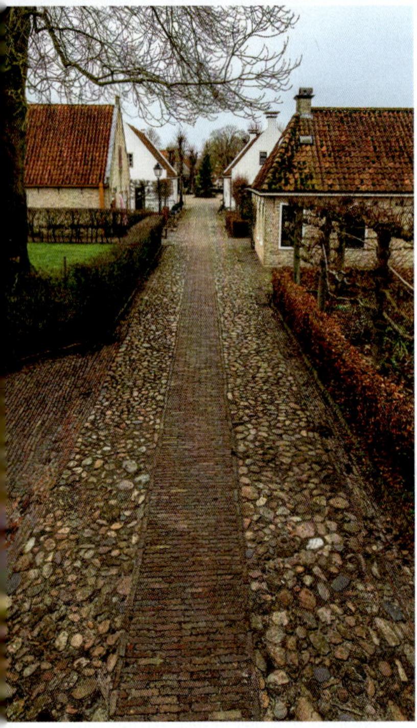

te mit Gewichten an den Beinen auf den hölzernen Pferderücken.

Es ist möglich, die Festung einmal komplett auf den Mauern zu umrunden. Wir kommen hier an einem alten Pulvermagazin vorbei, außerdem an einer **Windmühle**, die schon von weitem sichtbar ist. An den Spitzen der Anlage befinden sich Bastionen, in denen früher Soldaten stationiert waren. Unterwegs sehen wir auch die nachgebauten Toilettenanlagen, die früher einfach in den Graben führten – wie es hier gerochen haben muss, will man sich gar nicht vorstellen. Natürlich dürfen auch die Kanonen nicht fehlen, die auf der Mauer stehen und nach außen gerichtet sind. Von April bis September könnt ihr jeden Sonntag um 15 Uhr einen Donnerschlag hören – die Kanonen sind tatsächlich noch funktionstüchtig und werden dann zu Showzwecken abgefeuert.

Innerhalb des Dorfes gibt es vier Museen. Das **Museum Terra Mora** zeigt die naturgeschichtliche Seite von Bourtange als Standort inmitten des Moores auf. Im **Museum De Baracquen** könnt ihr eines der Soldatenquartiere erkunden. Deutlich komfortabler sieht die **Kapitänswohnung** aus, die sich in einem der schönsten Häuser der Siedlung befindet. Hier lebte einer der höheren Offiziere. Die **Synagoge von Bourtange** ist die einzige erhalten gebliebene Synagoge an der deutsch-niederländischen Grenze – auch sie ist nun als Museum eingerichtet. Im **Pulverhaus** werden wechselnde Ausstellungen gezeigt.

In Bourtange gibt es auch viele Veranstaltungen. Am ersten Maiwochenende wird »die Schlacht von Bourtange« nachgestellt, im August findet ein Mittelalterfest statt. Ganz besonders sind die Weihnachtsmärkte auf Bourtange. Für die Veranstaltungen braucht man eine Eintrittskarte.

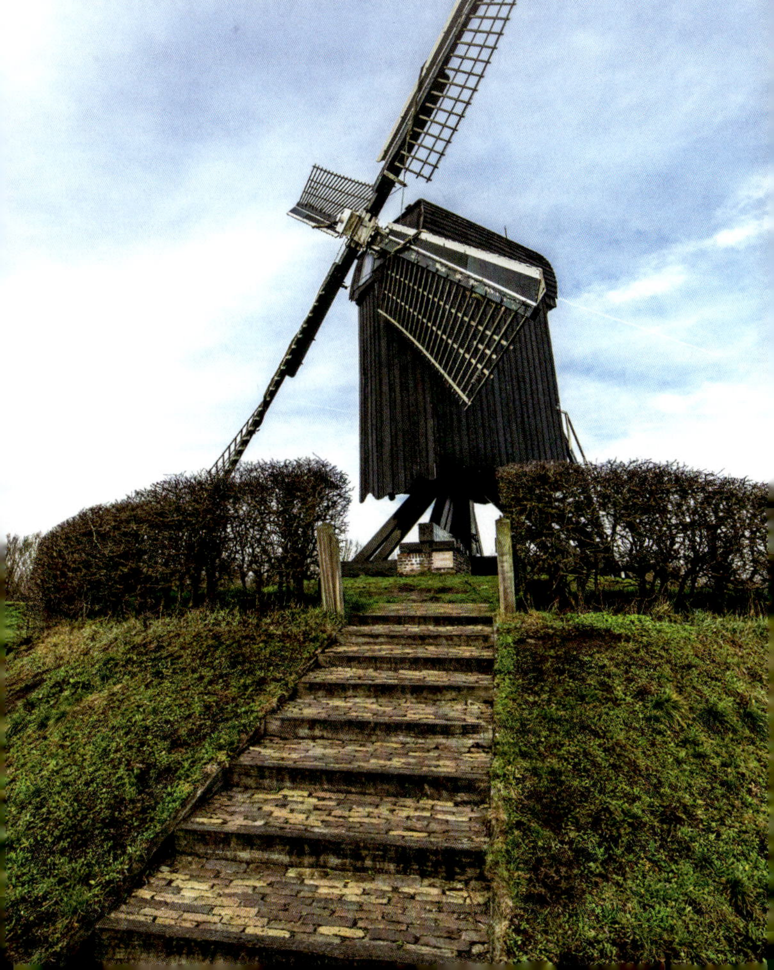

90 m

STRECKE 27,8 km

2 h 30

ab 8

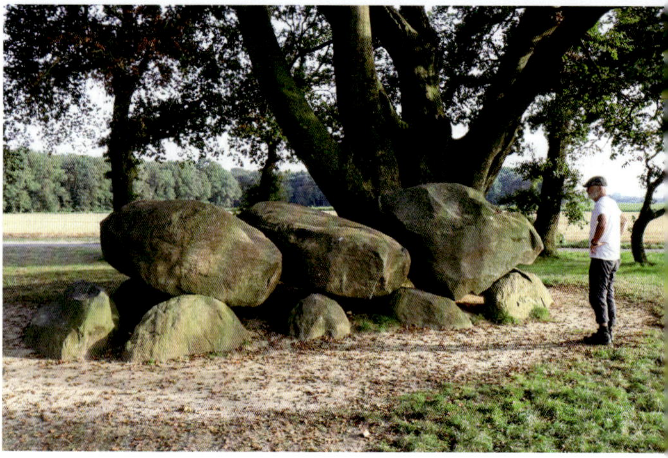

33 Alleen und Hünengräber

Den Hondsrug mit dem Rad erkunden

Der Hondsrug hat eine lange Siedlungsgeschichte und ist auch geologisch eine spannende Region. Bevor die ersten Deiche gebaut wurden, waren die Menschen nur hier im Landesinneren relativ sicher vor der wilden Nordsee. Deshalb finden sich erst hier Spuren von alten Kulturen – wie zum Beispiel die Hünengräber, die zwischen 3.400 und 3.200 vor unserer Zeitrechnung entstanden. Unsere Fahrradtour führt uns durch abwechslungsreiche Wälder, entlang eines schönen Badesees, der im Sommer türkis in der Sonne funkelt, und durch drei Orte, die eine lange Geschichte haben. Höhepunkt sind sicherlich die Hünengräber am Wegrand, an denen man eine Pause im Gras machen kann, um die ganz besondere Atmosphäre aufzunehmen.

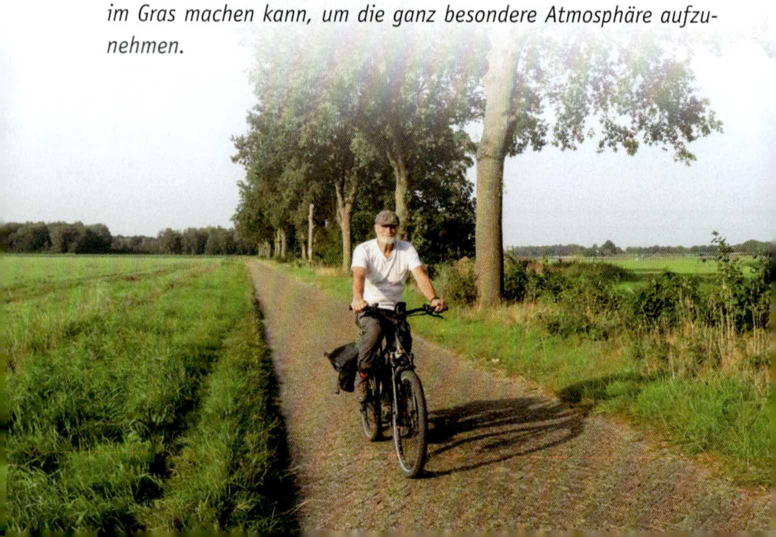

Radtour: Wir starten am Infozentrum Boomkronenpad. Vom Parkplatz aus fahren wir wieder zurück zur Straße, auf der wir hierher gekommen sind. Dort biegen wir rechts ab auf den Radweg neben der Straße. Wir folgen der Straße um sanfte Kurven im Wald, bis wir zu einer **größeren Straße** kommen. Diese überqueren wir, fahren auf der anderen Seite geradeaus weiter und biegen beim zweiten **Abzweig** ❶ am Knotenpunkt 83 rechts in den Radweg ein.

Highlights

Aufgrund einer geologischen Besonderheit wurde der Hondsrug zum UNESCO Global Geopark ernannt. Das abschmelzende Eis der Saale-Eiszeit hat hier tiefe Rinnen hinterlassen – heute die Flusstäler der Hunze und der Drentsche Aa, die früh besiedelt wurden. Hier hat man Steinwerkzeuge gefunden, die dem Neandertaler zugeordnet werden. Das älteste ist die Drouwen-Axt, die vor etwa 120.000 Jahren hergestellt wurde.

Wir fahren auf dem Radweg, bis dieser in eine kleine Straße übergeht und nach rechts schwenkt. Anschließend biegen wir nach links auf die **größere Straße** ab und folgen dieser für etwa 400 Meter, bis unser Radweg nach rechts abzweigt. Zuerst fahren wir durch offeneres Gelände und am Waldrand, dann kommen wir in einen Nadelwald. An einer **Kreuzung** ❷, an der sich viele Wege treffen, folgen wir dem Radweg leicht nach rechts in den Wald.

Schließlich kommen wir an einen **Parkplatz**, hier biegen wir nach rechts auf den Radweg neben der Straße ab. Das Stück, das vor uns liegt, ist schnurgerade. Wir folgen dem Radweg, bis er leicht nach rechts abbiegt. Hier kommen wir an **zwei Seen**, die schöne **Sandstrände** ❸ haben. Im Sommer ist hier viel los, es wird gebadet und getobt.

Wir biegen kurz vor den Seen nach links ab und fahren auf dem Radweg neben der Straße. Links von uns stehen hohe Bäume, die eine Seite einer Allee, rechts liegen Felder. Wir biegen rechts in die erste Straße ab, dann die nächte Straße links. Jetzt geht es durch eine **Unterführung** unter einer Landstraße hindurch.

TOUREN-STECKBRIEF

Anfahrt: Das Infozentrum (Buitencentrum Boomkroonpad) ist ausgeschildert. Hier gibt es auch einen kostenlosen Parkplatz bei **N 52°57'01", E 6°44'43"**.
Fahrradverleih: Fahrräder können zum Beispiel in Borger bei Egbert Fietsen geliehen werden. Ein Rad kostet €10 pro Tag, für Kinder €8. www.egbertsfietsen.nl
Anspruch und Charakter: Schöne Radtour durch Wald und mehrere Orte.
Markierung: Knotenpunkte 83 – 84 – 55 – 61 – 02 – 42 – 43 – 41 – 40 – 94 – 86.
Einkehr: Infozentrum Boomkroonpad, Cafés und Restaurants in Gasselte, Drouwen und Borger.
Mit Kindern: Die Radtour kann abgekürzt werden, indem wir an den Badeseen ❸ nicht geradeaus fahren, sondern rechts in Richtung Knotenpunkt 86 abbiegen. So kommen wir wieder zurück zum Infozentrum. Dort gibt es einen schönen Spielwald, einen Spielplatz und den Baumkronenpfad zu entdecken (15,3 km, 1 h 30).
In der Nähe: Hünengrabmuseum.

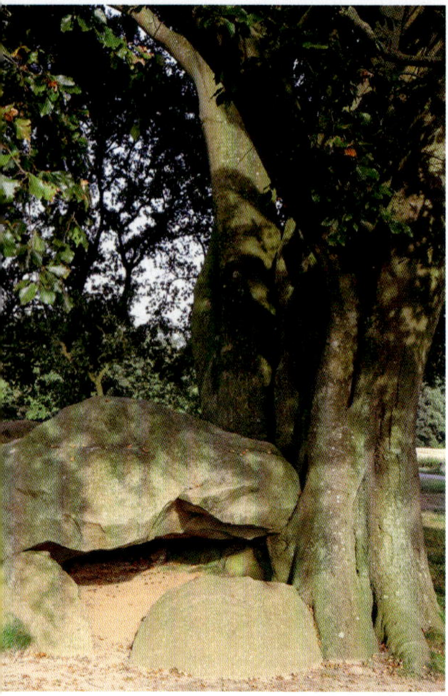

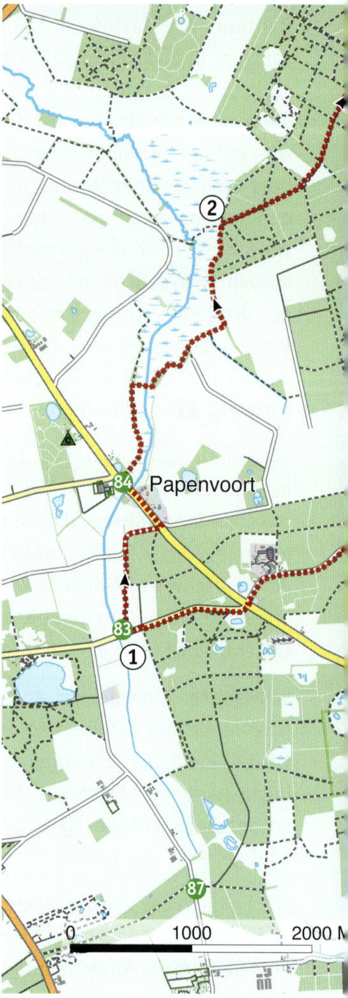

Hünengräber

Hünengräber sind Strukturen aus Stein, die als Grabstätten dienten. Sie entstanden zwischen 3.400 und 3.200 v. Chr. und wurden von Menschen aus der Trichterbecherkultur errichtet. Einige der verwendeten Findlinge wiegen bis zu 20.000 Kilo. Ursprünglich war das Steingerüst mit Sand und Erde bedeckt, sodass nur ein Grabhügel sichtbar war. In Drenthe hat man bis heute 54 Hünengräber entdeckt. Das Wissen um die Bautechnik der Gräber ging wohl später wieder verloren und die Nachfahren der Menschen der Trichterbecherkultur konnten sich nicht mehr erklären, wie diese Steinformationen entstanden sein könnten. So kamen sie dann zu ihrem Namen. Nur Riesen – also die Hünen – konnten in der Lage sein, solche Steine zu heben. Also mussten sie es auch sein, die Grabstätten gebaut hatten.

Wir folgen der Straße weiter bis in den Ort **Gasselte** und biegen nach rechts in die Kerkstraat ab. An der Ecke steht die **Statue einer Frau mit einem Fahrrad** ❹, die an eine Persönlichkeit aus dem Ort erinnert. Wemeltje Kruit betrieb Handel von ihrem Rad aus und war im ganzen Hondsrug dafür bekannt. Wir folgen der Straße weiter und kommen am **Friedhof** vorbei, der links der Straße liegt.

Immer geradeaus geht es bis in den nächsten Ort, nach **Drouwen**. Mit Beginn der Bebauung auf der linken Seite biegen wir an **Knotenpunkt 42** links in eine schöne Allee ab. Wir folgen der

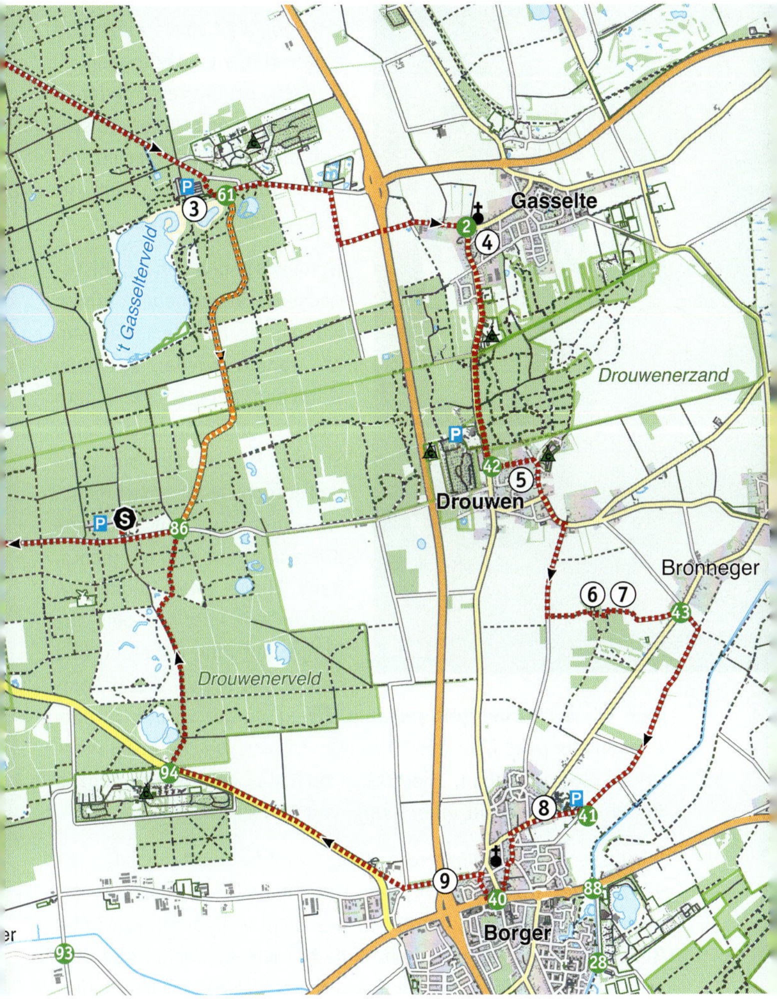

Straße um eine Rechtskurve im Ort. Auf der rechten Seite liegt jetzt der **Naturpark Alinghoek**, ein kleiner Park mit Bänken, in dem wir sehr gut eine Pause machen können **5**.

Wir folgen der Straße weiter und biegen nach rechts ab, nachdem wir den Ort verlassen haben. Bei erster Gelegenheit biegen wir nach links in den Radweg ab. Nach wenigen Metern kommen wir jetzt an das erste **Hünengrab** **6**. Die großen Steine sind unter einem beeindruckenden Baum aufgestellt und irgendwie hat der Ort eine ganz besondere Ausstrahlung. Direkt daneben gibt es ein zweites Grab, das aber deutlich kleiner ist.

Anschließend fahren wir den Weg weiter, nach einem kurzen Stück sehen wir links weitere **Hünengräber** **7**. Hier lohnt es

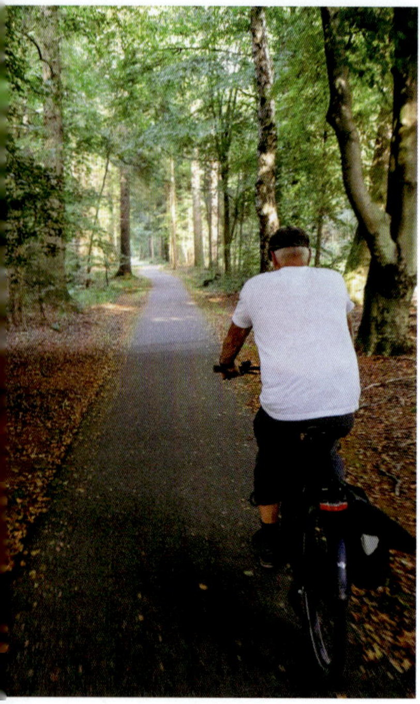

sich, vom Rad abzusteigen und einen kleinen Spaziergang zu machen, um die verschiedenen Steingräber anzusehen. Es stehen hier auch Schilder mit einigen Informationen zum Ursprung der Hünengräber.

Wenn wir genug von den historischen Stätten haben, fahren wir weiter auf dem Radweg. Wir radeln wieder aus dem Wäldchen heraus, an Feldern entlang und treffen auf eine Straße. Hier biegen wir links und sofort wieder scharf rechts ab. Auch an der nächsten Kreuzung geht es nach rechts. Nach knapp zwei Kilometern treffen wir kurz vor dem Ort Borger auf eine Gabelung und halten uns rechts. Jetzt kommen wir am **Hünengrabmuseum** ❽ in Borger vorbei, in dem man Spannendes über die Menschen erfährt, welche die Hünengräber gebaut haben. Hier steht auch das **größte Hünengrab der Niederlande** mit einer Länge von 27 Metern.

Wir lassen das Museum rechts liegen und folgen der Straße, bis wir zu einer Grünfläche kommen. Hier biegen wir links ab. An der nächsten **T-Kreuzung** halten wir uns rechts, dann direkt wieder links. An der nächsten Gabelung halten wir uns rechts und fahren dann über einen Platz auf den **Kreisverkehr** zu. Hier befindet sich auch Knotenpunkt 40. Kurz vor dem Kreisverkehr halten wir uns rechts und fahren an einer Kirche vorbei, die als Veranstaltungsort genutzt wird.

Hinter dem Einkaufszentrum biegen wir nach rechts ab und folgen der Straße bis zur nächsten Kreuzung. Hier halten wir uns links. Wir radeln über eine **Brücke** ❾ und überqueren die Landstraße. Auf der anderen Seite lassen wir uns rollen und folgen dem Radweg nach rechts. Er führt an einer Straße entlang. Bei **Knotenpunkt 94** biegen wir wieder nach rechts ab.

Wir kommen jetzt an einem kleinen See auf der linken Seite vorbei und radeln dann in den Wald. Der Radweg zieht eine Rechtskurve, dann treffen wir wieder auf den Steenhopenweg. Hier biegen wir links ab und fahren zurück zum Infozentrum.

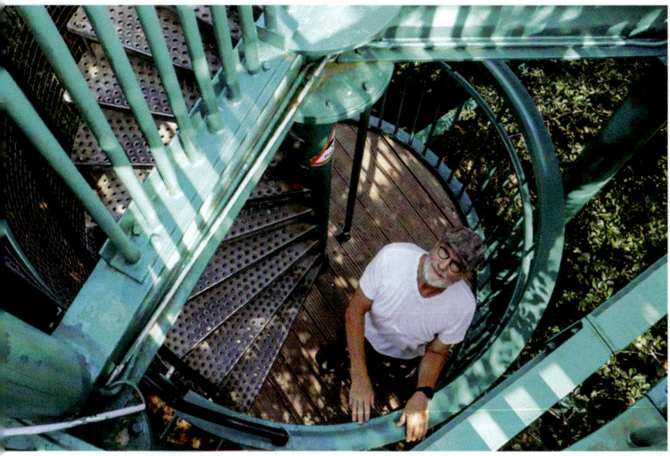

10 m

STRECKE 4,4 km

1 h 30

ab 6

Der Wald von oben

34

Über den Baumkronenpad in die Wipfel

Auf dem Baumkronenpfad könnt ihr den Wald einmal aus einer ganz anderen Perspektive erleben – nämlich von oben. Nachdem wir über den Wipfeln unterwegs waren, führt uns diese Wanderung noch durch den abwechslungsreichen Wald des Hondsrug. Unter Buchen, Lärchen, Douglasien und Fichten hindurch wandern wir über weiche Wege und können mit etwas Glück auch noch viele Vögel entdecken, die sich hier besonders wohlfühlen. Auch die Kleinen kommen im Spielwald und auf dem tollen Spielplatz am Infozentrum auf ihre Kosten.

TOUREN-STECKBRIEF

Anfahrt: Das Infozentrum (Buitencentrum Boomkroonpad) ist ausgeschildert, hier gibt es auch einen kostenlosen Parkplatz bei N 52°57'01", E 6°44'43".

Baumkronenpfad: April bis November täglich 10–17 Uhr geöffnet. Außerhalb dieser Zeiten nur Fr bis So von 10–16 Uhr geöffnet. €4,50, Kinder 4 bis 12 Jahre €2,25.

Anspruch und Charakter: Der Baumkronenpfad ist sicher angelegt, allerdings nichts für Menschen mit Höhenangst. Kinderwagen und Hunde dürfen nicht mit. Die Wanderung durch den Wald ist leicht und auch für heiße Tage geeignet. Im Wald ist es immer angenehm kühl.

Markierung: Blaue Pfeile.

Einkehr: Am Infozentrum gibt es ein Restaurant, in dem man Süßes und Herzhaftes bekommt.

Mit Kindern: Der Baumkronenpfad alleine ist für Kinder schon spannend. Es gibt einen großen Spielplatz um das Infozentrum herum sowie einen Zwergenweg und einen Spielwald.

In der Nähe: Hünengrabmuseum.

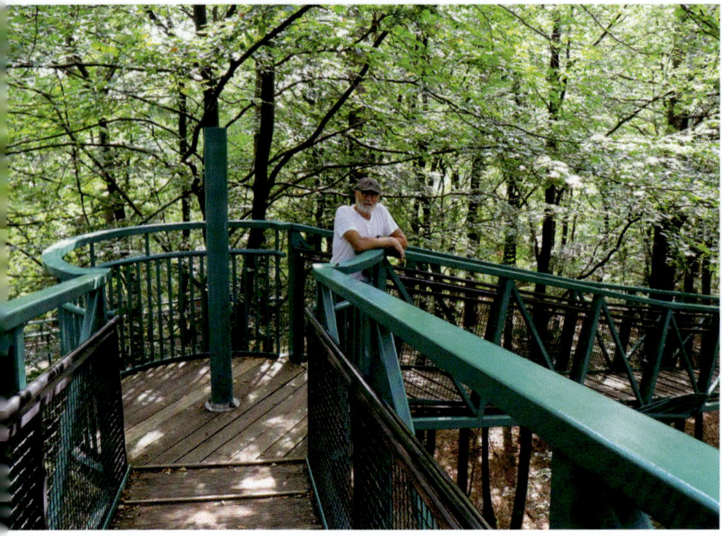

Wanderung: Wir starten unsere Tour am Infozentrum. Hier können wir die Eintrittskarten für den Baumkronenpfad kaufen, im Laden gibt es außerdem eine kleine Ausstellung zur Natur und viele Souvenirs.

Mit den Tickets in der Hand laufen wir am Restaurant vorbei durch ein Holztor und geradeaus weiter zum **Eingang** **1**. Bevor wir zwischen die Bäume hinaufsteigen, geht es hier um das Leben unter der Erde – wir laufen quasi durch einen nachgebauten **Fuchsbau** und sehen viele der Tiere, die zwischen den Wurzeln und in Gängen und Höhlen ihr Zuhause haben. Kinder können sogar durch einen Dachsbau klettern – einen kleinen Gang, der um eine Ecke führt.

Anschließend geht es über Treppen nach oben auf den **Baumkronenpfad**. Über einen breiten Weg mit sicherem Geländer können wir nun auf dem Niveau der Baumkronen durch den Wald laufen. Auf Schautafeln wird erklärt, welche Tiere in den Buchen leben und wie diese sich ernähren. So treffen wir zum Beispiel das Eichhörnchen, einen Specht und einen Habicht. Am Ende des Weges können wir noch mal höher steigen auf einen Aussichtsturm. Von hier oben blicken wir jetzt wirklich runter auf den Wald und sehen nur noch ein Meer aus grün – eben die Vogelperspektive.

Hinter dem Aussichtsturm geht es dann schon wieder hinunter und über zwei Wendeltreppen erreichen wir wieder den Waldboden. Jetzt stehen wir vor einem großen **Wegweiser aus Holz** **2**, der alle Wege anzeigt, die hier starten. Es gibt auch kleine Kästchen mit weiteren Informationen über die Wege, diese sind al-

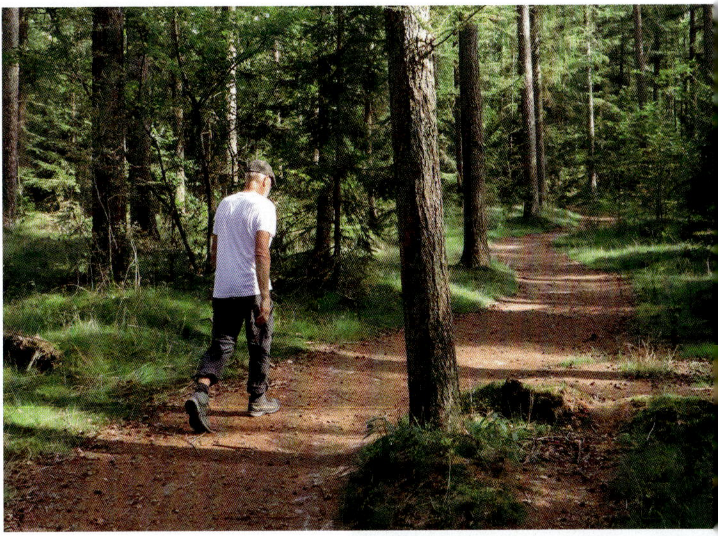

lerdings nur auf Niederländisch erhältlich. Wir entscheiden uns für den blauen Weg, denn dieser führt vor allem durch den Wald.

> **Highlights**
>
> *Der Traum vom Fliegen – er gehört zu den ältesten Sehnsüchten der Menschheit. Hier im Baumkronenpfad könnt ihr die Welt der Bäume aus dem Blickwinkel eines Vogels erleben, behaltet aber festen Boden unter den Füßen.*

Wir laufen jetzt nach links durch den schönen **Buchenwald**. Hier wächst wenig auf dem Boden, denn das Blätterdach ist so dicht, dass kaum Licht nach unten durchkommt. Bald kommen wir an einem breiten Forstweg an, hier biegen wir nach rechts ab und folgen gleich darauf dem blauen Pfeil nach links. Neben dem Pfeil finden wir auf einigen Schildern auch eine Nummer, hierzu gibt es jeweils Erklärungen in der Broschüre.

Am Ende des Weges biegen wir nach links ab, anschließend wieder nach rechts. Der Wald wandelt sich jetzt, statt unter Buchen laufen wir unter **Lärchen** ❸. Diese lassen auch mehr Unterholz zu, da es unter den Nadelbäumen viel mehr Licht gibt. Wir überqueren einen Forstweg und laufen auf der anderen Seite weiter. Der Weg macht einen Bogen nach rechts. Hier wachsen jetzt **Douglasien** ❹. Diese können sehr hoch werden und wir kommen auch an einigen beeindruckenden Bäumen vorbei.

Wir folgen dem Weg weiter und kreuzen nochmals einen Forstweg. Wieder wandelt sich der abwechslungsreiche Wald, jetzt laufen wir unter **Fichten** ❺. Wir kreuzen noch zwei Mal größere Wege, folgen aber immer weiter dem blauen Pfeil. Am dritten Forstweg biegen wir nach links ein, direkt im Anschluss geht es rechts weiter auf einem schmalen **Pfad** ❻.

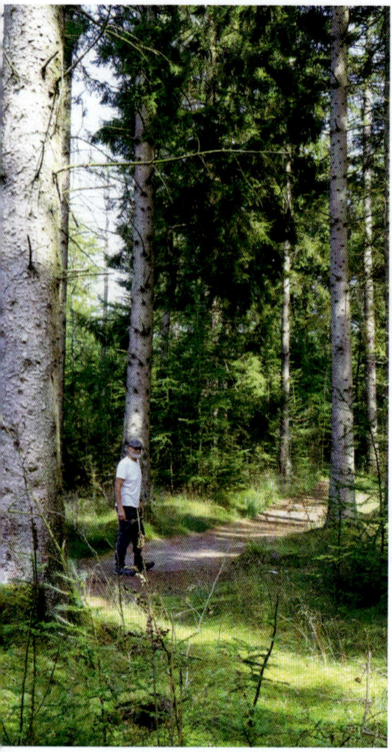

Mitten im Wald treffen wir auf einen weiteren Wanderweg und biegen scharf nach links ab. Hier wächst unter den Bäumen auch viel Moos und das Licht fällt besonders schön auf die vielen verschiedenen Grüntöne.

Den nächsten **breiten Forstweg** ❼ überqueren wir wieder, dann laufen wir in einer langen Rechtskurve weiter durch den Wald. Hier stehen Nadelbäume, aber je näher wir dem Infozentrum kommen, desto mehr übernehmen wieder die Buchen.

Schließlich treffen wir auf einen **breiten Weg** ❽ und folgen ihm nach rechts. Bei der zweiten Gelegenheit geht es erneut nach rechts, jetzt sind wir fast wieder beim Ausgang des Baumkronenpfads. Kurz vorher biegen wir links ab und kommen so in den Eingangsbereich und zum **Spielplatz** ❾. Links durch das Tor laufen wir zurück zum Infozentrum.

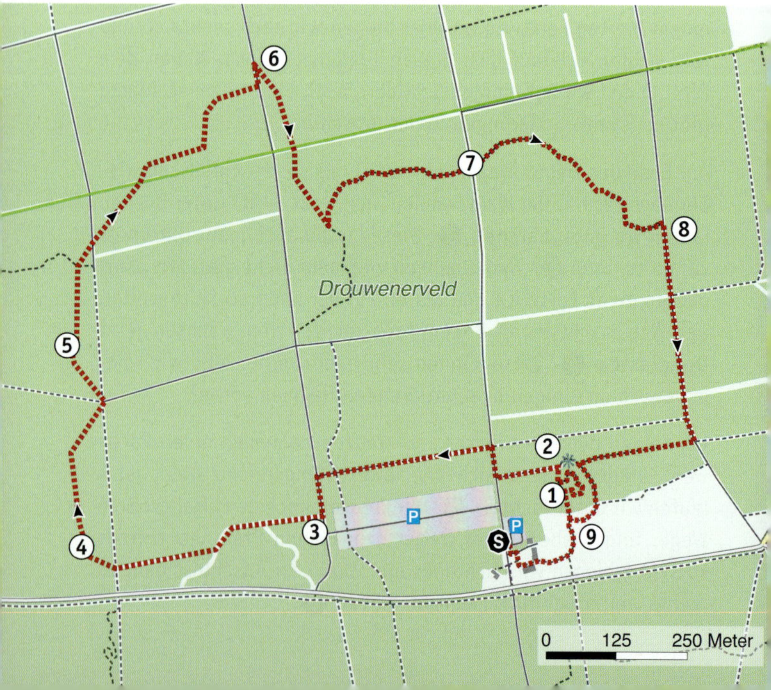

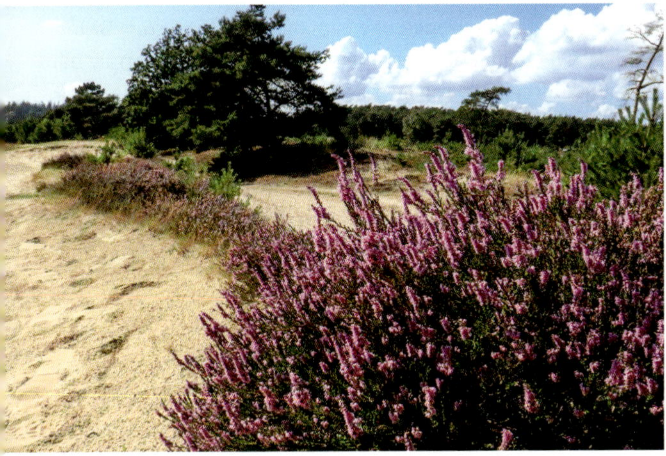

30 m

STRECKE 8,8 km

3 h

ab 6

Drents-Friese Wold

35

Durch Heide und Wald

Der Nationalpark Drents-Friese Wold ist eines der größten Naturschutzgebiete der Niederlande und befindet sich auf der Grenze von Friesland und Drenthe. Die abwechslungsreiche Landschaft lockt jedes Jahr viele Gäste an – sicherlich auch, weil das Infozentrum ganz besonders schön ist. Unser Weg führt uns durch sehr unterschiedliche Landschaftsformen. Am Anfang laufen wir über Sandwege durch offene Heidegebiete, dann geht es in den Wald mit verschiedenen Baumarten. Für Kinder gibt es am Infozentrum besonders viele Angebote – einen Zwergenweg, einen tollen Spielplatz und einen Barfußpfad.

TOUREN-STECKBRIEF

Anfahrt: Wir parken auf dem kostenlosen Parkplatz beim Infozentrum bei **N 52°57'10", E 6°18'38"**. Das Infozentrum Drents-Friese Wold ist von der N 381 bei Appelscha ausgeschildert.

Infozentrum: April bis November täglich 10–17 Uhr geöffnet, Anfang November bis Ende März Fr, Sa, So 10–16 Uhr.

Anspruch und Charakter: Leichte, abwechslungsreiche Tour durch unterschiedliche Landschaftsformen.

Markierung: Weiße Markierungen, ab dem Parkplatz ❻ rote Markierungen.

Einkehr: Am Infozentrum gibt es ein kleines Restaurant, in dem es einfache Speisen wie Poffertjes, Kuchen, Sandwiches und Pommes Frites gibt.

Mit Kindern: Es ist natürlich auch möglich, nur einen der beiden Rundwege zu laufen, diese sind vom Infozentrum eindeutig ausgeschildert (weißer Weg: 5,3 km, 2 h/roter Weg: 6 km, 2 h). Am Infozentrum gibt es auch einen weitläufigen Spielplatz, einen Zwergenweg sowie einen Barfußpfad.

In der Nähe: Drents Museum.

Wanderung: Unsere Wanderung beginnt am Infozentrum in Terwisscha. Wir laufen auf dem breiten Weg vom Infozentrum am Parkplatz vorbei und kommen dann zum großen **Spielplatz** ❶ auf der rechten Seite. Dann stehen wir an einem Wegweiser und folgen von hier dem weißen und dem roten Weg. Es geht geradeaus bis zur zweiten **Kreuzung** ❷, hier biegen wir links ab. Jetzt laufen wir neben dem Radweg auf einem Sandweg entlang. Kurz bevor der Radweg durch eine Unterführung führt, biegen wir nach rechts in den Wanderweg ein.

Diesem Sandweg folgen wir jetzt durch den Wald, bei der Gabelung halten wir uns rechts. Am Ende des Weges geht es für uns kurz nach links, dann wieder rechts durch ein **Törchen** ❸. Wir kommen an einer Bank vorbei, an der wir eine erste Pause machen können. Anschließend überqueren wir den **Radweg** und halten uns direkt danach rechts.

Konnten wir vorher schon die Heide durch die Bäume blitzen sehen, so öffnet sich jetzt das Gelände. Wenn wir gegen Ende des Sommers hier sind, wir laufen wir jetzt durch eine lila Blütenpracht. Aber auch zu anderen Jahreszeiten ist die Heide schön und eine spannende Landschaftsform. Der Weg wird jetzt breiter und sandiger und die Kontraste zwischen dem weißen Sand und den grünen Pflanzen sind besonders malerisch.

Nach einem langen, geraden Wegabschnitt in der Heide kommen wir an eine **Gabelung** ❹. Hier laufen wir leicht rechts über ein

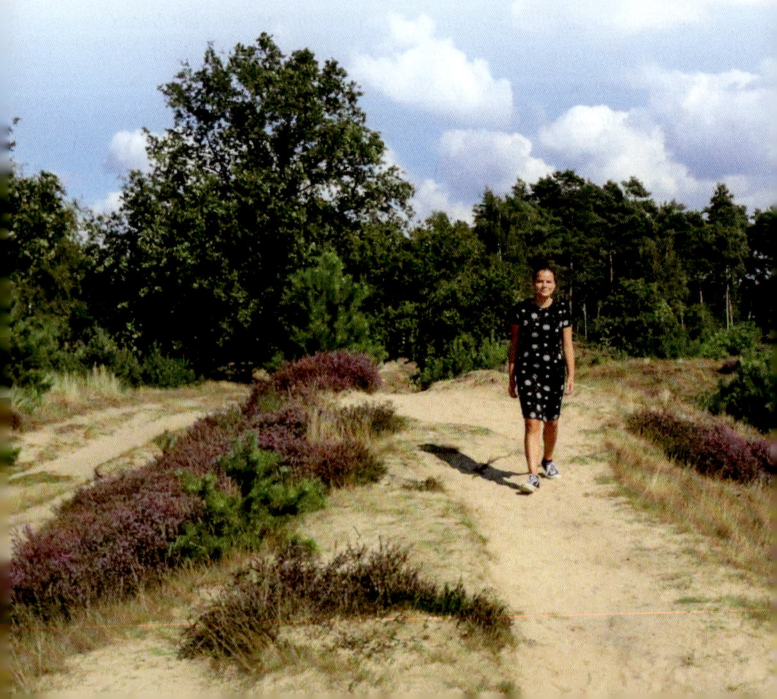

Viehgitter, direkt dahinter führt unser Weg geradeaus in den Wald und wir laufen im Schatten der Bäume weiter bis zu einer Straße. Hier stehen **Bänke mit einem Tisch** **5**, an dem wir eine Pause machen können.

Anschließend biegen wir scharf nach rechts ab und folgen den weißen Hinweisschildern. Am ersten Abzweig biegen wir links ein. Nadeln bedecken hier den Sandboden, sodass unsere Tritte wie gefedert sind.

Dann treffen wir auf den **Radweg**, folgen diesem nach links und überqueren die Straße. Auf der anderen Seite geht es rechts über einen **Parkplatz** **6** – hier stehen oft viele Pferdehänger.

Kurz bevor wir wieder zur Straße kommen, biegen wir scharf links ab – jetzt laufen wir auf dem rot markierten Weg weiter.

Highlights

Im Nationalpark Drents-Friese Wold findet ihr eines der großen Heidegebiete der Niederlande, die besonders in der Blütezeit von Mitte August bis Mitte September mit ihren prächtigen lila Farben faszinieren.

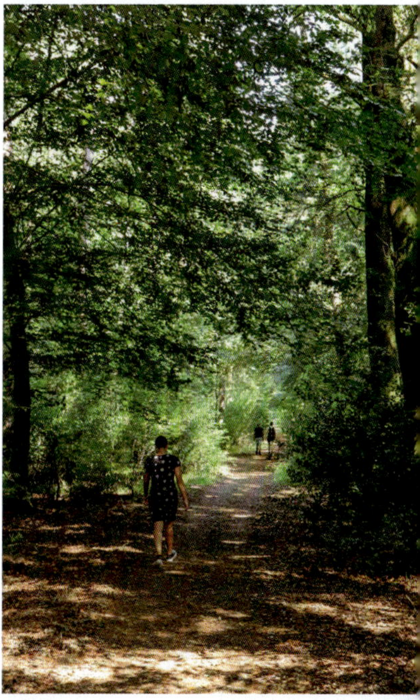

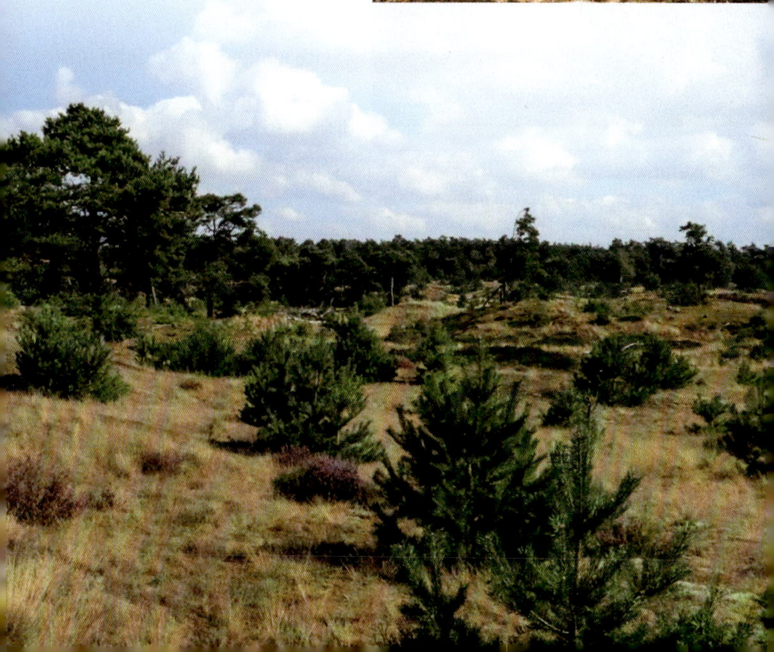

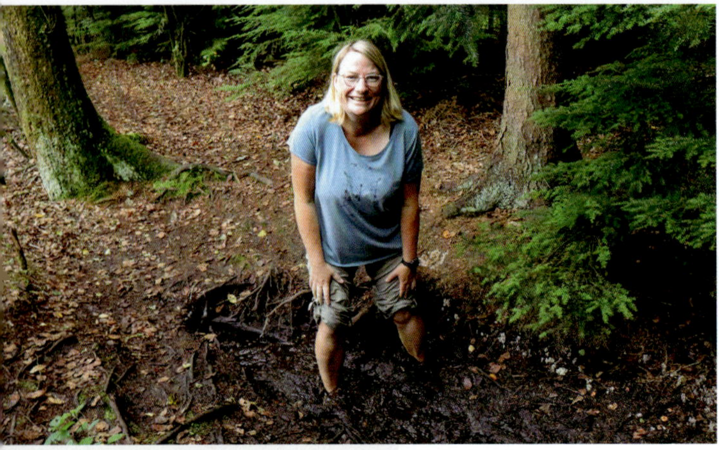

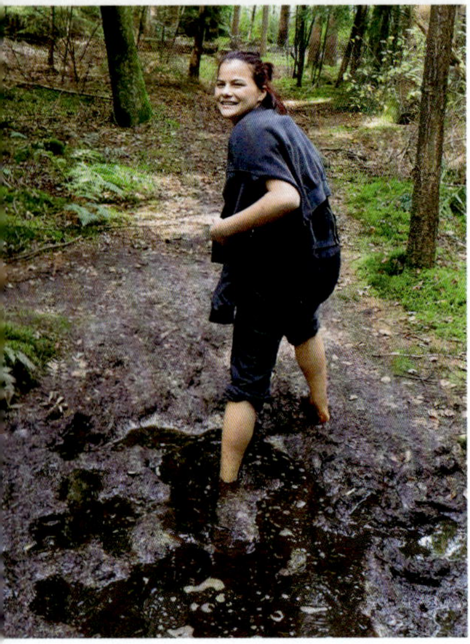

Wir wandern durch einen Buchenwald, passieren die erste Wegkreuzung geradeaus und treffen auf eine **T-Kreuzung.** Hier geht es nach rechts. Wir laufen jetzt neben dem Reitweg, auf dem uns vor allem am Wochenende immer wieder mal Pferde überholen. Wir folgen dem Weg nach rechts und überqueren die **Straße**. Auf der anderen Seite wandern wir für ein kleines Stück auf Asphalt und lassen auf der linken Seite einige Häuser hinter uns.

Beim ersten **Abzweig** ⑦ biegen wir nach rechts in einen schmalen Pfad unter Bäumen ein. Eigentlich ist der Wald nur ein schmaler Streifen zwischen Feldern und Weiden, aber man fühlt sich trotzdem so, als ob man in einem tiefen Wald stehen würde. Es gibt hier auch dichtes Unterholz mit Büschen und kleineren Bäumen dazwischen.

Wir überqueren eine weitere Straße und laufen auf der anderen Seite geradeaus weiter.

Barfußweg

Ein besonderes Highlight am Infozentrum ist der Barfußweg. Er führt ungefähr zwei Kilometer durch ein umzäuntes Gebiet, durch das man ohne Schuhe laufen soll. Es wird sehr matschig, an einigen Stellen steht ihr bis zum Knie im Schlamm. Den Waldboden unter den Füßen zu spüren und barfuß über Baumstämme zu balancieren ist ein einzigartiges Erlebnis und macht sehr viel Spaß. Den Schlüssel für den Barfußweg bekommt ihr im Infozentrum, der Eintritt pro Person kostet €3. Ein Pfand von €10 für den Schlüssel muss hinterlassen werden. Der letzte Start ist um 15.45 Uhr möglich.

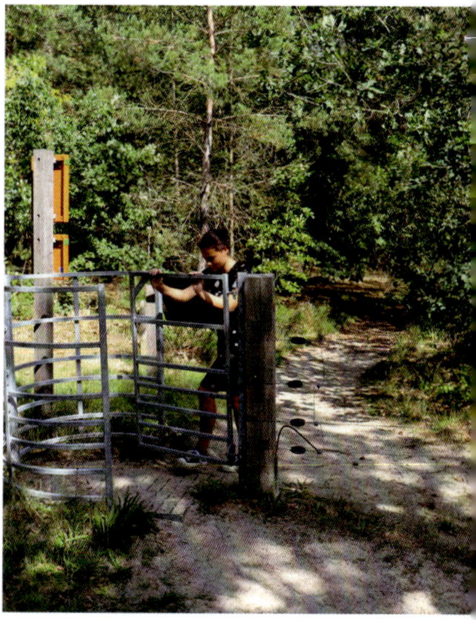

Der Weg führt uns in einem Bogen nach rechts und wieder links, dann kommen wir an eine Gabelung. Hier steht noch einmal eine **Bank** ❽ zum Pause machen.

Anschließend laufen wir nach links weiter, am Waldrand entlang. Der Pfad macht eine 90-Grad-Wende nach rechts und führt uns dann relativ geradeaus bis zu einer **Straße** ❾. Hier biegen wir nach rechts ab und spazieren unter hohen Bäumen durch eine sehr schöne Allee.

Schließlich wechseln wir auf die linke Seite und, an einer grünen Schranke vorbei, wieder auf den Wanderweg. Hier stehen jetzt vor allem **Eichen**, sodass wir noch mal eine andere Waldart erleben. Am Ende überqueren wir die Straße, laufen kurz nach links und biegen dann wieder nach rechts ab – jetzt sind wir wieder am Parkplatz des Infozentrums.

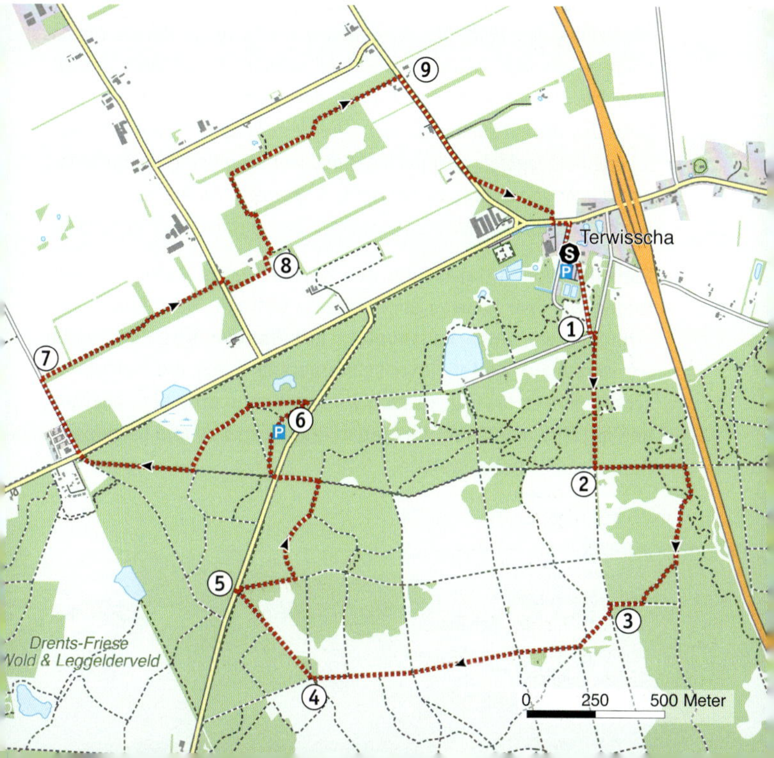

80 m

STRECKE

27 km

2 h 30

ab 8

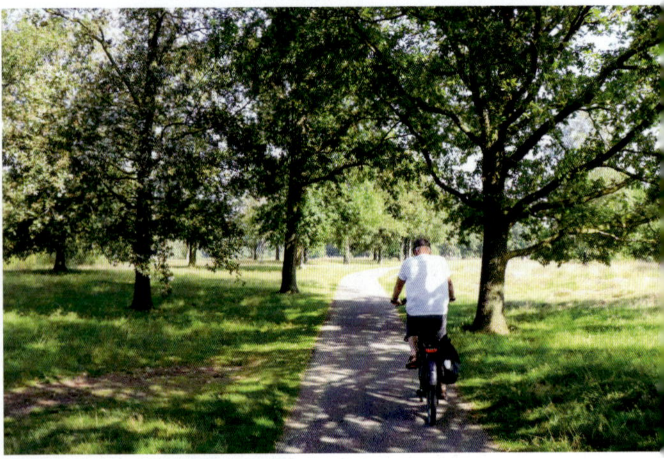

36 Mit den Schafen durch die Heide

Der Nationalpark Dwingelderveld

Im Nationalpark Dwingelderveld befindet sich das größte und bedeutendste feuchte Heidegebiet in Westeuropa. Hier wachsen zwei Arten der Heide – eine blüht lila, die andere erstrahlt in Rosatönen. Um die Heide zu erhalten, leben hier drei Schafherden, die mit ihrem Schäfer über die Flächen ziehen und durch den Verbiss dafür sorgen, dass keine Büsche und Bäume wachsen. Unsere Radtour führt uns durch das schöne Heidegebiet, aber auch entlang von Seen und Feuchtgebieten und durch Wälder, welche die Heide begrenzen. Im August und September, wenn die Heide blüht, ist diese Tour besonders zu empfehlen.

Radtour: Vom Infozentrum des Nationalparks Dwingelderveld folgen wir dem Radweg am Parkplatz entlang. Nach kurzer Zeit erreichen wir einen **Pausenplatz mit Bänken** ❶. Hier fahren wir geradeaus weiter, jetzt schnurgerade durch die Heidelandschaft. Mit etwas Glück sehen wir hier schon eine der Schafherden mit ihrem Schäfer. Wir biegen leicht links ab und folgen dem Radweg über Betonplatten.

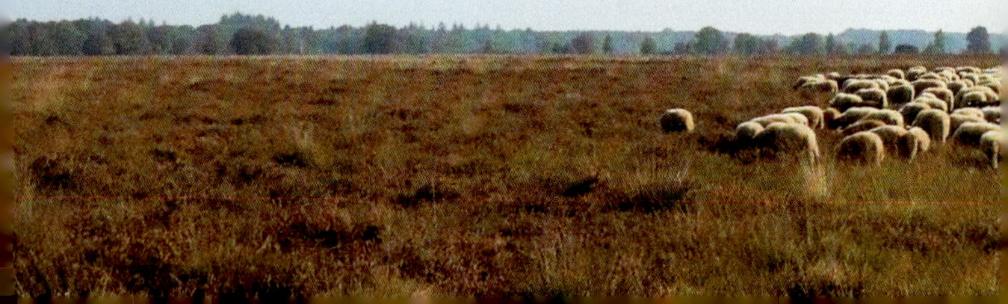

Am Ende des Weges treffen wir noch einmal an eine schöne **Pausenstelle** ❷. Ein paar Meter weiter links ist ein großes Teleskop aufgestellt. Auf mehreren Infotafeln wird erklärt, was die Aufgabe des Gerätes ist und wie es funktioniert.

Highlights

Im Nationalpark gibt es weite Heidegebiete, in denen die Drentse-Heideschafe grasen, eine der ältesten Schafrassen in Westeuropa. Außerdem entdecken wir idyllische Moorseen und sumpfigen Senken, in denen viele geschützte Pflanzen wachsen.

Anschließend fahren wir von unserem Ursprungsweg aus nach rechts, bei nächster Gelegenheit biegen wir wieder nach rechts ab. Erneut fahren wir schnurgerade durch die Heide und haben noch mal die Gelegenheit, diese wunderschöne Landschaftsform zu erleben.

Am **Ende der geraden Strecke** ❸ biegen wir leicht nach rechts ab, anschließend nach links auf den Radweg. Das nächste Stück Weg ist besonders schön. Zuerst radeln wir noch durch die Heide, dann kommen wir an großen Wasserflächen vorbei. Hier steht auch eine **Vogelbeobachtungshütte** ❹, durch deren Gucklöcher

TOUREN-STECKBRIEF

Anfahrt: Wir parken auf dem kostenlosen Parkplatz am Infozentrum des Nationalarks Dwingelderveld bei **N 52°46′55″, E 6°22′21″**.
Infozentrum: März bis November Di bis So 10 – 17 Uhr geöffnet, November bis März Mi bis So 10 – 17 Uhr.
Fahrradverleih: Fahrräder können z.B. in Dwingeloo bei Reiber Rijwielen geliehen werden. Ein Rad kostet pro Tag € 10, für Kinder € 7. www.reiberrijwielen.nl
Anspruch und Charakter: Schöne Radtour durch Heide und Wald, in der Heide kein Schatten.
Markierung: Die Radtour folgt nicht komplett dem Knotenpunktsystem. Wir starten mit 83 – 32 – 43 – 44 – Richtung 46, vor dem Knotenpunkt biegen wir aber links ab, dann folgen wir 95 – 98 – 82, hier folgen wir hinter Lhee nicht der Rechtskurve nach Dwingerloo, sondern fahren geradeaus. Anschließend 88 – 86 – 56 – 57.
Einkehr: Im Café im Infozentrum bekommt ihr heiße Getränke und Kuchen. Unterwegs könnt ihr im Restaurant Boslounge am Parkplatz in Spier einkehren, hier gibt es auch einen Spielplatz.
Mit Kindern: Die Radtour kann abgekürzt werden, indem wir hinter dem Teleskop an Wegpunkt ❷ nicht rechts in die Heide einbiegen, sondern nach links weiterfahren. Die Straße führt nach Lhee, anschließend folgen wir einfach dem Weg wie von Lhee aus beschrieben (14,6 km, 1 h 30). Am Infozentrum gibt es einen Spielplatz und viele Gelegenheiten für Kinder, die Natur zu entdecken.
In der Nähe: Drents Museum.

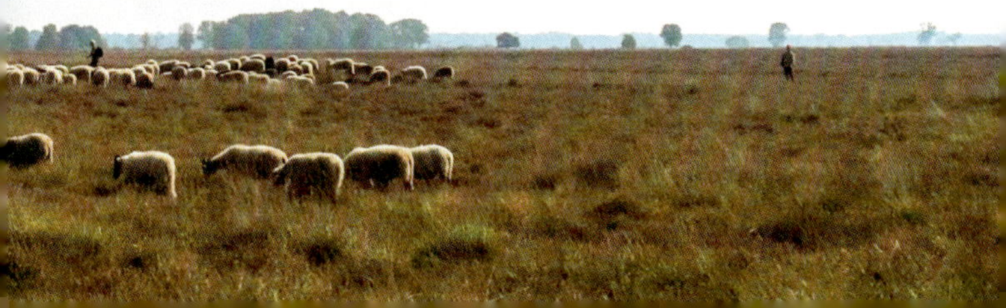

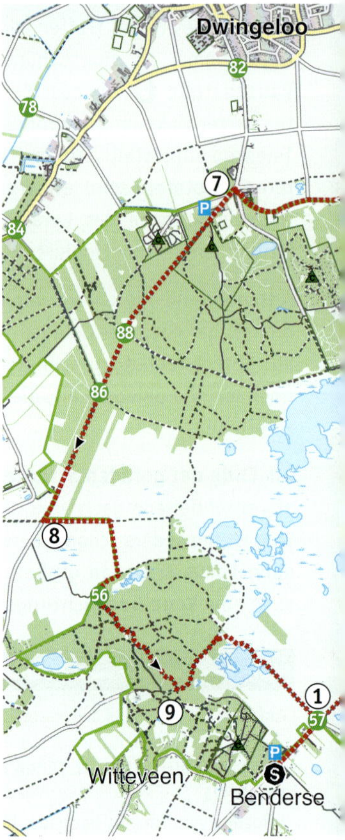

die Wasservögel auf dem See zu sehen sind.

Wir folgen dem Radweg weiter, durchqueren einen lichten Wald und fahren dabei ein wenig hoch und runter. Immer wieder kommen wir auch an kleinen Wasserflächen vorbei. An der einzigen **Gabelung** halten wir uns links und befinden uns kurz darauf in einen Buchenwald.

Am Ende dieser Passage überqueren wir die Straße und biegen an einem **Restaurant mit Spielplatz** ❺ leicht links ab, wieder auf den Radweg. Diesem folgen wir, bis wir links nach **Lhee** abbiegen können, dabei verlassen wir die Route zum Knotenpunkt 46. Wir radeln durch eine langgezogene Linkskurve und folgen dem Radweg durch den Wald, bis wir am **Knotenpunktpunkt 95** ❻ erneut auf eine Straße treffen. Diese überqueren wir und biegen dann nach links ab.

Wir kommen an eine kleine Straße und halten uns hier rechts. Beim zweiten Abzweig geht es wieder nach rechts. Wir folgen nun einem schmalen Radweg, der wieder abwechslungsreich auf- und abwärts durch den Wald führt. Wir radeln um einige Kurven bis zum Ende des Weges, hier folgen wir der Biegung nach links. An der Straße (Wegpunkt 98) biegen wir nach rechts ab, der

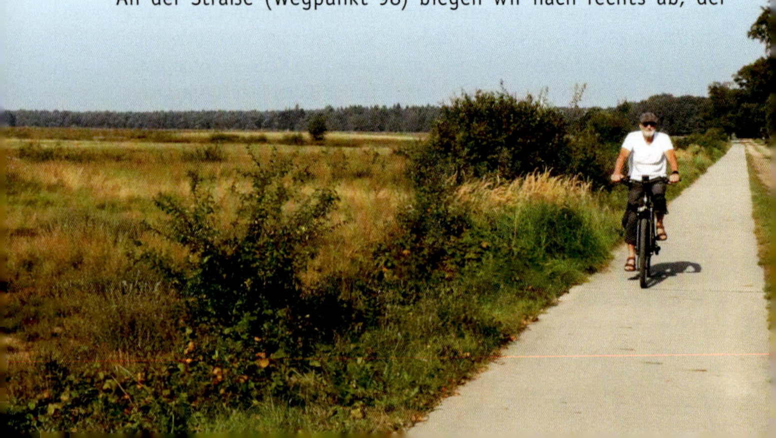

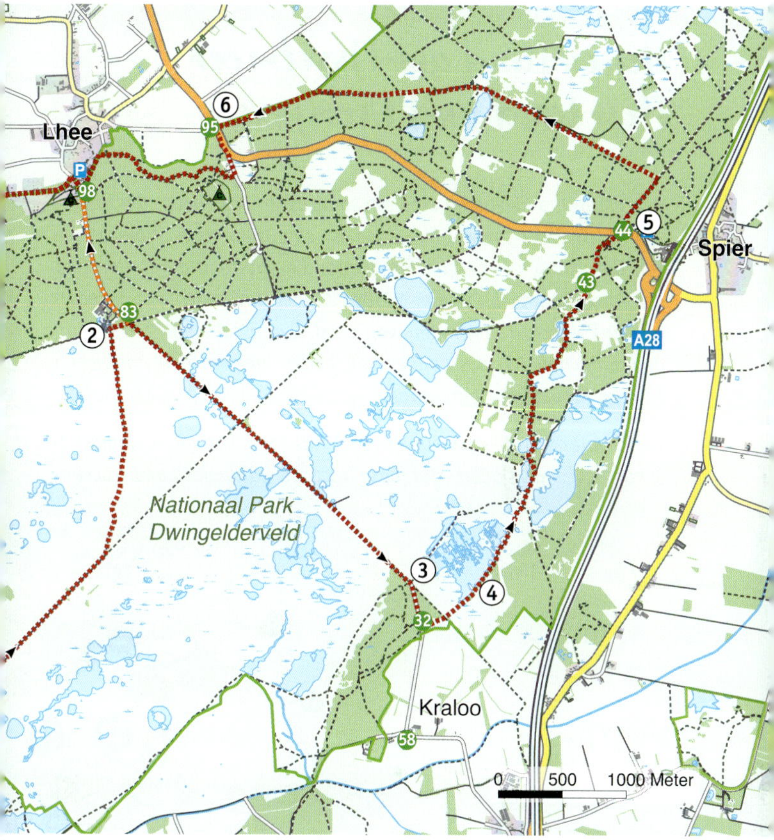

zweiten Straße hinter einigen Häusern folgen wir dann nach links und anschließend immer geradeaus (und biegen nicht nach rechts in Richtung Knotenpunkt 82 ab), bis wir an einigen Häusern zu einer **Kreuzung** ❼ von mehreren Wegen kommen. Hier geht es für uns auf dem Radweg neben der schmalen Straße nach links.

Jetzt folgt ein langer gerader Wegabschnitt. Nach etwa drei Kilometern biegen wir dann links in die Straße **Oude Dwingelerdijk** ❽ ein. Am Ende der Straße biegt der Radweg scharf nach rechts ab, am **Knotenpunkt 56** folgen wir dann nach links und um viele Kurven durch den schönen Mischwald.

Einen Kilometer weiter geht es an einer **Kreuzung** ❾ links, dann folgen wir dem Radweg in einer Rechtskurve um einen **See** herum. Das letzte Stück ist schmal und an der Seite steht eine Baumreihe. Schließlich kommen wir wieder an den vom Hinweg vertrauten **Pausenplatz** ❶. Hier biegen wir nach rechts ab und sind dann wieder am Infozentrum.

Neues Land am IJsselmeer
Flevoland und Overijssel

Overijssel und Flevoland sind die südlichsten Provinzen, die in diesem Buch Platz finden. Flevoland ist eine ganz neue Provinz, die von den Menschen geschaffen wurde. Sie entstand durch den Bau des Abschlussdeichs in den 1930er Jahren und durch das Anlegen großer Polder zur Gewinnung von Land. Overijssel zieht sich weit in den südlichen Teil des Landes, wir haben hier nur den nördlichen Teil der Provinz mit einbezogen.

In Flevoland gibt es viele neue Städte und vor allem landwirtschaftliche Nutzfläche – für diese Nutzung wurde das Land trocken-

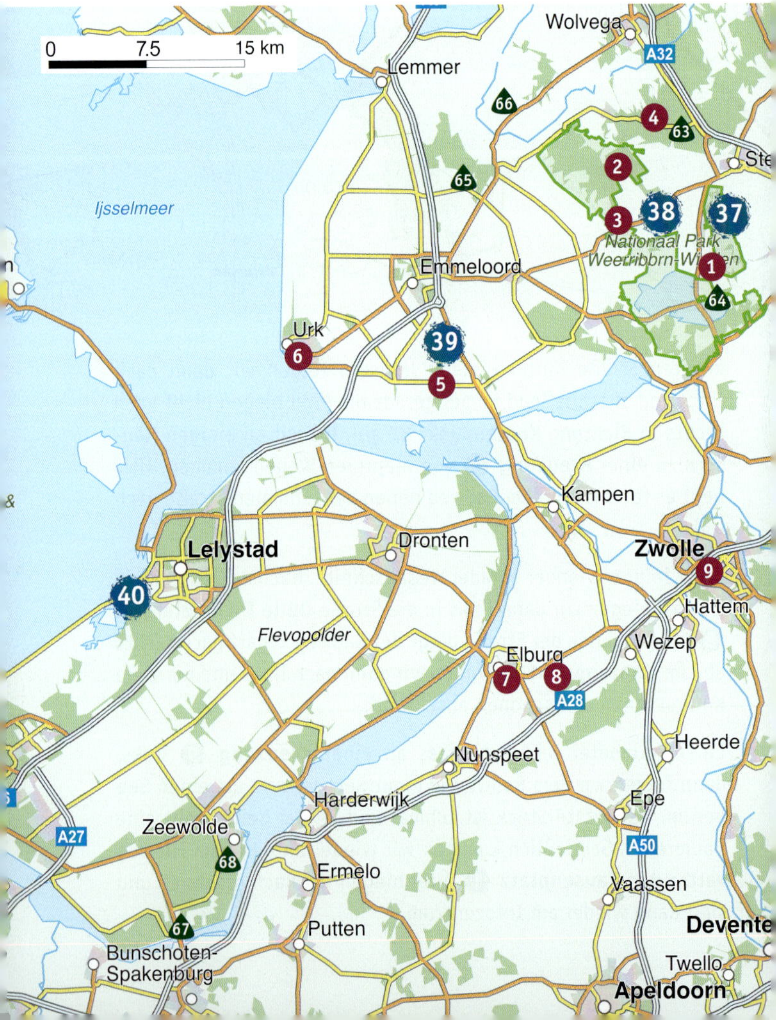

gelegt. Zwei ehemalige Inseln – Schokland und Urk – liegen jetzt auf dem Festland und damit sozusagen auf dem Trockenen. In Urk hat man sich die Inselmentalität bewahrt, und Schokland liegt jetzt in einem Meer von Feldern und Wiesen – hier wirken die Reste des ehemaligen Leuchtturms an der Spitze der Insel sehr fehl am Platze.

Im nördlichen Teil von Overijssel liegt rund um das Örtchen Giethoorn ein Torfabbaugebiet. Giethoorn ist auch als das Venedig des Nordens bekannt, denn hier gibt es unzählige kleine Kanäle und ebenso viele Brücken, die zu den schönen, reetgedeckten Häusern führen. In der sommerlichen Hochsaison zieht es allerdings Tausende von Menschen in den hübschen Ort. Doch nicht nur Giethoorn ist einen Besuch wert, es gibt in der Umgebung weitere Wasserdörfer, die weniger überlaufen sind.

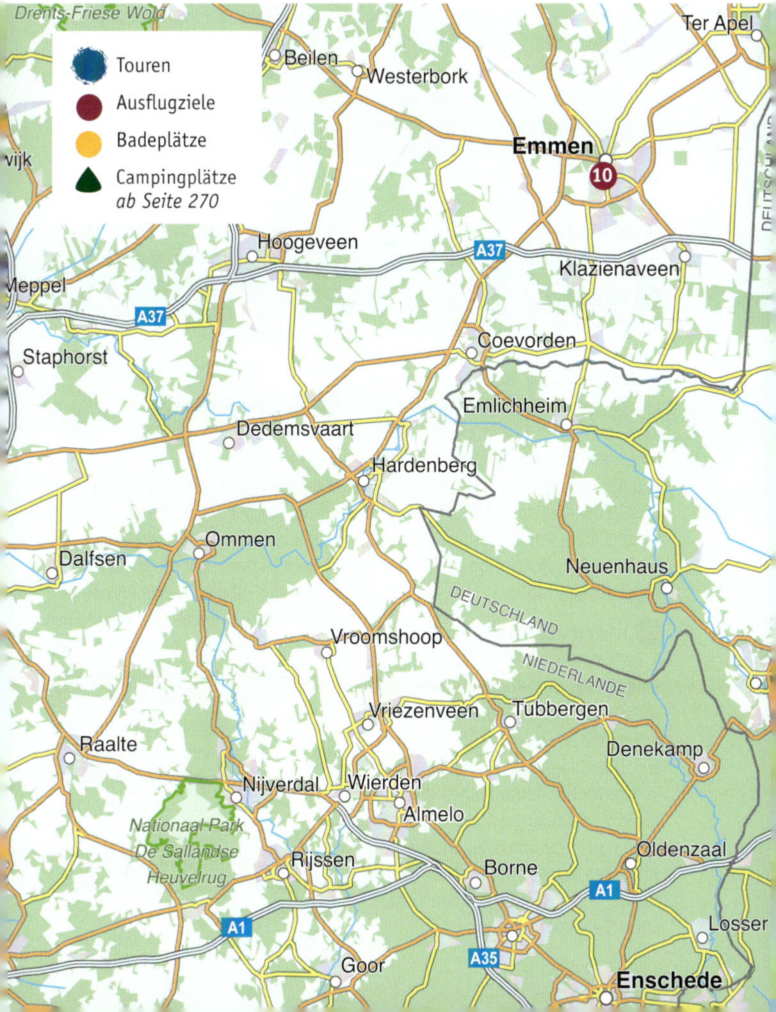

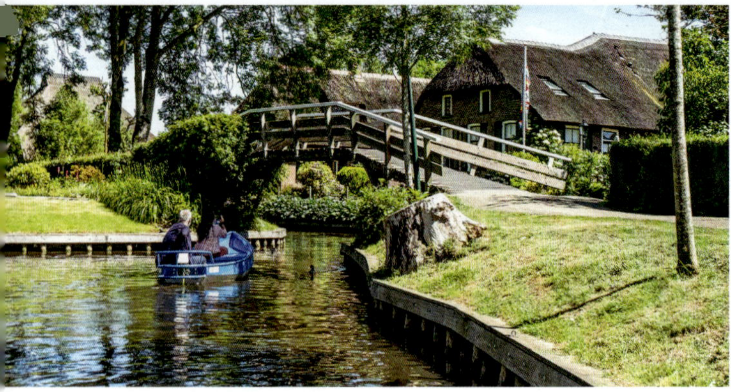

1 Museum Giethoorn
N 52°43'19.0", E 6°05'23.0"
Im Museum Giethoorn lernt ihr alles über die Torfgewinnung und die Geschichte des kleinen Ortes, der auch als Venedig des Nordens bezeichnet wird. Ihr könnt ein Fischer- und ein Bootshaus besichtigen und die besonderen Bräuche des Ortes kennenlernen. *Geöffnet April bis Oktober täglich 11–17 Uhr, November bis März Fr bis Mo 11–16 Uhr. €7,50, Kinder 4 bis 12 Jahre €2,50. www.museumgiethoorn.nl*

2 Kalenberg
N 52°46'33.0", E 5°57'21.0"
Kalenberg ist eines der Wasserdörfer in der Umgebung von Giethoorn und im Nationalpark Werriben-Wieden. Auch hier gibt es die charakteristischen Kanäle, die durch den Torfabbau entstanden, mit den vielen Brücken. Ebenfalls zu sehen sind einige Windmühlen. Der Ort ist fast genauso schön und in der Saison deutlich ruhiger als Giethoorn.

3 Historischer Hafen in Blokzijl
N 52°43'38.0", E 5°57'35.0"
Blokzijl war im 17. Jahrhundert eine wichtige Handelsstadt mit Verbindung zur Zuiderzee und ein bedeutender Umschlagplatz für unterschiedlichste Waren. Heute zeugen noch die großen Kaufmannshäuser und die vielen alten Steinhäuser in den verwinkelten Gassen vom frühen Wohlstand. Der historische Hafen steht unter Denkmalschutz.

4 Klimbos Overijssel
N 52°48'53.0", E 6°00'02.0"
Im Kletterpark habt ihr vier unterschiedliche Routen in vier bis neun Metern Höhe zur Wahl. Es werden auch Outdoor-Spiele wie Bogenschießen, Pfeilkampf oder Bubble-Fußball angeboten. Außerdem kann man Escape-Kisten mieten, die ein Escape-Spiel für Gruppen bis zu sechs Personen enthalten. Für die Kleinsten gibt es einen Kletterspielplatz.
Zwei Stunden klettern €23,50, Kinder bis 12 Jahre €18. Kinder dürfen ab 130 cm Körpergröße klettern. Bei Online-Reservierung €1 Erlass. Kosten für die anderen Aktivitäten auf Anfrage. www.klimbos-overijssel.nl

5 Museum Schokland
N 52°38'05.0", E 5°46'38.0"
Hier erfahrt ihr alles über das frühere Inselleben und die Geschichte des Dorfes auf der Insel. Als ab dem 15. Jahrhundert der Meeresspiegel zu steigen begann, war die Insel zunehmend von Überschwemmungen bedroht. 1859 ordnete die niederländische Regierung die Evakuierung von Schokland an, da das Leben dort zu gefährlich geworden war. Erst mit dem Bau des Abschlussdeiches war der Ort wieder bewohnbar. Es gibt noch einige der alten Gebäude wie zum Beispiel die Kirche zu sehen und eine Ausstellung mit vielen Bildern und Karten. Unterhalb der Mauer finden Gäste mit Kindern einen schönen Wasserspielplatz.
Geöffnet Di bis So 10–17 Uhr, Juli

und August auch Mo. €8, Kinder 6 bis 11 Jahre €5, Familie €22,50. www.museumschokland.nl

6 Urk

N 52°39'35.0", E 5°35'57.0"
Urk ist eine ehemalige Insel, die seit dem Bau des Abschlussdeiches auf dem Festland liegt. Im historischen Ort mit dem schönen Hafen herrscht aber weiterhin »Inselfeeling«. Die Einheimischen in Urk sprechen einen eigenen Dialekt und fühlen sich weiter als Inselleute. Vor dem weißen Leuchtturm kann man gut im IJsselmeer schwimmen und rund um den Hafen gibt es viele Restaurants und Cafés.

7 Elburg

N 52°26'58.0", E 5°49'55.0"
Elburg ist eine alte Fischerstadt, die früher an der Zuiderzee lag und eine Hansestadt war. Sie ist durch eine Stadtmauer befestigt und man betritt die Altstadt durch ein markantes Tor, die Vischpoort. In Elburg gibt es einen malerischen Hafen und eine Windmühle. Das Museum Elburg informiert über die Geschichte des Ortes. Im Bottermuseum werden die alten Fischerboote restauriert, die hier Botter heißen. Es ist auch möglich, mit einem der historischen Boote durch die Grachten zu fahren.
Museum Elburg Di bis Sa 11–17 Uhr. €7. www.museumelburg.nl

Bottermuseum April bis September Mi und Sa 13–16.30 Uhr und auf Anfrage. €3,50. www.prd.botterselburg.nl

8 Landwirtschaftsmuseum de Bovenstreek

N 52°26'36.0", E 5°54'45.0"
In diesem kleinen Museum wird die traditionelle Landwirtschaft der Region gezeigt. Ihr könnt einen Film über die Techniken ansehen und mehrere Gebäude erkunden, in denen historische Geräte zu sehen sind.
Geöffnet April bis Oktober 10–17 Uhr, März, November und Dezember nur Di. €5,50, Kinder 5 bis 12 Jahre €3. www.boerderijmuseum.nl

9 Museum de Fundatie Zwolle

N 52°30'36", E 6°05'29" (Zwolle)
N 52°25'07", E 6°12'52" (Nijenhuis)
Das Museum de Fundatie zeigt eine umfangreiche Sammlung bildender Kunst. Sammlung und Ausstellungen werden an zwei Standorten präsentiert: im Kasteel het Nijenhuis nahe Heino und im Museum de Fundatie in Zwolle. Im Kasteel het Nijenhuis, einem ehemaligen Rittergut, gibt es auch einen Skulpturengarten.
Beide Standorte Di bis So 11–17 Uhr, €15, ermäßigt €6. www.museumdefundatie.nl

10 Wildlands Adventure Zoo

N 52°46'47.0", E 6°53'25.0"
Der Wildlands Adventure Zoo ist ein moderner Zoo, bei dem ihr eine Reise durch den Dschungel, die Savanne und die Polarregion machen könnt. Es gibt hier mehr als 250 Tierarten. Ihr könnt eine Safarifahrt machen, in einem Boot durch den Dschungel fahren und es gibt eine Achterbahn sowie viele verschiedene Spielplätze.
Geöffnet täglich 10–17 Uhr. €28,50, Kinder 3 bis 9 Jahre €24, bei Onlinekauf kleiner Rabatt. www.wildlands.nl

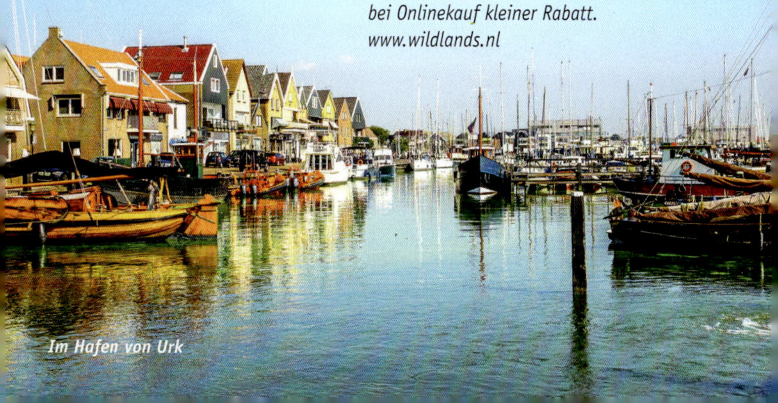

Im Hafen von Urk

STRECKE
15 km

4–5 h

ab 10

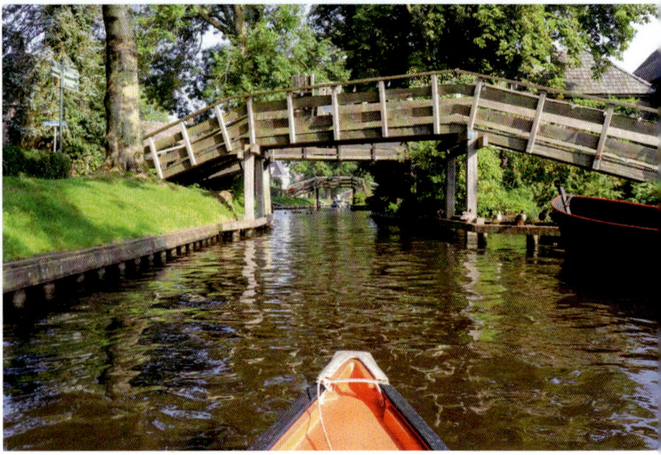

37 Venedig der Niederlande

Kanutour durch Giethoorn

In dem Gebiet rund um Giethoorn wurde seit dem Mittelalter Torf abgebaut, daher ist der Ort von kleinen Kanälen durchzogen, über die früher in flachen Booten der Torf transportiert wurde. Heute sind es eher bunte Kanus und viele Flüsterboote, die von Abenteuerlustigen durch die Kanäle gesteuert werden. Dabei kann es an Sommer-Wochenenden innerhalb des Ortes schon mal recht voll auf dem Wasser werden. Kein Wunder, denn eine Kanutour ist einfach die perfekte Art und Weise, die Kanäle von Giethoorn zu erkunden – vom Wasser aus lässt sich das »Venedig der Niederlande« aus der schönsten Perspektive erleben. Ein besonderes Highlight ist dann das Eisboot auf dem See – hier kann man mitten auf dem Wasser Eis am Stiel kaufen – das Kleingeld also nicht vergessen.

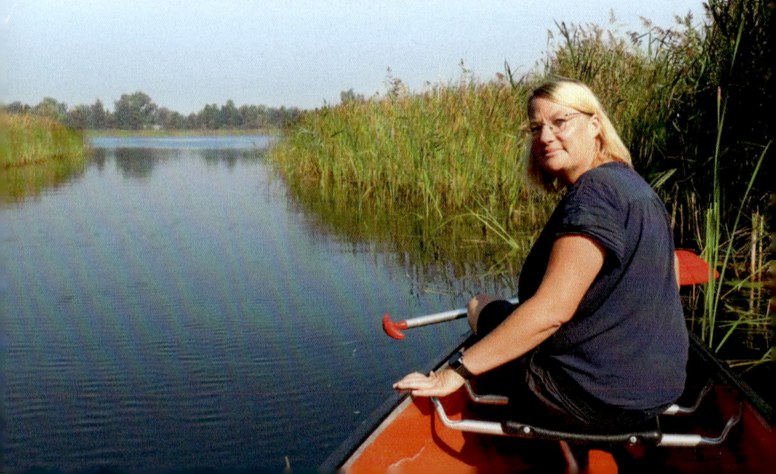

Kanutour: Wir starten unsere Tour am Campingplatz, wo wir auch unsere Boote mieten. Wir biegen zuerst nach rechts in den Kanal ein, der uns durch den Ort führt. Jetzt geht es erst einmal eine Weile geradeaus, links lassen wir die **Kirche** ❶ hinter uns und fahren unter zahlreichen kleinen Brücken hindurch. Auf der rechten Seite stehen vor allem Wohnhäuser mit schönen Gärten, in die wir so einen Einblick erhalten. In der Hauptsaison kann diese Passage sehr voll sein, vor allem wegen den vielen Flüsterbooten mit elektrischem Antrieb, die hier vermietet werden. An Wochenenden sollte man daher am besten früh lospaddeln, bevor der Tagestourismus Giethoorn übernimmt.

Highlights

Das Dorf Giethoorn mit seinen schmucken Reetdachhäusern ist berühmt für seine zahlreichen Kanäle, Brücken und die Abwesenheit von Straßen im alten Dorfteil, was ihm einen einzigartigen Charme verleiht.

Wir folgen dem Kanal immer weiter geradeaus und ignorieren alle Abzweigungen nach rechts und links. Schließlich verlassen wir den Ort und folgen einer Kurve scharf nach rechts und dann wieder links. Dort wo links am Wasser eine **Windmühle** ❷ steht, könntet ihr rechts in den See paddeln, um die Runde abzukürzen. Wenig später erreichen wir das Ende des Kanals, folgen dem Wasser nach rechts, biegen dann aber direkt wieder nach links ab und fahren unter einer **Brücke** hindurch. Hinter der Brücke steuern wir nach rechts und folgen dann dem Kanal nach links.

Jetzt geht es wieder geradeaus durch offene Wiesen und Weiden, bis wir an einen kleinen **See** gelangen. Diesen durchfahren wir geradeaus und halten am Ende der Wasserfläche auf den roten Pfeiler zu. Hier halten wir uns links, dann bleiben wir

TOUREN-STECKBRIEF

Anfahrt: Wir parken am Parkplatz 3 in Giethoorn bei **N 52°43'07", E 6°05'19"**. Dieser kostet 4 € pro Tag, gezahlt werden kann nur bar mit Münzen .

Bootsverleih: Es gibt eine Vielzahl von Bootsverleihen in Giethoorn, die meisten verleihen auch die elektrischen Flüsterboote. Der Campingplatz d'Hof vermietet Kajaks, Kanadier und SUPs. Kajak pro Stunde € 7,50, pro Tag € 25. Kanadier pro Stunde € 10, pro Tag € 35.
www.campingdehof.nl

Anspruch und Charakter: Einfache Kanutour durch Kanäle ohne Strömung und über einen See. An Sommerwochenenden lohnt es sich, früh unterwegs zu sein, um dem größten Trubel zu entgehen. Je weiter man sich dann vom Ort entfernt, desto ruhiger wird es.

Markierung: Rote Markierungen.

Einkehr: Im Ort Giethoorn gibt es viele Einkehrmöglichkeiten, zum Beispiel das De Kruumte am nördlichen Ortsende direkt am Wasser.

Mit Kindern: Die Tour lässt sich abkürzen, wenn man nach der Dorfdurchfahrt bei Wegpunkt ❷ den gelben Zeichen nach rechts folgt. So kommen wir direkt auf den See und können von hier entweder zurück zum Ausgangspunkt paddeln oder den Bogen vervollständigen, der rot und gelb beschildert ist (8,7 km, 2 h 30, nur zum See 5 km, 1 h 15).

In der Nähe: Museum Giethoorn.

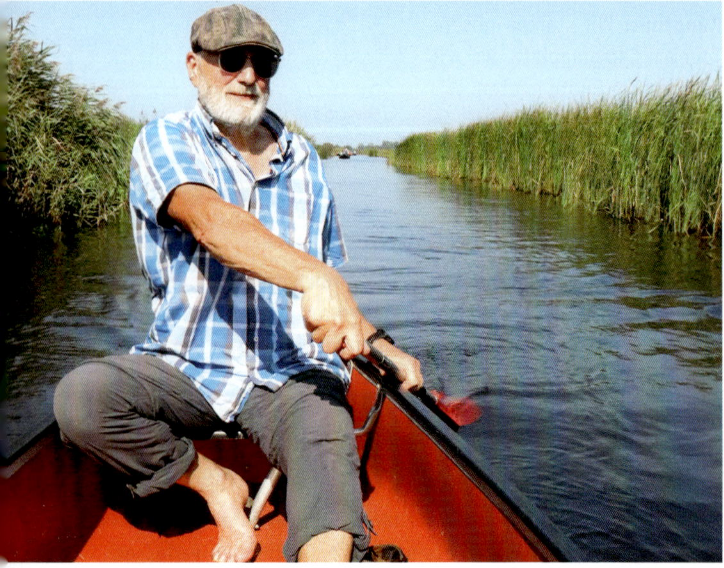

rechts und fahren auf ein **Haus mit Reetdach** zu, das wir in der Ferne erkennen können. Am Haus angekommen biegen wir nach rechts ab und gelangen wieder in einen **Ort** ❸.

Auch hier gibt es viele Brücken und es sieht ein wenig so aus wie im Zentrum von Giethoorn, aber wir sind fast alleine und haben viel mehr Ruhe. Wir folgen diesem Kanal, bis auf der rechten Seite die Bebauung aufhört und nehmen dann die nächste **Abzweigung** nach rechts. Jetzt paddeln wir durch Wiesen und Weiden, auf denen viele Kühe stehen. Am Rand des Kanals wachsen Weidenbäume, die ein bisschen Schatten spenden.

Bei nächster Gelegenheit steuern wir wieder nach rechts, um zurück in Richtung Giethoorn zu fahren. Wir folgen dem Kanal bis zum Ende, hier steht eine **Bank am Ufer** ❹, auf der man eine Pause außerhalb des Kanus machen kann. Anschließend fahren wir links und dann wieder rechts. Diesem Kanal folgen wir, bis wir im **See Bovenwijde** ❺ ankommen. Doch bevor wir zurück zum Campingplatz fahren, machen wir noch einen weiteren Bogen durch die Kanäle.

Der See ist sehr flach, im Sommer steigen hier viele Menschen aus ihren Booten aus und gehen schwimmen – das Wasser geht uns aber meist nur bis zur Hüfte. Auf dem See schwimmt im Sommer auch das bereits angekündigte **Eisboot** ❽, an dem man Eis am Stiel kaufen kann – eine geniale Erfindung.

Wir fahren jetzt am Seeufer entlang, bis wir wieder einen roten Pfeiler entdecken. Hier biegen wir nach links in den Kanal ein.

Wir folgen diesem bis zu einer weiteren **Pausenstelle an Land** ❻. Direkt danach steuern wir in einer Kurve nach rechts und biegen bei nächster Gelegenheit nach links ab. Die nächste Abzweigung nehmen wir wieder nach rechts und fahren jetzt durch Sumpfland mit niedriger Vegetation. Im weiteren Verlauf kommen wir noch an einem **Aussichtsturm** ❼ vorbei, von dem man einen schönen Blick über die Sumpf- und Weidelandschaft in Richtung Giethoorn hat. Wir folgen dem Kanal weiter, bis wir wieder im See ankommen. Wir halten uns jetzt am linken Ufer und biegen in den zweiten Kanal links ein, der uns wieder zum **Hauptdurchfahrtsweg durch Giethoorn** führt.

Je nachdem, wie hoch das Schilf gewachsen ist, sind nicht alle Abzweigungen, die nicht zur Tour gehören, als solche zu erkennen. Dies ist aber je nach Jahreszeit und Verschnitt nicht vorherzusagen.

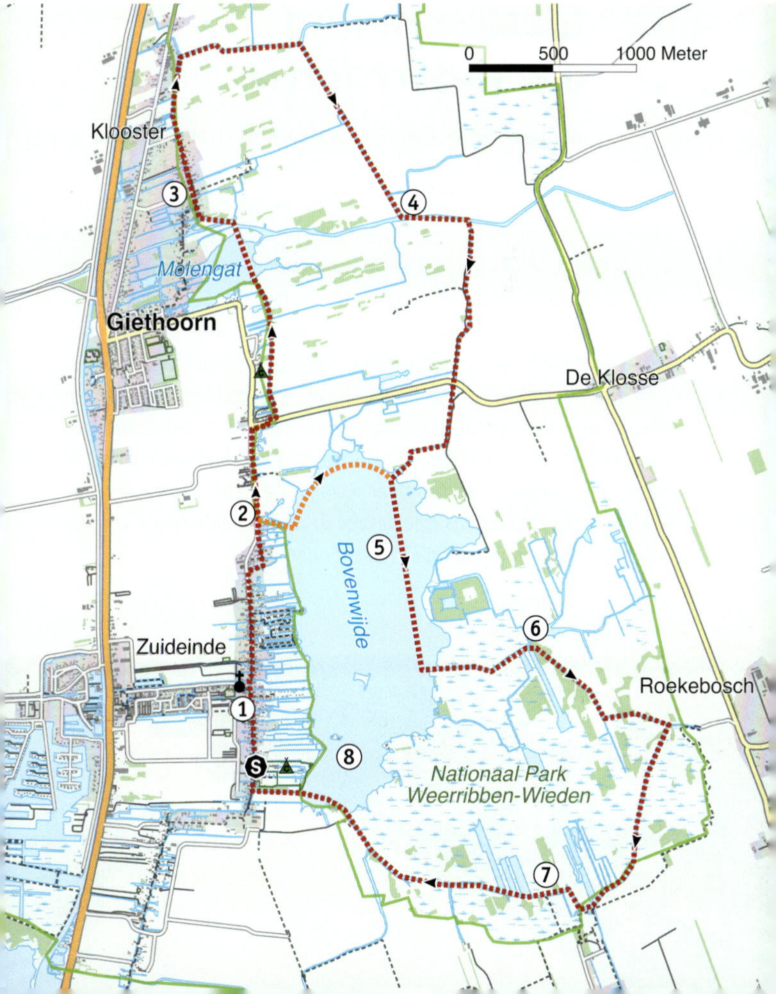

60 m

STRECKE 48,8 km

4–5 h

ab 10

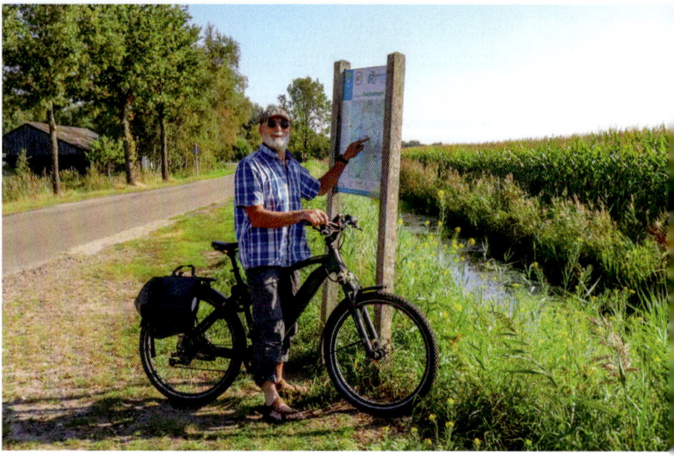

38 Giethoorn und die Wasserdörfer

Radtour durch den Nationalpark Werriben-Wieden

Seit dem Mittelalter wurde im Gebiet des Nationalparks Torf gestochen, um ihn als Brennstoff zu nutzen. Das führte zur Entstehung von Gräben und großen Wasserflächen. Nachdem der Torfabbau im 20. Jahrhundert nachließ, begann die Natur, das Gebiet zurückzuerobern. Wasserwege, Seen und Moore bildeten sich, und die heutige Landschaft aus Schilf, Wasser und Wald entstand. Diese Radtour führt uns auch durch einige Dörfer, die ganz besonders vom Wasser und den Kanälen geprägt sind – den Ort Belt-Schutsloot zum Beispiel, der auch die kleine Schwester von Giethoorn genannt wird. Er ist genauso schön, aber weniger besucht. Ein besonderes Highlight der Tour ist das Übersetzen in einer kleinen Fähre, auf der nur Fahrräder und Fußgänger Platz finden.

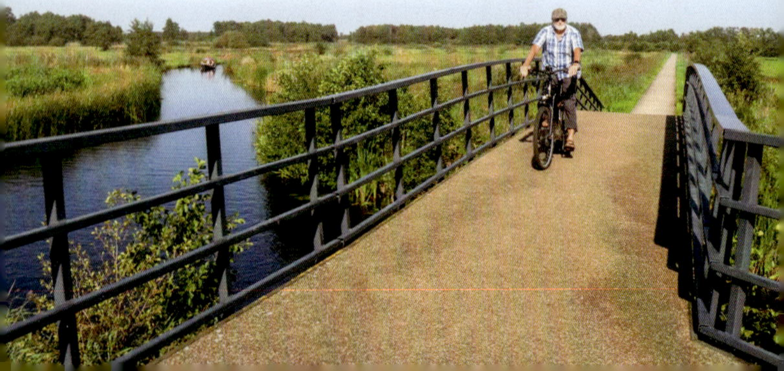

Radtour: Unsere Radtour beginnt am Parkplatz 3 in Giethoorn. Von hier fahren wir los in Richtung Hauptstraße und folgen der Straße um eine Rechtskurve. An der nächsten Gelegenheit biegen wir links ab und fahren dann rechts die Hauptstraße hinunter. An der ersten **Brücke** überqueren wir nach links den Kanal und radeln dann auf der anderen Seite am **Knotenpunkt 61** nach rechts. Jetzt folgen wir der wenig befahrenen Straße am Kanal entlang bis zur nächsten **Brücke** ❶. Hier biegen wir rechts ab und überqueren wieder das Wasser. Auf der anderen Seite fahren wir ein Stück zurück, überqueren die Hauptstraße und halten uns danach rechts. Die erste Straße im Anschluss biegen wir dann nach links ab.

Highlights

Der Nationalpark Werriben-Wieden ist ein Beispiel dafür, wie ein durch den Abbau von Rohstoffen ausgebeutetes Gebiet wieder zu wertvoller Natur werden kann. Heute ist das einzigartige Feuchtgebiet ein Refugium für viele Tiere. Bei dieser Radtour könnt ihr die malerische Landschaft, die im Sommer in den unterschiedlichsten Grüntönen erstrahlt, besonders intensiv erleben.

Jetzt befinden wir uns auf dem Kerkweg, der nach 800 Metern im 90-Grad-Winkel nach rechts abbiegt. Noch einmal 700 Meter weiter, auf der rechten Seite befindet sich hier ein Parkplatz, biegen wir nach links in die Straße »De Bramen« ab. Jetzt radeln wir wieder ein Stück an einem Kanal entlang, auf dem im Sommer viele Flüsterboote unterwegs sind. Wir folgen der Straße bis zur ersten größeren **Kreuzung an Knotenpunkt 64**, hier halten wir uns rechts. Es liegt jetzt ein gerades Wegstück vor uns, und bei der nächsten Möglichkeit biegen wir am **Knotenpunkt 67** wieder rechts in den Radweg ein.

Dieser führt uns um viele Kurven durch ein landschaftlich besonders reizvolles Feuchtgebiet und auch immer wieder ans Wasser. Auf diesem Abschnitt stehen auch einige **Bänke**, an denen wir eine erste Pause einlegen können. Schließlich kommen wir

TOUREN-STECKBRIEF

Anfahrt: Wir parken am Parkplatz 3 in Giethoorn bei **N 52°43'07", E 6°05'19"**. Dieser kostet 4 Euro pro Tag, gezahlt werden kann nur bar mit Münzen.

Fahrradverleih: Bei Veloto Fietsen in Giethoorn kostet ein Rad pro Tag € 10. www.veloto.nl

Fähre: April bis Oktober. Barzahlung oder mit Karte. April und Oktober von 10–17.30 Uhr, Mai bis September von 9–19 Uhr. Die Fahrt kostet € 1,20.

Anspruch und Charakter: Schöne Radtour über abwechslungsreiche Wege.

Markierung: Von Giethoorn folgen wir den folgenden Nummern 61 – 60 – 62, 64 – 67 – 66 – 63 – 94 – 84 – 82 – 81 – 75 – 51 – 52 – 61.

Einkehr: Entlang der Route gibt es in Giethoorn, Wanneperveen und in Belt-Schutslot mehrere Restaurants und Cafés.

Mit Kindern: Die Radtour kann abgekürzt werden, wenn wir beim Campingplatz Blauwe Hand (Knotenpunkt 94) in Richtung Knotenpunkt 61 nach Giethoorn fahren (24 km, 2 h 30).

In der Nähe: Museum Giethoorn.

zu einer **Brücke** ❷, auf die wir mit ein wenig Schwung gut hinaufkommen. Von hier oben hat man einen tollen Ausblick über das Schutzgebiet. Hier fahren im Sommer auch wieder viele Boote auf dem Kanal, was ein spannendes Schauspiel sein kann. Neben der Brücke startet ein kurzer Fußweg zu einem **Aussichtsturm**, von dem ihr noch weiter gucken könnt.

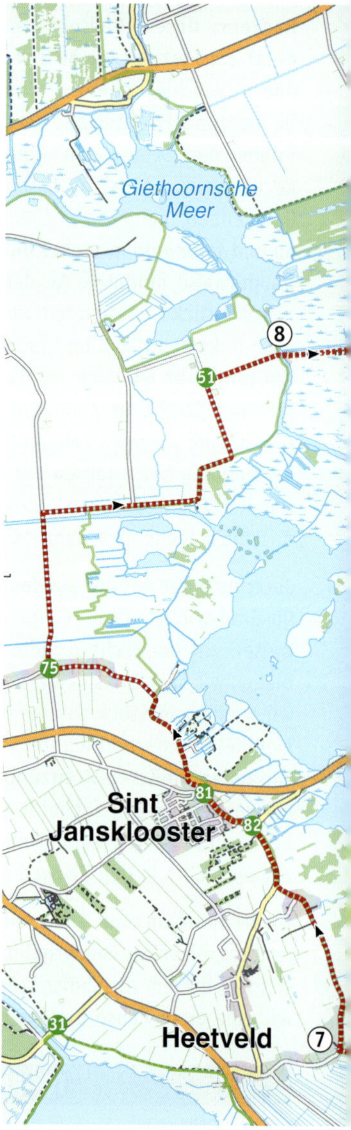

Jetzt folgen wir dem Weg weiter um mehrere 90-Grad-Kurven und fahren dann ein Stück durch den Wald. Am Ende des Radweges fahren wir links auf die Straße. Dieser folgen wir bis in den Ort **Wanneperveen**. Wer mag, macht einen Abstecher ins Ortszentrum. Dazu fahren wir am Ende der Straße nach links und folgen der Straße um eine Rechtskurve. Die zweite Straße biegen wir nach rechts ab, fahren durch den **Ortskern und an der Kirche** vorbei. Wieder die zweite Straße biegen wir nach rechts ab, am Ende dann nach links. Die Straße führt uns jetzt genau auf ein Haus zu, davor biegen wir rechts ab und dann direkt wieder links.

Hinter der Häuserzeile auf unserer rechten Seite führt jetzt wieder der Radweg nach rechts. Diesem folgen wir am Kanal entlang bis zum Ende, dann geht es wieder rechts und bei erster Gelegenheit links. Jetzt radeln wir weiter am Wasser entlang und folgen dem Kanal um eine **Linkskurve** ❸. Am Ende biegen wir kurz nach rechts in die Straße ein und fahren dann direkt links wieder auf dem Radweg weiter.

Dem Radweg folgen wir nun um mehrere Kurven zuerst zum **Knotenpunkt 66, dann bis zum Punkt 63** an der Straße. Hier biegen wir rechts ab. Jetzt sind wir im kleinen Ort **Westeinde.** Wir

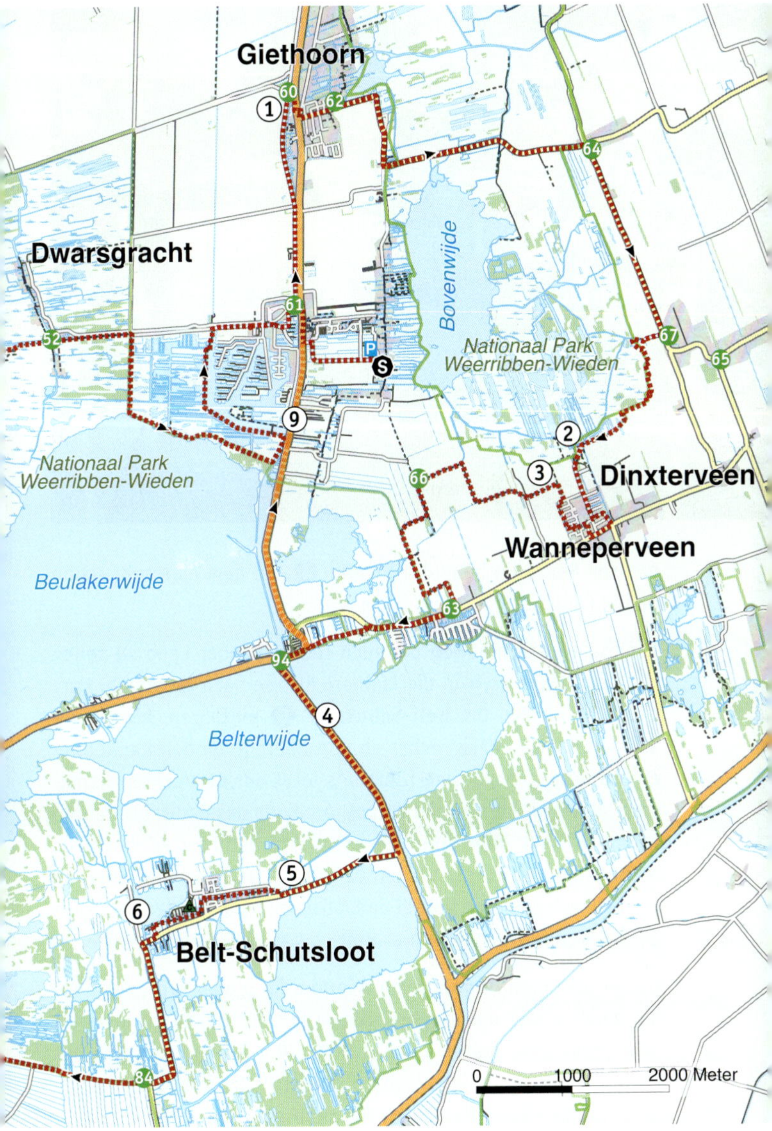

folgen der Straße durch den Ort, nachdem wir diesen verlassen biegen wir bei der Gabelung leicht links ab. Wir kommen jetzt an einem Imbiss vorbei und fahren geradeaus auf eine große Straße zu. Diese überqueren wir, auf der anderen Seite fahren wir ein Stück an ihr entlang. Hinter einer Brücke überqueren wir nochmal eine Straße und biegen dann an **Knotenpunkt 94** nach links auf den Radweg neben der Straße ab.

Wir radeln hier auf einem Damm, der die **Beukersgracht** von dem rechts gelegenen See trennt. Auf halber Höhe liegt auf der

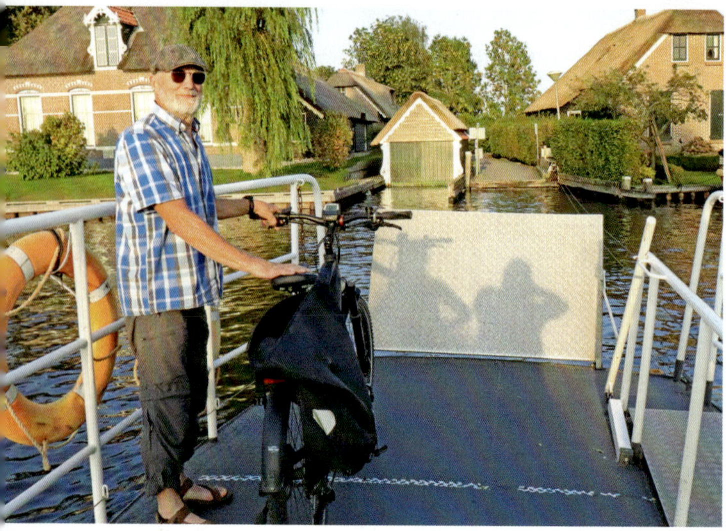

rechten Seite ein beliebter **Strand** ❹, an dem man sehr schön baden kann.

Wir folgen dem Radweg bis auch rechts wieder Land zu sehen ist, dann biegen wir in die kleinere Straße nach rechts ab. Kurz bevor wir in den Ort **Belt-Schutslot** ❺ einfahren, biegen wir auf den Radweg nach rechts ab und überqueren den Kanal über eine Brücke. Der Radweg führt uns jetzt auf der rechten Kanalseite an einer Häuserreihe vorbei. Am Ende des Radweges fahren wir nach links über eine Brücke, direkt dahinter wieder nach rechts, um am Wasser weiter zu fahren. Jetzt kommen wir an zwei Campingplätzen vorbei und müssen immer wieder über kleine Brücken fahren, denn hier gibt es besonders viele Kanäle.

Hinter dem **Campingplatz De Wieden** ❻ biegen wir nach links ab, dann wieder nach rechts. Dieser Straße folgen wir jetzt bis zum Ende, dann halten wir uns links. Wir folgen der wenig befahrenen Straße um eine scharfe Rechtskurve und dann relativ geradeaus bis zur **T-Kreuzung** ❼ an ihrem Ende. Dort halten wir

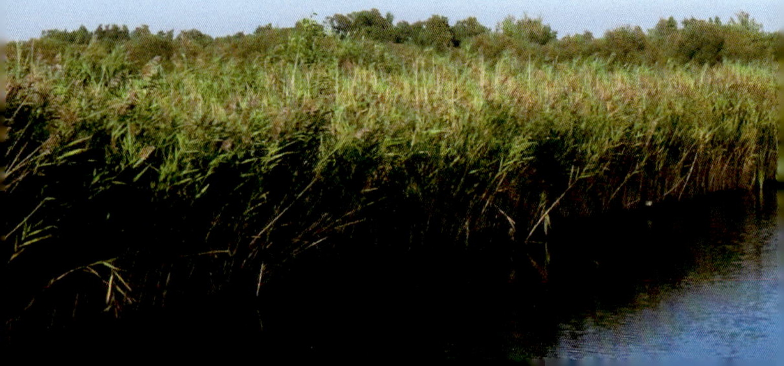

uns rechts und fahren durch eine besonders schöne Allee. An der nächsten Gabelung in einem kleinen Ort geht es wieder nach rechts. Jetzt kommen wir in den Ort **Sint Jansklooster**. Am Ortsausgang fahren wir noch vor der großen Straße an **Knotenpunkt 81** nach links und überqueren die Straße kurz darauf. An der nächsten T-Kreuzung halten wir uns links.

Wir folgen der Straße um mehrere langgezogene Kurven und durch kleine Ortschaften und Höfe. Schließlich kommen wir an die **Kreuzung mit Knotenpunkt 75** und biegen nach rechts in den Duinweg ein. 1,5 Kilometer weiter biegen wir hinter einem Kanal rechts ab. Wir radeln um einige Kurven und folgen der nächsten kleinen Straße nach rechts. Diese führt uns direkt auf die **Fähre bei Jonen** 8 zu. Hier kann man zu Fuß oder auch mit dem Fahrrad auf das andere Ufer übersetzen.

Nach dem Übersetzen radeln wir geradeaus weiter – wenn wir vorher nicht die schöne Pausenstelle am anderen Ufer nutzen wollen. Hinter dem zweiten Kanal biegen wir nach rechts ab und folgen dem Radweg am Kanal entlang. Wo dieser ins offene Wasser mündet, fahren wir nach links, weiterhin entlang der Wasserlinie. Am Ende halten wir uns links und dann wieder links. Jetzt könnten wir nach rechts über eine **Schleusenbrücke** 9 abbiegen und einfach geradeaus fahren, bis wir wieder nach Giethoorn kommen, aber im September 2023 war die Brücke gesperrt. Es war auch keine Angabe zu finden, wann und ob die Sperrung wieder aufgehoben wird. Wir fahren daher weiter geradeaus und halten uns in einer langgezogenen Rechtskurve immer am Wasser.

Auf der rechten Seite sehen wir viele Häuser, die an kleinen Landzungen gebaut wurden. An der ersten **Brücke** fahren wir nach rechts und folgen dem Weg dann durch eine Linkskurve. An der nächsten **Kreuzung** fahren wir nach rechts und überqueren noch einmal die Brücke, über die wir schon am Anfang gefahren sind. Auf der anderen Seite fahren wir nach rechts und biegen schließlich wieder nach links ab. Wir folgen dem Bartus-Warnersweg nach rechts und kommen wieder zu unserem Ausgangspunkt.

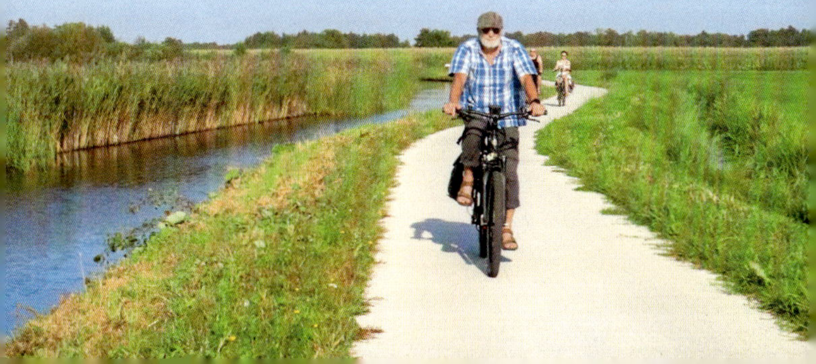

20 m

STRECKE 10,4 km

3 h 30

ab 6

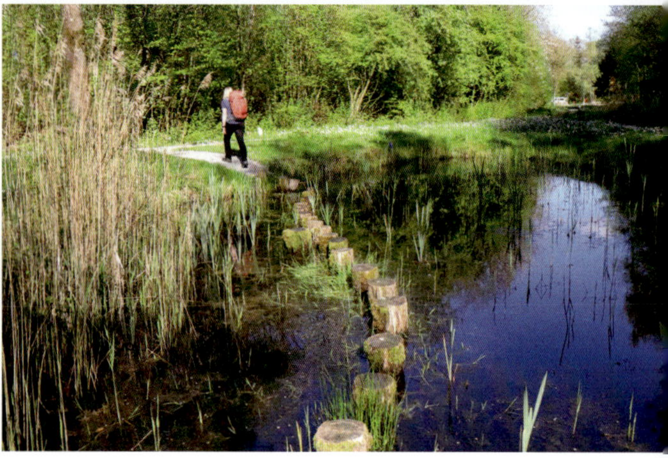

39 Schokland

Insel auf dem Trockenen

Schokland ist eine ehemalige Insel in der Zuiderzee, die nach dem Bau des Abschlussdeiches auf dem Trockenen liegt. Auf der Wanderung entlang der ehemaligen Küstenlinie entdecken wir noch die Reste der Gebäude, in denen früher Menschen lebten. Heute ist es schwer vorstellbar, dass hier noch vor 150 Jahren ein Meer war, das es nun durch künstliches Eingreifen in die Natur so nicht mehr gibt. Schokland gehört zum Weltkulturerbe, denn hier finden sich Spuren menschlicher Besiedlung, die bis zu 12.000 Jahre zurückreichen. Die Wanderung um die Insel ist eine echte Reise in die Vergangenheit.

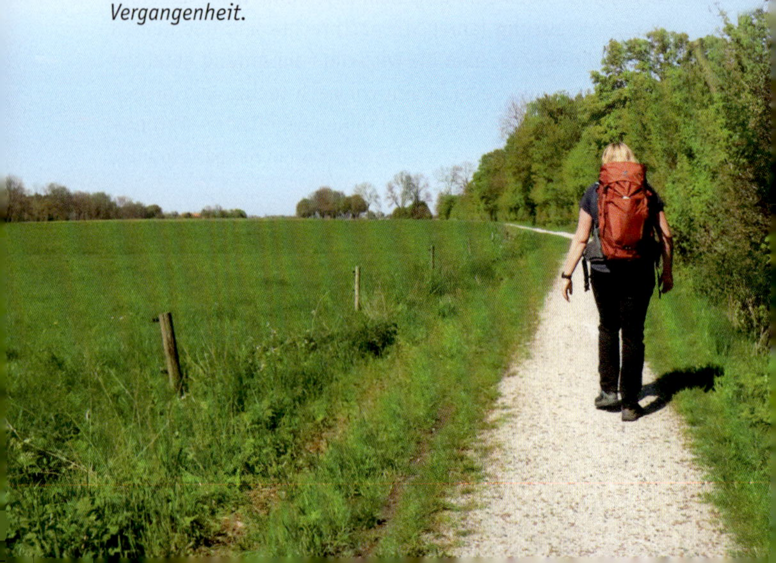

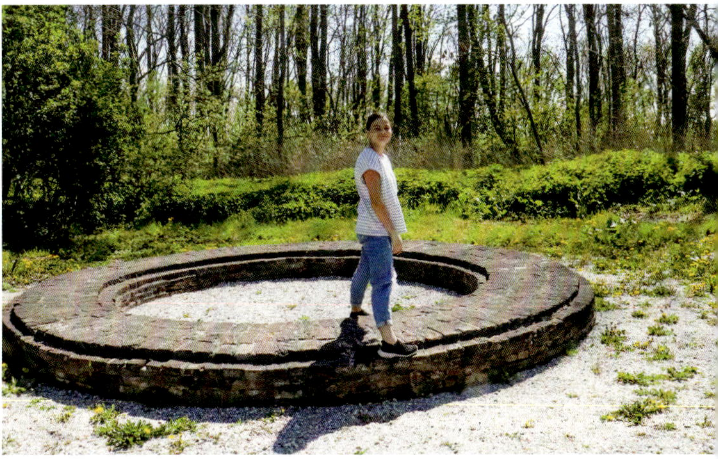

Wanderung: Wir beginnen die Wanderung am Parkplatz und wenden uns zuerst in Richtung Museum. An der blauen Schranke kurz vor den Häusern biegen wir rechts ein und folgen somit dem blauen Pfeil. Vor der ersten Abzweigung nach links steht eine Holzbank, an der wir eine erste kurze Trinkpause einlegen können. Dann folgen wir dem Weg weiter bis zur »Inselspitze« und ignorieren alle Abzweigungen nach links und rechts.

Highlights

Die Landgewinnung durch Deiche und Polder prägt die Landschaft und die Kultur der Niederlande in besonderer Weise. Hier könnt ihr noch einmal selbst erleben, wie das Land aussieht, das die Menschen dem Meer abgetrotzt haben.

An der Spitze der ehemaligen Insel steht noch das **Fundament des Leuchtturms** ①, der hier einst die Schiffe vor dem Auflaufen auf Land gewarnt hat. Jetzt wirkt ein Leuchtturm an diesem Platz mitten in den Feldern ziemlich deplatziert. Wir folgen dem Weg in eine Linksbiegung und kommen nach wenigen Metern an die Ruinen der ehemaligen **Kirche**. Direkt hinter der Kirche biegen wir links in einen schmaleren Grasweg entlang einer Baumreihe ein. Immer wieder müssen wir uns klar machen, dass dies der ehemalige Küstenverlauf ist – jetzt sehen wir rechts nur noch Felder und Wiesen.

TOUREN-STECKBRIEF

Anfahrt: Wir parken auf dem kostenlosen Parkplatz bei Schokland bei **N 52°38′15″, E 5°46′17″**. Schokland ist mit braunen Schildern ausgeschildert.
Anspruch und Charakter: Einfache Tour über schöne Wege.
Markierung: Teilweise blauer Pfeil.
Einkehr: Es gibt eine Möglichkeit zur Einkehr am Museum Schokland. Im Infozentrum kann man Kaffee bekommen.
Mit Kindern: Die Wanderung kann abgekürzt werden, indem wir hinter dem Museum entlang der großen Straße zurück zum Parkplatz laufen (4,8 km, 1 h 30).
In der Nähe: Museum Schokland.

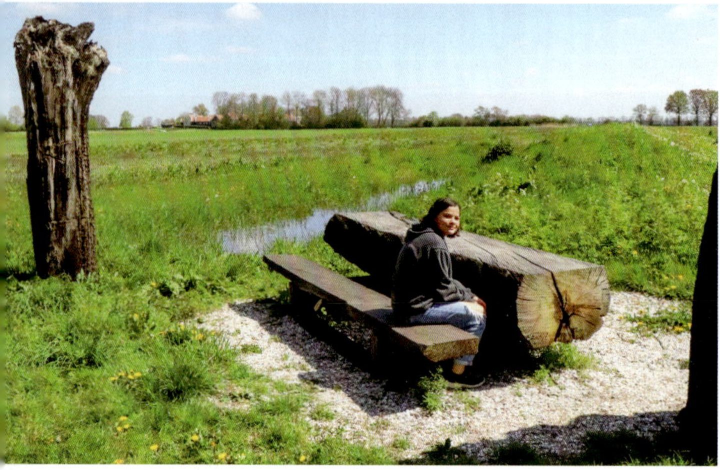

Wir folgen diesem Weg bis zu einem kleinen Häuschen. Hier biegen wir kurz nach rechts ab, um und den **Brunnen** ❷ anzusehen, der hier noch steht. Im Anschluss geht es auf dem markierten Weg weiter geradeaus, bis wir den **Parkplatz des Museums** ❸ erreichen. Vom Museum folgen wir dessen Zufahrtsstraße bis zur Hauptstraße und überqueren diese.

Schokland
Schokland lag einst als Insel in der Zuiderzee, dem heutigen IJsselmeer. Hier war die Insel immer wieder von Stürmen bedroht. Wer hier wohnte, hatte ein sehr hartes Leben. 1859 wurde die Insel geräumt, alle 635 noch verbliebenen Menschen mussten aufs Festland umziehen, da ein Überleben einfach nicht mehr möglich war. Nachdem der Abschlussdeich fertiggestellt und die Zuiderzee »gezähmt« war, wurde das Land um Schokland Festland – und Schokland damit zu einer Insel auf dem Trockenen. Die Geschichte von Schokland wird sehr anschaulich im Museum dargestellt.

Auf der anderen Seite geht es auf dem schmalen Radweg weiter. Auf dieser Seite der Insel ist der Küstenverlauf noch deutlich durch Bäume gekennzeichnet, denen wir jetzt folgen. Nach einer Weile fällt rechts unser Blick auf einen kleinen **See**. Hier befindet sich auch eine sehr schöne **Pausenstelle mit Bank** ❹ und Informationstafeln, die Wissenswertes zu den Wasserständen um die Insel erklären.

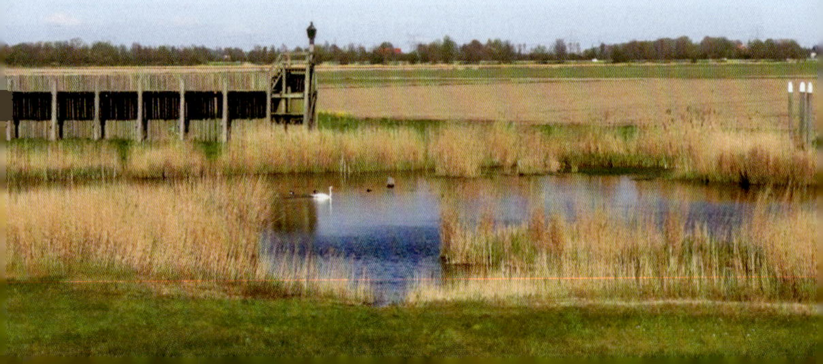

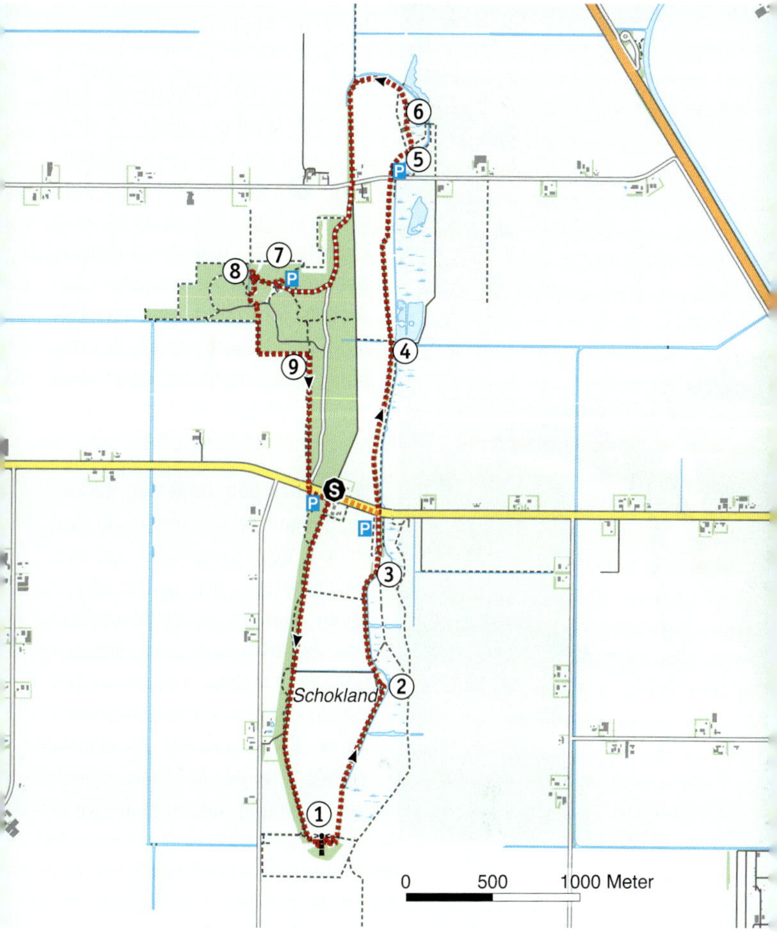

Mit neuer Energie folgen wir dem Weg weiter bis zur nächsten Straße, die wir überqueren. Direkt dahinter sehen wir auf der rechten Seite ein **Kunstwerk 5**.

Der Weg steigt jetzt etwas an und rechts liegt ein Feuchtgebiet, in dem sich viele Vögel tummeln. Linker Hand befindet sich das ehemalige **Haus des Leuchtturmwärters 6**, denn auch auf der nördlichen Spitze der Insel gab es einen Leuchtturm. Rechts führt ein führt ein Steg auf hohen Stelzen ein Stück ins Feuchtgebiet.

Jetzt folgen wir dem Radweg in einer langgezogenen Linkskurve um die nördliche Inselspitze und halten uns dann links in Richtung Radknotenpunkt 37. Entlang der Baumreihe am Inselrand wandern wir durch Felder und Wiesen bis zur Straße. Hier halten wir uns leicht rechts und laufen dann geradeaus durch das **orange Tor.**

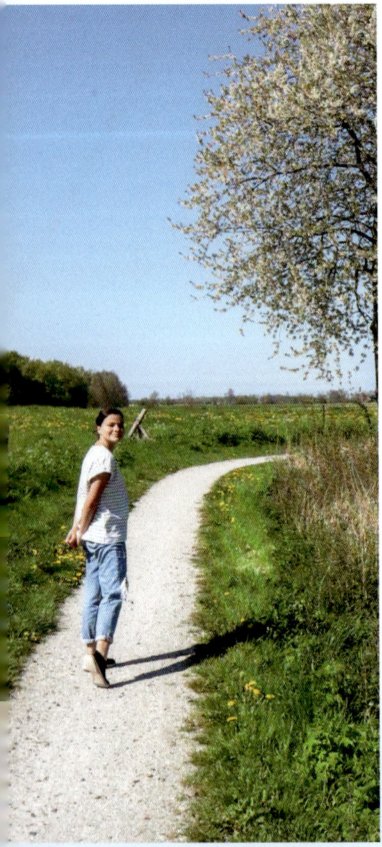

Die erste Abbiegung nach rechts ignorieren wir, an der Gabelung folgen wir dem Wegweiser zum »Gesteentetuin« nach rechts. Bald erreichen wir das **Infozentrum** ⑦, wo noch einmal einige Bänke stehen. Hier gibt es auch eine Toilette und die Gelegenheit, einen Kaffee zu kaufen. Außerdem informiert eine Ausstellung zur Geologie und Entstehung der Insel. Um das Haus herum gibt es einen kurzen geologischen Entdeckungspfad.

Wir drehen dem Haus den Rücken zu, biegen scharf rechts ab und folgen dem Wegweiser »Vlichthavenroute«. Wir laufen durch einen Wald in einer Parkanlage und halten uns an der nächsten Gabelung rechts, um im weiten Bogen um den vor uns liegenden **Teich** ⑧ zu laufen. Im Wasser stehen Pfeiler, auf denen man den Teich überqueren kann, wenn man es etwas abenteuerlicher möchte. Auf der anderen Seeseite biegen wir rechts ab und folgen wieder dem blauen Pfeil.

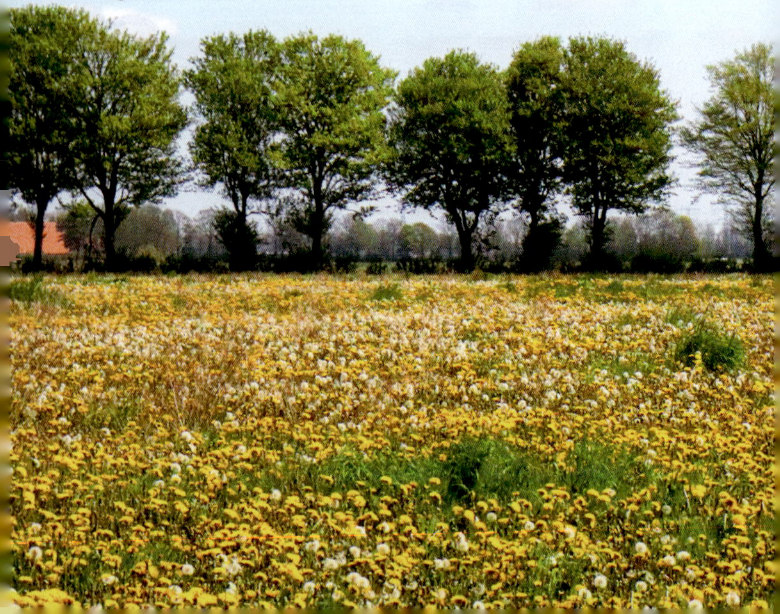

An der nächsten Gabelung halten wir uns rechts und bleiben dem blauen Pfeil treu, bis wir zu einem **breiteren Weg** kommen. Hier geht es rechts und gleich wieder links ab in einen schmaleren Pfad. Dieser führt uns aus dem Wald hinaus und wir halten uns links am Waldrand.

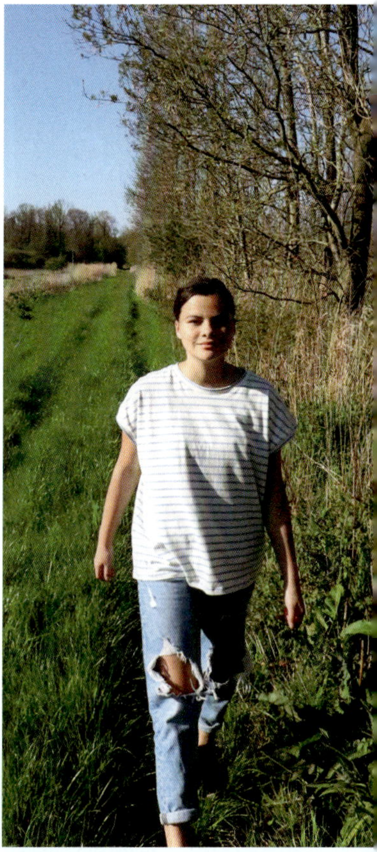

Wir folgen dem Weg um eine Linkskurve und wandern immer am Waldrand entlang. Am **Ende des Weges** **9** haben wir uns entschieden rechts abzubiegen und bis zum Parkplatz zu laufen – bei feuchtem Wetter bekommt man hier allerdings nasse Füße. Wer das vermeiden möchte, kann auch weiterhin dem blauen Pfeil folgen und links und anschließend rechts laufen, um auf den Radweg zu gelangen. Auch dieser führt dann nach rechts direkt zum Parkplatz zurück – es muss nur noch die Straße überquert werden.

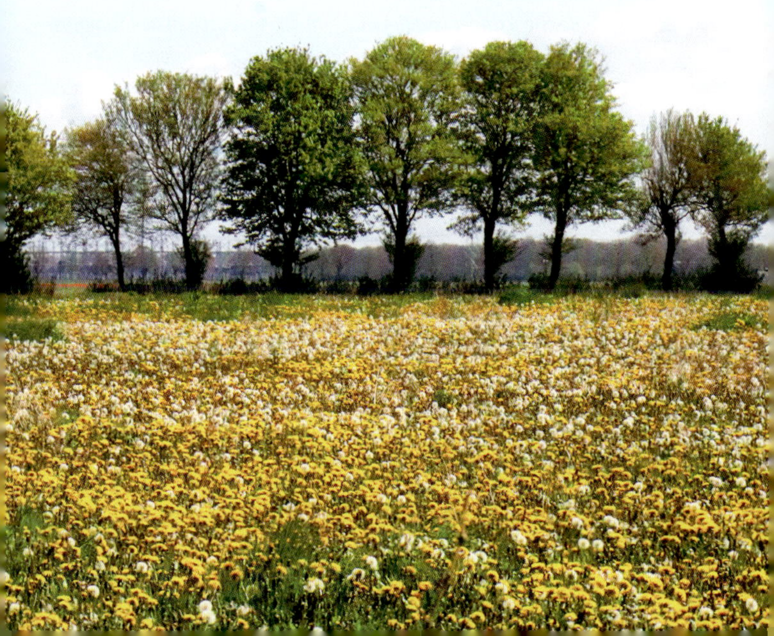

20 m

STRECKE 10,1 km

3 h 15

ab 6

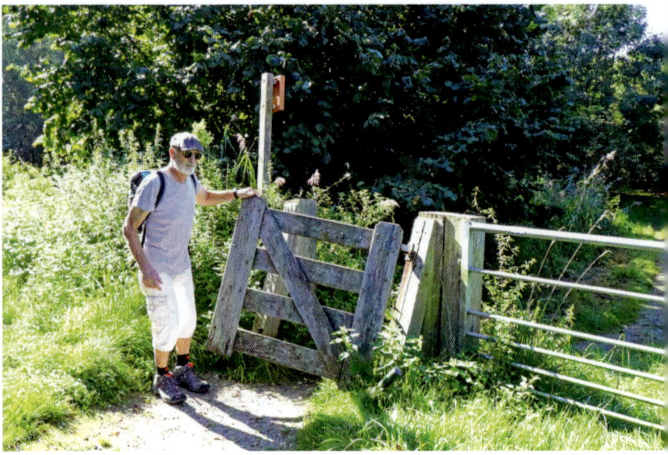

40 Oostvaardersplassen

Sumpfgebiet und Vogelparadies

Das Naturschutzgebiet Oostvaardersplassen ist ein Sumpfgebiet zwischen Almere und Lelystad am Rande des IJsselmeers. Es entstand, da beim Trockenlegen der Polder um das IJsselmeer hier immer wieder Wasser eindrang – aus wirtschaftlichen Gründen lohnte sich eine komplette Trockenlegung nicht. Schnell zogen Vögel in das Sumpfgebiet ein, und seit mehr als 50 Jahren ist es jetzt Teil des Nieuw Land Nationalparks. Neben vielen Vogelarten leben hier mittlerweile auch Konikpferde, Heckrinder und Rotwild, um das Verbuschen des Sumpfes auf natürliche Art und Weise zu verhindern. Wir kombinieren zwei der vor Ort ausgewiesenen Rundtouren, um das Gebiet sowohl nördlich als auch südlich der Bahnlinie zu erkunden. Die Seeadlertour ist barrierefrei und verläuft über befestigte Wege.

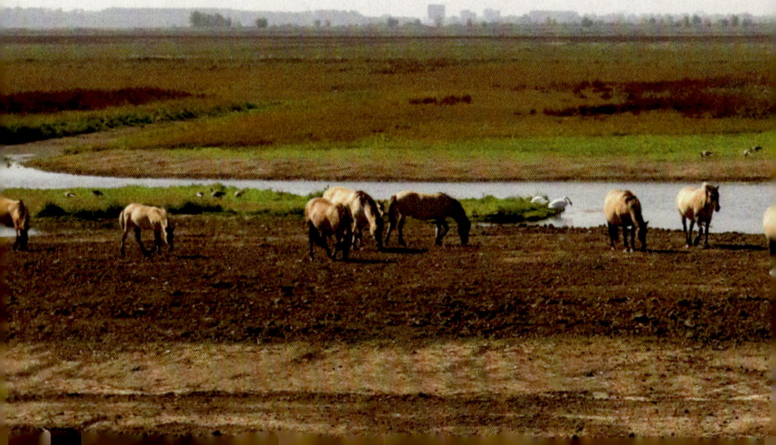

Wanderung: Wir starten am Infozentrum im Norden des Gebiets. Zum Beginn der Wanderung führen uns mehrere Brücken über einen Teich, in dem sich Dutzende von Karpfen tummeln. Rechts gibt es einen Abzweig zu einer **Vogelbeobachtungshütte ❶**, von der wir einen ersten Blick auf die weitläufigen Feuchtgebiete bekommen. Wir gehen zurück und folgen dem Weg bis zu einer **T-Kreuzung ❷**. Hier teilen sich die beiden Rundwege.

Highlights

Wild lebende Tiere zu beobachten gehört für uns zu den absoluten Highlights auf Wanderungen und Fahrradtouren. Die hier im Oostvaardersplassen lebenden Koniks, gehören zu einer eine sehr alten Pferderasse, die noch viele typische Merkmale des längst ausgestorbenen Wildpferdes trägt.

Wir starten mit dem längeren Rundweg und folgen dem Schild mit dem violetten Männchen nach links. Der Weg führt uns durch einen Tunnel unter der Bahn hindurch – manchmal steht hier Wasser, sodass wir über eine ausgelegte Planke balancieren müssen. Auf der anderen Seite wenden wir uns nach rechts und folgen dem Weg parallel zu den Bahnschienen.

TOUREN-STECKBRIEF

Anfahrt: Wir parken auf dem kostenlosen Parkplatz am Infozentrum Oostvaardersplassen südlich von Lelystad bei **N 52°27'27", E 5°25'09"**. Das Naturschutzgebiet ist ausgeschildert.
Infozentrum: April bis Oktober Di bis So 10 – 17 Uhr, November bis März Di – So 10 – 16 Uhr. Hier gibt es Kartenmaterial und weitergehende Informationen zum Naturschutzgebiet Oostvaardersplassen, außerdem einen kleinen Laden für Bücher und Souvenirs.
Anspruch und Charakter: Schöne Wanderung mit wenig Schatten.
Markierung: Auf der ersten Hälfte violette Markierung, im zweiten Teil grün.
Einkehr: Im Infozentrum gibt es ein schönes Café.
Mit Kindern: Es ist natürlich auch möglich, nur eine der beiden Rundtouren zu machen – mit Kindern bietet sich hier die grüne Tour an, denn hier ist die Chance größer, Konikpferde und Heckrinder zu entdecken (4,3 km, 1 h 30).
In der Nähe: Elburg.

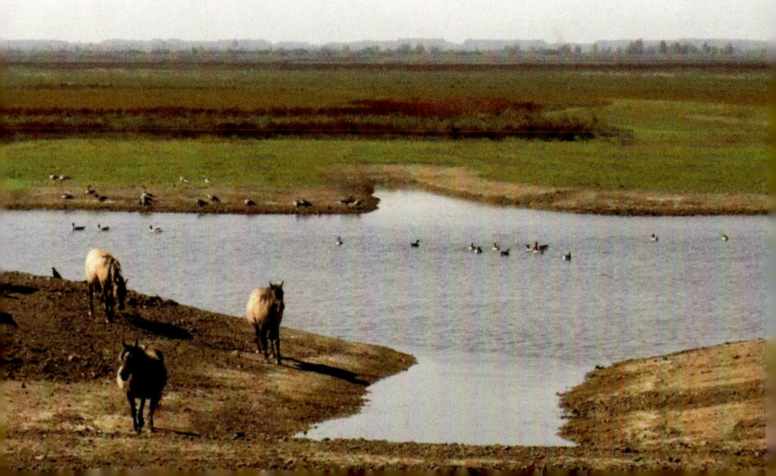

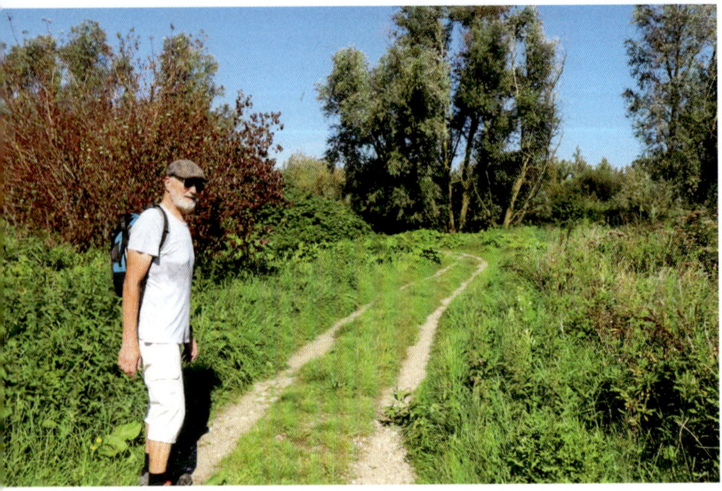

Das Gelände des Naturschutzgebietes ist sehr karg, am Anfang laufen wir jedoch entlang einer Baumreihe. Im Anschluss stehen hier auch Büsche und halbhohe Gräser rechts und links des Weges. Wir kommen an ein **Gitter mit einem Törchen**, welches wir nach rechts durchqueren. Wir wandern weiterhin parallel zu den Bahnschienen auf unserer rechten Seite. Dann erreichen wir kurz vor einem Fahrweg einen **kleinen Hügel** ❸, von dem wir einen sehr weiten Blick über das Sumpfgebiet haben. In der Ferne sind auch Schornsteine und Gebäude aus dem Industriegebiet bei Almere zu erahnen.

Wir überqueren den befestigten Weg, auf der anderen Seite geht es wieder durch ein Törchen und nach rechts. Jetzt laufen wir am Wasser entlang und durch offenes Gelände und folgen dem Weg um eine scharfe Linkskurve. Hier steht eine **Bank mit Tisch** ❹, an der wir eine Pause machen können.

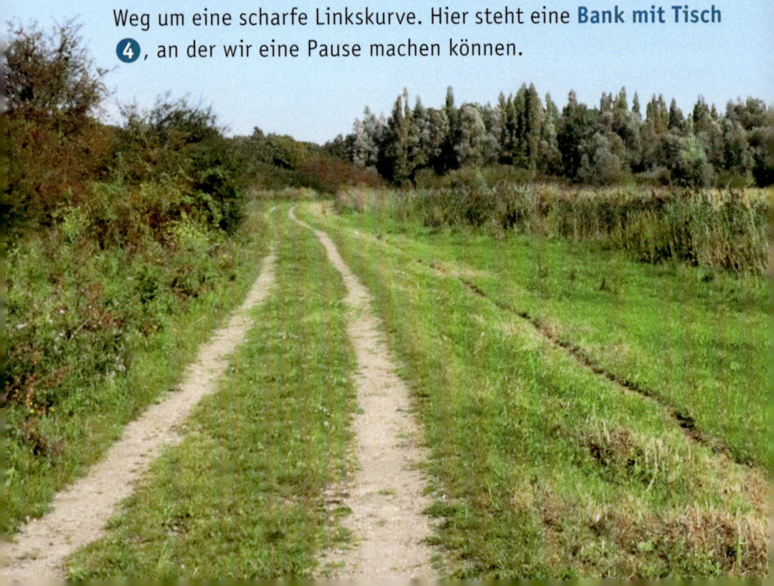

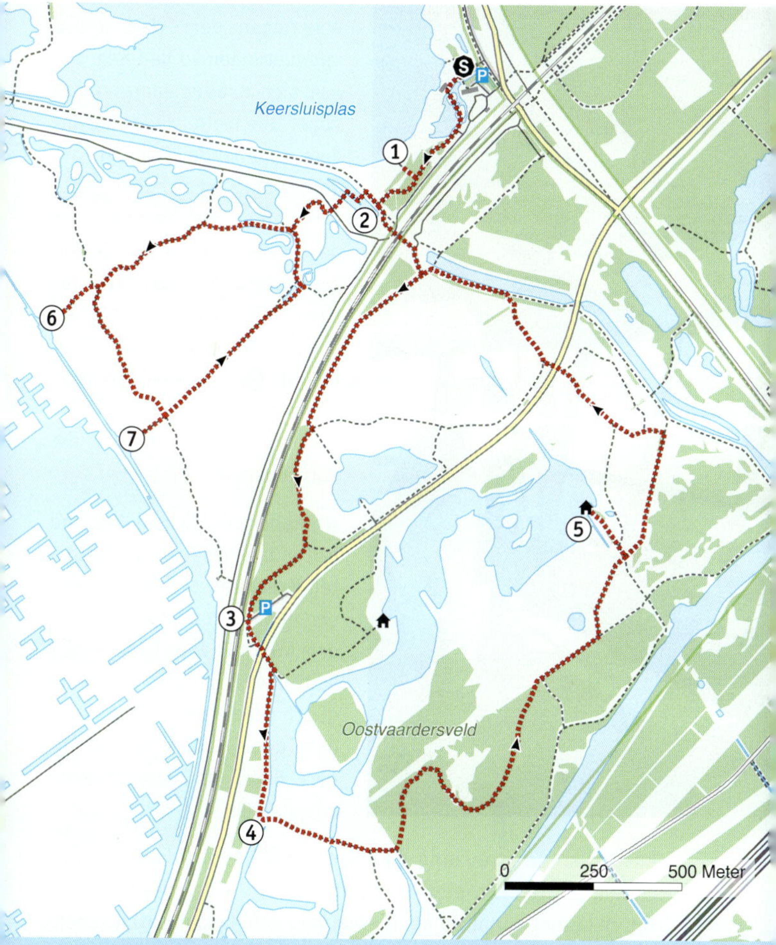
Keersluisplas
S
P
1
2
3
4
5
6
7
Oostvaardersveld
0
250
500 Meter

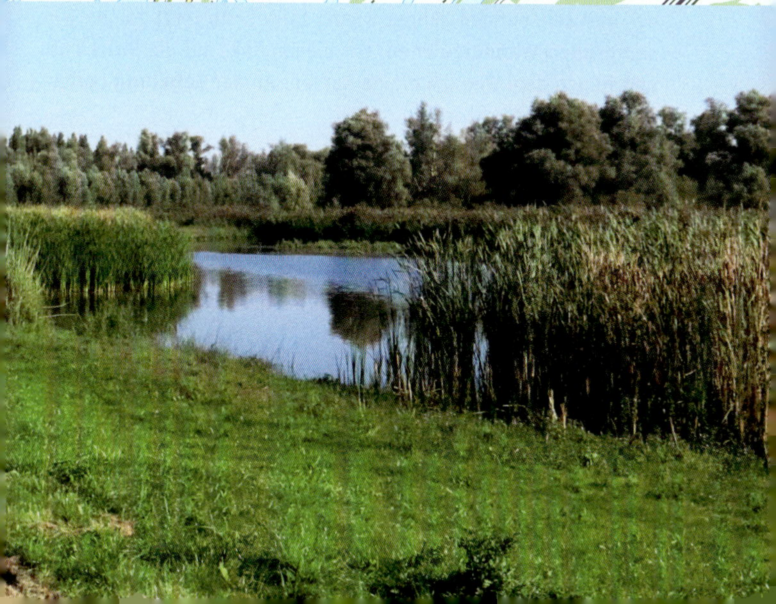

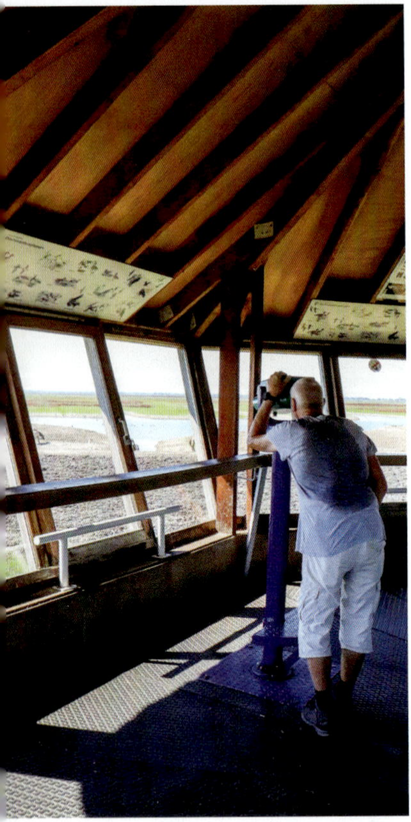

Wir folgen dem Weg weiter und umrunden so den See, auf dem sich zu allen Jahreszeiten Vögel tummeln. Eine besonders spannende Zeit ist der September, wenn sich viele Arten hier versammeln, um dann in Gruppen in den Süden zu fliegen. Am zweiten Törchen biegen wir nach links ab, um zur **Vogelhütte De Krakeend** ❺ zu gelangen. Von hier hat man einen tollen Blick auf den See und alle Tiere, die dort leben.

Wir gehen zurück zum Weg und halten uns links. An der nächsten **Kreuzung** biegen wir wieder links ab und folgen dann dem Weg bis zum Ende – hier halten wir uns links und dann gleich wieder rechts, um durch den Tunnel zurück auf die andere Seite der Bahnschienen zu gelangen.

Anstatt an der **Kreuzung** ❷ rechts zurück zum Infozentrum zu laufen, starten wir jetzt die zweite Schleife – den Seeadlerweg. Mit viel Glück könnt ihr auf diesem Weg den Namenspaten sehen, der hier seit einigen Jahren wieder brütet. Ab jetzt folgen wir den **grünen Wanderzeichen**. Wir biegen links auf die Brücke ab und folgen dem Weg um einige Kurven. An der **Gabelung** laufen wir zuerst nach rechts.

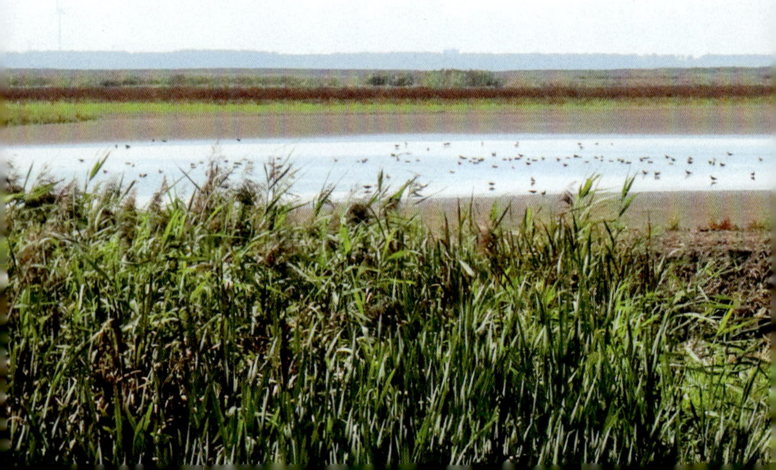

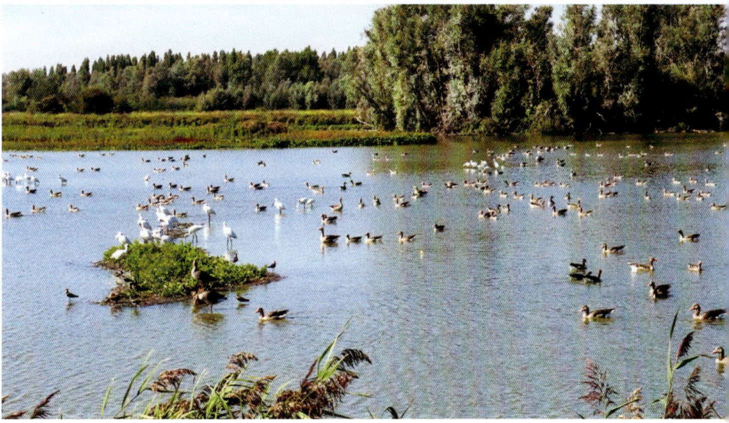

Hier ist das Gelände wieder offen und nur von buschiger Vegetation bedeckt. Dem Weg können wir jetzt geradeaus folgen, bis wir zu einer großen **Vogelbeobachtungshütte** ❻ gelangen. Das geschlossene Häuschen hat eine Ausstellung im Erdgeschoss und einen Ausguck in der ersten Etage, wo auch Ferngläser installiert sind. Von hier kann man häufig eine Herde Konikpferde beobachten, die das steppenartige Gelände mit den Wasserläufen mögen und sich hier oft aufhalten. Da die Tiere aber im ganzen Gebiet frei herumlaufen können, gibt es dafür natürlich keine Garantie.

Nachdem wir eine Pause in der Hütte gemacht haben, laufen wir wieder zum Weg zurück und biegen rechts ab. Die nächste Abzweigung nach rechts führt uns noch einmal zu einer **Vogelbeobachtungshütte** ❼ mit Aussicht auf die Wasserfläche.

Von der Hütte laufen wir jetzt immer geradeaus bis zu einer **T-Kreuzung**, dort halten wir uns links. Jetzt haben wir den Rundweg vollendet und biegen rechts ab, um den bekannten Weg zum Infozentrum zurückzuwandern.

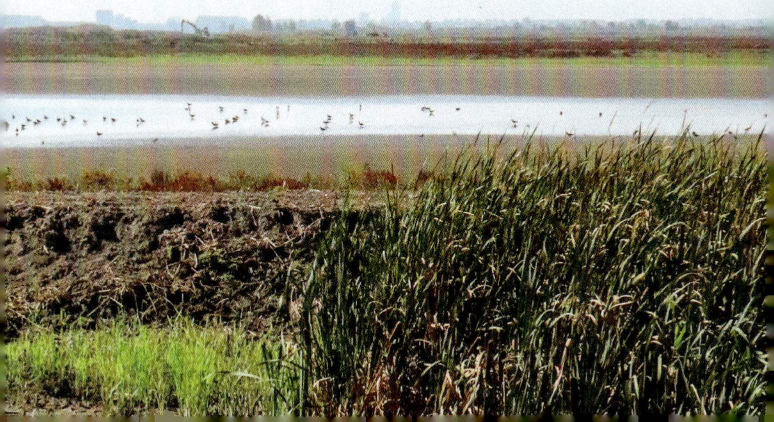

Reiseinformationen

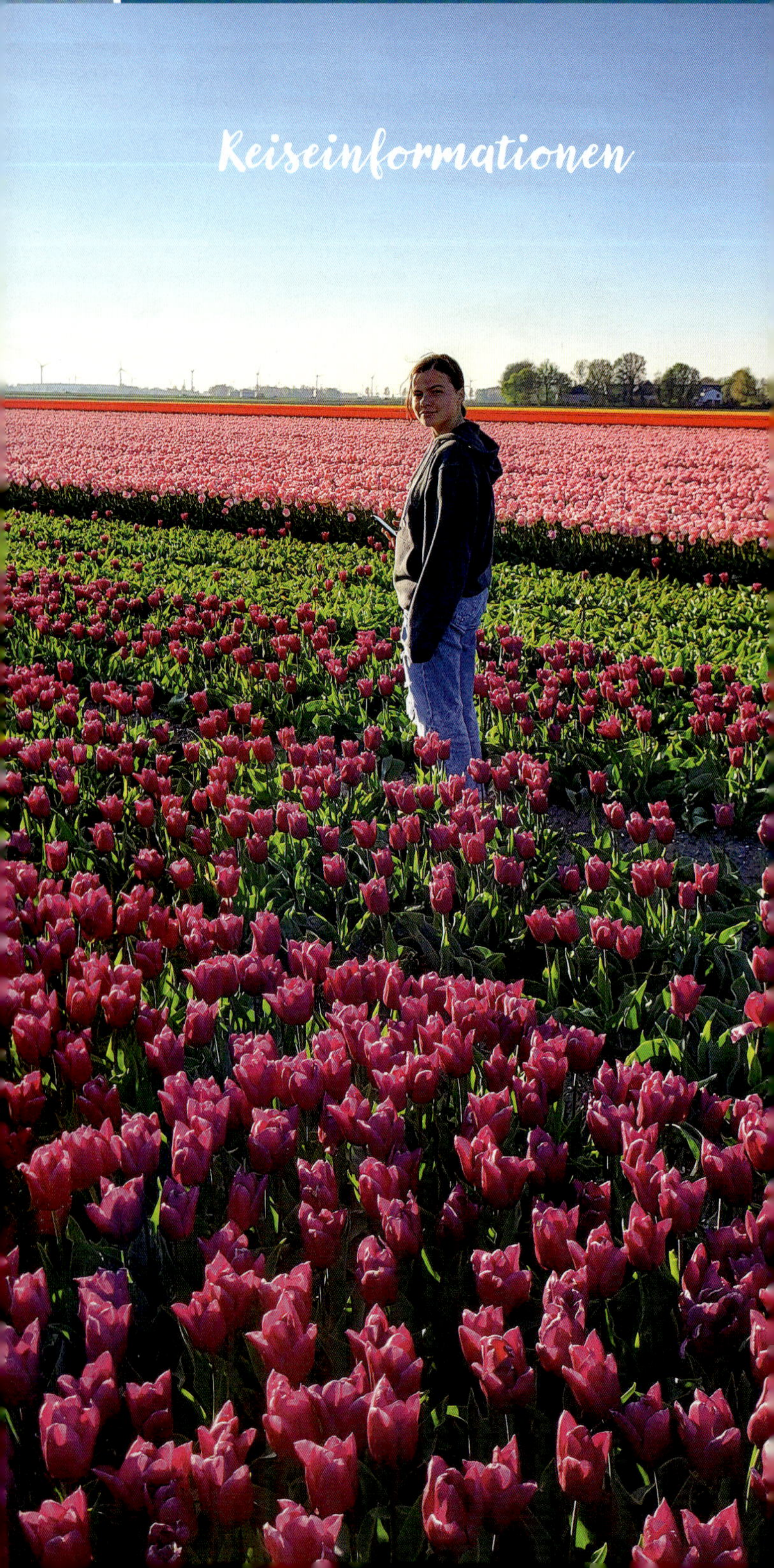

Anreise in die Niederlande

Der Norden der Niederlande ist von Deutschland aus gut zu erreichen. Die meisten Menschen nutzen für die Reise den privaten PKW, um auch vor Ort mobil zu sein. Von Nordrhein-Westfalen oder Niedersachsen sind es teilweise nur zwei bis drei Stunden bis zum IJsselmeer oder sogar zur Nordsee. Führt eure Route über Amsterdam, so solltet ihr versuchen, die Stoßzeiten zu vermeiden – hier bilden sich auf der Autobahn um die Hauptstadt lange Staus. Möchtet ihr zum Beispiel nach Noord-Holland, kann es nicht nur spannender, sondern vielleicht sogar schneller sein, die Route über den Abschlussdeich zu wählen, um Amsterdam zu umfahren.

Mit dem Zug

Auch mit dem Zug könnt ihr die Niederlande sehr gut aus Deutschland erreichen. Ihr findet hier ein gut ausgebautes Zugnetz mit bester Anbindung nach Deutschland. Es gibt Direktzüge nach Amsterdam zum Beispiel aus Köln, München (Nachtzug), Berlin und dem Ruhrgebiet. Um Bahnhöfe in den Niederlanden betreten und verlassen zu können, braucht man ein Ticket. Mit dem darauf abgebildeten QR-Code könnt ihr die Schranken an den Eingängen öffnen. Das Ticket sollte also schnell zur Hand sein – auch beim Verlassen des Bahnhofs.

Mit dem Flugzeug

Auch mit dem Flugzeug kann man von Deutschland aus in die Niederlande fliegen – allerdings macht das höchstens aus dem Süden Sinn. Ansonsten ist der Zug genauso schnell und deutlich umweltfreundlicher. Direktflüge nach Amsterdam Schiphol gibt es zum Beispiel von München und Berlin.

Mit dem Bus

Der Flixbus ermöglicht es, relativ günstig in die Niederlande zu reisen. Die Busse fahren von vielen deutschen Städten – meist nach Amsterdam. Außerdem können noch die Städte Drachten, Enschede, Groningen und Haarlem in den nördlichen Niederlanden direkt erreicht werden.

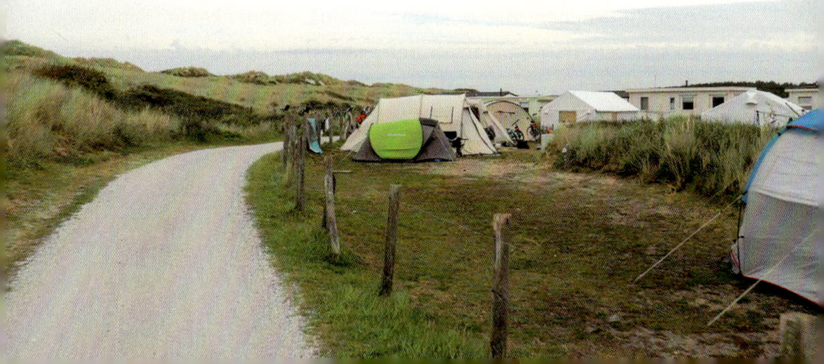

In den Niederlanden unterwegs

Autofahren in den Niederlanden

Die Niederlande sind durchzogen von einem sehr gut ausgebauten Straßennetz. In den nördlichen Niederlanden gibt es auch viele Autobahnen und Schnellstraßen, sodass man sich zügig von einem Ort zum anderen bewegen kann. Ohne anderslautende Schilder gelten die folgenden maximalen Geschwindigkeiten: Innerhalb der Orte darf 50 km/h gefahren werden, außerhalb 80 km/h. Verkehrsberuhigung wird an vielen Stellen durch Schwellen (Drempels) herbeigeführt, hier müsst ihr aufmerksam fahren. Auf Schnellstraßen gilt 100 km/h, auf der Autobahn tagsüber von 6 bis 19 Uhr auch nur 100 km/h. Nachts dürfen es 130 km/h sein.

Die Promillegrenze liegt sowohl am Steuer als auch auf dem Fahrrad bei 0,5 Promille. Verstöße (auch beim Parken) sind in den Niederlanden deutlich teurer als in Deutschland. Die Autobahnausfahrten (afrit oder uitrit) sind nummeriert. Hier ist es oft einfacher, sich die Nummer der Ausfahrt zu merken als den Namen der Ortschaften.

Das Tanken ist in den Niederlanden teurer als in Deutschland, vor allem an der Autobahn sind die Preise sehr hoch. Hier lohnt es sich, abzufahren und eine Tankstelle in einer Ortschaft zu suchen, die Unterschiede sind oft erheblich. Vor allem auf Landstraßen und innerhalb der Orte müsst ihr überall mit vielen Fahrrädern rechnen.

Fähren

Die Westfriesischen Inseln sind nur mit Fähren vom Festland erreichbar. Der Fahrplan variiert jeweils je nach Saison, in der Hauptsaison fahren deutlich mehr Boote pro Tag. Die Fähre nach Texel fährt sehr regelmäßig, im Sommer sogar im halbstündigen Takt. Hier kann man zwar ein Ticket online kaufen, allerdings keine bestimmte Abfahrtszeit reservieren. Bei großem Andrang müsst ihr warten. Die Fähren auf die anderen Inseln fahren seltener, teilweise nur vier Mal täglich. Hier solltet ihr vor allem in der Hauptsaison für Fahrzeuge auf jeden Fall einen Platz reservieren. Zu Fuß oder mit dem Rad kommt man so gut wie immer auf die Fähre. Es gibt für die Inseln außer Texel auch einen Express-Service, der deutlich schneller fährt, aber keine Fahrzeuge mitnimmt. Für die Fähren bekommt man immer Tickets für die Hin- und Rückfahrt. Möchtet ihr das Auto auf dem Festland stehen lassen, gibt es dazu spezielle Langzeitparkplätze.

Parken

Parken in den Niederlanden ist an vielen Orten kaum umsonst möglich. Vor allem an touristischen Orten sind fast alle Parkplätze kostenpflichtig. Einige Plätze haben wenige Stellplätze, die umsonst sind, weitere, für die man zahlen muss – hier müsst ihr besonders aufmerksam sein, ob ihr richtig steht. Die blauen Linien auf Parkplätzen markieren die Parkzonen, die gratis sind (oft zeitbegrenzt). Hier benötigt man eine Parkscheibe.

Die Parkautomaten nehmen fast nur noch Karten an, am besten funktioniert eine EC-Karte. Viele Parkautomaten können auch mit Apps wie EasyPark oder Sunhill genutzt werden, es ist allerdings kein einheitliches System vorhanden.

Am Straßenrand darf man so gut wie nie parken, es sollten nur ausgewiesene Parkflächen genutzt werden. Parkverbotsschilder stehen in vielen Orten auch nur am Eingang der jeweiligen Parkzone, sodass man sie leicht übersieht.

Viele Städte haben P&R-Parkplätze, die kostengünstig oder sogar umsonst sind. Von dort kann man dann günstig mit dem öffentlichen Nahverkehr ins Zentrum fahren. Ihr solltet aber sehr aufmerksam lesen, wie die Systeme funktionieren. Im Amsterdam muss man zum Beispiel bei der Einfahrt ins Parkhaus ein spezielles P&R-Ticket ziehen (weitere Infos zu Amsterdam bei **[› Tour 4]**).

Die Texel-Vignette: Auf Texel kann man eine Vignette kaufen und dann auf allen Parkplätzen parken. Sie kostet 10 Euro für einen Tag, 20 Euro für eine Woche und 30 Euro für das ganze Jahr und lohnt sich schnell, wenn man auf Texel mit dem Auto unterwegs sein möchte.

Strafzettel für das falsche Parken sind in den Niederlanden deutlich teurer, sodass ihr auf jeden Fall darauf achten solltet, das richtige Ticket zu lösen – noch eine weitere Motivation dafür, öfter mal das Auto stehen zu lassen und Ausflüge mit dem Fahrrad zu machen.

Öffentliche Verkehrsmittel in den Niederlanden

In den Niederlanden kann man auch sehr gut mit den öffentlichen Verkehrsmitteln das Land erkunden. Sowohl das Zug- als auch das Bussystem sind sehr gut ausgebaut.

Fahrkarten könnt ihr auf unterschiedlichen Wegen erwerben. Ihr könnt Einzeltickets für die jeweilige Strecke kaufen, für den Zug kosten diese einen Euro Aufpreis. Es gibt auch die OV-Chipkaart. Diese kostet 7,50 Euro und muss aufgeladen werden, dann kann man mit ihr in alle öffentlichen Verkehrsmittel einfach einchecken. Beim Aussteigen checkt man aus, und so wird nur der richtige

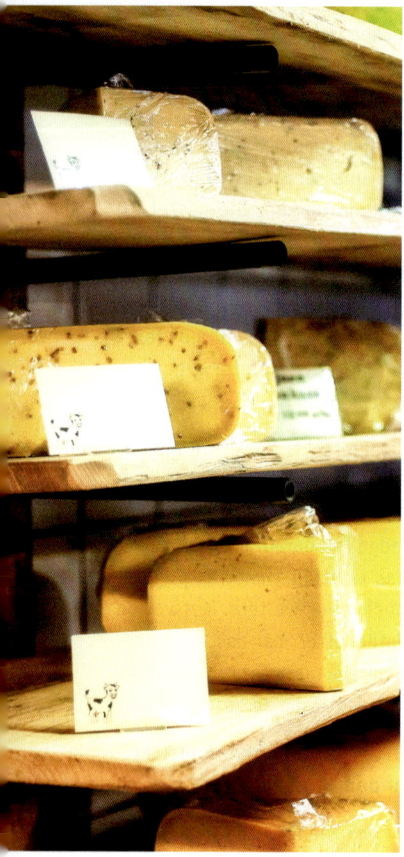

Betrag abgezogen. Seit 2023 funktioniert dies auch direkt mit der Bankkarte, hier ist es aber besonders wichtig, das Auschecken nicht zu vergessen.

Kinder unter vier Jahren fahren grundsätzlich gratis im ÖPNV der Niederlande. Ab zwölf Jahren müssen sie den vollen Preis zahlen. Für Kinder zwischen vier und elf Jahren gelten normalerweise reduzierte Fahrpreise.

Die Nederlandse Spoorwegen (NS) ist das Bahnunternehmen der Niederlande (www.ns.nl). Möchtet ihr regelmäßig Zug fahren, lohnt es sich, die App der NS herunterzuladen, um Verbindungen in Realzeit abrufen zu können.

Auch mit Bussen kann man die Niederlande gut erkunden. Je nach Region gibt es hier unterschiedliche Unternehmen. Für Noord-Holland, Flevoland und Overijssel ist zum Beispiel das Unternehmen Connexxion zuständig (www.connexxion.nl), in Friesland dagegen Arriva (www.arriva.nl).

Einkaufen

Einkaufen ist in den Niederlanden einfach – jeder Ort hat einen Supermarkt und ihr bekommt alles Notwendige. Die Läden sind üblicherweise täglich geöffnet, sonntags aber oftmals erst ab 12 Uhr und maximal bis 18 Uhr. Kleinere Läden können sonntags auch geschlossen sein.

In den Niederlanden ist es üblich, mit der Karte zu zahlen. Viele Supermärkte nehmen gar kein Bargeld mehr an, in den Städten gibt es manchmal nur noch Self-Checkout-Terminals. Hier sind EC-Karten/Girokarten üblicher als Kreditkarten, diese werden teilweise nicht angenommen.

Insgesamt ist das Preisniveau in den Niederlanden etwas höher als in Deutschland, vor allem in der Gastronomie.

Unterkunft und Übernachtung

Unterkünfte findet man in den Niederlanden wie Sand am Meer – vor allem die Küstengebiete sind sehr gut erschlossen. Besonders in der Hauptsaison solltet ihr immer reservieren, denn dann ist vieles langfristig ausgebucht. Viele Hotelanlagen sind sehr unpersönlich, sodass die meisten Reisenden Wohnungen und Häuser bevorzugen, in denen man auch unabhängiger ist.

B&B

In den Niederlanden hat sich das Konzept B&B durchgesetzt. In vielen ehemaligen Bauernhöfen und in schönen historischen Gebäuden befindet sich mittlerweile ein Bed and Breakfast. Ihr könnt dort ein Zimmer mit einfachem Frühstücksservice buchen. Auch viele Campingplätze bieten B&B als Zusatzservice an. Oft hat man dabei die Gelegenheit, spannende Orte und Menschen kennenzulernen. Empfehlungen für B&Bs bekommt ihr bei den Tourismusinformationen oder online – zum Beispiel über www.bedandbreakfast.nl.

Ferienwohnungen und Häuser

In den Niederlanden gibt es ein sehr großes Angebot an Ferienwohnungen und -häusern, vor allem in Noord-Holland und auf den Westfriesischen Inseln, aber auch im Inland. Es gibt ebenfalls Ferienparks mit Häusern verschiedener Größe wie zum Beispiel die Anlagen von Landal. Hier lohnt es sich auf jeden Fall, die üblichen Portale wie booking.com und AirBnB für die Suche nach Unterkünften zu nutzen sowie die direkten Webseiten der jeweiligen Parks. Teilweise werden Häuser im Park auch dezentral von privat weitervermietet und können so günstiger sein.

www.heerlijkehuisjes.de
www.fewo-direkt.de
www.ferienhausniederlande.de
www.naturhaeuschen.de
www.casamundo.de

Strandhäuser mieten

Wer davon träumt, einmal in einem der Häuschen zu wohnen, die in den Niederlanden während des Sommers direkt am Strand stehen, wird bei strandhuisje.de fündig.

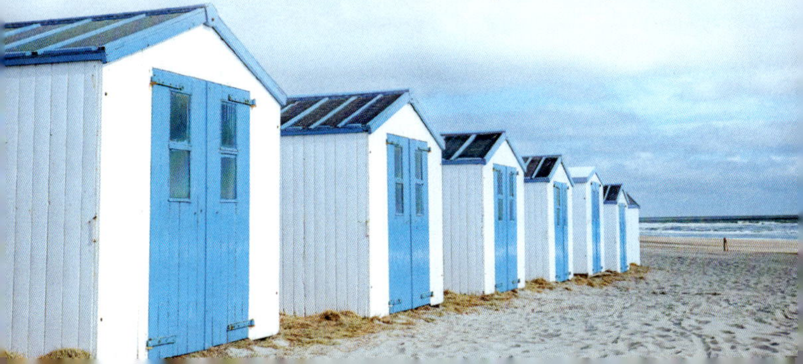

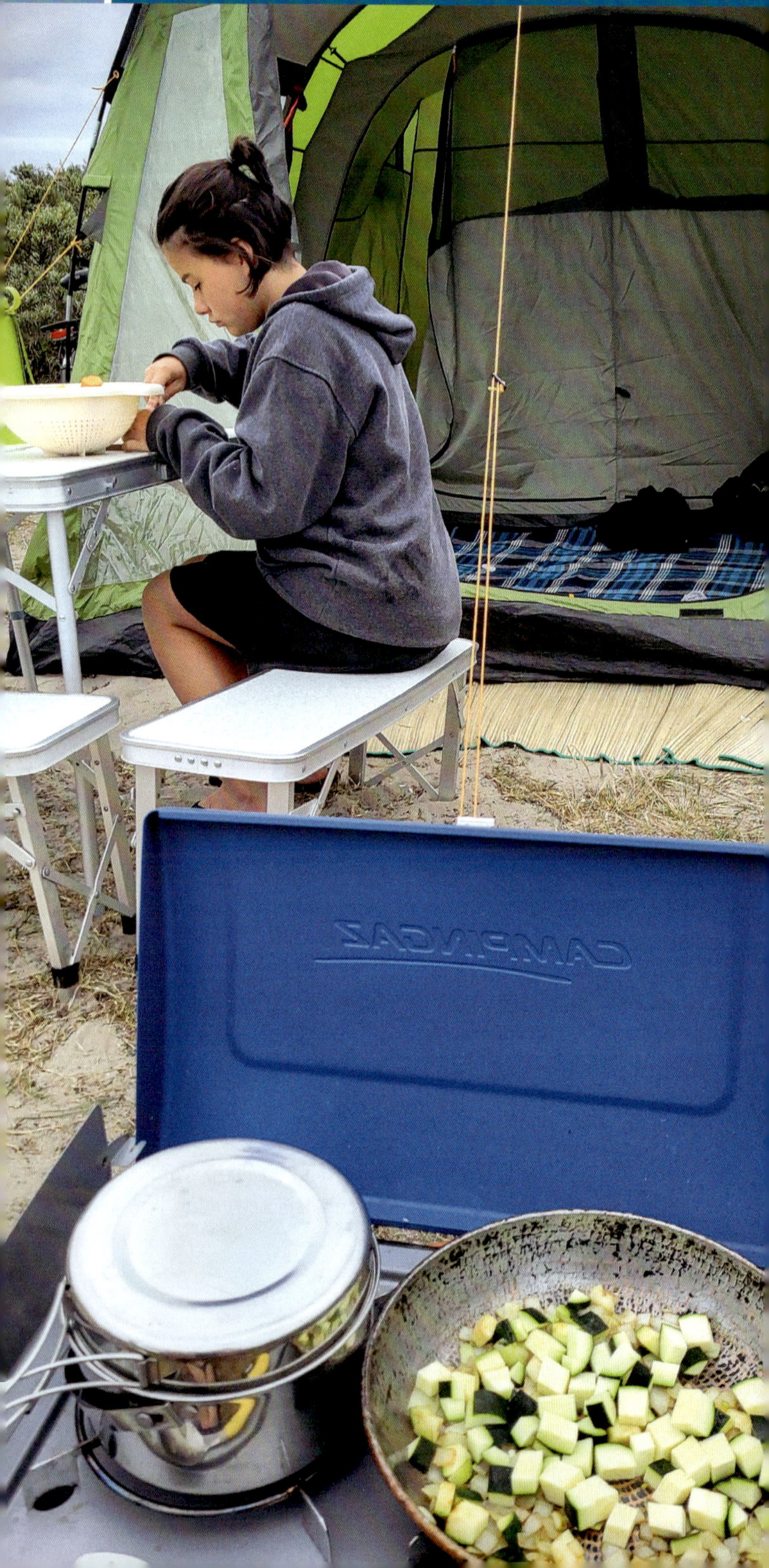

Camping in den Niederlanden

Camping ist in den Niederlanden sehr beliebt und ihr findet hier eine große Auswahl an Campingplätzen. Trotzdem solltet ihr in der Hauptsaison und auch um Ostern und Pfingsten einen Platz reservieren. Die Bandbreite reicht von großen Campingplätzen mit mehreren hundert Stellplätzen und Animationsprogramm bis zum naturnahen Minicamping mit weniger als zehn Plätzen und sehr einfachen Einrichtungen.

Ein besonderes Angebot in den Niederlanden ist Bauernhofcamping (Boerencamping). Hier sind auf dem Gelände aktiver Bauernhöfe Campingplätze entstanden und ihr könnt oft einen Blick in die Ställe werfen, bei der Versorgung der Tiere helfen und seid zwischen Weiden und Feldern untergebracht.

Ebenso gibt es in den Niederlanden viele Naturcampingplätze. Diese sind besonders nachhaltig und folgen speziellen Regeln. Darunter fallen auch die Campingplätze des Landesforstamtes. Diese Plätze sind oftmals sehr einfach, teilweise auch ohne Strom. Um hier zu übernachten, braucht ihr eine gültige Naturcampingkarte der Stiftung De Groene Koepel. Diese kostet € 15,95 und kann an den meisten Campingplätzen gekauft werden. Sie gilt dann ein ganzes Jahr.

Brötchenservice und WLAN gehören mittlerweile eigentlich zur Grundausstattung auf den größeren Campingplätzen. Auf vielen Plätzen in den Niederlanden gibt es jedoch einen gemischten Sanitärbereich – für Gäste aus Deutschland ist das etwas ungewohnt.

Viele Plätze bieten auch die Unterkunft in Safarizelten, Wanderhütten oder Chalets an. Wir haben auch diese Unterkünfte bei der Beschreibung der Plätze aufgeführt. Die Preise für einen Platz oder eine Unterkunft können in den Niederlanden stark variieren – je nach Saison und Belegungszeit. Die von uns im Folgenden ausgewählten Plätze liegen in der Nähe unserer Tourenvorschläge. Die Liste ist nicht vollständig. Es gibt über unsere Auswahl hinaus viele weitere gute Campingplätze.

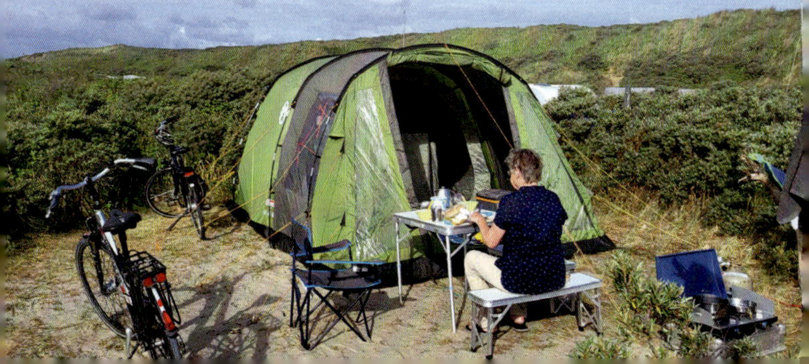

Noord-Holland

1 Camping Dijk & Meer

GPS N 52°45'06.0", E 5°11'41.0"
Kleiner Campingplatz mit etwas alternativem Flair. Der Platz liegt hinter dem Deich am IJsselmeer, es gibt allerdings keinen Badeplatz. Große und schattige Plätze. Die Sanitäranlagen sind etwas in die Jahre gekommen. Pizzaofen, Spielplatz, WLAN auf dem Campingplatz. In der direkten Nachbarschaft gibt es eine Ponyfarm und einen Tennisplatz. Ihr könnt hier auch Jurten, Caravans und Tiny Houses mieten, zwei Personen €105.
Geöffnet April bis September.
Platz inkl. 2 Pers. €27,50 – 32,50, weitere Person ab drei Jahren €5.
www.campingdijkenmeer.nl

2 Camping Veerhof

GPS N 52°43'41.0", E 5°05'46.0"
Ruhiger Campingplatz in der Natur mit großen Stellplätzen. Es gibt sowohl sonnige als auch schattige Plätze, die von Kanälen umgeben sind. Auf den umliegenden Weiden werden Tiere gehalten, es handelt sich um einen früheren Bauernhof. Flüsterboot- und Kanuverleih, Holzofen, Spielplatz, Bootsanlegestelle, Schwimmgelegenheit.
Geöffnet April bis September.
Platz inkl. 2 Personen €20, weitere Person €5, Kinder 3 bis 11 Jahre €4.
www.campingveerhof.nl

3 Mini Camping Het Stammeland

GPS N 52°43'30.0", E 4°59'52.0"
Schöner, kleiner Campingplatz mit sehr freundlicher Leitung. Sehr ruhig gelegen mit Hühnern auf dem Platz (kein Hahn), Eier können gekauft werden. Gute Sanitäranlagen mit gemischtem Bereich. Große Plätze, teilweise mit Schatten. Eher wenig Angebote für Kinder. Waschmaschine, Boulefeld, WLAN.
Geöffnet Ende März bis September.
Platz inkl. 2 Pers. €23,50, weitere Person €6. www.hetstammeland.nl

4 Camping Zeevangshoeve

GPS N 52°31'28.0", E 5°03'53.0"
Ländlicher Campingplatz direkt am IJsselmeer, Zugang zum Wasser und zu einem Badesteg über den Deich. Hier leben auch Tiere auf der Weide und es gibt ein Gehege mit Hasen, Schafen, Ziegen und Schweinen, in dem die Tiere gestreichelt werden dürfen. Besonders geeignet für Familien. Sonnige Parzellen in Reihen. Spielplatz, WLAN, Gemeinschaftsraum, Waschmaschine und Kühlschrank, einmal in der Woche Pizza aus dem Holzofen, Tierweide, Fahrradverleih.
Geöffnet Ende März bis Mitte Oktober.
Platz inkl. 2 Pers. €25–27, weitere Person €4,75, Kinder 4 bis 14 Jahre €4,25, Kinder bis 4 Jahre €3,25, keine Barzahlung möglich.
www.zeevangshoeve.nl

5 Camping Strandbad Edam

GPS N 52°31'07.0", E 5°04'25.0"
Campingplatz direkt am IJsselmeer mit Strandbad und kleinem Schwimmbecken für Kinder, gut geeignet für Familien. Sanitäre Anlagen etwas klein, aber gepflegt. Im Sommer kann es etwas eng werden. Die Stadt Edam liegt in fußläufiger Entfernung. Restaurant, Strandbad, Volleyballfeld, Spielplatz, WLAN, Waschmaschine und Trockner. Übernachtung in einer kleinen Wanderhütte möglich, Schlafsack muss selbst mitgebracht werden (€58).
Geöffnet April bis September.
Platz inkl. 2 Pers. €34,50, weitere Person €5,50, Kinder unter 6 Jahren €4. www.campingstrandbad.nl

6 Camping Blauhek

GPS N 52°23'44.0", E 4°41'25.0"
Bauernhofcampingplatz mit Anschluss an einen Milchbauernhof, der besichtigt werden kann. Autofreier Platz, der Wagen muss draußen geparkt werden. Amsterdam und Haarlem sind gut erreichbar. WLAN-Empfang nicht überall gleich. Durch die Nähe zum Flughafen Schiphol viele überfliegende Flugzeuge. Waschmaschine, WLAN. Für die Anreise unbedingt der Beschreibung und nicht dem Navi

folgen, um nicht in den schmalsten Straßen zu landen.
Geöffnet April bis September.
Online Reservierung notwendig. Platz inkl. 2 Pers. €26, weitere Person €7, sonntags keine Anreise möglich.
www.blauhek.nl

7 Camping Zeeburg Amsterdam

GPS N 52°21'54.0", E 4°57'32.0"
Campingplatz direkt am Wasser mit Badegelegenheit. 30 Minuten mit dem Rad bis zur Amsterdamer Innenstadt. Hier gibt es viel internationales Publikum und vor allem auf der Zeltwiese viele junge Reisende, die Amsterdam besuchen möchten. In der Hauptsaison kann es hier auch eng werden. Gemeinschaftsküche mit Herd und Kühlschrank, Kräutergarten, WLAN, Grillplatz, kleiner Laden mit Brotbestellservice, Verleih von Fahrrädern, Kajaks und SUPs, Restaurant. Es können auch Planwagen und Hütten gemietet werden. Der Platz befindet sich in der Umweltzone, nur Fahrzeuge mit entsprechender Plakette dürfen hier fahren.
Ganzjährig geöffnet.
Platz inkl. 2 Personen für Wohnmobil €29, weitere Person €10, Jugend 13 bis 15 Jahre €8, Kinder 5 bis 12 Jahre €4, Platz auf der Zeltwiese für ein kleines Zelt (große nicht möglich) inkl. 2 Personen €21. Maximale Aufenthaltsdauer pro Jahr 7 Nächte.
www.campingzeeburg.nl

8 Nivon Camping Banjaert

GPS N 52°29'38.0", E 4°36'09.0"
Der Campingplatz wird von den Naturfreunden Niederlande (Nivon) betrieben, direkt daneben gibt es das Naturfreundehaus. Schönes Gelände mit großzügigen Stellplätzen und viel Schatten. Sehr beliebt bei Familien. Nachts kann man je nach Windrichtung die Tata-Stahlwerke hören. Es handelt sich um einen autofreien Campingplatz, Autos sind nur zum Be- und Entladen erlaubt. WLAN, Spülmaschine, Waschmaschine, Gemeinschaftsküche mit Kühlschrank (ohne Herd), Fahrradverleih, Grillplatz, Spielplatz.
Ganzjährig geöffnet. Wintercamping ist nur mit Reservierung möglich.
Platz inkl. 2 Pers. €26,60, weitere Person €9,50, Kinder 5 bis 16 Jahre €7,10, Ermäßigungen für Nivon-Mitglieder. www.banjaert.nivon.nl

9 Klein Hemelrijk

GPS N 52°30'48.0", E 4°37'54.0"
Naturcampingplatz am Rande des Waldes und des Naturschutzgebietes. Sehr ruhig, großzügige Parzellen. Der Campingplatz ist autofrei. Die Naturcampingcard ist notwendig und kann auch vor Ort gekauft werden. Gemeinschaftskühlschrank, Holztische an jedem Stellplatz, Fahrradverleih. Man kann auch Blockhütten mieten, hier muss man mindestens zwei Nächte bleiben, in der Hochsaison geht das nur wochenweise (€95–115).
Geöffnet April bis Oktober.
Platz inkl. 2 Pers. €33,50–25,50, weitere Person €9,50–6,25, Kinder bis 12 Jahre €5,75–4,75.
www.kleinhemelrijk.nl

10 Camping Amsterdam aan Zee

GPS N 52°30'10.0", E 4°38'20.0"
Einfacher Campingplatz mit neun Stellplätzen, sehr ruhig. Sanitäranlagen schon etwas in die Jahre gekommen, aber sauber. Waschmaschine, Kühlschrank, Aufenthaltsraum, WLAN. Es können auch Caravans und Blockhütten gemietet werden.
Geöffnet Ende März bis September.
Platz inkl. 2 Pers. €27,50–30, weitere Person €4.
www.campingamsterdamaanzee.nl

11 Camping Tuinderij Welgelegen

GPS N 52°33'44.0", E 4°49'58.0"
Kleiner Campingplatz im Naturschutzgebiet Eilandspolder mit Verkauf von Gemüse aus dem eigenen Betrieb. Einfacher Platz direkt am Wasser. In direkter Nähe zum Ort De Rijp. Kanuverleih, WLAN. Es können auch Caravans gemietet werden (ab €91).
Geöffnet April bis September.
Platz inkl. 2 Pers. €17, weitere Person €6, Kinder bis 12 Jahre €2,50. Dusche und Warmwasser extra €0,50 bzw. 0,20.
www.campingtuinderijwelgelegen.nl

12 Camping Alkmaar

GPS N 52°38'32.0", E 4°43'25.0"
Zentral gelegener Campingplatz mit großen Parzellen, getrennt durch Hecken. Ein Teil der Plätze liegt in der Nähe der Hauptstraße. Sanitäranlagen gut, aber bei Vollbelegung wohl etwas wenige. Es gibt einen kleinen Strand am Kanal. Waschmaschine, WLAN, Spielplatz, Fahrradverleih. Es werden auch Wanderhütten vermietet (ab drei Nächte, € 60).
Geöffnet Mitte März bis Mitte Oktober. Online-Reservierung nur ab 2 Nächten möglich. Platz inkl. 2 Pers. € 20–24, weitere Person € 6,40, Kinder bis 18 Jahre € 2–5. www.campingalkmaar.nl

13 Camping De Croft

GPS N 52°36'32.0", E 4°38'42.0"
Kleiner Campingplatz an einem Bauernhof mit 15 Plätzen direkt am nordholländischen Dünenreservat. In der Hauptsaison Aufenthalt nur von Samstag bis Samstag möglich. Sehr nette Besitzer. WLAN, Waschmaschine, überdachter Fahrradraum.
Geöffnet April bis September.
Platz inkl. 2 Pers. € 23–24, weitere Person € 5, Kinder bis 12 Jahre € 3,50. Dusche € 0,50, Warmwasser ebenfalls kostenpflichtig.
www.decroft.nl

14 Camping De Markies

GPS N 52°38'04.0", E 4°39'37.0"
Einfacher Campingplatz auf einer Wiese, saubere Sanitäreinrichtungen, Toilettenpapier muss aber selbst mitgebracht werden. Man kann die Flugzeuge hören, die einfliegen. Volleyballfeld, Spielplatz, Waschmaschine, WLAN kostenpflichtig. Fahrradverleih.
Geöffnet April bis September.
Platz inkl. 2 Pers. € 22,60, weitere Person € 3,50, Kinder 2 bis 12 Jahre € 2, Dusche und Warmwasser € 0,50.
www.demarkiess.nl

15 Camping De Kolibrie

GPS N 52°41'53.0", E 4°44'49.0"
Großer Campingplatz mit großzügigen Plätzen, besonders bei Familien beliebt. Sehr gute Sanitäranlagen. In der Hochsaison wird Animation für Kinder organisiert. Waschmaschine, Gemeinschaftsraum, WLAN, Spielplatz. Es können auch kleine Ferienhäuser gemietet werden (€ 89 pro Tag, in der Hauptsaison nur für mindestens eine Woche).
Geöffnet April bis September.
Platz inkl. 2 Pers. € 24,50–26,50, weitere Person € 4,50, Kinder 4 bis 11 Jahre € 3,50, Dusche € 0,50.
www.dekolibrie.eu

16 Camping El Dorado

GPS N 52°43'09.0", E 4°40'20.0"
Kleiner, einfacher und ruhiger Campingplatz mit vielen Bäumen und Schattenplätzen in den Dünen mit Hippie-Charme. Sanitäranlagen sind etwas in die Jahre gekommen, werden aber gut gepflegt. Spielplatz, Café, in dem auch Veranstaltungen stattfinden. Man kann auch kleine Blockhütten bzw. einen Bauwagen mieten (€ 47,50, in der Hauptsaison nur wochenweise mietbar).
Geöffnet April bis September.
Platz inkl. 2 Pers. € 22,50, weitere Person € 4,50, Kinder 4 bis 10 Jahre € 3,50, Dusche € 1,25.
www.campingeldorado.nl

17 Camping Strand 49

GPS N 52°46'48.0", E 4°42'37.0"
Ruhiger, luxuriöser Campingplatz, der allerdings nicht wie der Name sagt am Strand liegt. Große Plätze mit Privatbad. Aussicht auf Felder und Dünen. Der Campingplatz ist autofrei und man darf nur zum Be- und Entladen auf den Platz fahren. WLAN, Spielplatz, kleiner Laden. Es können auch Safarizelte oder kleine Hütten gemietet werden (Buchung wochenweise, Preise variieren je nach Art der Unterkunft).
Geöffnet Ende März bis September.
Platz inkl. 4 Pers. € 43, weitere Person ab 0 Jahre € 5. Buchung nur wochenweise möglich.
www.strand49.nl

18 Camping De Watersnip

GPS N 52°45'36.0", E 4°39'47.0"
Großer Campingplatz in Strandnähe mit Animationsangebot für Kinder (teilweise nur auf Niederländisch).

Die Sanitäranlagen sind sauber. Es gibt ein kleines Schwimmbad. Der Platz ist vor allem bei Familien beliebt. Fahrradverleih, Kettcars, kleiner Supermarkt, Restaurant, Spielplätze, Waschmaschinen, Spielraum, WLAN im Restaurant. Es können auch Hütten gemietet werden (Preise ab €87,50, in der Hauptsaison nur wochenweise buchbar).
Geöffnet April bis September.
Platz inkl. 4 Pers. €38,50–44, weitere Person ab 1 Jahr €4. Duschen einmal pro Tag inklusive.
www.watersnip.nl

19 Camping Golfzang

GPS N 52°47'09.0", E 4°41'51.0"
Mittelgroßer Campingplatz, beliebt bei Familien, nicht weit entfernt vom Strand. Saubere Sanitäranlagen. In der Hauptsaison gibt es Animation und organisierte Touren. Waschmaschine, Spielplätze, Café, kleiner Supermarkt, WLAN.
Geöffnet April bis September.
Platz inkl. 2 Pers. €27,50–31, weitere Person €6, Kinder bis 10 Jahre €4, Dusche €0,20 pro Minute.
www.campinggolfzang.nl

20 Camping Hazenoord

GPS N 52°46'34.0", E 4°41'26.0"
Einfacher, kleiner Campingplatz in den Feldern und in Dünennähe. Sehr ruhig. Da auf offenem Feld, kann es sehr windig werden – ein Windschutz ist sinnvoll. Feuerschalen und Holz können ausgeliehen werden. Die Sanitäranlagen sind vor kurzem neu gebaut worden. Der Campingplatz ist autofrei. Es können auch Safarizelte gemietet werden (€65–80).
Geöffnet April bis September.
Platz inkl. 2 Pers. €23,50–28,50, weitere Person ab 3 Jahre €3.
www.hazenoord.nl

21 Camping De Lepelaar

GPS N 52°48'09.0", E 4°41'47.0"
Der schöne Campingplatz liegt in den Dünen mit vielen individuellen Plätzen. Saubere Sanitäranlagen. Der Platz ist auto- und fahrradfrei. Es führt eine Straße am Platz entlang, die man teilweise hören kann. Man benötigt Holzheringe in den Dünen. Spielplätze, Café, kleiner Laden, Fahrradverleih, WLAN. Man kann auch kleine Hütten und Wohnwagen mieten (ab €84).
Geöffnet April bis September.
Platz inkl. 2 Pers. €35–37,85, weitere Person €7,50, Babys bis 1 Jahr €2. www.delepelaar.nl

22 Camping Julianadorp aan Zee

GPS N 52°54'04.0", E 4°43'46.0"
Kleiner Bauernhofcampingplatz am Wasser (Kanäle) in Strandnähe mit großen Stellplätzen. Im Frühsommer liegt der Platz mitten in den Tulpenfeldern. Sanitäranlagen sehr sauber. Spielplatz, Kanuverleih, Bouleplatz, Kettcars, Fußballplatz, Waschmaschine, WLAN.
Geöffnet Mitte März bis Anfang November. Platz inkl. 2 Pers. €20–27, weitere Person ab 2 Jahre €6,50.
www.campingjulianadorpaanzee.com

23 Camping Uitzicht Den Helder

GPS N 52°55'30.0", E 4°45'10.0"
Kleiner Campingplatz am Bauernhof, es gibt hier Tiere wie Ponys und Alpakas. Die Plätze sind großzügig. Der Platz liegt mitten in den Tulpenfeldern, der Hof produziert Blumenzwiebeln. Die sanitären Anlagen sind etwas in die Jahre gekommen. Waschmaschine, Spielplatz, Lagerfeuer ist möglich.
Geöffnet April bis September.
Platz inkl. 2 Pers. €22,50, weitere Person ab 2 Jahre €3,50.
www.camping-uitzicht.nl

24 Camping Hoeve Ons Lust

GPS N 52°54'52.0", E 4°43'15.0"
Kleiner Bauernhofcampingplatz direkt hinter der Düne, ein Kilometer Fußweg zum Strand. Ruhig gelegen in den Blumenfeldern – der Bauernhof produziert Blumenzwiebeln. Der Platz ist autofrei. Brötchenservice, WLAN, Kajak- und Fahrradverleih, Waschmaschine.
Geöffnet Mitte März bis Oktober. Platz inkl. 2 Pers. €24–29, weitere Person €12,50, Kinder bis 18 Jahre €8.
www.hoeveonslust.nl

Texel

25 Camping Loodmansduin

GPS N 53°01'18.0", E 4°44'27.0"
Großer Campingplatz in den Dünen. Durch die Verteilung der Plätze in den Dünen bemerkt man aber kaum die Größe. Sanitärgebäude sauber. Es gibt auch einen FKK-Bereich. Es werden Holzheringe benötigt, einige Plätze sind dem Wind sehr ausgesetzt. Waschmaschine, WLAN, Freibad (Juli bis August), Spielplatz, Freizeitraum, kleines Restaurant, Fahrradverleih. Es können auch Chalets gemietet werden (ab €90).
Geöffnet Ende März bis Anfang November. Platz inkl. 2 Pers. €36,55–43,80, weitere Person ab 4 Jahre €7,70, Kinder von 0 bis 4 Jahre €2,40. www.krim.nl/camping-loodsmansduin

26 Camping Texelsun

GPS N 53°03'35.0", E 4°48'47.0"
Ruhiger Bauernhofcampingplatz in der direkten Nähe von Den Burg mit schöner Aussicht auf die Felder der Umgebung. WLAN, Waschmaschine, Kühlschrank mit Eisfach, Ladestelle für E-Bikes. Es gibt einen zu mietenden Wohnwagen (€85, mindestens drei Nächte).
Geöffnet April bis September. Platz inkl. 2 Pers. €25–27,50, weitere Person €6. www.campingtexelsun.nl

27 Camping Amalia

GPS N 53°01'28.0", E 4°47'22.0"
Kleiner Bauernhofcampingplatz mit 15 Parzellen, sehr familienfreundlich, im Stall dürfen Tiere gestreichelt und die Lämmer versorgt werden. Autos werden draußen geparkt. Waschmaschine, Kühlschrank, WLAN, Kettcars, Trampolin, Tischtennisplatte, Spielscheune.
Geöffnet Mitte März bis Oktober. Platz inkl. 2 Pers. €24,50–27, weitere Person €7, Kinder 3 bis 10 Jahre €3,50. www.camping-amaliatexel.nl

28 Camping De Texelaar

GPS N 53°04'23.0", E 4°49'51.0"
Kleiner, neuer Bauernhofcampingplatz in ländlicher, ruhiger Umgebung mit 15 Stellplätzen. Es können frische Lebensmittel direkt vom Hof gekauft werden. Große Stellplätze mit weitem Blick über die Schafweiden. Modernes Sanitärgebäude. Autos werden draußen geparkt. WLAN, Waschmaschine.
Geöffnet April bis September. Platz inkl. 2 Pers. €25–29, weitere Person €5. www.campingdetexelaar.nl

29 Kamperin bij de Boerin

GPS N 53°01'43", E 4°48'50"
Kleiner Bauernhofcampingplatz mit 14 Stellplätzen, die durch niedrige Hecken getrennt sind. Ruhige Lage in den Feldern, allerdings führt auf der Rückseite des Deiches eine Straße am Platz entlang. Autos werden draußen geparkt. Kettcars, Aufenthaltsraum mit Ofen und Kühlschrank, Sandkasten, Waschmaschine, überdachter Fahrradschuppen mit E-Bike-Ladestation. WLAN im Aufenthaltsraum.
Geöffnet Mitte März bis Oktober. Platz inkl. 2 Pers. €21,50–24,50, weitere Person €5,25, Kinder bis 11 Jahre €4,25. www.kamperenbijdeboerin.nl

30 Camping Kogerstrand

GPS N 53°06'02.4", E 4°45'28.6"
Sehr großer Campingplatz in De Koog mit Stellplätzen direkt in den Dünen. Kurzer Weg zum Strand. Autos parken auf dem Zentralparkplatz – die Wege bis zum Stellplatz können sehr weit sein. Privatsphäre durch verteilte Plätze in den Dünen. Für Zelte werden Holzheringe benötigt. Waschmaschine, Spülmaschine, großer Spielplatz mit Trampolin, Indoor-Spielplatz, Fahrradverleih, kleiner Laden, WLAN.
Geöffnet Ende März bis Anfang November. Platz inkl. 2 Pers. €36,55–42,80, weitere Person €7,70, Kinder bis vier Jahre €2,40. www.krim-texel.de/camping-kogerstrand

31 Camping De Robbenjager

GPS N 53°10'41.0", E 4°51'37.0"
Dünencampingplatz an der Nordspitze der Insel in der Nähe des Leuchtturms. Sehr ruhig gelegen mit großen Stellplätzen. Sanitäranlagen sauber, in der Nebensaison allerdings nur die Hälfte geöffnet. WLAN, Spielplatz, Waschmaschine, Sportplatz, Fahrradverleih, Restaurant (hochpreisig). Man kann auch Chalets mieten (ab €143 für vier Personen).
Geöffnet April bis Anfang Oktober.
Platz inkl. 2 Pers. €46,20–50,20, weitere Person ab 2 Jahre €7, Dusche 1x täglich gratis. Mindestaufenthalt 2 Nächte.
www.duinparkderobbenjager.nl

32 Camping De Hoek

GPS N 53°10'12.0", E 4°51'39.0"
Kleiner Campingplatz auf einem Bauernhof. Sanitäranlagen sehr gut und sauber. Geräumige Stellplätze und sehr ruhige Lage in den Feldern. Leuchtturm und Strand zu Fuß erreichbar. WLAN.
Geöffnet April bis September.
Platz inkl. 2 Pers. €25, weitere Person ab 1 Jahr €5.
www.campingdehoek.nl

Friesland

33 Camping de Lange Paal

GPS N 53°17'01.9", E 5°01'44.3"
Sehr einfacher Naturcampingplatz für Zelte. Direkt am Wald und sehr ruhig gelegen. Kein Stromanschluss, Kleingeräte können in Schließfächern gegen Gebühr aufgeladen werden. Rezeption ist nur 1,5 Stunden täglich besetzt, eingecheckt wird sonst am Automaten. Während des Festivals »Into the Great Wide Open« im Spätsommer kann es voll werden und Reservierungen sind nicht möglich.
Geöffnet April bis September.
Platz inkl. 2 Pers. €29,28–36,22, weitere Person €25, Kinder 3 bis 12 Jahre €5. www.logerenbijdeboswachter.nl/natuurkampeerterreinen/de-lange-paal

34 Camping Stortemelk

GPS N 53°18'15.0", E 5°04'46.0
Großer Campingplatz in den Dünen – nur für Zelte und direkt hinter dem Strand. Während des Festivals »Into the Great Wide Open« im Spätsommer kann es voll werden. Restaurant, kleiner Laden, WLAN, Spielplatz, Sportplatz, Zugang zu einem Schwimmbad. Es gibt Safarizelte und kleine Hütten, die privat vermietet werden (siehe Website).
Geöffnet April bis Oktober.
www.stortemelk.nl

35 Ökocamping Tussen Wad en Strand

GPS N 53°26'24.8", E 5°42'32.6"
Kleiner Ökocampingplatz mit Sonnenkollektoren, einem Holzvergaser und 25 Stellplätzen. Sehr ruhig und beliebt bei Familien. Waschmaschine, Spielplatz, Aufenthaltsraum, Möglichkeit für Lagerfeuer. Es können auch Caravans und Safarizelte gemietet werden (ab €125).
Geöffnet Mitte März bis Oktober.
Platz inkl. 2 Pers. €30–33,50, weitere Person €8,50, Kinder 3 bis 14 Jahre €6.
www.tussenwadenstrand.com

36 Camping Middelpôlle

GPS N 53°27'08.4", E 5°45'17.5"
Sehr einfacher Naturcampingplatz im Wald, nur Zelte. Kein Strom, Aufladen von Kleingeräten beim Ranger möglich, hier bekommt man auch Informationen über die Natur. Spielfeld und Sandkasten. Einfache sanitäre Anlagen. Auf dem Campingplatz ein- und ausladen, das Auto muss aber etwa einen Kilometer entfernt geparkt werden.
Geöffnet Mitte April bis Anfang Oktober.
Platz inkl. 2 Pers. €21–28,64, weitere Person €7,25, Kinder 3 bis 12 Jahre €4,70. www.logerenbijdeboswachter.nl/natuurkampeerterreinen/middelpolle

37 Camping Duinoord

GPS N 53°27'26.0", E 5°46'22.0"
Großer Campingplatz direkt hinter dem Strand mit einem speziellen Bereich für Familien. Im Sommer gibt es Animation für Kinder. Man darf nur zum Be- und Entladen mit dem Auto auf den Platz, sonst muss das Auto draußen auf einem Parkplatz stehen. Man benötigt Holzheringe für den Sandboden. Sehr gute Sanitäranlagen, die Wege können aber weit sein. Laden, Restaurant und Imbiss, Waschmaschine, WLAN, Spielplätze. Es können auch Chalets (ab €124) und Safarizelte (ab €167) gemietet werden.
Geöffnet Ende März bis September. Platz inkl. 2 Pers. €40,93–47,28, weitere Person €11,10, Kinder 1 bis 11 Jahre €8,75, Babys bis 1 Jahr €6,75. Warmwasser kostet extra. www.campingduinoordameland.de

38 Camping Martenastate

GPS N 53°14'40.7", E 5°46'57.4"
Einfacher Naturcampingplatz auf dem Gelände des Herrenhauses Martenastate unter großen Eichen, sehr schöne Stimmung. Einfache Sanitärgebäude. Das Auto muss auf dem Parkplatz stehen bleiben.
Geöffnet April bis September. Platz inkl. 2 Pers. €21,70, weitere Person €7,35, Kinder bis 12 Jahre €4. www.martenastate.nl/natuurkampeerterrein

39 Minicamping Slappeterp

GPS N 53°13'06.0", E 5°37'34.0"
Kleiner Naturcampingplatz in den Feldern, sehr ruhig. Es gibt ein Naturschwimmbad und ein schönes Café. Sehr saubere Sanitäranlagen. Kinder können auch die Ziegen füttern. Spülmaschine, Picknicktische, Spielzeug für Kinder, Kettcars, Trampolin, WLAN. Man kann auch einen Campingwagen mieten (€65).
Geöffnet April bis September. Platz inkl. 2 Pers. €20, weitere Person €7,50, Kinder 3 bis 12 Jahre €6. www.minicampingslappeterp.nl

40 De Holle Poarte

GPS N 53°03'12.3", E 5°23'00.9"
Großer Campingplatz direkt am IJsselmeer mit breitem Aktivitätsangebot. Im Sommer Animation für Kinder. Sanitäranlagen etwas in die Jahre gekommen. Vor allem für Wassersportler idealer Standort. Supermarkt, Skatebahn, Waschmaschine, Fahrradverleih, Streichelzoo, Indoor-Spielplatz, Aufenthaltsraum.
Geöffnet Ende März bis Anfang November. Platz inkl. 2 Pers. €32,65–59,45, weitere Person ab 3 Jahre €4,65. WLAN und Dusche kostenpflichtig. www.hollepoarte.nl

41 Camping Hindeloopen

GPS N 52°56'06.3", E 5°24'16.8"
Großer Campingplatz mit großzügigen Stellplätzen in Gruppen. Viele Spielplätze und Angebote für Kinder. Direkter Zugang zum Strand am IJsselmeer. Sehr gute Sanitäranlagen. Waschmaschine, Spielplatz, kleiner Laden, Restaurant, Bauernzoo, Indoor-Spielplatz, Fahrradverleih, Waschmaschine, WLAN.
Geöffnet April bis Oktober. Platz inkl. 2 Pers. €25,50–32,50, weitere Person €4, Kinder 4 bis 12 Jahre €3,50. Dusche €0,50. www.campinghindeloopen.nl

42 Camping De Finne

GPS N 53°04'34.5", E 5°37'58.7"
Campingplatz direkt am Wasser mit großen Stellplätzen. Man kann direkt am Campingplatz baden und es gibt viele Tiere, die gestreichelt werden dürfen. Sanitäranlagen sehr sauber. Waschmaschine, Kanuverleih, Fahrradverleih, Spielplatz mit Trampolin, kleines Café. Es können auch Geodome und Safarizelte gemietet werden (ab €95).
Geöffnet Ende März bis September. Platz inkl. 2 Pers. €20–25, weitere Person €6,25, Kinder 2 bis 12 Jahre €4,5. www.campingdefinne.nl

43 Camping De Veenhoop

GPS N 53°05'48.9", E 5°56'58.7"
Campingplatz in der Natur mit viel Grün, neben einer Segelschule. Sehr guter Ausgangspunkt für Wassersportaktivitäten im Nationalpark De Alde Feanen. Saubere Sanitäranlagen und großzügige Stellplätze, sehr ruhig. Kanuvermietung, Gemeinschaftsraum, Waschmaschine, Tischtennisplatte, Fahrradverleih, WLAN. Es gibt auch die Möglichkeit, Chalets zu mieten (ab €80, mindestens 2 Nächte).
Geöffnet April bis Anfang Oktober.
Platz inkl. 2 Pers. € €22–28, weitere Person ab 4 Jahren €5. www.veenhoop.nl

44 Minicamping Singel

GPS N 52°59'47.2", E 6°06'10.5"
Kleiner Campingplatz, umgeben von Wiesen und Weiden mitten in der Natur. Sehr ruhig mit sauberen Sanitäranlagen. Die Besitzer achten auf nachhaltige Versorgung und verkaufen eigene Produkte. Geräumige Stellplätze. Café, kleiner Laden, Spielplatz. Es kann auch eine Wanderhütte gemietet werden (€80).
Ganzjährig geöffnet
Platz inkl. 2 Pers. €24, weitere Person €8,50, Kinder bis 10 Jahre €5. www.singel-jubbega.frl

45 Camping De Hocht

GPS N 53°23'56.7", E 6°02'22.6"
Kleiner, einfacher Campingplatz auf einem ehemaligen Bauernhof, der sich gut als Ausgangspunkt für den Besuch auf Ameland oder Schiermonnikoog eignet. Saubere Sanitäranlagen. Der Campingplatz ist autofrei und ihr könnt hier auch Zimmer mieten (ab €84,50).
Geöffnet April bis Mitte September.
Platz inkl. 2 Pers. €24,75, weitere Person ab 2 Jahre €4. www.dehocht.nl

46 Camping Zee van Tijd

GPS N 53°22'14.3", E 5°53'48.7"
Kleiner Campingplatz im Grünen, guter Ausgangspunkt für Touren nach Ameland oder Vlieland. Sehr gute Sanitäranlagen. Campingplatz liegt direkt neben der Dorfkirche und an einer Straße – diese hört man vor allem morgens etwas. Kleiner Laden, Café, Fahrradverleih, Sauna. Ihr könnt auch Blockhütten und Safarizelte mieten (ab €73).
Geöffnet April bis Oktober.
Platz inkl. 2 Pers. €34, weitere Person €2. www.campingzeevantijd.nl

47 Camping Seedune

GPS N 53°29'06.3", E 6°09'37.3"
Weitläufiges Gelände mit Sonnen- und Schattenplätzen. Es werden Holzheringe benötigt, um Zelte auf dem Sandboden aufzubauen. Der Platz kann in der Hauptsaison sehr voll sein, dann gibt es oft Wartezeiten bei den Sanitäranlagen. Waschmaschine, Kühlschrank, Fahrradverleih, kleiner Laden, WLAN, Minigolf, Spielplätze, kleiner Imbiss.
Geöffnet April bis September.
Platz inkl. 2 Pers. €24, weitere Person ab 12 Jahre €10, Kinder bis 12 Jahre €6. In der Hauptsaison muss ein Platz reserviert werden. www.seedune.nl

48 Camping De Duinhoeve

GPS N 53°28'54.0", E 6°10'59.0"
Minicamping auf einem Bauernhof. Sehr einfache Ausstattung. Sanitäre Anlagen in der Hochsaison etwas knapp bemessen. Man kann mit in den Kuhstall und die Tiere streicheln und zeltet direkt neben der Kuhweide. Waschmaschine, Kühlschrank, Gemeinschaftsküche. Es können auch Safarizelte und Wohnungen gemietet werden (ab € 58 pro Tag bei Belegung für eine Woche).
Geöffnet April bis September.
Platz inkl. 2 Pers. €20, weitere Person €10, Kinder bis 12 Jahre €7,50. www.duinhoeve.nu

Groningen und Drenthe

49 Camping It Dreamlân

GPS N 53°18'08.1", E 6°09'52.5"
Sehr schöner Naturcampingplatz direkt am Wasser, großzügige Plätze verteilt über das Gelände. Die Sanitärgebäude sind sauber, aber bei Vollbelegung etwas knapp bemessen. Der Platz ist autofrei, das Befahren ist nur zum Be- und Entladen erlaubt. Spielplatz, Kanuverleih, wöchentliches gemeinsames Essen, Lagerfeuer, Volleyballfeld. Es gibt auch Häuser und Chalets zur Miete.
Geöffnet Ende März bis Oktober.
Platz inkl. 2 Pers. €19, weitere Person ab 4 Jahre €6. Dusche €0.50.
www.itdreamlan.nl

50 Camping Engelbert

GPS N 53°12'25.1", E 6°38'54.4"
Es gibt 30 Stellplätze, einige davon direkt am Wasser. Zugang zum Seebad mit Sprungturm direkt vom Campingplatz aus. Vor der Tür fährt ein Bus nach Groningen. Saubere, einfache Sanitäranlagen. WLAN, Café, Spielplatz, Waschmaschine. Ihr könnt hier auch Wanderhütten mieten (ab € 69).
Geöffnet April bis September.
Platz inkl. 2 Pers. €16,50 inklusive Schwimmbadeintritt, weitere Person €5, Kinder 4 bis 12 Jahre €4.
www.natuurbadengelbert.nl

51 Camping Zuiderhorn

GPS N 53°23'06.0", E 6°33'38.0"
Ruhiger Campingplatz im Grünen, allerdings direkt an Bahngleisen, auf denen regelmäßig Züge fahren. Die Sanitätsanlagen sind etwas in die Jahre gekommen, aber sauber. Schattenplätze unter alten Bäumen, vor allem mit Kindern viele Aktivitäten möglich. Flüsterboot- und Kanuverleih, Gemeinschaftsraum und Küche, Spielplatz, Trampolin, Waschmaschine und Trockner, Lagerfeuer und Pizzaofenbenutzung möglich. Es können auch Trekkinghütten, Blockhütten und Bauwagen gemietet werden (€45–110).
Geöffnet April bis September.
Platz inkl. 2 Pers. €19, weitere Person €4,50, Kinder 2 bis 12 Jahre €3.
www.campingzuiderhorn.nl

52 Camping De Breede

GPS N 53°23'08.5", E 6°32'22.2"
Ruhiger Campingplatz neben einem Schwimmbad, mit geräumigen Stellplätzen und modernen sanitären Anlagen, vor allem bei Familien beliebt. WLAN, Spielplatz, Indoorspielmöglichkeit und Spielgeräte, Tennisplatz kann auch genutzt werden. Es stehen auch Safarizelte und Chalets zur Miete zur Verfügung (€80).
Geöffnet Ende März bis September.
Platz inkl. 2 Pers. €20–32, weitere Person ab 2 Jahre €4.
www.campingdebreede.nl

53 Camping Luna »de Rolke«

GPS N 53°09'1.01", E 6°43'21.0"
Kleiner, naturnaher Campingplatz mit vielen Tieren – hier können Schafe gefüttert und gestreichelt werden und es finden Spaziergänge mit Ponys statt. Der Platz ist mit viel Liebe zum Detail gestaltet, schöner Wintergarten. Saubere Sanitäranlagen, Feuerschalen, WLAN, kleines Restaurant (nicht immer geöffnet), Aufenthaltsraum, Gemüsegarten, Gemeinschaftsküche. Es kann auch ein Bulli gemietet werden (€65).
Ganzjährig geöffnet.
Platz inkl. 2 Pers. €27,50, weitere Person ab 3 Jahre €10.
www.campinglunaderolke.nl

54 Camping Annerveenschekanaal

GPS N 53°04'26.0", E 6°48'19.0"
Kleiner Campingplatz mit wenigen Plätzen direkt am Annerveenschekanaal, auf dem viele Freizeitboote fahren. Einfache, aber saubere Sanitäranlagen. Ruhige Lage, nur an wenigen Plätzen Stromanschluss. Kanuverleih.
Geöffnet April bis September.
Platz inkl. 2 Pers. €16, weitere Person €5, Kinder 4 bis 12 Jahren €3.
www.campingannerveenschekanaal.nl

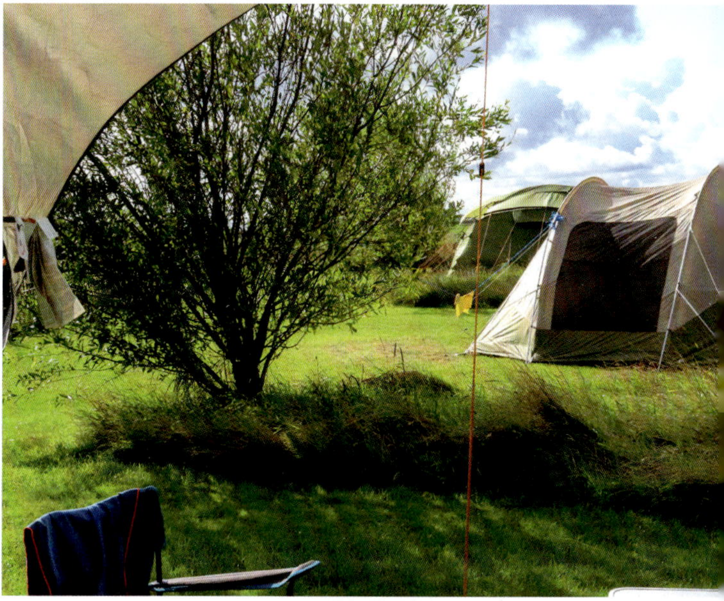

55 Camping 't Plathuis

GPS N 53°00'34.0", E 7°11'03.0"
Sehr großer Campingplatz direkt neben der Festung Bourtange, aber durch die kleinteilige Aufteilung Plätze mit viel Privatsphäre. Auf dem Platz gibt es einen Badeteich. Sehr saubere Sanitäranlagen und große Stellplätze. Restaurant, Spielplatz, Sportfeld, Waschmaschine. Es können auch Wanderhütten gemietet werden (€38–40).
Geöffnet April bis zum Oktober.
Platz inkl. 2 Pers. €16–22,50, weitere Person €4,50, Kinder 3 bis 12 Jahre €3,50. www.plathuis.nl

56 Camping Harmina Hoeve

GPS N 52°56'32.0", E 7°06'49.0"
Sehr ruhiger Campingplatz mitten in der Natur. Sanitärgebäude werden täglich mehrmals gereinigt. Guter Ausgangspunkt für Wanderungen und Radtouren. Der Campingplatz befindet sich auf einem Bauernhof, es gibt Ziegen zum Streicheln. Spielplatz, Gemeinschaftsraum, WLAN. Ihr könnt hier auch Chalets mieten (ab €40).
Geöffnet April bis September.
Platz inkl. 2 Pers. €21, weitere Person €5, Kinder 1 bis 12 Jahre €3. www.campingharminahoeve.nl

57 Camping Sparrenhof

GPS N 52°58'27.6", E 6°48'34.3"
Sehr ruhiger Campingplatz mit vielen Bäumen und Schatten. Eher für Menschen ohne Kinder geeignet, die Ruhe suchen. Plätze mit Kunstrasen. Sehr gepflegte Sanitäranlagen. Kühlschrank, Sauna und Fitnessraum, Obst- und Blumengarten, WLAN.
Geöffnet April bis Oktober.
Platz inkl. 2 Pers. €18–20,50, weitere Person ab 3 Jahre €5, Kinder bis 3 Jahre €3,25. www.sparrenhof.com

58 Camping Horstmannsbos

GPS N 52°58'15.3", E 6°48'25.6"
Campingplatz mit Stellplätzen auf der Wiese und im Wald (vor allem für Zelte). Der Campingplatz ist autofrei. Im Sommer gibt es ein Animationsprogramm für Kinder. Spielplatz, Teich zum Schwimmen und Spielen, Kettcars, Feuerschalen. Waschmaschine, 30 Minuten WLAN gratis, Fahrradverleih, kleines Restaurant. Es ist auch möglich, Trekkerhütten zu mieten (€ 48).
Geöffnet April bis September.
Platz inkl. 2 Pers. €21–28, weitere Person €5. www.horstmannsbos.nl

59 Hoeve aan den Weg

GPS N 52°53'26.8", E 6°18'45.9"
Großer Campingplatz im Wald mit Schwimmbad, im Sommer wird Animation für Kinder organisiert. Die sanitären Anlagen sind etwas in die Jahre gekommen, sollen aber wohl renoviert werden. Große Stellplätze. Restaurant, Schwimmbad, Spielplatz, Fahrradverleih, WLAN, Waschmaschine.
Geöffnet April bis Anfang Oktober.
Platz inkl. 2 Pers. €22,40, weitere Person ab 12 Jahre €4.50, Kinder 2 bis 12 Jahre €4.
www.hoeveaandenweg.nl

60 Camping De Meenthe

GPS N 52°54'02.8", E 6°07'31.3"
Einfaches Campinggelände der Naturfreunde um ein ehemaliges Naturschwimmbad. Der Teich liegt in der Platzmitte und sieht im Sommer besonders schön aus. Einfache aber saubere sanitäre Anlagen. Autofreier Campingplatz. Man kann auch eine Wanderhütte mieten (€49,40).
Geöffnet April bis September.
Platz inkl. 2 Pers. (nicht Mitglieder) €23,20, weitere Person ab 6 Jahre €6,20. www.nivon.nl/accommodaties/de-meenthe

61 Camping d'Olde Kamp

GPS N 52°47'26.8", E 6°20'20.8"
Ruhiger Campingplatz in der Natur mit abwechslungsreichen Stellplätzen und viel Schatten. Es gibt eine Tierwiese mit Kleintieren wie Hasen und Hühnern. Saubere Sanitäranlagen. Pizzaofen, kleiner Laden, Feuerschalen, WLAN, Spielplatz, Fahrradvermietung. Ihr könnt auch verschiedene traditionelle Hütten und ein Baumhaus mieten (ab etwa €90).
Ganzjährig geöffnet.
Platz inkl. 2 Pers. €29.35, Kinder unter 12 Jahre kostenlos.
www.plaggenhut.nl

62 Camping Lheederzand

GPS N 52°49'23.5", E 6°24'37.9"
Sehr einfacher Naturcampingplatz mitten im Wald mit großzügigen Stellplätzen. Standort im Nationalpark Dwingelderveld. Die Sanitäranlagen sind sehr einfach und schon in die Jahre gekommen. Kein Strom. Picknickbänke und Feuerstellen.
Geöffnet Ende März bis Anfang Oktober.
Platz inkl. 2 Pers. €26.30, weitere Person €7,60, Kinder 3 bis 12 Jahre €4,70. www.logerenbijdeboswachter.nl/natuurkampeerterreinen/lheederzand

Flevoland und Overijssel

63 Camping Natuurdomein De Landerij

GPS N 52°48'15.0", E 6°01'59.0"
Einfacher Naturcampingplatz im Wald im Naturschutzgebiet Werribben-Wieden. Einfache sanitäre Anlagen. Sehr ruhig. Auf dem Campingplatz bekommt man manchmal Besuch von Igeln und Rehen. WLAN, Möglichkeit für Lagerfeuer. Ihr könnt hier auch Chalets mieten.
Geöffnet April bis September.
Platz inkl. 2 Pers. €25. www.camping-natuurdomein-delanderije.nl

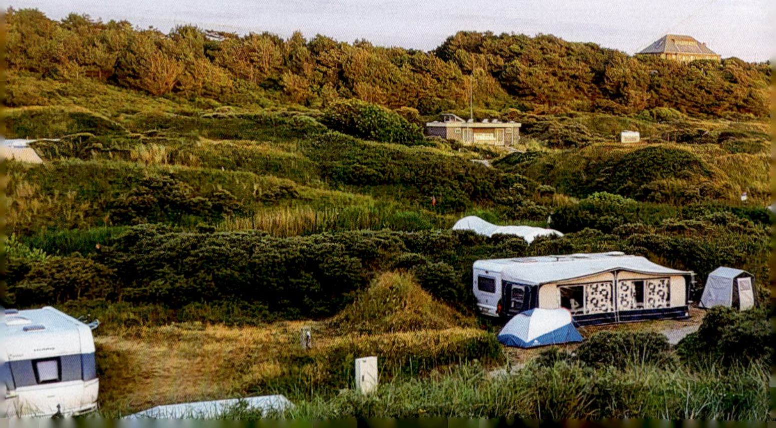

64 Camping d'Hof

GPS N 52°43'05.4", E 6°05'27.2"
Schöner Campingplatz in Giethoorn mit zwei Zeltbereichen direkt am Wasser. Eine Zufahrt mit Auto ist nicht möglich. Es werden Handwagen zur Verfügung gestellt. Parken kostenpflichtig auf P3 Giethoorn (Zahlung nur mit Münzen). Gute Sanitäranlagen. Es gibt einen Aufenthaltsraum mit Spielmöglichkeiten, einen Kanuverleih, Waschmaschine und WLAN. Viele Dauercamper. Ihr könnt auch kleine Hütten mieten (ab €57,50).
Geöffnet April bis Oktober.
Platz inkl. 2 Pers. €28, weitere Person €14, Kinder bis 8 Jahre €12.
www.campingdehof.nl

65 Naturcamping De Veenkuil

GPS N 52°47'18.3", E 5°47'55.0"
Naturcampingplatz im Wald und direkt am Wasser mit Badestelle. Es gibt die Möglichkeit, am Zeltplatz ein Lagerfeuer zu machen. Die Sanitäranlagen sind etwas in die Jahre gekommen. Spielplatz, Regenschutzraum, Informationen zum Naturschutzgebiet.
Ganzjährig geöffnet.
Platz inkl. 2 Pers. €26,30–27,95, weitere Person €7,58, Kinder 3 bis 12 Jahre €4,70.
www.logerenbijdeboswachter.nl/natuurkampeerterreinen/de-veenkuil

66 Camping De Landerij

GPS N 52°49'46.5", E 5°52'31.0"
Kleiner Naturcampingplatz mit 25 Stellplätzen und zwei Wanderhütten. Es gibt einen kommunalen Gemüsegarten, in dem Gemüse geerntet werden kann. Sehr ruhig und in der Natur gelegen. Sanitäre Anlagen etwas in die Jahre gekommen. Waschmaschine, einfacher Aufenthaltsraum mit Wasserkocher und Kaffeemaschine. Es gibt auch Wanderhütten (€50) und eine Gruppenunterkunft.
Geöffnet April bis September.
Platz inkl. 2 Pers. €20, weitere Person €10, Kinder bis 12 Jahre €4,50. www.delanderij.nl

67 Naturcamping De Altena

GPS N 52°16'02.3", E 5°25'44.0"
Einfacher Naturcampingplatz mit wenigen Plätzen am Wald. Man kann Lagerfeuer machen und am Eingang biologisches Gemüse und Eier kaufen. Sehr einfache, aber saubere sanitäre Anlagen. Autos sind auf dem Platz nicht erlaubt (bei Wohnwagen nur zum Platzieren). Naturcampingcard wird benötigt.
Geöffnet Mitte März bis Oktober.
Platz inkl. 2 Pers. €21,80, weitere Person €6,90, Babys 0 bis 2 Jahre €2,40. www.natuurcampingdealtena.nl

68 Naturcamping Dasselaar

GPS N 52°18'09.0 E 5°31'35.0"
Naturcampingplatz im Naturschutzgebiet, umgeben von Wald. Ruhige Plätze mit viel Privatsphäre, umgeben von Büschen und Bäumen. Sanitäre Anlagen bei Vollbelegung etwas wenig. Es gibt die Möglichkeit, ein Feuer in einer Hütte zu machen. Man kann die Autobahn manchmal etwas hören. Spielplatz.
Geöffnet Ende März bis Anfang November. Platz inkl. 2 Pers. €25,79–28,89, weitere Person €7,25, Kinder 3 bis 12 Jahre €3,50.
www.logerenbijdeboswachter.nl/natuurkampeerterreinen/de-dasselaar

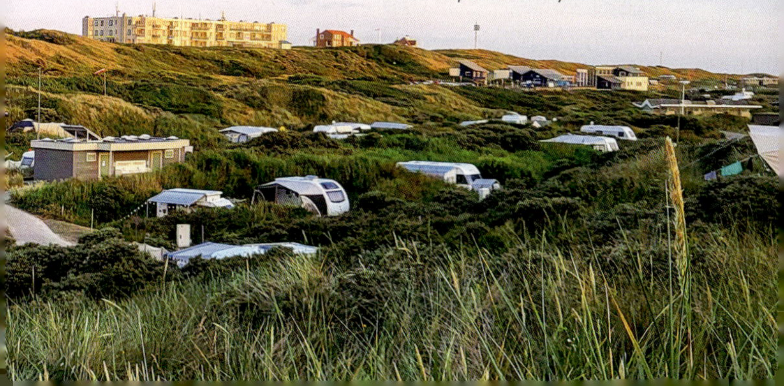

Gedruckt auf Papier aus nachhaltiger Waldwirtschaft

FSC
www.fsc.org
MIX
Papier | Fördert gute Waldnutzung
FSC® C089473

1. Auflage, April 2024
Naturzeit Reiseverlag e.K.
82288 Kottgeisering
www.naturzeit-verlag.de
info@naturzeit-verlag.de

Vertrieb: Geo Center, 70794 Filderstadt

Satz und Gestaltung: Stefanie Holtkamp / Naturzeit Reiseverlag

Lektorat: Stefanie Holtkamp, Lena Marie Hahn

Druck: Beltz Grafische Betriebe, 99947 Bad Langensalza

Karten: Jonathan Holtkamp

Kartenbasis: Geoinformationen © OpenStreetMap (ODbL) - Mitwirkende (www.openstreetmap.org/copyright), CC-BY-SA

GPS-Daten: GPX424NL527

Bildnachweis:

Bildagentur Adobe Stock: Seite 9 © stefanotermanini, Seite 10 dbrnjhrj, Seite 12 vadiml, Seite 24 TasfotoN, Seite 26 Igor Tichonow, Seite 30 Björn Wylezich, Seite 36 photodigitaal.nl, Seite 37 Daniele, Seite 42 resul, Seite 44 cascoly2, Seite 46 TasfotoNL, Seite 47 unten Yasonya, Seite 48 Anibal Trejo, Seite 50 und 51 unten eyetronic, Seite 52 Kristina Maikova, Seite 55 oben adisa, Seite 90 Earnest Tse, Seite 51 (Möwe) Eric Isselée, (Austernfischer) Philippe, (Brachvogel) Artimas, (Seeadler) Piotr Krzeslak, Seite 96 und 97 ckybe, Seite 106 Holland-PhotoStockNL, Seite 126 und 127 unten Olha Rohulya, Seite 137 Chris, Seite 150 sara_winter, Seite 151 oben Wezelr, Seite 158 Dan Race, Seite 159 oben TOF, Seite 164 oben Holland-PhotoStockNL, Seite 208 sujesh80, Seite 214 frolova_elena, Seite 239 hpbfotos, Seite 266 guruXOX, Seite 267 Chirapriya

Alle weiteren Fotos: Eva Wieners und Max Poertgen

ISBN 978-3-944378-52-7

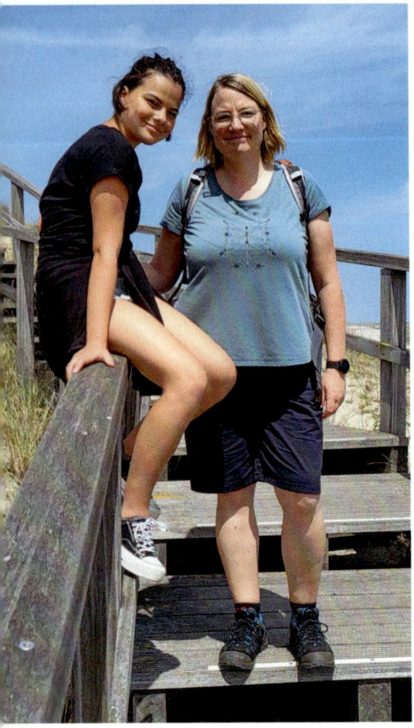

Hallo, wir sind Miriam und Eva!

Wir lieben es, gemeinsam die Welt zu entdecken. Sieben Jahre waren wir in Nepal in einem kleinen Bergdorf zu Hause. Eva hat dort für einen deutschen Verein in einem Entwicklungsprojekt gearbeitet und parallel an ihrer Doktorarbeit geschrieben, Miriam hat einen großen Teil ihrer Kindheit in Nepal verbracht und ist in Kathmandu zur Schule gegangen. Gemeinsam sind wir im Himalaya gewandert und haben einige der Basecamps auf den großen Treks live erlebt. Wer mehr über diese Zeit wissen möchte, kann sich unter **www.2-unterwegs.de** auf unserem Blog umsehen.

Seit 2019 leben wir wieder in Deutschland. Wir sind in Münster zu Hause, lieben es aber weiterhin viel Zeit gemeinsam in der Natur zu verbringen. Und so wurden die Niederlande schnell ein willkommenes Ziel für Auszeiten, für die wir nicht weit reisen müssen.

Schließlich haben wir dann einen ganzen Sommer damit verbracht, für dieses Buch die schönsten Winkel im Norden der Niederlande mit spannenden Wanderungen, ausgedehnten Fahrradtouren und mit dem

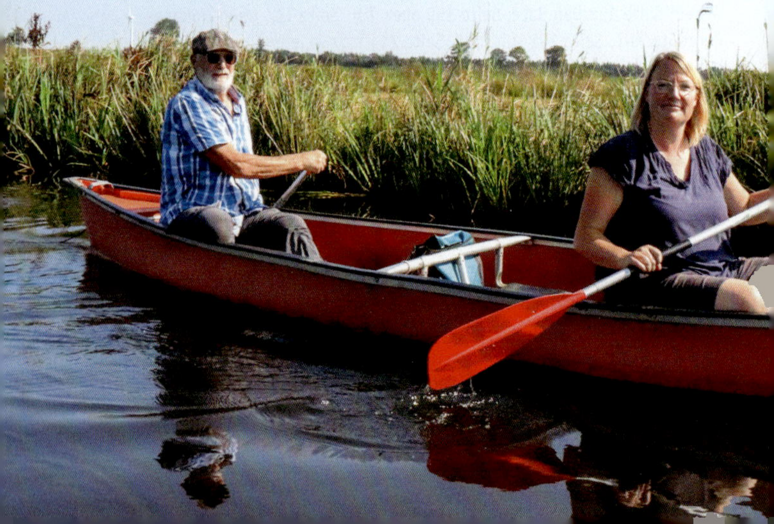

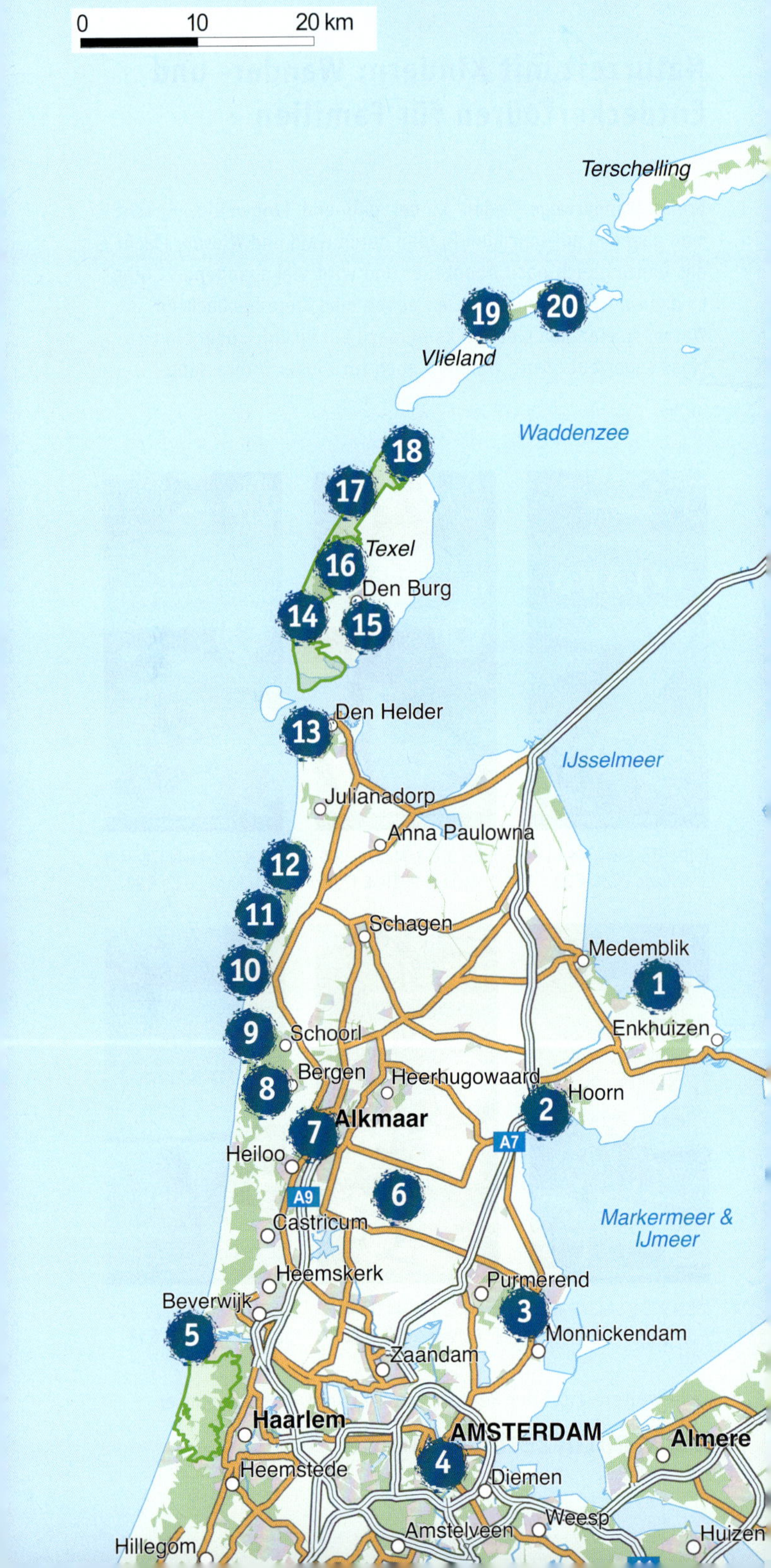
0
10
20 km
Terschelling
19
20
Vlieland
Waddenzee
18
17
Texel
16
Den Burg
14
15
Den Helder
13
IJsselmeer
Julianadorp
Anna Paulowna
12
11
Schagen
Medemblik
10
1
Enkhuizen
9
Schoorl
Bergen
Heerhugowaard
8
Hoorn
2
7
Alkmaar
A7
Heiloo
A9
6
Castricum
Markermeer & IJmeer
Heemskerk
Purmerend
Beverwijk
3
5
Monnickendam
Zaandam
Haarlem
AMSTERDAM
Almere
4
Heemstede
Diemen
Weesp
Amstelveen
Huizen
Hillegom

Naturzeit mit Kindern: Wander- und Entdeckertouren für Familien

Breite Wanderwege finden Kinder gähnend langweilig. Pirscht man dagegen auf schmalen Pfaden durch Wald und Wiesen, riecht das Ganze gleich nach Abenteuer und wird viel spannender. Gibt es dann noch Pausenplätze, an denen man Tiere beobachten, am Wasser spielen und klettern kann, dazu ein Picknick oder ein richtiges Lagerfeuer, wird Wandern auch für Kinder interessant.

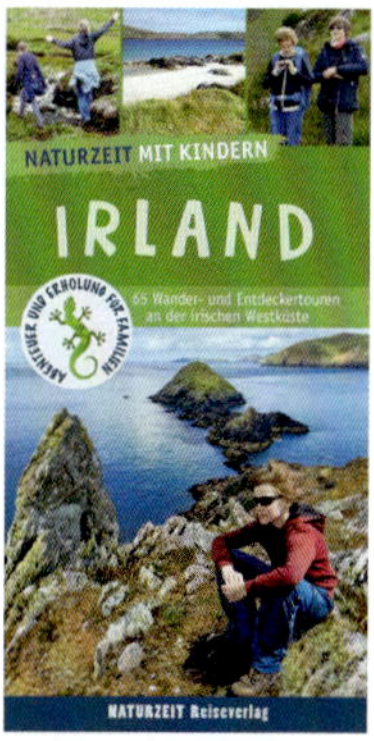

ISBN 978-3-944378-43-5
2. Auflage 2024, **€ 22**

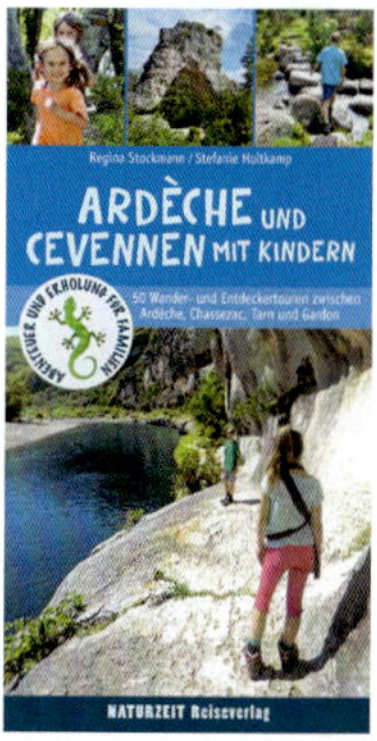

ISBN 978-3-944378-19-0
1. Auflage 2019, **€ 17,90**

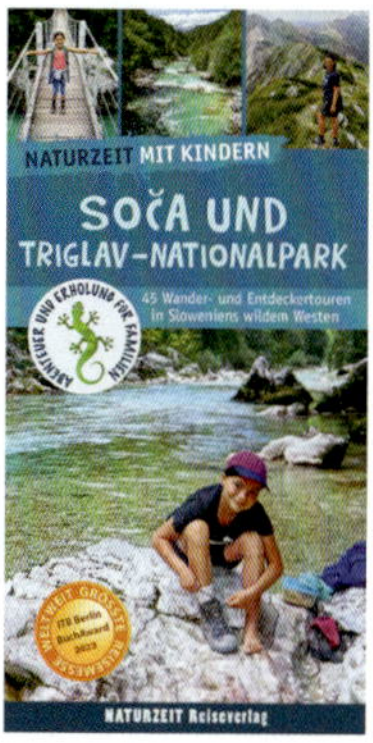

ISBN 978-3-944378-34-3
1. Auflage 2022, **€ 20**

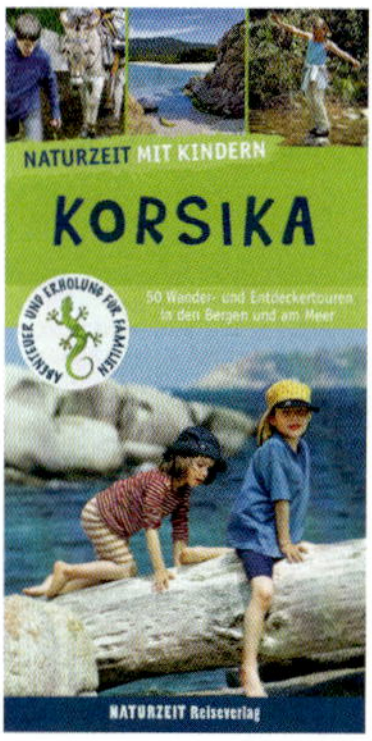

ISBN 978-3-944378-42-8
7. Auflage 2022, **€ 20**

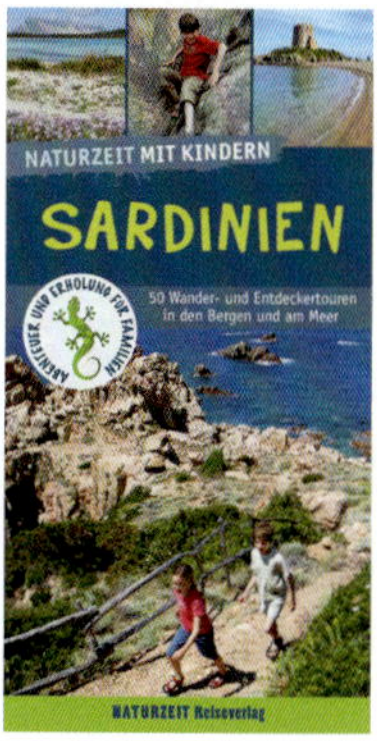

ISBN 978-3-944378-40-4
5. Auflage 2022, **€ 22**

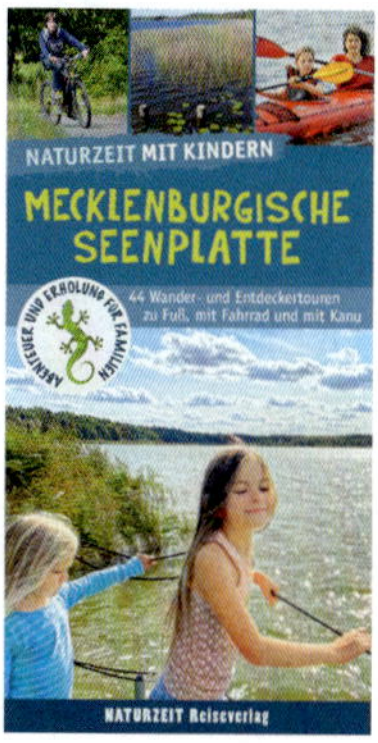

ISBN 978-3-944378-31-2
3. Auflage 2021, **€ 18**

Viele weitere Titel der Reihe »Naturzeit mit Kindern« unter

www.naturzeit-verlag.de

Mit Wander- und Erlebnistouren die Highlights einer Region entdecken

Überfüllte Touri-Hotspots sind nicht so euer Ding? Wer sich zu Fuß oder mit dem Fahrrad auf den Weg macht, erlebt eine Region aus einer ganz anderen Perspektive und entdeckt auch gut versteckte, unbekannte Winkel. Selbst an viel besuchten Sehenswürdigkeiten reicht es oft, einen ungewöhnlichen Weg zu wählen, um dem größten Rummel zu entgehen. Mit unseren Wander- und Erlebnistouren könnt ihr euer Reiseziel auch abseits der ausgetretenen Pfade erkunden.

Das steckt in jedem Buch:

- spannende Touren durch die Natur zu Fuß, mit dem Fahrrad oder dem Kanu
- die schönsten Badeplätze
- alle wichtigen Sehenswürdigkeiten
- Campingführer und Übernachtungstipps
- jede Tour mit topographischer Karte, GPS-Daten zum Download und übersichtlichem Tourensteckbrief
- Viele tolle Fotos, die Lust machen sofort loszulaufen

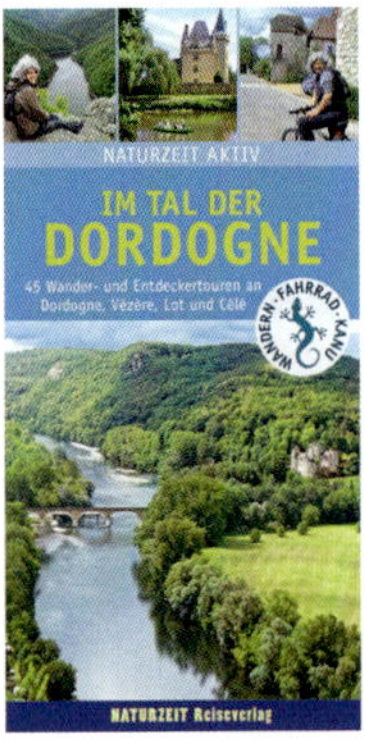

ISBN 978-3-944378-38-1
2. Auflage 2022, **€ 18,00**

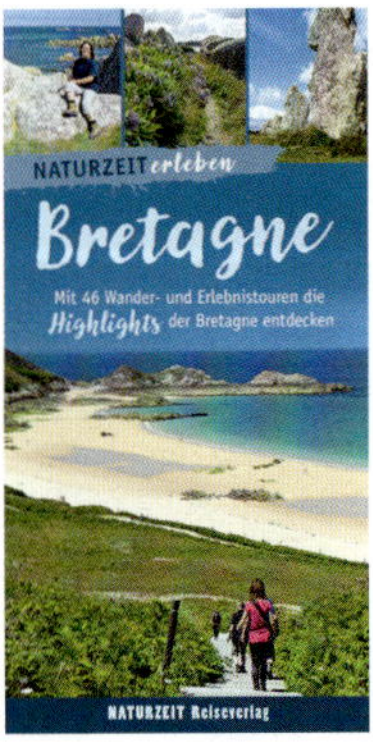

ISBN 978-3-944378-45-9
2. Auflage 2024, **€ 20**

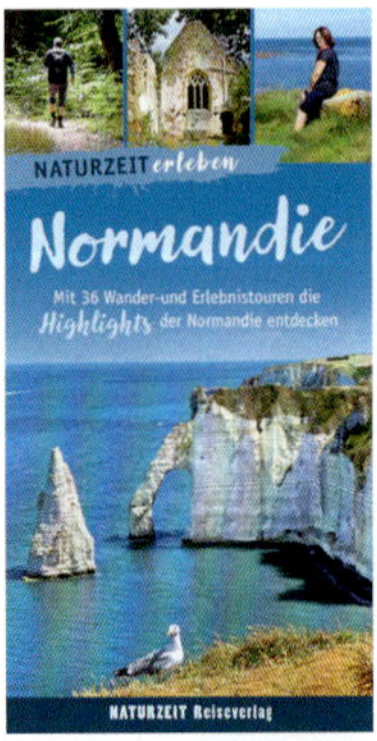

ISBN 978-3-944378-53-4
1. Auflage 2024, **€ 20**

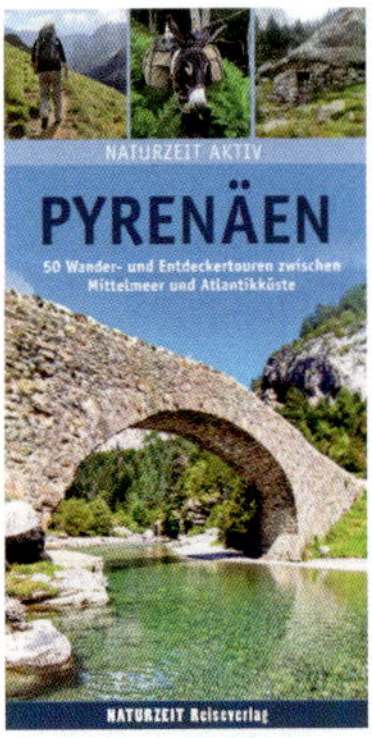

ISBN 978-3-944378-42-8
2. Auflage 2022, **€ 19**

Weitere Informationen und eine Leseprobe zu jedem Buch unter

www.naturzeit-verlag.de

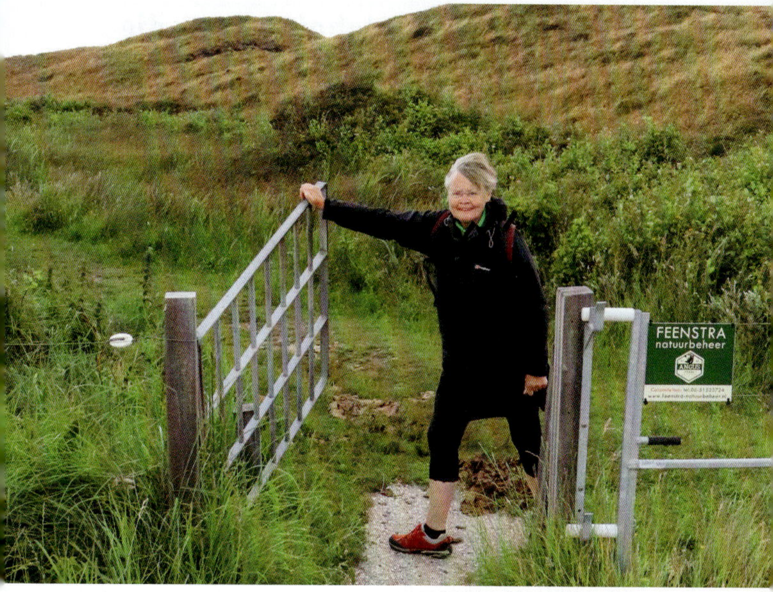

Kanu zu erkunden. Diese Recherche war übrigens ein echtes Familienevent, zu dem gleich drei Generationen der Familie Wieners beigetragen haben.

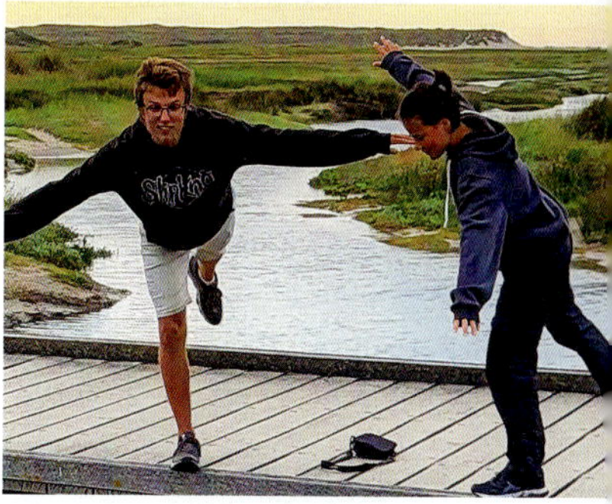

Unsere Leidenschaft für Outdoorerlebnisse als Familie teilen wir außerdem auf unserer englischsprachigen Website **kidsandtheoutdoors.com.**

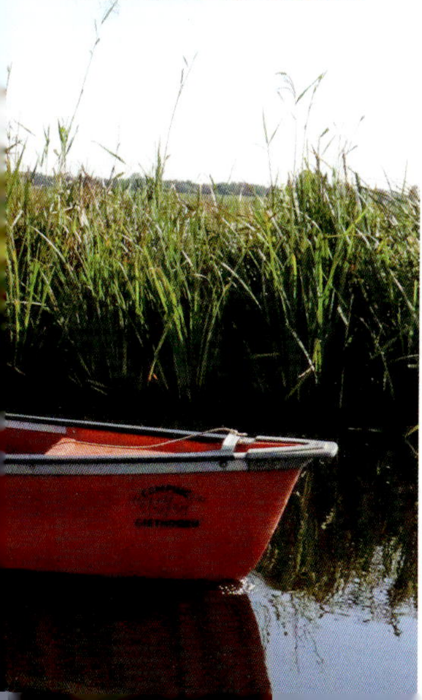

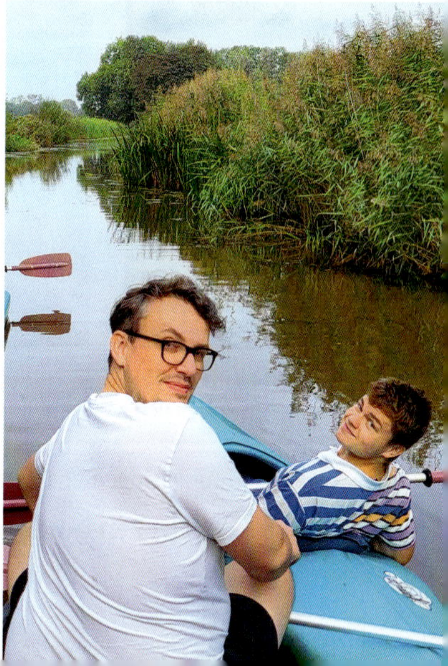